사회적 존재의 존재론

한국연구재단총서
Academic Library of NRF
학술명저번역
609

사회적 존재의 존재론

③

Zur Ontologie des gesellschaftlichen Seins

게오르그 루카치 지음 | 정대성 · 이종철 옮김

아카넷

Zur Ontologie des gesellschaftlichen Seins
by Georg Lukács

차례

역자 서문

20세기 중반, 냉전을 가로지르는 시기에 마르크스 내지 마르크스주의를 서유럽에서 여전히 유력한 지적 흐름으로 지속시킨 가장 중요한 인물이 G. 루카치(1885~1971)임을 부인할 수 없다. 헝가리의 부다페스트에서 출생하여 독일 베를린 대학과 하이델베르크 대학에서 G. 짐멜, M. 베버 등 현대의 거장들에게서 배운 그는 마르크스주의를 헤겔의 변증법을 이용하여 재해석하는 작업에 일생을 바쳤다. 그의 작업은 한편으로는 동유럽을 중심으로 전개된 정통 마르크스주의와 비판적 거리를 취함으로써 후기자본주의 사회에서도 여전히 유효한 마르크스 사상의 핵심을 계승시키고 있으며, 다른 한편 서구사회에서 자본주의에 의한 인간의 사물화(Verdinglichung)의 현상을 폭로함으로써 서구사회 혹은 서구의 학계가 현실적 비판능력을 잃지 않도록 끊임없는 자극을 부여하는 작업을 수행했다.

이러한 작업의 결과물로 『역사와 계급의식』, 『청년헤겔』, 『이성의 파괴』

등이 출판되었으며, 이 외에도 마르크스주의적 입장을 대변하는 미학관련 서적들을 많이 남겼다. 마르크스 진영 내에서 수많은 논쟁을 불러일으킨 『역사와 계급의식』으로 인해 한때 그는 레닌의 비판을 받기도 하고, 이로 인해 자아비판적인 글을 쓰기도 하였다. 하지만 그는 정통 마르크스주의의 교조주의적인 관점에 대한 비판을 끝까지 포기하지 않았으며, 이러한 그의 작업은 K. 코르쉬의 연구 성과와 더불어 서구사회에서 마르크스를 새롭게 해석하는 중요한 계기를 마련하였다. 특히 '프랑크푸르트학파'는 이들의 영향을 가장 직접적으로 받은 자들이라고 할 수 있다.

『사회적 존재의 존재론』은 그의 유고로서 「서언」, 「제1부 현재의 문제 상황」, 「제2부 중요한 문제의 복합체들」로 이뤄진, 독일어 원문으로 1,500쪽이 넘는 방대한 작품이다. 그리고 각 부는 각각 네 개의 장으로 이뤄져 있는데, 제1부의 제1장은 당대의 가장 유력한 지적인 흐름을 형성하고 있었던 실존주의와 논리실증주의를 비판적으로 다루고 있으며, 제2장은 관념론적 전통 내에서 당대에 사회적 존재의 특성을 그나마 잘 드러내고 있다고 평가받는 니콜라이 하르트만의 존재론에 내재한 긍정적 측면과 한계를 보여준다. 이 제1장과 제2장은 우리 번역 프로젝트의 일환으로 이미 권순홍 교수(군산대)에 의해 『사회적 존재의 존재론 1』로 출판되었고, 루카치에게 직접적으로 영향을 준, 그에 의해 사회적 존재의 특성을 가장 잘 보여주는 고전 철학자로 평가되는 헤겔과 마르크스를 다루는 제3장과 제4장은 본 역자들에 의해 『사회적 존재의 존재론 2』로 이미 출판되었다.

제1부가 인물중심의 서술이라면, 여기서 다루는 제2부는 사회적 존재를 해명하는 핵심 개념들을 다룬다. 제2부는 사회적 존재에 대한 루카치의 핵

심 사상이 집약되어 있는 부분이다. 제1장은 '노동', 제2장은 '재생산', 제3장은 '이념적인 것과 이데올로기', 그리고 제4장은 '소외'를 다루고 있다.

『사회적 존재의 존재론』의 일부, 정확히 하자면 제1부 「제3장 헤겔, 제4장 마르크스」와 제2부 「제1장 노동」은 이미 독일에서 각각 단행본으로 출판되었었는데, 이 글들은 모두 그의 유고인 이 저작 『사회적 존재의 존재론』으로 편입되었다.

먼저 '사회적 존재의 존재론'이라는 제목의 의미를 간략하게 해명할 필요가 있다. 무엇보다 '존재론(Ontologie)'이라는 말의 의미를 살펴보아야 한다. 일반적으로 칸트 이전에 존재론은 형이상학과 거의 동의어로 사용되었다. 특정한 종류의 존재자들, 즉 인간의 경험의 대상이 되는 존재자들 혹은 존재의 특정한 측면을 다루는 일반적 학문과 달리 존재론은 존재를 (특정한 측면에서가 아니라) 그 자체로 다루는 학으로서 현상세계의 너머에 있는 세계에 대한 탐구로까지 나아가며, 그 중심 주제는 신과 우주, 그리고 영혼과 같은 비경험적 대상들이다. 아리스토텔레스는 이를 제1철학이라 명명하는데, 여타의 모든 학문이 의존해야 하는 가장 중요한 부분으로 받아들여졌다. 이 영역은 존재 그 자체를 다루기 때문에, 더 나아가 경험의 너머에 있는 대상을 다루기 때문에 감각이 아니라 이성에 의해서만 도달 가능하며, 그런 점에서 (즉 경험이 배제되어 있다는 점에서) 순수학문으로 평가되기도 한다.

문제는 존재론이 현상의 세계가 아니라 현상 너머의 세계(혹은 경험의 가능조건—칸트)를 다루기 때문에 과학성을 실증성(/경험 가능성)에서 찾는 현대 학문의 이상과 충돌한다는 점이다. 철학(존재론)은 과학으로 지양되어야 한다는 마르크스의 주장은 자신이 고대와 중세의 형이상학적 전통이 아니라 현대 계몽사상, 혹은 과학의 정신의 연장에 서 있음을 보여준다. 이 말은 변증법적 유물론이 철저히 과학적이지 않다는, 즉 역사적-사회적으로 검증 가능한 이론이지 결코 형이상학적이지 않다는 것을 강조하는 말이다. 마르크스의 이 말에는 해석의 여지가 많이 있지만, 정통 마르크스주의가 존재론 혹은 형이상학을 더 이상 진정한 철학으로 인정하지 않는 전통을 만들었다.

따라서 루카치가 그의 말년의 저서에서 존재론을 새롭게 들고 나온 것은 그의 청년시절부터 있었던 정통 마르크스주의에 대한 비판적 태도가 결코 변하지 않았음을 보여준다. 그리고 그는 이 저작에서 진정한 마르크스주의의 복원을 목표로 한다고 말한다. 그는 다음과 같이 말한다. "이 연구는 마르크스주의의 위대한 전통의 복원을 이루고자 함에서 나온 것이다. 여기서 사회적 존재의 존재론을 주제로 삼은 것도 이러한 복원을 위해서이다. 왜냐하면 엄청나게 왜곡되어 있고 피상적 환원주의에 빠져 있으며, 사이비 '심오한' 이론들이 판치는 현재의 혼란에서 마르크스주의가 갱신을 이루기 위해서는 근거 지어지면서 근거 짓는 하나의 존재론이 필요하기 때문이다. 이때 이 존재론은 자연의 객관적 현실에서 사회적 존재를 위한 참된 토대를 발견할 뿐 아니라 사회적 존재를 자연과의 동일성과 동시에 차이성 속에서 서술할 수 있는 존재론이어야 한다."(2권, 93쪽)

이 진술은 이 연구의 핵심과 목표를 보여준다. 존재론이 존재들의 근본 원리들을 다룬다면 사회적 존재의 존재론 역시 사회적 존재 혹은 사회라는 존재의 근본적 원리를 다룬다고 할 수 있다. 즉 사회도 역시 자연처럼 자기만의 객관적 존재, 실체로 현존한다는 것을 함축한다.

루카치가 말하는 사회적 존재란 한편으로 사회 그 자체를 의미할 수도 있고, 다른 한편으로 인간을 의미할 수도 있다. 그는 사회라는 존재를 움직이는 근본적 원리와 범주들이 있다는 사실을 전혀 의심하지 않았으며, 그의 이러한 태도는 현대의 많은 주류 사회이론과 구별된다. 예컨대 현대사회를 이끌어온 자유주의나 공리주의에 의하면 사회는 원자적 개인들의 총합일 뿐 결코 실체로 존재하지 않으며, 그런 점에서 고유한 운동원리나 범주는 존재하지 않는다. 하지만 루카치는 사회라는 영역은 각 개인의 합 이상이며, 그 자체 고유한 실재성과 운동성, 법칙과 범주를 갖는다고 한다.

그렇다면 루카치에게서 '사회적 존재'는 어떤 의미를 갖는가? 사회적 존재는 우선 자연적 존재와 구별된다. 자연적 존재 혹은 자연이라는 존재는 자연법칙에 따라서 움직인다. 물리법칙에서 생물법칙에 이르는 자연을 지배하는 법칙에 자연적 존재는 철저히 종속되어 있다. 물리적 대상은 물리법칙에, 생명체는 물리법칙과 생물법칙에 동시에 지배된다. 이때 물리적 대상이 생물법칙에는 지배되지 않는다는 점에서, 그리고 생명체는 물리법칙과 생물법칙에 동시에 지배된다는 점에서 생명체의 복잡도는 그만큼 더 크다.

하지만 루카치에 따르면 인간이라는 존재를 해명하기 위해서는 또 다른 범주가 필요하다. 인간이 물리적 자연의 대상인 한에서 물리법칙의 지배를 받고, 생명체인 한에서 생물법칙의 지배를 받지만, 그것만으로는 인간의 삶, 즉 사회적 존재로서의 삶을 설명할 수 없다는 것이다. 자연이 기계적 필연성에 따라서 움직이는 데 반해, 인간적 삶 혹은 사회에서의 인간의 삶은 목적성 혹은 기투성이라는 지향적 행위를 전제하지 않을 수 없다.

루카치는 이 저작에서 내내 엥겔스에 대해 명시적 비판을 수행하고 있지 않지만, 사회적 존재라는 독자적 범주를 이끌어내는 그의 이러한 태도는 사실 정통 마르크스주의의 화석화에 기여한 것으로 평가되는 엥겔스에 대한 비판을 담고 있다. 엥겔스는 다윈의 진화론을 긍정적으로 평가하면서 소위 '자연변증법'을 전개시키는데, 이는 마치 사회 역시 자연의 과정의 연속인 것 같은 인상을 심어주었다. 루카치는 이런 환원론적 해명에 대해 철저한 반대 입장을 제시함으로써 오늘날 사회와 인간을 설명함에 있어서 생물학적 방법(예컨대 진화생물학)으로의 회귀나 기계론적 방법(예컨대 인공지능)으로의 환원에 대한 반론의 전사(前史)를 형성해주었다. 물론 루카치는 사회적 존재가 자연적 존재를 조건으로 해서만 전개될 수 있다고 함으로써 사회와 자연의 결합을 언제나 강조한다. 이것은 사회를 마치 정신의 산물로 봄으로써 자연과는 어떤 연속성도 갖지 않는 듯한 인상을 주는 관념론과 대비된다.

파킨슨은 바로 이런 점에서 사회적 존재의 존재론을 다음과 같이 정리한다. "그가 인식을 실재의 '반영'이라고 말하는 것에 비춰볼 때 그가 사회적 존재의 '존재론'이라고 말했을 때 아마 사회를 연구하는 데 있어서 현실에 미리 정해진 사고범주를 부여하는 것이 아니라 **거기에** 객관적으로 존재하는, 다시 말해 그것을 연구하는 사람과 독립하여 존재하는 실체를 발견하는 일을 함축하고 있다고 생각하는 것이 타당할 것이다."[1]

마르크스는 『자본론』 「서문」에서 헤겔을 '죽은 개' 취급하는 당대의 지적 풍토를 비판하면서 그 누구보다 헤겔이 현실적인 철학을 했음을 칭송한 적이 있다. 루카치는 마르크스보다 훨씬 더 헤겔의 변증법이 마르크스주의의 형성에 미친 영향을 강조하며, 나아가 헤겔의 변증법을 통한 마르크스주의의 완성을 시도한다. 그는 3장 제목을 '헤겔의 잘못된 존재론과 참된 존재론'으로 이름 붙인다. 헤겔의 잘못된 존재론은 주-객 동일성이라는 관념론의 원칙에 있다. 말하자면 헤겔은, 루카치에 따르면, 객관적 세계가

---

1) G. H. R 파킨슨, 『게오르그 루카치』, 현준만 역, 이삭 1984, 233쪽.

주체의 산물 혹은 외화라고 함으로써 주체와 객체 간의 엄격한 구분을 전제하는 합리론이나 계몽주의를 넘어서기는 하지만, 주체와 객체가 모종의 관계가 있음을 넘어서서 객체를 주체에로 환원시키는 우를 범한다는 것이다. 루카치는 이를 헤겔이 논리적 관계와 현실적 관계를 혼동하고 있으며, 덜 구체적인 것(사유)에서 구체적인 것(현실)으로 나아간다는 방향의 혼동을 범하고 있다고 비판한다. 주체에 속하는 사상이 철저히 객체의 반영이라고 하는 유물론적 전제를 받아들이는 루카치는 구체적인 현실적 복합체로부터 추상하여 사상, 계기들, 양상들이 나오지 그 역이 아니라는 것이다. 그런 점에서 루카치는 "복합체들의 존재론적 우선성"(2권, 108쪽)을 말한다.

사실 이러한 비판은 마르크스주의자들이 헤겔을 비롯한 관념론에 대해 취하는 일관된 태도이다. 하지만 루카치는 그렇다고 해서 의식이 객체에 철저하게 종속되는, 즉 의식이 단순히 사물을 비추는 거울처럼 수동적으로만 사물을 반영하는 것은 아니라는 점을 강조한다. 말하자면 의식이 객체를 반영하듯 객체 역시 의식과 모종의 관계를 갖는다는 것이다. 거칠게 표현하자면 헤겔이 주체의 변증법을, 정통 마르크스주의가 객체의 변증법을 말한다면 루카치는 주-객 변증법을 통해 진정한 마르크스주의를 복원하고자 한다. 루카치는 다음과 같이 말한다. "의식은 존재론적으로 인식된 것과 무관하게 서 있는 어떤 것에 대한 의식이 아니다. 어떤 것에 대한 의식의 경우 의식의 현존이나 결여 혹은 옳음이나 그름 그 자체가 존재의 구성요소를 이룬다. 따라서 비록 어떤 주어진 상황에서 의식의 구체적 역할이 중요할 수도 있고 그렇지 않을 수도 있지만 의식 그 자체는 존재론적인 의미에서 단순한 부수현상이 아니다."(2권, 105쪽).

사회적 존재는 사회적 행위자들의 의식까지도 포함한다는, 혹은 사회적 존재를 해명함에 있어서 의식 역시 그 존재의 일부를 이룬다는 이러한 생각은, 루카치에 따르면, 사회적 존재의 특성을 알려주는 핵심이 된다. 루카치는 사회적 존재의 존재론은 자연적 존재론에 기반해서만 구축이 가능하다고 말하지만, 즉 자연적 존재의 속성과 법칙에 대한 지식 없이는 사회적 존재에 대해 아무것도 말할 수 없다고 말하지만, 그렇다고 사회적 존재가 자연적 존재로 환원된다는 것을 의미하지는 않는다는 점을 강조한다. 말하자면 사회와 사회적 존재를 물리학이나 생물학으로 환원할 수는 없다는 것이다.

루카치의 이러한 생각은 헤겔의 정신철학의 영향에서 이해할 수 있다. 헤겔의 체계를 일별하면 이 말의 의미를 알 수 있다. 그의 체계를 알리는 『엔치클로페디』는 논리학, 자연철학, 그리고 정신철학으로 구성되어 있다. 그리고 정신철학은 주관정신, 객관정신, 그리고 절대정신으로 구성되어 있는데, 바로 이 객관정신의 주제가 사회와 국가를 포함한 공동체의 문제와 역사문제이다. 자연철학이 무기물에서 생명체에 이르는 과정을 다룬다면, 정신철학은 인간적 삶과 관련한 모든 제도와 기구들을 다룬다는 점에서 자연철학과 구별된다. 말하자면 역사와 사회의 변증법은 자연에는 없는 범주, 특히 자유의 범주와 이를 구체적으로 드러내는 것으로서의 목적성과 의도성의 범주를 중심으로 전개된다.

루카치의 이러한 생각은 제4장 마르크스주의에 대한 분석에서도 그대로 드러난다. 그가 정통 마르크스주의자들과 달리 헤겔 철학에서 역사적 변증법에 구성적인 긍정적인 측면을 찾으려고 했다면 마르크스를 다루는 장에서는 정통 마르크스주의의 부정적 측면을 부각하는 데 많은 지면을 할애한다. 마르크스주의 전통에서 격렬한 논쟁과 투쟁의 대상이 되는 토대와 상부구조의 관계문제를 보자. 마르크스의 공식에 따르면 토대가 상부구조를, 존재가 의식을 '결정한다'고 하는데, 이를 어떻게 해석해야 할까? 정통 마르크스주의는 이 '결정한다'를 일방적인 것으로 해석함으로써 일종의 경제결정론, 경제환원론으로 나아간다. 하지만 이러한 해석은, 엥겔스도 어디선가 비판적으로 지적했듯이, 세상에 존재하는 모든 복잡한 문제를 수학의 일차방정식보다 간단한 문제로 환원해버리는 것이다.

루카치는 이러한 해석을 수행하는 정통 마르크스주의를 '속류 마르크스주의'라고 부른다. 대신 그는 '총체성'의 범주를 끌어들여 토대와 존재를 '지배적 요인' 혹은 '포괄적 계기'라고 해석하는 방식을 택한다. 토대가 상부구조를 일방적으로 결정하는 것이 아니라, 비록 토대가 포괄적 계기를 형성하기는 하지만 상부구조와의 상호관계에 있다는 것이다. 그는 "모든 현실적인 상호관계에는 지배적인 요인이 존재한다."는 마르크스의 언명에 기대어 이를 정당화하고자 한다. 예컨대 정치나 문화와 같은 사회의 상부구조가 경제적 생활연관이라는 토대에 깊은 영향을 받지만, 동시에 정치가 경제라는 물질적 구조에 영향을 주기도 한다. 말하자면 토대와 상부구조를 포괄하는 '총체성'의 범주 내에서 각 요소들은 상호작용에 놓여 있다.

헤겔과 마르크스가 공히 강조하는 '노동' 개념을 루카치가 사회적 존재의 핵심 범주로 이끌어들이는 이유는 바로 여기에 있다. 인간과 사회를 이해하기 위해 자연적 범주만이 아니라 사회적 범주도 필요한데, 이 범주에 속하는 핵심 개념들은 언어, 법, 도덕 등이며, 이러한 사회적 범주들을 발생시키는 근원적 범주가 바로 노동이라는 것이다. 말하자면 그는 노동을 사회적 존재의 '원현상'으로 이해한다. 노동은 자연적 대상을 무화시키는 것이 아니라 변형시켜 인간화시키는 행위로서 행위자의 목적성을 실행하는 과정이다. 노동을 위해서는 노동대상, 자연적인 것이 있어야 하며, 동시에 그것을 가공하기 위한 노동주체의 기획과 목적성(즉 의식적 의지)이 있어야 한다. 노동하는 자는 반드시 대상의 객관적 성질과 특성을 파악해야 한다. 예컨대 금강석 같은 단단한 대상을 가공하는 작업에서 나무와 같은 연한 도구는 아무런 도움도 되지 않는다.

이렇듯이 대상은 노동하는 자의 노동양식에 결정적인 영향을 미친다. 그렇다고 해서 행위자의 의식적 목적성이 없을 경우 생산은 이뤄지지 않는다. 식물과 동물의 행위가 자연필연성에서 오는 것이라면, 목적론적 행위는 기획과 선택이라는 인간적 행위의 전형을 보여준다. 바로 여기에서 인간의 자유의 가능성이 개시된다. 자유란 실존주의자들이 말하듯이 진공 속에서, 정확히 말하자면 어떤 조건도 주어지지 않은 상황에서 이뤄지는 것이 아니라, 언제나 특정한 대상에서, 특정한 조건에서 이뤄진다. 노동이라는 합목적적 행위에서 성공적 노동을 위해 노동대상의 성질들을 알아야 하듯이, 사회적 변혁이라는 합목적적 행위에서는 성공적 변혁을 위해 사회적 조건에 대한 인식이 필수적이다.

그리고 자연지배를 강화하는 노동은 나아가 인간과의 관계 역시 특정한 방식으로 조직한다. 자연지배의 강화의 결정적 계기는 노동분업인데, 노동분업은 언어라는 매개에 의하지 않고는 그 특징을 잘 발휘할 수 없다. 언어를 노동과의 관계에서 설명한다는 점에서 루카치는 확실히 유물론자이다. 자연과의 교통의 도구가 노동이라면 언어는 인간 상호 간의 교통의 수단이 된다는 점에서 언어에서 이미 사회적 존재의 질적 도약을 볼 수 있다. 다른 사람들을 특정한 목적으로 나아가게 함으로써 노동의 목적론적 정립을 유효하게 하는 것은 언어라는 것이다. 사회적 존재로서의 언어는 첫째, "하나의 보편적 특성을 갖는데, 이 특성은 언어는 사회적 존재의 모든 영역과 복합체에서 발전의 연속성을 위한, 즉 보존과 넘어섬을 위한 기관이자 매체임이 분명하다는 사실에 표현된다." 둘째, "언어는 사회와 자연의 신진대사뿐 아니라 순수하게 사회 내적인 인간 상호 간의 교통을 매개한다. 이에 반해 수많은 다른 복합체들은 자신의 작용토대를 바로 이 언어영역에 두고 있다."(3권, 276쪽) 이처럼 루카치는 언어라는 계기를 법과 도덕, 교육 등, 사회적 범주들의 근거로 삼으며, 결국 인간적 삶을 재생산하고 또 이념과 이데올로기 등을 구성하는 핵심 인자로 본다.

　루카치가 여기서 사회적 범주의 자율성을 이야기한다고 해서, 사회적 범주가 자연적 범주보다 우선한다고 말하는 것은 아니다. 그는 사회적 존재가 기본적으로 자연존재에 기반하고 있다는 점에서 자연존재가 존재론적으로 우선한다고 주장한다. 물론 이런 주장이 두 존재양식 중 어느 것이 가치에서 우선하는가를 말하는 것은 아니다. 그는 그저 여기서 "삶의 생물학적 재생산이 전체 삶의 표현들의 존재 적합한 토대를 이룬다는 사실, 여타의 삶의 표현들이 없는 생물학적 재생산은 가능하지만 그 역은 불가능하다는 사실을 순수하게 말하고"(3권, 314쪽) 있을 뿐이다. 이러한 주장에서도 그가 인간적 삶의 독특함을 사회적 삶에서 본다는 것, 그리고 사회적 삶을 가능하게 하는 목적정립적 행위로서의 노동과 언어의 중요성을 강조하고 있다는 것 등은 자연존재의 절대적 우위에 바탕한 환원주의적인 속류 마르크스주의에 대한 그의 비판적 응시를 볼 수 있다.

　루카치가 이런 말로 하고자 하는 것은 분명하다. 자본주의에서 사회주의로의 변혁은 자동적으로, 필연적으로 이뤄지는 것이 아니라 행위주체들의 의식적 의지가 필요하다는 것이다. 이런 생각은 초기의 주저인, 정통 마르크스주의자들의 엄청난 비난을 초래한 『역사와 계급의식』(1923)에서 사회주의로의 이행을 위해 프롤레타리아 계급의 의식적 의지를 강조한 것과 연속선 위에 있다. 『사회적 존재의 존재론』의 언어로 말하자면 자본주의의 사회적 조건은 노동계급에게 특정한 문제를 제기하는데, 이 계급이 이 문제에 올바르게 답할 것이라는 보장은 자동적으로 주어지지 않는다.

마르크스 진영 내에서 루카치의 이런 문제의식은 자본주의 사회에서의 문화적 현상에 대한 비판을 좀 더 진지하게 수행할 수 있는 길을 열었다. 자본주의라는 포괄적 계기에서 등장하는 상부구조로서의 문화적 현상을 루카치가 계급모순을 포함하는 '물화(Verdinglichung)'의 관점에서 비판하고 설명하게 된 배경을 이런 관점에서 이해할 수 있다. 루카치의 이런 선구적 작업은 이후 소위 '수정 마르크스주의'라는 서구 마르크스주의자들에게 자본주의 사회를 새로운 관점에서 이해할 수 있는 길을 제시했으며, 많은 종류의 변혁적, 개혁적 변이들을 양산했다. 그리고 무엇보다도 지난 40년간 신자유주의라는 강력한 태풍이 쓸고 간 폐허 위에 마르크스를 다시 호명할 수 있는 길을 예비했다.

오늘날 세계에는, 데리다의 말처럼, '마르크스의 유령들'이 다시 나타나 배회하고 있다. 하기야 자본주의가 자리하고 있는 한, 그것도 자본주의의 민낯을 여과 없이 보여주는 신자유주의가 활개 치는데 시대와 인간을 회의하도록 우리의 정신을 붙잡는 마르크스의 유령들이 어떻게 나타나지 않을 수 있겠는가? 마르크스가 다시 호명되는 것은 우리에게 약속인가, 아니면 재앙의 상징인가? 마르크스는 우리를 젖과 꿀이 흐르는 가나안 땅으로 인도하는가, 아니면 광야와 사막으로 인도하는가? 어쨌거나 우리는 마르크스를 다시 호명하지 않을 수 없을 정도로 척박한 상황에 내몰려 있으며, 그의 비판적 통찰에 현실적 힘이 실리는 환경에 내몰려 있다. 그리고 마르크스가 이런 상황에서 언제든 불려 나올 수 있게 한 위대한 사상가 중한 사람이 루카치임을 부인할 수 없다.

한때는 학문의 여왕으로 군림하던 철학이 학문세계에서 극복의 대상이된 적이 있었고, 지금도 그 분위기는 사회 전체를 지배한다. 하지만 모든 학문의 뿌리에 철학이 있다는 단순한 역사적 사실만 놓고 보더라도 과거적 존재, 내러티브적 존재로서의 인간에게 철학은 절연할 수 없는 동반자이다. 무시하고자 하지만 무시할 수 없는 철학은 '호모사피엔스'로서의 인간의 본성에 가장 근접한 활동의 산물이자 그 자체 본성의 실현이다.

철학의 중요성과 불가피성에도 불구하고 중요한 철학고전 중 많은 것들이 우리 사회에 소개되지 않았다. 시장을 탓할 수도 있지만 연구자들의 책임의식도 한몫을 했다. 한국연구재단의 지원이 없었다면 루카치의 이 저작을 소개할 엄두를 내긴 쉽지 않았을 것이다. 지원이 결정되었을 때 역자들은 이 저작의 완성도를 높이기 위해 많은 논의들을 했었는데, 막상 세상으로 내보내려 하니 애초에 품었던 목적지에 도달했는지 돌아보면서 주저하게 된다. 이제 이 작품은 역자들을 떠나 연구자들과 독자의 손으로 간다. 환대를 받기도 하고 천대를 받기도 하면서 세상을 누비게 될 것이다. 그러는 가운데 찢기기도 할 테지만 우리 사회의 연구의 질적 향상과 인문적, 철학적 소양의 고양에 이바지하기만을 바랄 뿐이다.

이 작품 전체의 번역은 3인의 연구자에 의해 수행되었다. 교차검토를 수행하긴 했지만 책임 번역 부분을 밝히는 것이 도리일 것 같다. 제1부의 「제1장 신실증주의와 실존주의」, 「제2장 참된 존재론을 향한 니콜라이 하르트만의 진격」을 담고 있는 『사회적 존재의 존재론 1』은 권순홍 교수가 책임 번역하였다. 『사회적 존재의 존재론 2』의 「제3장 헤겔의 잘못된 존재론과 참된 존재론」은 정대성 박사가, 「제4장 마르크스의 존재론의 근본원리들」은 이종철 박사가 책임 번역하였다. 『사회적 존재의 존재론 3』의 「제1장 노동」은 이종철 박사가, 「제2장 재생산」은 정대성 박사가 맡았다. 『사회적 존재의 존재론 4』의 「제3장 이념적인 것과 이데올로기」는 정대성 박사가, 「제4장 소외」는 이종철 박사가 책임 번역하였다. 역자들의 노력에도 불구하고 번역에서 피할 수 없는 오류는 꾸준히 등장할 것이다. 독자제현의 따끔한 지적으로 이 번역서가 더 완전해질 수 있기를 바란다.

역자

제2부

중요한 문제복합체들

제1장
노동

    사회적 존재의 특수 범주들, 이전의 존재형태들로부터의 이 범주들의 출현과정, 이전의 존재형태들과의 연관성, 또 이전의 존재형태들에 기초해 있으면서도 구별되는 점들 등을 존재론적으로 기술하고자 할 때, 이러한 탐구는 노동에 대한 분석에서 시작해야 한다. 존재의 각각의 단계는 전체적으로든 세부적으로든 복합적인 성격을 갖는다는 사실, 즉 지극히 핵심적이고 결정적인 범주들은 해당 존재수준의 총체적 특성 속에서만, 또 이 속성으로부터만 파악될 수 있다는 사실을 잊어서는 안 된다. 사회적 존재를 피상적으로 일별해보아도 노동, 언어, 협동 및 분업과 같은 결정적인 범주들이 불가분적으로 서로 얽혀 있음이 드러나고, 의식이 현실과 그리고 자기 자신과 맺는 새로운 관계 등도 드러난다. 어떤 것도 분리된 고찰 속에서는 적합하게 파악될 수 없다. 실증주의에 의해 "발견되고", 특정한 마르크스주의자들[예를 들어 부하린(Nikolai Ivanovich Bukharin)[1]]에게 커다란 영향을 준 기술의 물신화(Fetischisierung)[2]가 오늘날까지 적지 않은 역할을 하고 있음을 생각해보라. 이러한 물신화는 현재 지극히 영향력 있는 조작의 보편성을 맹목적으로 예찬하는 자들 사이뿐만 아니라, 그것들을 추상적이고 독단적으로 비판하는 적대자들 사이에서도 커다란 역할을 하고 있다.

그렇기 때문에 우리는 앞서 분석한 마르크스의 두 가지 길에 대한 물음을 해명하는 일로 되돌아가지 않으면 안 된다. 이것은 무엇보다 새로운 존재복합체를 분석적-추상적으로 해체시키고, 그렇게 얻어진 토대 위에서 단순히 주어지고 표상된 것으로서뿐만 아니라, 그 현실적 총체성 속에서도 파악된 사회적 존재의 복합체로 되돌아갈(혹은 상승할) 수 있는 방법이다. 여기서 우리는 동일한 방식으로 앞서 탐구된, 상이한 존재유형의 발전 경향들로부터 일정한 방법론적 도움을 얻는다. 오늘날 과학은 특정한 조건

---

1) 니콜라이 부하린(1888~1938)은 모스크바에서 출생했으며, 1906년 러시아사회민주노동당에 입당하였다. 체포·유형(流刑)된 후 망명하여 빈 대학에서 수학하였다. 1917년의 2월혁명 직후 미국에서 일본을 경유하여 귀국, 모스크바의 볼셰비키를 지도하였으며, 같은 해 10월혁명 후에는 당 기관지 《프라우다(Pravda)》의 편집장이 되었다. 브레스트리토프스크 강화조약을 둘러싸고 N. 레닌과 대립하여 '좌익 공산주의자' 지도자가 되었으며, 그 후 I. V. 스탈린과 합세하여 L. 트로츠키를 실각시켰다. 1927년 G. E. 지노비예프를 대신하여 코민테른 집행위원회 의장이 되었으나, 후에 '우익 반대파'로서 주류파와 대립하다가 실각하였다. 그 후 자기비판을 하여 공직에 복귀하였으나, 대숙청의 소용돌이 속에서 1938년 총살되었다. 이론가로서 유명하며, 저서로 『사적 유물론(史的唯物論)』(1921), 『제국주의와 자본축적』(1925) 등이 있다. 1988년 공식 복권이 이루어졌다. (역주)

2) 물신화(物神化). 이 용어는 원래 인류학에서 유래된 것으로서, '페티시(fetish: 또는 fetich)'라는 말은 마술적이고 영적인 힘을 지닌 것으로 생각하여 목걸이나 팔찌에 달고 다녔던 장식품인 참(charm)을 가리키는 말이다. 프로이트는 그의 저서 『성 이론에 대한 3가지 의견』에서, 페티시즘 환자가 성적 만족을 얻는 대상은 '미개인들이 그런 물건에서 그들의 신을 형상화하는 것'과 견줄 만하다면서 페티시즘을 정신의학적 개념으로 설명했다. 여기서는 기술에 대한 과도한 집착이나 숭배를 의미한다. (역주)

하(환경, 공기압 등등)에서 내부에 유기체의 기본적인 특성들을 맹아적으로 담고 있는 아주 원시적인 복합체가 탄생할 수 있음을 보여주며, 이로써 무기물로부터 유기체의 발생과정을 구체적으로 추적하기 시작했다. 아주 원시적인 이러한 복합체들은 당연히 현재의 구체적인 조건들하에서는 더 이상 생존할 수 없으며, 단지 실험적인 생산을 통해서만 보여질 수 있을 뿐이다. 또한 유기물의 진화론은 개별 유기체에만 해당하는 재생산의 범주들이 대단히 모순적이고 많은 경우 난관에 부딪치기도 하지만 어떻게 점차로 유기물을 지배하게 되는지를 보여준다. 예컨대, 식물들은 그 총체적 재생산을 —통상 여기서 예외는 중요하지가 않다— 비유기적인 자연과의 신진대사(Stoffwechel)[3]에 기초해서 수행한다는 것이 특징적이다. 동물의 왕국에서야 비로소 이러한 신진대사가 유기체의 영역에서 순수하게 혹은 적어도 압도적으로 수행되며, 다시금 통상 비유기적 물질이 필요할 때조차 그러한 매개를 통해서 비로소 수행된다. 진화의 길은 생명영역에만 특수하게 적용되는 범주들이 다른 범주들에 대해, 즉 불가피하게 하위의 존재영역에서 획득되고 작용하는 범주들에 대해 최대한의 우위를 확보하는 길이다.

사회적 존재에서는 유기화학이 (그리고 당연히 이 유기화학을 매개로 한 비유기적 세계 역시) (진화의 도정을 설명하는—역자) 이러한 역할을 담당한다. 우리는 이미 다른 맥락에서 사회적 영역에서의 그와 유사한 발전방향을 기술한 바 있는데, 마르크스가 "자연한계의 후퇴"라고 부른 것이 그것이다.

---

3) 물질교대(物質交代)라고도 한다. 생물이 생명을 유지하기 위해 물질을 외계로부터 섭취하여 필요한 구성물질로 바꾸고, 이때 생긴 노폐물을 체외로 배출하는 과정에서 나타나는 화학변화를 총칭한 것이다. (역주)

물론 여기에서 이미 사회성을 부여받은 유기화학이 이러한 이행과정들을 실험적으로 되짚어보는 것은 처음부터 배제된다. 사회적 존재의 역사성이 갖는 철저한 비가역성 때문에 그러한 이행단계가 갖는 지금, 그리고 여기 (hic et nunc)의 사회적인 요소를 실험적으로 재구성한다는 것은 불가능하다. 따라서 우리는 유기적 존재가 사회적 존재로 변형되는 이 과정에 대해 직접적이고 정확한 인식을 가질 수 없다. 우리가 도달할 수 있는 최대치는 마르크스의 방법을 적용한 사후적인(post festum) 인식이다. 다시 말해 인간의 해부가 원숭이의 해부에 대한 열쇠를 제공하며, 또한 원시적인 단계는 높은 단계로부터, 그 발전방향과 경향으로부터 사유 속에서 재구성될 수 있다는 것이다. 이행의 상이한 단계들을 해부학적-생리학적으로, 그리고 사회적으로 밝혀줄 수 있는 고고학적인 발굴(예컨대 도구 등의 발굴) 작업은 우리에게 최고의 근사치를 제공할 수 있을 것이다. 하지만 도약은 여전히 도약으로 남으며, 결국에는 앞서 말한 사고의 실험을 통해서만 개념적으로 명료해질 수 있다.

따라서 여기서 중요한 문제는 하나의 존재수준에서 질적으로 다른 존재수준으로의 ―존재론적으로 필연적인― 도약적 이행임을 우리는 분명히 해야 한다. 생물학적 징표는 이행단계만을 해명해줄 뿐 결코 도약 자체를 해명할 수는 없다. 이런 점에서 원숭이와 인간 사이의 "사라진 고리"를 발견하고자 하는 1세대 다윈주의자들의 희망은 헛된 것이다. 하지만 인간과 동물의 신경 생리적 차이에 대한 아주 정교한 서술은 인간의 이런 속성이 사회적 존재에서 유래한 것임을 오랫동안 설명할 수 없었으며, 따라서 그런 서술은 도약이라는 (그리고 이 도약이 실현되는 실제 과정이라는) 존재론적 사실을 아주 오랫동안 간과하지 않을 수 없었음을 우리는 시사했었다. 고도로 진화된 동물, 특히 원숭이를 이용한 심리-물리적 실험도 마찬가지로 이 새로운 맥락의 본질을 해명할 수 없다. 여기서 우리는 그러한 동물들의 생활 조건에서 나타나는 인위적 성격을 쉽게 간과하고 있다. 첫째로, 여기서는 동물들의 생존의 자연적인 불안정성(먹이를 구하고 외부로부터 위협을 받는)이 제거되어 있으며, 둘째로, 동물들은 스스로 만든 도구가 아니라 실험자에 의해 생산되고 분류된 도구 등을 가지고 일을 한다는 사실이다. 하지만 인간 노동의 본질은, 첫째로 그것이 생존 투쟁의 와중에서 발생했고, 둘째로 그 모든 단계가 인간 자신의 활동의 산물이라는 점에 기초해 있다. 그렇기 때문에 여러 가지 면에서 지나치게 과장된 유사성들은 지극히 비판적으로 고찰되어야 할 것이다. 고등동물의 태도에서 보이는 커다란 유연성은 현실적으로 도움이 되는 유일한 계기이다. 현실에서 노동으로의 도약을 이끌어낸 (인간—역자) 종은 질적으로 보다 발전된 아주 예외적인 경우임에 틀림없다. 이러한 맥락에서 오늘날 존재하는 종들은 명백히 아주 낮은 단계에 머물러 있는데, 왜냐하면 여기서는 참된 노동에 연결시킬 다리를 찾을 수 없기 때문이다.

여기서 다루는 문제는 존재형태로서의 사회(성)라는 구체적 복합체이기 때문에, 우리가 곧바로 이러한 복합체로부터 노동을 부각시키고 또한 발생과정과 도약에서 노동에 특별한 위상을 부여하는가라는 물음을 적법하게 제기할 수 있다. 존재론적으로 고찰할 때, 그 답변은 언뜻 보이는 것보다 훨씬 쉽다. 이러한 존재형태의 다른 모든 범주는 그 본질상 이미 순수하게 사회적 성격을 띠고 있기 때문이다. 범주들의 속성들과 작동방식들은 이미 구성된 사회적 존재에서 비로소 전개되며, 그것들의 현상방식은 아직은 초보적이다. 그럼에도 그것들은 도약을 이미 수행한 것으로 전제하고 있다. 오직 노동만이 그 존재론적 본질에서 볼 때 앞에 말한 이행의 성격을 갖는다. 즉 노동은 그 본질상 인간(사회)과 자연 사이의 교호관계이다. 물론 이때 자연은 비유기적(도구, 원자재, 노동대상 등)인 자연이기도 하고 유기적 자연이기도 하다. 그런데 인간과 자연의 교호관계가 특정한 점들에서는 앞에서 서술한 계열에서 형태화될 수도 있지만, 무엇보다 중요한 것은 그러한 관계가 노동하는 인간에서는 단순한 생물학적 존재로부터 사회적 존재로의 이행을 표시해준다는 사실이다. 마르크스는 다음과 같이 적법하게 말했다. "따라서 사용가치의 창조자이자 유용 노동으로서의 노동은 인간과 자연 사이의 신진대사 및 인간적 삶을 매개하기 위해 존립하는, 모든 사회형태로부터 독립된 인간의 생존조건이자 영원한 자연 필연성이다."[4] 발생과정을 이처럼 고찰함에 있어서 우리는 "사용가치"라는 표현을 완전히 경제적인 용어로 받아들여서는 안 된다. 사용가치가 상대적으로 매우 높은 단계에서만 발생할 수 있는 교환가치와의 반성적 관계에 들어가기 전에, 사용가치는 인간이 자신의 생존을 재생산함에 있어 유용하게 활용할 수 있는 노동생산물 이상을 가리키지 않는다. 앞으로 보게 되겠지만, 사회적 존재에서 새로운 것의 본질을 이루는 모든 규정이 노동 속에 고요하게 담겨 있다. 따라서 노동은 근원적 현상으로서, 사회적 존재의 모델로서 간주될 수 있다. 그렇기 때문에 이러한 규정들을 해명하는 것은 이미 노동의 본질적 특성에 대한 명료한 상을, 다시 말해 노동에 대한 분석으로 시작하는 것이 방법론적으로 유익하다는 사실을 보여준다.

그럼에도 불구하고 여기서 제시된 노동을 이처럼 고립적으로 고찰할 경우 하나의 추상이 이루어지고 있다는 점을 분명히 해야 한다. 즉 사회성, 최초의 분업, 언어 등등이 노동으로부터 발생하지만, 순수하게 규정 가능하고 시대적인 연속에서가 아니라 본질상 동시적으로 발생하고 있다. 따

---

4) Marx: *Das Kapital* I., Auflage, Hamburg 1903, S. 9; MEW 23, S. 57.

라서 우리가 여기서 수행하는 것은 하나의 독특한 추상이다. 방법론적으로 볼 때, 그것은 우리가 마르크스『자본론』의 사유구조를 분석하면서 상세히 고찰했던 추상과 유사한 특성을 지닌다. 그 최초의 해결은 이미『자본론』2권에서, 사회적 존재의 재생산과정에 대한 탐구에서 이루어졌다. 그렇기 때문에 마르크스에서와 마찬가지로 이러한 형태의 추상이 의미하는 바는, 그러한 유의 문제가 완전히 —일시적이라 할지라도— 소멸되었다는 데 있는 것이 아니다. 오히려 그 문제는 사실상 외곽으로 밀려난 지평 속에 등장하기는 해도, 그에 대한 적절하고 구체적이며 총체적인 탐구는 보다 발전된 고찰을 기다려야 한다. 당분간 그 문제는 추상적으로 파악된 노동과 관련해서 그것의 직접적인 존재론적 결과가 되는 한에서만 조명될 것이다.

1. 목적론적 정립[5]으로서의 노동

노동을 인간의 인간화의 핵심적 문제로 설정한 것은 엥겔스의 기여이다. 그는 또한 동물에서 인간으로 도약하는 과정에서 노동이 담당하는 새로운 역할의 생물학적 전제도 탐구했다. 그는 노동을 원숭이의 손이 담당하는 생명 기능의 차이에서 설명하였다. "이미 하급 포유동물의 앞발에서 보듯, 손은 먹이를 구하고 간직하는 데 탁월하게 기여한다. 많은 원숭이들

---

5) 일반적으로 독일어 setzung은 어떤 것을 내용적으로 규정하거나 그것을 명제로 표현한다는 의미이다. 피히테가 자아의 활동과 관련해서 철학적 의미로 사용한 후 정립(定立)이란 말로 번역되고 있다. 루카치가 노동과 연관시켜 이 말을 사용할 때는 어떤 목표를 '계획한다'는 의미가 강하다. 노동은 이런 목적론적 계획(정립)을 실현하는 것이다. (역주)

은 손으로 나무에 둥지를 만들고, 심지어는 침팬지에서 보듯, 거친 날씨에 자신을 보호하기 위해 가지들 사이에 지붕을 만들기도 한다. 침팬지는 적으로부터 방어하기 위해 손으로 몽둥이를 잡거나 혹은 열매나 돌을 가지고 적과 싸우기도 한다." 하지만 원숭이의 그런 행동에도 불구하고 엥겔스는 그 유기체의 영역 내부에서 더 이상 작용하지 않는, 그 유기체를 원리적-질적-존재론적으로 넘어섬을 의미하는 하나의 도약이 있음을 결정적으로 제시했다. 이러한 의미에서 엥겔스는 원숭이의 손과 인간의 손에 대해 말한다. "뼈와 근육의 숫자나 일반적인 배열이 그들 모두에게서 일치한다. 하지만 가장 저급한 원시인의 손일지라도 어떤 원숭이의 손도 흉내낼 수 없는 수많은 작업을 수행할 수 있다. 어떤 원숭이의 손도 가장 조야한 형태의 돌칼을 만들지 못했다."[6] 엥겔스는 여기서 이러한 이행이 아주 오랜 시간을 통해 이뤄진다는 사실을, 하지만 그렇다고 이 과정의 도약적 특성이 변하는 것이 아님을 강조한다. 존재론적 문제에 대해 신중하고도 올바르게 접근함에 있어서 모든 도약은 존재에서 하나의 질적이고 구조적인 변화를 의미한다는 사실을 염두에 두어야 한다. 또한 이러한 변화에서 출발 단계는 나중의 보다 높은 단계의 특정한 전제들과 가능성들을 자체 내에 담지하고 있으면서도 나중의 단계가 처음의 단계로부터 단순히 직선적인 연속성에서 전개될 수 없다는 점도 염두에 두어야 한다. 새로운 존재형태의 순간적이거나 점진적인 발생이 아니라 발전의 정상적인 연속과의 이러한 단절이 도약의 본질을 이룬다. 우리는 곧 노동에서 이러한 도약의 핵심문제를 언급할 것이다. 다만 엥겔스가 정당하게도 사회성과 언어를 노

---

6) Engels: *Herrn Eugen Dührings Umwälzung der Wissenschaft—Dialektik der Natur* (MEGA Sonderausgabe), Moskau-Leningrad 1935, S. 694; MEW 20, S. 445.

동으로부터 직접 도출했다는 사실이 언급되어야 할 것이다. 우리는 이러한 물음을 우리의 기획과 대응해서 나중에 다룰 수 있을 것이다. 여기서는 벌들의 나라에서 가장 잘 관찰될 수 있는 이른바 동물사회가(그리고 동물의 왕국에서 나타나는 일반적인 "분업"이) 생물학적으로 고착된 차별화라고 하는 사실 한 가지만을 간단히 지적하고자 한다. 그러므로 그러한 조직이 어떻게 발생했는지와 관계없이, 이 조직은 그 자체로부터 어떠한 내재적 발전의 가능성을 더 이상 갖지 못한다. 다시 말해 그것은 특정한 종의 동물이 자신의 환경에 특수하게 적용하는 방식 이상이 아니다. 그렇게 발생한 "분업"이 보다 완전하게 기능하고, 그것이 생물학적으로 보다 확고하게 정착할수록 상태는 그만큼 더 나빠진다. 이에 반해 노동에 의해 산출된 인간사회의 분업은, 우리가 앞으로 살펴보겠지만, 그 고유의 재생산조건을 창출한다. 명백히 현존 상태의 단순한 재생산은 전형적인 확대재생산의 특수한 경우만을 만들 뿐이다. 이 현존 상태는 발전과정에서 나타나는 어려움들을 당연히 배제하지 않는다. 그럼에도 그 원인은 언제나 각 사회의 구성요소들의 생물학적 속성이 아니라 그 구조에 의해 규정된다.

마르크스는 이미 적합성을 띠게 된 노동의 본질에 대해 다음과 같이 말했다. "우리는 노동이 인간에게만 배타적으로 속한다는 형식으로 노동을 말한다. 거미는 비버가 하는 작용과 유사하게 작용한다. 벌은 벌집을 만듦으로써 많은 인간 건축가를 부끄럽게 할 수도 있다. 하지만 애초부터 가장 조악한 인간 건축가를 최고의 벌들로부터 구별해주는 것은 그가 집을 짓기 전에 머릿속에서 그것을 짓는다는 점에 있다. 노동과정이 끝나면 애초에 노동자의 관념 속에 있었던, 그리하여 이미 관념적으로 현존했던 결과가 드러난다. 그는 자연적인 것의 형태 변화만을 행한 것이 아니다. 그는 자연적인 것 속에서 동시에 그의 행위의 종류와 방식을 법칙으로 규정하고 그가 자신의 의지를 종속시키지 않을 수 없었다고 인식한 그의 목적을 실현하는 것이다.[7] 이 말은 노동이라는 존재론적 핵심 범주에 대한 것이다. 노동을 통해 물질적 존재의 내부에서 하나의 목적론적인 정립(계획)이 새로운 대상성의 발생으로서 실현된다. 따라서 노동은 한편으로 다른 모든 사회적 실천의 모델이 된다. 이러한 실천에서는 —아직은 수많은 매개를 통해서이기는 해도— 이미 목적론적인 정립, 궁극적인 물질적 목적이 실현되어 있다. 우리가 나중에 보게 되겠지만, 노동의 이러한 모델의 성격을 사회에서의 인간의 행위에 도식적으로 확대할 필요가 없다는 것은 당연하다. 하지만 가장 중요한 구별을 고려해볼 경우 양자의 본질적인 존재론적 유사성도 드러난다. 왜냐하면 노동이 그 존재상 다른 사회적-목적론적 정립의 원형적 형태이기 때문에 바로 이런 구별작업을 통해 노동이 사회적-목적론적인 다른 정립행위들을 이해하기 위한 모델로 봉사한다고 하는 사실이 명백하게 드러나기 때문이다. 노동이 목적론적인 정립의 실현이라고 하는 이런 단순한 사실은 모든 인간의 일상적 삶의 기본적인 체험이다. 따라서 이 사실은 일상적인 대화에서 경제와 철학에 이르기까지 모든 사유의 가장 중요한 구성요소이기도 하다. 따라서 여기서 문제는 노동의 목적론적인 성격에 대한 긍정이나 부정의 문제가 아니다. 오히려 여기서 참으로 문제가 되는 것은 —일상에서 신화, 종교 및 철학에 이르기까지— 이런 기본적인 사실의 거의 무제한적 일반화를 참으로 비판적이고 존재론적인 고찰이라고 말한다는 데 있다.

　아리스토텔레스[8]나 헤겔과 같이 사회적 현존재를 겨냥한 위대하고 탁월

---

7) *Kapital*, I., S. 140; MEW 23, S. 193.
8) 아리스토텔레스는 그의 자연학에서 사물을 완전히 설명하려면 질료인(質料因)·형상인(形相

한 사상가가 노동의 목적론적 성격을 명료하게 파악했다는 사실, 그리고 그들의 구조 분석이 심각한 교정이 아니라 약간의 보충만을 필요로 할 만큼 오늘날에도 그 타당성을 견지하고 있다는 사실은 그리 놀라운 일이 아니다. 아리스토텔레스와 헤겔의 목적론적인 정립 방식이 노동에 (혹은 확장된, 하지만 정당한 의미에서 인간 실천 일반에) 한정된 것이 아니라, 보편적인 우주론적 범주로까지 ―이를 통해 전체 철학사에 이어지는 경쟁관계, 인과성과 목적론 사이의 해결 불가능한 이율배반이 나타난다― 고양된다는 데서 그들 자신의 존재론적 문제가 발생한다. 잘 알려져 있듯이 유기체에 작용하는 강력한 합목적성은 아리스토텔레스에게 많은 자극을 주었으며, ―생물학과 의학 연구는 그의 사유에 지속적이고 심대한 영향을 미쳤다― 이를 통해 그의 사유 체계에서는 현실의 객관적 목적론이 결정적 역할을 하게 되었다. 또한 노동의 목적론적 성격을 아리스토텔레스보다 더욱 구체적이고 변증법적으로 기술한 헤겔이 나름대로 목적론을 역사와 총체적인 세계상의 원동기로 삼았다는 것도 주지의 사실이다.(우리는 이미 헤겔 장에서 이러한 문제들 중 몇몇을 지적했다.) 그리고 이러한 대립은 철학의 시초로부터 라이프니츠의 예정조화에 이르기까지 사유와 종교의 전 역사를 관통하고 있다.

우리가 여기서 종교에 대해 지적할 때, 이러한 지적은 객관 존재론적 범주로서의 목적론의 속성에 기초해 있다. 인과율은 의식의 활동 속에서 인과계열이 출발할 때에야 자신의 이런 인과적 특성을 보존하는 자기의존적

囚) · 동력인(動力囚)뿐만 아니라 목적인(目的囚: 그 사물이 존재하거나 만들어진 목적)도 고려해야 한다고 주장했다. 그에 따르면 사물은 자신의 본질에 내재해 있는 목적을 실현하기 위해 발전하며, 그 궁극목적은 신이다. (역주)

자기운동의 원리가 되는 데 반해, 목적론은 그 본질상 하나의 정립된 범주이다. 다시 말해 모든 목적론적 과정은 하나의 목적정립을 담고 있으며, 그리하여 목적정립적 의식을 담고 있다. 때문에 정립한다는 것은 이러한 맥락에서, 다른 범주들에서처럼, 특히 인과율에서처럼 단순히 의식 속으로 고양하는 것이 아니다. 오히려 의식은 정립행위와 함께 하나의 실제적인 과정을, 모름지기 목적론적인 과정을 출범시키는 것이다. 따라서 여기서 정립활동은 지양 불가능한 존재론적 성격을 지닌다. 자연과 역사에 대한 목적론적 이해는 그러므로 단순히 그것들의 합목적성, 그것들의 목적지향만을 의미하지 않는다. 목적론적 이해는 더 나아가 세부적으로뿐 아니라 전체과정으로서의 그것들의 실존과 운동이 의식적인 창시자를 지니지 않을 수 없다는 것을 의미한다. 이러한 세계관은 18세기의 협애한 신정론(Theodizeen)[9]의 저자들뿐만 아니라, 아리스토텔레스와 헤겔과 같은 풍부하고 심오한 사상가들에서도 나타난다. 그런데 이런 세계관을 불러일으킨 욕구는 가장 기본적이고 원초적인 인간적 욕구이다. 즉 그 욕구는 현존재의 의미성, 즉 아래로는 —이는 가장 우선적이기도 한데— 개인의 삶의 사건들에까지 이르는 세계과정의 의미성을 찾고자 하는 욕구이다. 따라서 목적론적 원리가 아무런 제약을 받지 않고 우주적으로 개화할 수 있었던 저 종교적 존재론을 제반 과학의 발전이 난파시킨 후에도, 이 원초적이고 기본적인 욕구는 일상생활의 사유와 정감 속에서 생명을 연장해갔다.

9) 신의 옳음을 인정하는 이론으로서 신의 선함과 올바름을 현세의 악과 고통에 관한 관찰 가능한 사실과 조화시키려 한다. 고트프리트 빌헬름 라이프니츠는 『신정론』(1710)에서 악이 존재함에도 불구하고 신은 올바르다고 변호했다. 라이프니츠에 의하면 신은 논리적으로 가능한 일을 할 수 있다는 의미에서만 전능하다. 어떤 요소들은 따로따로는 가능한 것이지만 상호 양립할 수 없는 경우가 있는데, 신은 이런 제한된 상황에서 세계를 창조했기 때문에 이 창조된 세계는 '최선의 가능한 세계'이다. (역주)

여기서 우리는 자식이 죽은 침대에서 기도를 통해 신이 인도하는 목적론적 행로에 영향을 미치고자 했던 무신론자 닐스 리네(Niels Lyhne)[10]와 같은 사람들을 생각하는 것만이 아니다. 이러한 태도는 물리적으로 움직이는 일상생활 전반의 근본적 힘들에 속한다. N. 하르트만(Nicolai Hartmann)[11]은 이 상황을 목적론적 사유에 대한 그의 분석에서 다음과 같이 대단히 정확하게 정식화하고 있다. "기회만 있으면, '무엇을 위해서 세상이 그렇게 돌아가는가?', '무엇을 위해서 나에게 그런 일이 일어나는가?' 혹은 '무엇을 위해서 내가 그런 고통을 겪어야 하는가?', '무엇을 위해 그는 그렇게 빨리 죽는가?'라고 묻는 경향이 있다. 어떤 형태로든 우리의 관심을 끄는 그 모든 사건에서, 설령 그것이 당혹감이나 무력감의 표현이라 할지라도, 이러한 유의 물음이 제기되는 것이다. 우리는 암묵적으로 어떤 충분한 이유가 있다고 전제한다. 즉 우리는 하나의 의미를, 거기서 하나의 정당성을 찾고

---

10) 닐스 리네는 날카로운 자연 관찰로 유명한 덴마크의 소설가 옌스 피터 야콥센(Jens Peter Jacobsen, 1847~85)의 소설 이름이자 주인공이다. 야콥센은 자연과학을 공부하여 찰스 다윈의 추종자가 되었으며 『종의 기원(On the Origin of Species)』(1871~73), 『유전론(The Descent of Man)』(1874)을 덴마크어로 번역했다. 이 소설은 인간의 영혼은 외롭다고 본 무신론자의 이야기이다. (역주)

11) 니콜라이 하르트만(1882~1950)은 독일의 철학자이다. 제1차 세계대전에서 독일을 위하여 일한 뒤 마르부르크(1920~25), 쾰른(1925~31), 베를린(1931~45), 괴팅겐(1945~50) 대학교 등에서 철학을 가르쳤다. 첫번째 저작 『플라톤의 존재 논리(Platos Logik des Seins)』(1909)에는 그의 초기 칸트주의가 나타나 있다. 그러나 『독일 관념론 철학(Die Philosophie des deutschen Idealismus)』(2권, 1923~29)에서는 신칸트주의의 견해를 거부하는 조짐을 보였으며, 나아가 『존재론의 새로운 길(Neue Wege der Ontologie)』(1942)에서는 정신이 사고를 통해 실재를 구성한다는 칸트의 견해를 뒤집어버림으로써 이러한 거부를 완성했다. 그의 새로운 존재론에 따르면, 인식론은 존재론에 의존하지만 존재론은 인식론에 의존하지 않는다. 따라서 대상의 '존재'는 그것에 대한 사고나 지식에 필수불가결한 것이다. 실재에 관한 지식 자체는 실재의 일부로서 다른 모든 사건 가운데 하나일 뿐이다. 그 밖의 저작으로는 『자연 철학(Philosophie der Natur)』(1950), 『미학(Ästhetik)』(1953) 등이 있다. (역주)

자 한다. 마치 발생하는 모든 것이 하나의 의미를 갖지 않으면 안 되는 양 말이다." 하르트만은 또한 언어상으로, 그리고 사유의 피상적 표현 위에서 '무엇을 위해서(Wozu)'는 종종 그 본질에 따라 지배적인 궁극적 관심을 어떤 형태로든 뒷전으로 몰아넣지 않고서도 '무엇 때문에(Warum)'로 바뀔 수 있음을 보여준다.[12] 일상생활 속에 그러한 사유와 감정의 뿌리가 깊이 박혀 있어서 자연과 생명 등등에서 목적론과의 근본적인 단절이 결코 이루어질 수 없다는 것을 쉽게 이해할 수 있다. 일상 속에서 완고하게 영향력을 발휘하는 이런 종교적 욕구는 자연발생적으로 직접적인 개인적 삶보다 훨씬 넓은 영역에 아주 강력하게 채색되어 있다.

이러한 갈등을 우리는 칸트에게서 분명하게 관찰할 수 있다. 유기적 생명을 "목적 없는 합목적성"[13]으로 규정하는 그는 이 규정에서 유기적 존재 영역의 존재론적 본질을 천재적으로 기술한다. 그는 자신의 선행자들이 제시한 신정론의 피상적 목적론을 정당한 비판을 통해 난파시켰다. 그 선행자들에 따르면 한 사물이 다른 사물에 단순히 유익하다는 사실에 이미 초월적 목적론이 실현되고 있다고 한다. 이와 더불어 칸트는 이 존재영역에 대한 올바른 인식을 위한 길을 열어놓았다. 즉 그는 내적 운동을 (개별자와 유의 적응과 재생산) 통해 —관련 복합체에 대해 객관적이고 합목적적인 것으로 적법하게 나타낼 수 있는— 합법칙성을 유효하게 드러내는 존재구

---

12) N. Hartmann: *Teleologisches Denken*, Berlin 1951, S. 13.
13) 칸트의 형식 미학의 핵심 개념. 모든 형태는 목적이 있다. 개구리의 물갈퀴는 잘 헤엄치기 위해서이고, 민들레의 씨앗은 잘 날아가기 위해서이고, 의자는 앉기 위해서이다. 자연물이건 인공물이건 어떤 형태를 갖춘다는 것은 목적이 있기 때문이다. 그런데 예술작품의 경우 분명 형태는 있지만 목적은 없다. 그런데도 이 예술작품이 존재하는 이유는 우리 마음에 들기 위해서이다. 예술작품은 아무런 목적이 없는데, 유일한 목적은 우리 마음에 들게 하기 위해서이다. (역주)

조들이 단순한 인과적-필연적 결합으로부터 발생할 수도 있음을 보여주었다. 그럼에도 칸트 자신은 이러한 문제 설정으로부터 현실적인 문제로 밀고 들어갈 수 있는 길을 잘못 구축하고 말았다. 이미 방법론적 수준에서 칸트는 통상 그렇듯이 존재론적 물음을 인식론적으로 해결하고자 했다. 객관적으로 타당한 그의 인식이론은 오로지 수학과 물리학에 정향되어 있기 때문에, 유기체의 과학에서는 그의 천재적인 통찰이 어떠한 인식 성과도 얻지 못하는 결과에 이르렀다. 따라서 그는 유명한 정식으로 다음과 같이 말한다. "언젠가는 뉴턴이 무덤에서 일어나 풀 한 잎의 생산조차 배후에 어떤 의도도 남김없이 자연법칙에 따라 이해 가능하게 할 수 있다고 생각하거나 기대한다고 하는 것은 터무니없는 일이다. …"[14] 이러한 언명의 문제점은 그것이 백년도 되지 않아 진화론에 의해, 이미 최초의 다윈적 정식 속에서 논박된 데 있지 않다. 엥겔스는 다윈을 읽고 나서 마르크스에게 다음과 같이 썼다: "목적론은 어떤 면에서는 아직 살해되지 않았소. 하지만 이제 그러한 살해가 벌어지고 있소." 또한 마르크스가 다윈의 방법에 대해 유보적인 태도를 취하고 있을지라도, 그는 다윈의 저작이 "우리 견해의 자연사적 토대를 담고" 있음을 확실히 했다.[15]

존재론적 문제를 인식론적으로 설정하고 답변하려는 칸트의 시도가 갖는 또 다른 보다 중요한 의미는 존재론적 물음 자체가 궁극적으로 해결되지 않은 채로 남아 있고, 또 "비판적으로" 규정된 그 영향권의 한계에서 사유가 물음을 긍정적이든 부정적이든 객관성의 테두리 안에서 답변하지 않

---

14) Kant: *Kritik der Urteilskraft*, § 75; KW 8, S. 513 ff.

15) Engles an Marx, ca. 12. Dez. 1859, und Marx an Engels, 19. Dez. 1860, MEGA III, 2., S. 447 und 533; MEW 29, S. 524 und MEW 30, S. 131.

은 채 침묵하게 되었다는 점에 있다. 아울러, 초월적 사변을 위한, 목적론적 해결 가능성의 궁극적 인정을 위한 문이 곧바로 인식 비판을 통해 열려진 채로 남아 있다. 그럼에도 이것이 칸트에 의해 과학의 영역으로 인정되지는 못했다. 우리는 무엇보다 이러한 개념화를 —나중에 셸링에게서 결정적으로 중요한— 직관적인 "원형적 지성"에 의해 사유한다. 원형적 지성은 인간이 소유하고 있지는 않아도, 칸트에 따르면 그것의 존재는 "어떠한 모순도 담고 있지 않으며"[16] 또한 이러한 문제를 해결할 수 있는 것이다. 따라서 인과율과 목적론의 문제는 마찬가지로 —우리에게는— 인식 불가능한 물자체의 형식 속에서 현상한다. 칸트가 신학의 요청들을 매우 자주 거부하기는 하지만, 이러한 부정은 "우리의" 인식에 한정되어 있다. 왜냐하면 신학 역시 과학을 표방하면서 등장하고, 그렇기 때문에 그것이 과학이고자 하는 한 인식 비판이라는 권위에 종속되어 있기 때문이다. 여기서 핵심은 다만 자연 인식에서 인과적 설명 방식과 목적론적인 설명 방식이 서로를 배제한다는 사실이다. 인간의 실천을 탐구할 때 칸트는 오로지 사회적으로 도출된 최상의 형식, 가장 숭고한 형식, 즉 순수도덕에만 관심을 집중한다. 그에게서 순수도덕은 삶(혹은 사회)의 활동들로부터 변증법적으로 도출되는 것이 아니라 이런 활동들과 본질적이고 극복할 수 없는 대립 관계에 서 있다. 따라서 여기서는 고유한 존재론적 물음이 답변되지 않은 채로 남아 있다.

　모든 진정한 존재론의 물음에서처럼, 여기서도 올바른 답변은 언뜻 보면 사소한 것처럼 보이는 특성을 가지며, '콜럼버스의 달걀'과 같은 것으로 작용한다. 그럼에도 노동목적론에 대한 마르크스의 해법 속에 담긴 규정

16) *Kritik der Urteilskraft*, § 77; KW 8, S. 522 ff.

들이 다양한 거짓 문제들을 해결할 수 있는 결정적으로 중대한 힘이 있음을 보기 위해 우리는 그 규정들을 좀 더 자세히 고찰해보아야 한다. 다윈에 대한 태도에서 드러나듯, 마르크스가 노동(인간적 실천) 이외의 다른 어떤 곳에서도 목적론의 실존을 부인하고 있다는 사실은 그의 사유를 아는 모든 사람에게 자명하다. 마르크스에게서 노동은 목적론 일반의 다양한 현상 형태들 가운데 하나가 아니라 목적론적 정립이 물질적 현실의 실제 계기로서 존재론적으로 입증될 수 있는 유일한 지점이다. 따라서 그에게서 노동의 목적론에 대한 인식은 이미 아리스토텔레스나 헤겔과 같은 위대한 선구자의 해결 방식을 크게 넘어서 있다. 현실에 대한 이런 올바른 인식은 일련의 물음 전체를 존재론적으로 해명해준다. 첫째, 목적론은 정립으로서만 현실에 이를 수 있다는 목적론의 결정적-실질적 특성은 단순하고 자명한, 그리고 실질적인 토대를 보유한다. 왜냐하면 일체의 노동이 가능하기 위해서는 노동과정의 모든 단계를 결정하기 위한 그런 정립이 노동에 선행하지 않으면 안 되는데, 이러한 사실을 파악하기 위해 노동에 관한 마르크스의 규정을 반복할 필요는 없기 때문이다. 확실히, 노동의 이러한 존재방식을 아리스토텔레스나 헤겔도 명확히 파악하지 못했다. 그럼에도 그들은 유기적 세계를, 마찬가지로 역사의 진행을 목적론적으로 파악하고자 함으로써 곳곳에서 필연적 정립의 주체를 (헤겔에게서는 세계정신을) 가장해야 했다. 하지만 이러한 주체를 통해 실재는 어쩔 수 없이 신화로 바뀌지 않을 수 없었다. 마르크스가 목적론을 노동에 (사회적 실천에) 정확하고도 엄밀하게 한계 지음으로써 목적론은 다른 모든 존재방식에서 배제되었지만, 그렇다고 그 의미를 잃지는 않았다. 그와는 반대로, 우리에게 알려진 존재의 최상의 단계인 사회적 존재는 자기 안에 있는 목적론의 실질적인 영향력에 의해서야 비로소 독자적으로 구성되는데, 이러한 사실은 자신의 실존을 지탱하는 단계로부터, 즉 유기적 생명의 단계로부터 고양되어 새로운 자립적 존재방식이 되는 것으로 이해하지 않으면 안 된다. 바로 이러한 방식을 통해 목적론은 성장한다. 우리가 사회적 존재의 발생과 자신의 토대로부터의 철수, 그리고 사회적 존재의 독립성 등이 노동 위에, 즉 목적론적 정립의 계속적인 실현 위에 기초해 있음을 파악할 경우에야 비로소 우리는 사회적 존재에 대해 합리적으로 이야기할 수 있을 것이다.

하지만 이 첫 번째 계기는 보다 심오한 철학적 함축을 갖는다. 철학사를 통해 현실의 범주적 토대이자 그 운동으로서 인과성과 목적론 사이에 어떤 정신적 투쟁이 전개되었는지는 잘 알려져 있다. 목적론적으로 정향된 모든 철학은 신을 우주와 인간의 세계와 조화시키기 위해 인과성에 대해 목적론이 우위에 있음을 공언하지 않을 수 없을 것이다. 신이 단순히 세계 시계의 태엽을 감고 아울러 인과성의 체계를 진행시켰다 할지라도, 창조주와 피조물 간의 이러한 위계와 그리하여 목적론적 정립의 우위는 불가피하다. 다른 한편으로, 세계의 초월적 속성을 부인하는, 마르크스 이전의 모든 유물론은 이러한 부인과 동시에 현실적으로 작동하는 목적론의 가능성도 부정해야만 할 것이다. 우리는 칸트 역시 —확실히 그의 인식이론적으로 정향된 용어에서— 인과성과 목적론의 양립 불가능성을 언급했음을 보았다. 이에 반해 마르크스에서처럼 목적론이 실제 유효한 범주로서의 노동 속에서 인식된다면, 이로부터 불가피하게 구체적이고 실질적이며 필연적인, 인과성과 목적론의 공존이 이어질 것이다. 다시 말해 양자는 대립하고 있을지라도, 오직 하나의 통일적이고 실제적인 과정 속에서만 그렇다. 그 운동성은 이러한 대립의 상호작용 위에 기초해 있고, 이러한 상호작용을 실재성으로 산출하기 위해서는 그 본질을 파괴하지 않고서도 동일하게 정립된 것으로 변형되는 것이다.

이 점을 명백히 하기 위해, 우리는 또한 아리스토텔레스와 헤겔의 노동 분석을 끌어올 수 있다. 아리스토텔레스는 노동 속에서 사유(γoηστξ)와 제작(ποιηστξ)의 요소를 구별했다. 사유를 통해 목적이 정립되고, 그 실현 수단이 탐구된다. 제작을 통해서는 그렇게 정립된 목적이 실현된다.[17] N. 하르트만이 첫 번째 요소를 분석적으로 두 개의 행위로, 즉 목적정립과 수단의 탐구로 분해했을 때, 그는 올바르고 교훈적인 방식으로 아리스토텔레스의 개척자적인 사상을 구체화했지만, 아리스토텔레스의 존재론적 본질에서 결정적 요소를 변경하지는 않았다.[18] 왜냐하면 이러한 요소는 사유의 기획이 물질적으로 실현된다는 것에, 사유된 목적정립이 물질적인 현실을 변경한다는 것에, 자연과 대립된 질적이고 근본적으로 새로운 어떤 것을 표상하는 물질적인 것을 현실 속에 끼워 넣는다는 점에 놓여 있기 때문이다. 아리스토텔레스가 든 집짓기의 예가 이러한 사실을 매우 구체적으로 잘 보여준다. 집은 돌이나 나무 등과 마찬가지로 물질적인 존재자이다. 그럼에도 불구하고 목적론적 정립에는 요소들과 대립해서 전혀 다른 대상성이 발생한다. 집은 물론 돌이나 나무의 단순한 즉자존재로부터, 그것들 속에 작용하는 합법칙성과 힘으로부터, 그러한 속성들의 내재적인 발전으로부터 "도출"될 수는 없다. 이를 위해서는 이러한 속성들을 물질적-사실적으로 원리상 전혀 새로운 연관 속에서 배열하는 인간의 사유와 의지의 힘이 필요하다. 그 점에서 아리스토텔레스는 자연의 "논리학"으로부터 표상하기 어려운 이 같은 대상성의 존재방식을 존재론적으로 인식했던 최초의 인물이었다.(이미 여기서 자연 신학의 모든 관념론적이거나 종교적인 형태, 신의

---

17) Aristoteles: *Metaphysik*, Buch Z., *Kapitel* 7, Berlin 1960, S. 163 f.
18) *Teleologisches Denken*., S. 68 f.

창조로서의 자연은 이 같은 실제적 모델의 형이상학적 투영이라는 점이 분명해진
다. 구약의 창조설화에서 이러한 모델은 극히 분명해서, 신은 —노동의 인간적 주
체와 마찬가지로— 그가 이룩한 것을 끊임없이 검증할 뿐 아니라, 노동하는 인간
과 똑같이 노동이 끝나고 나서 휴식을 취한다. 다른 창조 신화에서도 우리는 어렵
지 않게 지상의 인간적 노동 모델을 인식할 수 있다. 우리는 다시금 신에 의해 태
엽이 감긴 세계 시계를 생각할 수 있다.)

아울러 하르트만의 구분이 경시되어서는 안 된다. 두 행위의 분리, 이
른바 목적정립과 수단의 탐구의 분리는 노동과정을 이해하는 데, 특히 사
회적 존재의 존재론에서 극히 중요한 의미를 갖는다. 모름지기 여기서 즉
자적으로 대립하는, 그리고 추상적으로 볼 때 상호 배제하는 범주들, 즉
인과성과 목적론의 불가분적인 결합이 드러난다. 목적정립의 실현을 위
한 수단의 탐구는 이른바 모든 대상성과 과정의 원인에 대한 객관적 인식
을 담아야 하는데, 정립된 목적을 실현할 수 있기 위해서는 그것을 가동시
켜야 한다. 자연 현실 그 자체가 그 본래적인 모습으로 모든 인간적 노력
과 사유와 대립해서 완전한 무관심 속에 존립하는 복합물들의 체계로 남
아 있는 한, 목적의 정립과 수단의 탐구는 어떤 새로운 것을 산출할 수 없
을 것이다. 아울러 탐구는 이중적인 기능을 지닌다. 한편으로 그것은 모
든 의식과 무관하게 대상 속에서 작용하는 것을 드러낸다. 다른 한편으로
그것은 대상들에서 새로운 결합과 새로운 기능 가능성들을 드러낸다. 이
러한 것들을 가동함으로써 비로소 목적론적으로 정립된 목적이 실현 가능
해진다. 돌의 본래적인 모습에서는 어떠한 의도도, 그 돌이 칼이나 도끼로
이용될 수 있는 어떠한 징표도 없다. 그럼에도 그 돌은 객관적으로 현전하
고 그 자체로 존재하는 속성들이 도구가 될 수 있는 이러한 결합을 가능
하게 할 때만 도구로서의 기능을 담을 수 있다. 이미 원시적인 단계에서도

이러한 사실을 존재론적으로 명료하게 볼 수 있다. 최초의 인간이 칼로 사용할 목적으로 돌을 선택했을 때, 그는 돌의 —다양하게 우연적으로 나타나는— 속성들과 그것이 각기 구체적으로 이용될 가능성 사이에 존재하는 연관을 올바르게 인식했을 것이다. 거기서 비로소 그는 아리스토텔레스와 하르트만에 의해 분석된 인식활동을 수행했다. 노동이 발전할수록 이러한 사태는 보다 명료하게 드러난다. 알다시피, 목적 개념을 확장함으로써 수많은 혼란을 야기했던 헤겔은 일찍부터 노동의 이러한 존재방식을 알고 있었다. 1805/6년의 예나 강의에서, 헤겔은 "자연의 고유의 활동, 시계태엽의 탄성, 물, 바람 등이 그 감각적 현존에서 그것이 하고자 하는 것과 전혀 다른 어떤 것을 하기 위해 이용된다는 것, 자연의 맹목적인 행위가 합목적적인 것으로, 그 자신과 반대되는 것으로 된다는 것 …", 또한 인간은 "자연이 스스로 행동하도록 조용히 지켜보고 비교적 적은 수고로 전체를 관장한다. …"[19]라고 적었다. 나중에 헤겔의 역사철학에서 극히 중요해진 이성의 간계라는 개념이 노동의 분석에서 아마도 최초로 등장한다는 것은 주목할 만하다. 헤겔은 이 과정의 양면성을 올바르게 통찰하고 있었다. 즉 한편으로 목적론적 정립은 '단순히' 자연의 고유한 활동을 이용하고, 다른 한편으로 이러한 활동의 변형은 그 자신의 반대가 된다. 이러한 자연활동은 그 토대의 자연존재론적 변화 없이도 정립된 것으로 변경된다. 아울러 헤겔은 자연적 인과성의 역할이 갖는 결정적인 존재론적인 측면을 노동과정 속에서 기술했다. 즉 내부적으로 변화되지 않고서도 자연 대상들로부터, 자연력들로부터 전혀 다른 어떤 것이 발생하는 것이다. 노동하는 인간은 그의 속성들, 그의 운동법칙들을 전혀 다른 결합들 속에 집어넣고, 그

19) Hegel: *Jenenser Realphilosophie*, Leipzig 1932, II., S. 198 f.

것들에 완전히 새로운 기능들, 작용 방식들을 부여할 수 있다. 그럼에도 이것은 자연법칙의 존재론적 지양 불가능성 내에서만 수행될 수 있기 때문에, 자연 범주들의 유일한 변경은 그것들이 ─존재론적 의미에서─ 정립된다는 점에 있다. 다시 말해 그 정립태는 규정적인 목적론적 정립 아래 그것들을 종속시키는 매개 작용인데, 이를 통해 동시에 정립된 인과성과 목적론의 상호 침투로부터 통일적이고 동종적인 대상, 과정 등등이 생성된다.

따라서 자연과 노동, 수단과 목적 등은 이러한 방식으로 어떤 자기 동질적인 것으로, 즉 노동과정과 그리고 결과적으로는 노동생산물로 드러난다. 그러나 통일성에 의한 이질성의 지양, 즉 정립의 동질성은 명백히 특정한 한계를 지니고 있다. 우리는 동질화 작용이 실제적으로는 동질적이지 않은 인과관계에 대한 올바른 인식을 전제한다고 하는 이미 제시된 자명성을 말하고 있는 것이 아니다. 탐구의 과정에서 이러한 동질성이 결여될 경우 이질성은 ─존재론적인 의미에서─ 결코 정립될 수 없다. 이러한 이질성은 계속해서 자연스럽게 효력을 미친다. 실현될 수 없는 목적론적인 정립은 자연에 맞서 무력해질 수밖에 없는 의식의 사실로 지양됨으로써 결국 스스로 지양되고 만다. 여기서 존재론적인 의미에서의 정립과 인식이론적인 의미에서의 정립의 차이가 아주 분명하게 파악될 수 있다. 대상을 결여하고 있는 정립에 대해 오류라는 가치판단이, 혹은 경우에 따라 불완전하다는 가치판단이 내려진다 해도, 이러한 정립 역시 인식이론적으로 여전히 하나의 정립이다. 하지만 복합적인 목적론적 정립 속에 인과성을 존재론적으로 정립하는 행위는 그 정립의 대상을 올바로 파악해야 한다. 다시 말해 그러한 정립은 ─이러한 연관 속에서─ 대개는 어떤 정립도 아니다. 그럼에도 이처럼 확정짓는 일은 지나치게 긴장함으로써 비진리로 바뀌지 않도록 변증법적인 제약을 필요로 한다. 모든 자연 대상과 자연의 과정은 속성들에 대한, 환경 등과의 상호작용에 대한 강력한 무한성을 표상하기 때문에, 바로 여기서 방금 상술한 자연 대상과 자연의 과정은 목적론적인 정립에 긍정적이거나 부정적인 의미를 갖는 강력한 저 무한성의 계기들과만 관계를 갖는다. 노동을 위해서는 필연적으로 이러한 강력한 무한성에 대해 세밀하게 인식해야 한다고 한다면, 원시적 단계의 자연관찰에서는 그러한 인식이 (의식된 의미에서 인식을 말하는 것이 아니다.) 결코 발생할 수 없을 것이다. 이러한 사실은 한계가 없는 노동의 상승의 과정의 객관적인 가능성이 그 안에 포함되어 있다는 이유 때문에 주목할 만하다. 이러한 사실이 주목을 받는 더 중요한 이유는 다음과 같다. 올바른 정립행위는 그때그때의 목적에 필연적인 인과의 계기들을 아주 적절하게 파악함으로써 구체적인 목적설정을 위해 구체적으로 요청되는 그러한 정립행위를 말한다. 따라서 이러한 정립행위는 자연 안에 있는 대상들과 연관들, 그리고 과정들에 대한 일반적인 표상들이 총체적인 자연에 대한 인식으로 전혀 어울리지 않는 경우들에서조차 성공적으로 현실화될 수 있다. 바로 이러한 이유 때문에 앞서 말한 사실이 주목을 받을 만한 것이다. 구체적인 목적론적 정립이라는 좁은 영역에서의 엄밀한 정당성과 자연을 그 총체적인 즉자성에서 파악하는 가운데 나타나는 광범위한 오류 사이의 이러한 변증법이 노동의 영역에서는 매우 폭넓은 의미를 가진다.(이 의미에 대해서는 우리가 다음에 다시 한 번 다룰 것이다.)

하지만 앞에서 확고하게 설명한 목적과 수단의 동질화는 다른 관점에서 볼 때도 여전히 변증법적으로 제한되어야 하며, 그럼으로써 좀 더 구체화되어야 한다. 목표설정은 사회적 욕구에서 발생했을 뿐만 아니라 이러한 욕구를 만족시키기 위해 호출된 것이다. 이에 반해 이 목표를 실현하는 수단의 기층을 이루는 자연적 특성은 실천을 곧바로 다른 양식의 환경과 활동으로 이끈다. 그러므로 목표설정이 지닌 이러한 이중적인 사회성이 목적과 수단의 원리적인 이질성을 만들어내는 것이다. 정립작용에서 동질화함으로써 이질성을 지양하는 행위는 우리가 방금 본 것처럼 중요한 문제를 감추고 있는데, 이 문제란 수단을 목적에 단순히 종속시켜버리는 일이 첫눈에 보이듯이 그렇게 간단하지 않다는 사실이다. 다시 말해 목표설정의 실현 가능성과 헛됨은 자연의 인과성을 —존재론적으로 말해서— 법칙화할 수 있는 수단을 탐구하는 데 어느 정도나 성공했는지에 전적으로 달려 있다는 분명한 사실을 우리는 결코 잊어서는 안 된다는 것이다. 목표설정은 사회적-인간적 욕구에서 생겨난다. 그런데 이 목표설정이 참다운 목표설정으로 되기 위해서는 수단에 대한 탐구에, 즉 이 수단에 적합한 특정한 단계의 자연에 대한 인식에 도달해야 한다. 이러한 단계에 아직 도달하지 못했다면 목표설정은 단순히 유토피아적인 기획으로, 일종의 꿈으로 남게 될 것이다. 이는 마치 하늘을 나는 것이 이카로스에서 레오나르도에 이르기까지, 그리고 그 이후에도 한참 오랫동안 꿈으로만 남아 있었던 것과 같다. 따라서 노동이 사회적 존재의 존재론에 입각하여 과학적 사유의 생성과 그 발전에 깊이 연결되는 지점은 수단의 탐구로 표시되었던 바로 저 영역이다. 우리는 이미 가장 원시적인 노동의 목적론에조차 숨겨져 있는 새로운 것의 원리(das Prinzip des Neuen)에 대해 지적한 바 있다. 새로운 것의 중단 없는 생산행위에 의해 노동 속에서 사회적인 것의 영역범주[20]가 현상하게 된다고 할 수 있다. 우리는 이제 새로운 것의 중단 없는 생산행위, 즉 단순한 자연성으로부터의 최초의 명확한 분리가 노동의 이러한 발생방식과 전개방식 속에 내재해 있다고 덧붙일 수 있다. 그 결과 모든 구체적이

20) 수고에서는 '탄생범주'로 읽힐 수 있다.

고 개별적인 노동과정에서 목적이 수단을 지배하고 규제하게 되는 것이다. 하지만 노동과정을 사회적 존재의 실재적인 복합체 내부에서의 역사적 연속성과 발전 안에서 말해보면 이러한 위계질서적인 관계의 전복이 일어난다. 이러한 전복은 확실히 절대적이거나 총체적이지 않은, 하지만 사회와 인륜의 발전에 아주 의미 있는 그러한 전복이다. 노동할 때 불가피하게 따라 나오는 자연에 대한 탐구는 무엇보다도 수단을 가공하는 일에 집중된다. 따라서 이러한 수단은 노동과정의 결과물과 노동경험의 연속성, 그리고 그것들의 고도 발전을 확고히 할 수 있는 사회적 보장의 핵심 견인차이다. 따라서 사회적 존재에게조차 이처럼 적절한 인식이 존재하는데, 그것은 수단(도구 등)의 근저에 놓여 있으며 때로는 매 순간의 욕구만족(목표설정)보다 훨씬 더 중요하다. 이러한 연관성을 헤겔은 이미 인식하고 있었다. 그는 『논리학』에서 이에 대해 다음과 같이 썼다. "하지만 **수단**은 목적을 수행하는 행위인 추론의 외적인 중심이다. 바로 수단 때문에 **이러한 외적인 타자** 안에서, 그리고 바로 이러한 외면성을 **통해** 스스로를 유지할 수 있는 목적 안의 이성성(理性性)이 알려진다. 그런 한에서 **수단**은 **외적인** 합목적성의 **유한한** 목적보다 **더 위대하다**. **쟁기**는 이 쟁기에 의해 준비되고 이 쟁기의 목적인 향유보다 훨씬 더 영예롭다. 직접적인 향유는 곧 소멸되고 잊히는 반면 **도구**는 계속 유지된다. 인간이 그 목적에서 보면 훨씬 더 자연에 복종한다 하더라도, 이 인간은 그 도구 때문에 외적인 자연에 대한 지배력을 가진다."[21]

우리는 이러한 사상을 헤겔을 다룬 장에서 이미 상세하게 다뤘지만, 이러한 생각을 다시 반복하여 다룬다는 것이 불필요한 것 같지는 않다. 왜냐

---

21) Hegel: *Logik*, III 2. 3. C; Werke, v., S. 220; HWA 6, S. 453.

하면 그의 사상에는 이러한 연관의 매우 중요한 계기들이 분명하게 표현되어 있기 때문이다. 첫째, 여기에서 헤겔은 아주 정당하게도 직접적인 목표나 그 실현에 비해 수단이 더 오랫동안 지속된다는 것을 강조하고 있다. 그런데 이러한 대립은 헤겔이 서술한 것처럼 그렇게 조야하게 오래 지속되지 않는다. 왜냐하면 개별적인 "직접적인 향유"는 "소멸하고" 또한 잊히겠지만, 전체적인 사회의 관점에서 고찰해볼 때 욕구만족은 동일하게 지속과 연속성을 갖기 때문이다. 우리가 마르크스를 다룬 장에서 서술한 생산과 소비의 상호관계를 상기해본다면 이 소비는 계속 유지되고 재생산될 뿐 아니라 생산에도 어느 정도 영향을 미친다. 그러나 우리가 거기에서 본 것처럼, 이러한 상호작용에서 생산(여기에서는 목적론적인 정립의 수단)이 주된 계기이다. 하지만 양자에 대한 헤겔적인 대립구도는 너무나 거친 대립의 결과로 인해 실제적인 사회적 의미를 다소간이나마 상실한다. 둘째, 다시금 정당하게도 수단의 경우에서 "외적 자연에 대한" 지배의 계기가 생겨난다. 물론 여기에서도 인간은 그 자신의 목적을 설정함에 있어서 자연에 복종한다는 변증법적으로 정당한 제약이 있다. 여기서 헤겔의 서술은 이러한 복종이 직접 자연과 관련되어 있는 한에서 —앞서 지적한 것처럼 인간은 현실적으로 그 실현 수단을 실제로 지배하는 목표만을 정립할 수 있다— 구체화되어야 한다. 이에 반해 결국 현실적으로 중요한 것은 사회발전, 다시 말해 마르크스가 인간과 사회의 자연과의 물질대사라고 표현한 그런 복합체이다. 의심할 여지없이 사회적인 계기[22]가 여기서 핵심이 되어야만 할 것이다. 마르크스의 경우에 수단의 우월성은 헤겔에게서보다 훨씬 더 강조된다. 이로부터 셋째, 수단과 도구는 우리가 그 어떤 자료도 소

---

22) 수고에는 여기에 '아마도'라는 표현이 들어 있다.

유하고 있지 않은 인류발전의 특정한 단계를 인식하기 위한 가장 중요한 열쇠가 된다. 하지만 이러한 인식의 문제 배후에는 언제나 존재론적인 문제가 숨겨져 있다. 우리는 고고학적인 발굴을 통해 완전히 은폐된 시대의 거의 유일한 자료로 발견된 도구로부터 이 도구를 소유했던 사람들의 구체적인 삶에 대해 그들 자신보다 훨씬 더 많은 것을 경험할 수 있다. 그 근거는, 도구는 잘 분석만 되면 자신의 고유한 발생사를 드러낼 수 있을 뿐 아니라, 그 도구의 사용자의 삶의 양식이나 세계관 등에 대해 폭넓은 조망을 제시해준다는 사실에 있다. 우리는 곧이어 이 문제를 다루게 될 것이다. 우리는 '자연적 한계의 탈피'라는 사회적으로 가장 일반적인 문제만을 언급할 것이다. 이것은 고든 차일드(Gordon Childe)가 신석기의 혁명으로 명명한 시대에 나온 항아리를 분석하는 가운데 정확하게 기술한 바 있다. 그는 무엇보다 항아리를 만드는 노동과정과 돌이나 뼈로 이루어진 도구들을 생산하는 과정 사이의 원리적인 차이라는 핵심문제를 언급하고 있다. 그의 설명에 의하면, 만약 인간이 "돌이나 뼈로 된 도구를 생산할 경우 인간은 언제나 원래 질료의 크기와 형태에 얽매였다. 인간은 그 원재료에서 아주 작은 부분만을 떼어낼 수 있었다. 반면 항아리를 만드는 자의 활동에서는 그런 제약이 전혀 없었다. 항아리를 만드는 자는 자신의 점토 덩어리를 자기가 원하는 대로 만들 수 있다. 그는 끼워 맞춘 것이 떨어져 버릴까 염려할 필요도 없이 그 원래 덩어리에 다른 덩어리를 덧붙일 수 있다." 따라서 이 두 시대 사이에는 명백히 중요한 차이점이 있다. 인간이 원래 사용했던 자연재료에 대한 예속에서 해방되어 자기의 사용대상에 사회적 욕구에 상응하는 속성을 부여하는 방향으로 시대가 전개되어갔던 것이다. 차일드 역시 이처럼 자연적 한계를 탈피하는 과정이 점점 더 강력해지고 있다는 것을 보았다. 새로운 형식이 이미 주어져 있는 재료에 의해 묶여 있기는 하지만, 그 형식은 유사한 전제에서 발생한다. "따라서 명백히 최초의 항아리들은 그들에게 익숙한 다른 소재들로 만들어진 용기(容器), 즉 호박, 기포, 가죽과 모피, 바구니, 풀 세공물, 혹은 심지어 인간두개골 등으로 이뤄진 용기들의 모방 대상이다."[23]

넷째, 수단을 만들어낼 때 인과성을 정립하는 것에 앞서서 우선은 자연 안의 대상들과 과정들을 탐구해야 하는데, 이러한 탐구는 ―본질적으로 오랜 시기 동안 의식적으로 알려지지는 않았을지라도― 현실적인 인식활동에서 발생했으며, 따라서 과학의 시초와 발생을 객관적으로 포함하고 있다는 사실이 밝혀져야 할 것이다. 여기에서도 역시 마르크스의 통찰은 타당하다. "그들은 그것을 알지 못하지만 그것을 행하고 있다." 우리는 이렇게 생성된 연관들의 아주 중요한 결과들을 이 장의 뒷부분에서야 다룰 수 있을 것이다. 여기서는 인과관계에 대한 모든 경험과 적용이, 즉 인과성의 실재적인 정립이 노동 속에서 언제나 개별적인 목표를 위한 수단으로 형성되기는 하지만, 그러한 정립은 완전히 이질적인 타자에게도 적용될 수 있는 속성을 객관적으로 가지고 있다는 사실만이라도 우선 말해두고 싶다. 이러한 인식은 오랜 기간이 지나야 비로소 가능할 수도 있을 것이다. 하지만 새로운 영역에 적용해서 성공이 쌓임에 따라 객관적인 과학을 위한 올바른 추상작용이 실제적으로 수행될 것인데, 이 추상은 자신의 객관적이고 내적인 구조에서 이미 과학적 사유의 중요한 징표를 자체 내에 가지고 있게 된다. 지금까지의 과학의 역사는 이러한 문제를 거의 의식적으로 제기하지는 못했다. 그럼에도 불구하고 과학의 역사는 이미 실제적인 욕구

---

23) Gordon Childe: *Man Makes Himself*, London 1937, S. 105; 독일어본 *Der Mensch schafft sich selbst*, Dresden o.J., S. 97.

와 이 욕구를 가장 잘 만족시키는 방식을 탐색하는 가운데, 즉 노동과정에서 최상의 수단을 발굴해내는 가운데, 아주 추상적이고 보편적인 법칙성이 얼마나 자주 나타나게 되었는지를 보여준다. 그러나 이러한 사실은 제외하더라도 과학의 역사는 노동의 업적물들이 한층 추상화됨으로써 ─우리는 이미 그러한 보편화가 노동과정에서 필연적으로 형성된다는 사실을 지적했었다─ 순수하게 자연에 대한 과학적인 통찰을 위한 토대로 성장할 수 있게 한 많은 예들을 가진다. 예를 들어 지리학이 그러한 방식으로 생성되었다는 것은 이미 널리 알려진 사실이다. 이러한 문제 상황 모두를 여기서 보다 상세히 다루지는 않겠다. 버널(J. D. Bernal)이 니덤(Needham)의 특수한 연구에 의지하여 고대 중국의 천문학에 대해 얘기했던 아주 재미있는 경우만 말하는 것으로도 충분할 것이다. 버널은 하늘의 원환운동과 극들을 정확하게 모방하는 것은 바퀴를 발견하고 나서야 비로소 가능해졌다고 말한다. 중국의 천문학은 이러한 회전의 관념에서 출발한 것으로 보인다. 그때까지 하늘의 세계는 우리의 세계처럼 취급되었다.[24] 노동과정을 준비하고 수행하는 가운데 노동에 내재한 경향성에서 자연스럽게 수단만을 자립적으로 탐구하는 방향으로 진행되어왔는데, 이를 통해 과학을 지향하는 사유가 발생하며, 나중에는 다양한 자연과학들이 생겨났다. 이때 당연히 중요한 문제는 활동의 새로운 영역이 다른 영역에서 단 한 번만 발생하는 것이 아니라, 이러한 발생이 과학의 전체 역사에서 오늘날까지 엄청나게 다양한 형식으로 반복된다는 사실이다. 예를 들어 우주론적이고 물리학적인 가설들에 토대를 두는 모델표상들은 ─대개는 무의식적

---

24) J. D. Bernal: *Science in History*, London 1957, S. 84; 독일어본 *Die Wissenschaft in der Geschichte*, Darmstadt 1961, S. 97.

으로— 당시의 실재적인 노동경험과 노동양식, 그리고 노동의 결과 등과 밀접하게 연관되어 있는 일상의 존재론적인 표상들에 의해 함께 규정된다. 과학에서 위대한 몇몇 혁명적인 전회는 점진적으로 생성된, 하지만 특정한 단계에서 질적으로, 그리고 근본적으로 새롭게 현상하는 일상(노동)의 세계상에 그 뿌리를 둔다. 이미 차별화되고 광범위하게 조직되어 있는 과학들이 산업의 예비 작업을 수행하고 있는 것은 오늘날 지배적인 상황이다. 많은 사람들에게 이러한 사실이 은폐되어 있지만, 그러한 사실이 존재론적이고 본질적으로 변화되지는 않는다. 더 나아가 이러한 예비구조가 과학에 미치는 영향을 존재론적-비판적으로 좀 더 자세히 고찰해본다면 재미있을 것이다.

아주 완벽하지는 않지만 노동에 대해 지금까지 행한 서술은 (비유기체와 유기체라는 앞선 존재형식들과 비교해서) 그 노동과 더불어 질적으로 새로운 범주가 사회적 존재의 존재론 속에서 드러났다는 사실을 보여주었다. 그러한 새로움은 목적론적인 정립이 가장 적절하고 가장 사려깊게, 그리고 가장 의도했던 결과로서의 실현이다. 자연에는 현실들, 그리고 그 현실들의 특정하고 구체적인 형태들이 빚는 끊임없는 변화, 다시 말해 특정한 타자존재가 있을 뿐이다. 목적론적으로 산출된 존재자의 실존적 형식으로서의 노동에 관한 마르크스의 이론은 먼저 사회적 존재의 고유한 양식을 근거 지을 것이다. 왜냐하면 목적론의 보편적인 지배에 관한 관념론적이고 종교적인 여러 이론들이 올바르다고 한다면, 이러한 차이는 궁극적으로 실존하지 않을 것이기 때문이다. 방금 인간의 목적론적인 정립행위에서 서술된 실현물처럼, 모든 돌, 모든 파리 등은 신이나 세계정신의 노동의 실현이 될 것이다. 따라서 결과적으로 사회와 자연 사이의 결정적인 존재론적 차이는 사라지게 될 것이다. 그럼에도 불구하고 관념론적인 철학이 이원론을 추구할 경우, 주로 그 철학은 물질적인 현실에서 (외견상) 완전히 풀려난 (외견상) 순수하게 정신적인 인간의 의식기능들을 단순한 물질적인 존재의 세계와 대조하고 있을 뿐이다. 이때 인간의 고유한 활동영역이 간단하게 인간의 탄생지이자 인간이 실천을 통해, 무엇보다 노동을 통해 점차적으로 지배하게 된 자연과의 물질대사의 영역이 될 수밖에 없다는 사실은, 즉 유일하게 참다운 것으로 파악된 인간적 활동이 존재론적으로 철저히 천상에서 떨어진 것으로, "초시간적인" 것으로, "무시간적인" 것으로, 존재와 대립된 당위의 세계로 서술된다는 사실은 결코 놀라운 일이 아니다.(노동의 목적론에 따른 당위의 현실적 발생에 대해서 우리는 곧 언급할 것이다.) 이러한 개념화가 근대 과학의 존재론적 성과에 대해 빚는 모순들은 너무나 분명하기 때문에 그것들을 상세히 고찰할 필요도 없을 지경이다. 실존주의의 "피투성(Geworfenheit)"을 인간 발생에 관한 과학의 상(像)과 조화시키려는 시도가 있었다. 이에 반해 실현은 발생적인 결합뿐만 아니라 존재론적으로 본질적인 구별과 대립을 산출한다. 즉 자연존재인 인간의 활동은 비유기적이고 유기적인 존재의 토대 위에서, 그리고 이 존재로부터 발생한, 복잡하고 복합적인 전혀 새로운 단계의 존재, 즉 사회적 존재를 발생하게 한다.(이미 고대에 유명한 몇몇 사상가들은 실천의 특성 및 실천 가운데 수행된 새로운 것의 실현에 대해 반성했으며, 그러한 규정들 중 어떤 것을 날카롭게 인식하기는 했지만, 그러한 사실이 전체적으로 봐서 어떤 본질적인 것을 변화시키는 것은 아니다.)

새로운 존재형태의 범주로서 실현은 동시에 중요한 결과를 보여준다. 즉 인간의 의식은 노동과 더불어 존재론적 의미에서 하나의 부수적인 현상이기를 멈추었다는 것이다. 확실히 동물, 특히 고등동물의 의식은 부인하기 어려운 사실처럼 보인다. 그러나 동물의 의식의 이러한 사실성은 생물학적으로 정초된, 생물학의 법칙에 따라 진행하는 재생산과정에 봉사하는 희미한 부분적 계기이다. 그것도 단순히 계통발생적 재생산에서뿐만 아니라 존재발생적 재생산과정에서도 역시 그런 부분적 계기에 지나지 않는다. 여기서 계통발생적인 재생산이 —우리가 오늘날 아직은 과학적으로 파악하지 못했지만 존재론적인 사태로서 인식하지 않을 수 없는 법칙에 따르면— 의식의 특정한 개입 없이 일어난다는 사실은 자명하다. 우리가 동물적 의식을 생물학적 분화의 산물로, 유기체의 복잡성의 증대로 파악하기 시작할 때, 비로소 우리는 존재발생적 재생산과정을 조망하게 될 것이다. 원시적 유기체가 주변 환경과 맺는 상호관계는 생물-물리적이며 생화학적인 합법칙성에 기초할 때 두드러지게 나타난다. 동물 유기체가 보다 고차적이고 보다 복잡해질수록, 그는 주변 세계와의 상호관계에서 스스로를 보존하기 위해, 스스로를 재생산할 수 있기 위해 보다 세련되고 분화된 기관을 필요로 하게 된다. 지금은 이러한 전개를 개괄적으로 서술할 자리가 아니다.(또한 필자는 그러한 작업을 하기에 유능하다고 생각하지 않는다.) 하지만 생물리적이고 생화학적인 반응양식에서부터 신경에 의해 전달되는 자극과 반응을 넘어 최고의 단계에 이르기까지 동물적 의식의 점차적인 발전은 언제나 생물학적인 재생산의 테두리 내에 갇혀 있다는 사실은 언급되어야 할 것이다. 확실히 동물적 의식의 발전은 주변 세계, 그리고 이 세계의 변화에 반응할 때 점증하는 유연성을 보여준다. 이러한 사실은 특정한 가축들이나 원숭이 실험들에서 특히 분명하게 나타난다. 하지만 여기서 한편으로 정상적으로는 결코 존재하지 않는 안전한 환경이 동물에게 주어졌고, 다른 한편으로는 주도적으로 "도구"를 끌어들이고 방향을 제시한 것이 동물 자신에 의해서가 아니라 인간에 의해 이루어졌다는 사실을 간과해서는 안 된다. 이 점에 관해서는 이미 지적한 바 있다. 동물적 의식은 자연에서 결코 생물학적 실존이나 재생산 이상의 기여를 넘어서지 못하기 때문에, 존재론적으로 고찰할 때 그것은 유기적 존재의 부수현상이다.

노동에서, 그리고 목적과 그 수단의 정립에서 의식은 비로소 단순히 환경에 적응하는 —여기에는 자연을 객관적이고 아무런 의도 없이 변화시키는 동물의 행동이 속한다— 것을 넘어서, 자연 자체 속에서, 자연만으로는 불가능하고 생각하기 어려운 변화를 수행하는 자기 주도적인 활동으로, 즉 목적론적 정립으로 고양된다. 따라서 실현이 자연을 변화시키고 새로운 형태를 부여하는 원리가 되면, 거기에 자극과 방향을 부여하는 의식은 존재론적으로 볼 때 더 이상 부수적인 현상이 될 수 없다. 이처럼 확정함으로써 변증법적 유물론은 기계적 유물론과 갈라진다. 왜냐하면 기계적 유물론은 그 법칙성 안에 있는 자연만을 객관적 현실로 인식하기 때문이다. 마르크스는 이제 새로운 유물론과 낡은 유물론의, 변증법적 유물론과 기계적 유물론의 분리를 그의 유명한 포이어바흐에 관한 테제에서 단호하게 수행하고 있다. "(포이어바흐의 유물론을 포함한) 지금까지의 유물론의 주된 결함은 대상, 현실, 감성 등이 **객체 혹은 직관의 형식**하에서만 파악되었을 뿐, **감성적인 인간적 활동으로, 실천으로**, 주체적인 것으로 파악되지 않았다는 점에 있다. 그러므로 **활동적인** 측면은 유물론과 대립해서 추상적으로 —당연히 현실적-감성적인 활동 그 자체는 인식하지 못한— 관념론에 의해 전개되었다. 포이어바흐는 사유대상과는 현실적으로 구분되는 감성적인 객관을 파악하려고 했다. 하지만 그는 인간적인 활동 그 자체를 **대상적인** 활동으로서 파악하지 못했다." 더 나아가서 마르크스는 사유의 현실은 더 이상 의식의 부수적인 성격이 아니라 오직 실천 속에서만 발견되고 입증될 수 있음을 분명히 못 박고 있다: "사유의 현실과 비현실을 둘러싼 —실천으로부터 고립된— 투쟁은 순전히 **탁상공론적인** 문제이다."[25]

우리가 여기서 노동을 실천의 원형으로 기술한 것은 이렇게 확정한 마르크스의 정신에 철저히 부합한다. 엥겔스 역시 몇십 년 늦게 곧바로 노동에서 인간의 인간화를 위한 결정적인 동력을 간취했다. 이 올바른 언명이 이미 대상 복합물에 관한 여러 가지 결정적인 규정들을 담고 있고 또 해명하고 있지만, 확실히 이러한 우리의 주장은 지금까지 하나의 선언 이상을 벗어나지 못하고 있다. 하지만 이러한 진리는 가능한 한 완전한 해명 작업에 의해서만 입증되고 보존될 수 있다는 것은 자명하다. 이미 현실 세계에서 실현들(노동을 통한 인간적 실천의 결과들)이 자연으로부터 도출될 수 없는 새로운 대상성의 형식을 띠고 출현했지만, 그럼에도 자연의 산물 못지않은 현실들이라는 단순한 사실은 이미 우리의 주장을 정당화하기 위한 출발 단계를 제공하고 있다.

더 이상 부수적이지 않은 속성의 구체적 존재방식뿐 아니라 의식의 구체적인 현상방식 및 발현방식에 관해서는 이 장과 다음에 이어지는 장에서 충분히 언급될 것이다. 지금은 근본문제만이 —잠정적으로 추상적으로 표현된— 이야기될 수 있다. 여기서 문제가 되는 것은 두 개의 서로 대립된 이질적인 행위의 분리 불가적 상호귀속성이다. 이 두 행위는 서로 간의 새로운 존재론적인 결합 속에서 노동이라는 존재적으로 고유한 복합체를 형성하며, 우리가 앞으로 보게 될 것처럼, 사회적 실천의, 즉 사회적 존재일반의 존재론적인 토대를 구축한다. 여기서 언급되는 두 가지 이질적 행위는 한편으로는 통찰된 현실에 대한 가능한 한 정확한 반영이고, 다른 한편으로는 주지하듯 이것과 결합되어 목적론적 정립을 실현하는 데 필수불가결한 인과성의 고리들을 정립하는 것이다. 현상에 대한 이 최초의 기술

---

25) MEGA, S. 533 f ; MEW 3, S. 5.

은 각기 독립적일 뿐 아니라 또한 불가피하게 결합되어 있는, 현실에 관해 그 자체 이질적인 두 가지 고찰 방식이 사회적 존재의 존재론적 특성을 위한 토대를 구성하고 있음을 보일 것이다. 이제 우리의 분석을 반영에서 시작한다면, 곧바로 객체와 주체의 정확한 분리가 드러난다. 이때 객체는 주체와 독립적으로 실존하며, 주체는 다소 올바른 접근을 하는 가운데 의식 활동을 통해 저 객체를 모방하여 자기 자신의 정신적 소유물로 만들 수 있다. 주체와 객체의 이 같은 의식적 분리는 노동과정의 필연적 산물인 동시에 특수한 인간적 실존방식을 위한 기초이기도 하다. 의식 속에서 객관 세계로부터 풀려난 존재로서의 주체가 객체의 세계를 고찰하여 이 세계를 그 본래적인 모습대로 재생산할 수 없다면, 가장 초보적인 노동의 근저에도 놓여 있는 저 목표조차 발생하지 않을 것이다. 동물 역시 그들의 환경과 —점점 더 복잡하게 되어 마침내 일종의 의식에 의해 매개되는— 관계를 맺는다는 것은 당연하다. 하지만 동물들은 생물학적인 것의 영역에 머물러 있기 때문에, 인간에서 보이는 분리나 대립이 그들에게서는 나타날 수 없다. 동물들은 익숙한 생활 범위에서 그들이 이용하거나 위협받는 것에 대해 대단히 안정적으로 반응한다. 나는 언젠가 특정한 종의 아시아 야생 거위에 대해 읽은 적이 있었는데, 그들은 맹금류를 멀리서도 인지할 수 있을 뿐 아니라, 각기 다른 종들의 맹금류를 정확히 판별하여 다른 것들에 대해 다르게 반응한다. 하지만 이로부터 그들이 인간처럼 이러한 종들을 개념적으로 구분했다는 결론이 나오지는 않는다. 전혀 다른 상황 속에서도, 이를테면 우리가 그들에게 실험적으로 맹금류를 가까이 데려가 조용히 보여준 경우에도 그 거위들이 이 맹금류가 멀리 떨어져 있을 때 보인 모습과 긴박한 위협을 동일시할 수 있는지는 대단히 의심스럽다. 자의를 결코 벗어날 수 없는 우리가 인간 의식의 범주들을 동물 세계에 적용할 경우, 고도로 발전된 동물이 최상의 경우에 주변 세계의 가장 중요한 계기들에 대한 표상을 만들 수는 있어도 그에 대한 개념은 만들 수 없다고 말할 수 있다. 확실히 표상이란 용어는 유보조항을 달고 사용해야 한다. 왜냐하면 이미 개념 세계가 구축된 곳에서 이 개념의 세계가 다시 직관과 표상에 작용해야 하기 때문이다. 이러한 변화는 노동의 영향하에서 똑같이 일어났다. 겔렌은 예컨대 인간의 경우 직관에서 의식적으로 감각의 분업이 일어났으며, 그리하여 생물학적 존재로서의 인간이 촉감을 통해서만 인지할 수 있는 사물의 속성들을 순전히 시각적으로 지각할 수 있게 되었다고 올바르게 지적했다.[26)]

노동을 통한 인간의 이 같은 발전방향의 후속적인 결과에 대해 우리는 나중에 보충적으로 보다 많은 것을 언급할 것이다. 여기서 우리는 노동에 의해 발생한 새로운 근본구조를 명확히 제시하기 위해 현실의 반영에서 노동의 목적과 수단을 위한 전제로서 하나의 분리가, 즉 환경 세계로부터의 인간의 해방이, 주체와 객체의 대립에서 분명해진 거리두기가 수행된다는 사실에 한정해야겠다. 현실의 반영에서 모사는 모사된 현실에서 벗어나 의식 속에 하나의 독자적인 "현실"로 굳어진다. 우리는 현실이라는 말을 인용부호 속에 두었다. 왜냐하면 현실은 의식 속에서 단순히 재생되기 때문이다. 하나의 새로운 대상성의 형식이 나타나지만, 그것은 결코 현실이 아니다. 그리고 —존재론적으로 볼 때— 재생된 것이 그것을 재생한 것과 동일한 것인지에 대해서는 말할 것도 없고 동종적인 것일 수도 없다. 이에 반해 사회적 존재는 존재론적으로 두 개의 이종적인 계기들로 나뉘는데, 이 계기들은 존재의 관점에서 서로 이질적으로 마주하고 있을 뿐 아니라

---

26) A. Gehlen: *Der Mensch*, Bonn 1950, S. 43 und S. 67.

대립물이기도 하다. 이 두 계기는 곧 한편으로는 존재이고 다른 한편으로는 의식 속에서의 이 존재의 반영이다.

이러한 이중성은 사회적 존재의 근본 사태이다. 이것과 비교해볼 때 과거의 존재 단계들은 엄밀히 통일적이다. 반영이 존재와 맺는 지속적이고 필연적인 관계, 이미 노동과정에서나, 또한 보다 광범위한 다른 매개행위들에서도 아주 뚜렷하게 드러나듯 반영이 존재에 미치는 영향, 그리고 반영이 자신의 대상에 의해 제약되는 것 등과 같은 이러한 근본적 이중성은 결코 완전하게 지양될 수는 없다.(매개행위들에 대해서는 나중에 기술할 수 있을 것이다.) 이러한 이중성과 더불어 인간은 동물 세계에서 벗어났다. 파블로프가 인간에게만 특유한 제2의 신호체계를 기술했을 때, 그는 올바르게도 이 체계만이 현실에서 분리될 수 있으며, 이 체계가 현실을 재생할 때 오류에 빠질 수 있다고 확언한다. 반영은 의식과 독립하여 언제나 아주 무한한 전체 대상을 지향하며, 이 대상을 그 즉자태 속에서 파악하고자 하며, 따라서 이에 필연적인 자기정립적인 거리두기의 결과로 오류가 생길 수 있다. 오류는 오직 그렇기 때문에 가능한 것이다. 물론 이것이 반영의 초기 단계와 관계된 것만은 아니다. 반영을 통해 현실을 파악하기 위한 보조 구성물들, 즉 수학, 기하학, 논리학 등과 같이 내부적으로 통일되고 동질적이고 복잡한 구성물들이 나타난다 해도, 거리로 인한 이러한 오류 가능성은 변함없이 존재한다. 물론 일종의 초보적인 오류 가능성들은 상대적으로 제거될 수 있을 것이다. 하지만 그 대신에 더 큰 거리의 매개체계를 통해 산출된, 보다 복잡한 오류 가능성들이 등장하기도 한다. 다른 한편 이러한 거리두기와 객관화의 결과로 모사(模寫)는 더 이상 사진과 유사한, 기계적으로 충실한 현실의 복제가 될 수는 없을 것이다. 모사는 언제나 목표에 의해, 따라서 발생적으로 말하자면 삶의 사회적 재생산에 의해,

즉 노동에 의해 규정된다. 나의 『미적인 것의 특성』에서 나는 일상적 사유를 분석하면서 반영이 갖는 구체적이고 목적론적인 이러한 지향성을 지적한 바 있다. 우리는 여기에서 반영이 생산성의 원천, 즉 새로운 것을 발견하고자 하는 지속적인 경향의 원천이라는 사실을 발견할 수 있으며, 반면 앞서 기술된 객관화는 반대 방향에서 교정자 역할을 한다고 말할 수 있다. 따라서 그 결과는 복합물에서 끊임없이 보듯, 대립물의 상호작용의 결과이다. 하지만 그 모든 것에도 불구하고 우리는 반영과 현실의 존재론적 관계를 이해하기 위한 결정적인 걸음을 내딛지 못했다. 반영은 여기서 모순으로 가득한 고유한 입장을 갖는다. 한편으로 반영은 모든 존재와의 엄격한 대립이다. 반영은 반영일 뿐이기에 이 반영은 결코 존재가 아니다. 다른 한편으로, 그리고 동시에 반영은 사회적 존재 속에서 새로운 대상성의 발생을 위한 견인차이며, 그것을 동일하거나 보다 높은 단계에서 재생산한다. 이로써 현실을 반영하는 의식은 모종의 가능적 성격을 유지한다. 돌이켜 생각해보면, 아리스토텔레스는 목수가 집을 짓지 않을지라도 그 가능성(δυναμις)에 따라 여전히 건축가로 남아 있다는 견해를 대변한다. 반면 하르트만은 이러한 가능성이 실재로 거의 드러날 수 없는, 즉 노동을 할 수 없는 실업자를 가지고 설명한다. 하르트만의 예는 대단히 유익하다. 왜냐하면 그 예는 일면적이고 협애한 관념의 망령이 씌어 있는 실업자가 어떻게 여기에 놓여 있는 현실적인 문제를 경솔하게 지나치는가를 보여주기 때문이다. 말하자면 심각한 경제위기 기간 중에 수많은 노동자가 노동을 할 수 있는 사실적인 가능성을 전혀 갖지 못한다는 것은 의심할 여지가 없다. 하지만 경제가 호황기로 접어들 때 언제든지 그는 다시금 그의 노동을 되찾아올 자세가 되어 있다는 것도 마찬가지로 의문의 여지가 없다. 바로 이러한 아리스토텔레스의 잠재태 개념에 진리에 대한 심오한 예감이 놓여 있는 것이다. 그런데 사회적 존재의 존재론의 관점에서 볼 때, 어떻게 이러한 속성들이, 그가 실업자로서 있을 때조차 그의 잠재태에 따라 여전히 한 사람의 노동자로서, 교육과 인생행로, 경험 등의 결과로서 남아 있는 것과 다르게 규정될 수 있는가? 이를 통해서는 결코 하르트만이 우려했던 "가능성의 유령"이 나오지 않는다. 왜냐하면 (일할 수 있는 현실적 가능성이 없는) 실업자는 일자리를 찾는 그의 노력이 실현되는 경우와 마찬가지로 존재하는 하나의 잠재적 노동자이다. 아리스토텔레스가 총체적 현실을 철학적으로 파악하려는 넓고 깊고 보편적이고 다양한 그의 시도에서 현상을 지각한 점을 이해하는 것이 중요하다. 이에 반해 논리적-인식론적 편견에 사로잡힌 하르트만은 특정한 문제에 대한 올바른 통찰에도 불구하고 아리스토텔레스와 무기력하게 대립한 것이다. 아리스토텔레스에게서 이 가능성의 범주가 비사회적 현실과 전체로서의 사회의 목적론적 성격에 대한 그의 잘못된 통찰 때문에 종종 혼란스럽게 작용한다는 것이 본질적 요소를 변경시키지는 않을 것이다. 만일 우리가 존재론적으로 현실적인 것을 목적론적으로 분류되지 않은 존재형태들 속에서의 단순한 계획들과 구분해야 한다는 점을 이해할 경우 더 그렇다. 물론 우리는 획득된 노동능력도 존재자의 다른 속성들과 마찬가지로 실업자의 속성으로 남는다고 말할 수 있을 것이다. 예를 들어 종종 비유기적 자연에서 상당한 시간이 경과한 후에 현실적 효력을 유지하지는 못해도 해당 존재자의 속성들로 남는 것이 그렇다. 속성과 가능성의 연관에 대해 우리는 이미 앞서 여러 차례 언급한 바 있다. 아마도 그것은 하르트만의 주장을 반복하게 될지 모를 텐데, 그럼에도 여기서 드러난 가능성의 —아리스토텔레스의 잠재태 개념이 유도하는— 특수한 속성을 파악하지는 못할 것이다. 흥미롭게도 바로 하르트만 자신에게서 연결점을 찾을 수 있다. 생물학적 존재에 관한 분석에서 하르트만은 우리가 확정했던 것과 마찬가지로 유기체의 적응능력은 그의 불안정성(Labilität)[27]—하르트만이 이 속성을 규정한 것처럼— 에 달려 있음을 시사했다. 하르트만이 이러한 물음을 취급하면서 가능성의 문제를 언급하지 않았다는 것은 사실이 아니다. 당연히 우리는 유기체의 이러한 특성을 그것의 속성으로 나타내고, 아울러 가능성의 문제 또한 여기서 마무리되었다고 설명할 수 있을 것이다. 하지만 바로 여기에 우리가 직면한 문제의 핵심이 놓여 있을 것이다. 이와 관련해 이러한 불안정성이 잠정적으로 사전에 인식 가능한 것이 아니라 사후적으로만 확정될 수 있다는 점이 문제가 아니다. 왜냐하면 어떤 것이 —존재론적 의미에서— 인식 가능한가라는 물음은, 그것이 이 점에서 하나의 존재자인지 여부와는 무관하기 때문이다.(두 사건의 동시성의 존재론적 실재성은 우리가 이러한 동시성을 측정할 수 있는지 여부와 무관하다.)

우리는 이러한 존재론적 문제에 대해 다음과 같이 확정적으로 답했다. 즉 존재론적으로 고찰할 경우 반영 그 자체는 존재가 아닐지라도, 아주 단순한 의미에서의 존재는 아니기 때문에 결코 '유령'도 아니다. 단순히 존재하지 않는 것이라 하더라도 '유령'도 아니다. 그럼에도 반영은 의심할 바 없이 인과계열의 정립을 위한 결정적인 전제인데, 물론 인식론적 의미에서가 아니라 존재론적 의미에서이다. 이렇게 발생한 존재론적 패러독스는 이제 아리스토텔레스의 잠재태 개념을 그것이 지닌 변증법적 합리성 속에서 해명하고자 했다. 아리스토텔레스가 목적론적 정립의 본질을 잠재태 개념

---

27) 불안정성은 끊임없이 변화를 겪고 또 변화의 가능성에 놓인 것을 가리킨다. 생명체 혹은 물질의 상대적으로 불안하고 일시적인 상태를 가리키기도 한다. 생화학적으로 불안정성은 운동에너지와도 관련되어 있다.

과 불가분적으로 결합시켰을 때 그는 그것의 존재론적 속성을 올바로 인식했다. 아리스토텔레스는 잠재태(Dynamis)를 "어떤 것을 올바로 혹은 의도에 따라 실행할 수 있는 능력"으로 규정하고, 그 규정을 바로 다음과 같이 구체화시켰다. "그러므로 우리는 변화를 겪는 것을 다른 것에 의해 움직여지거나 변하게 됨의 근원이라고 말한다. 왜냐하면 (운동이나 변화를) 겪는 것은 그런 (근원적인) 힘으로 말미암아 어떤 것(작용)을 (수동적으로) 겪을 힘을 갖기 때문이다. 그리고 우리는 때로는 그것이 아무런 것이나 겪을 때, 때로는 더 나은 것을 향하여 겪을 때 우리는 그것이 (변화를) 겪을 힘이 있다고 말한다. —잠재력(dynamis)은 어떤 것을 올바로 또는 의도(뜻)대로 실행할 수 있는 능력(힘)이다. 다시 말해, 우리는 종종 걷거나 말할 수 있는 사람들에 대해, 이들이 잘 또는 제 뜻대로 걷거나 말하지 못할 때, 그들은 말하거나 걷는 능력(힘)이 없다고 이야기하는 것이다."[28] 아리스토텔레스는 이러한 상황의 모든 존재론적 패러독스들을 분명하게 보았다. 그는 "현실태가 정의상 잠재태보다 앞선다."는 점을 분명히 했고, 매우 단호하게 여기 존재하는 양상문제를 지적했다. "모든 능력은 동시에 상호모순되는 것들의 능력(힘)이다. 왜냐하면 (어떤 것 안에) 들어 있을 힘이 없는 것은 어떤 것에도 들어 있을 수 없지만, (들어 있을) 힘이 있는 모든 것은 (그 힘을) 발휘하지 않을 수 있기 때문이다. 따라서 존재할 힘을 가진 것은 존재할 수도 있고, 존재하지 않을 수도 있다. 따라서 동일한 사물이 존재할 수도 있고(존재할 힘을 가질 수도 있고) 존재하지 않을 수도 있다."[29]

---

28) *Metaphysik*, Buch Δ, *Kapitel* 12, S. 122 f. 한글판 『형이상학』, 김진성 역주, EjB, 2007. p. 233에서 인용. 문맥에 비추어 표현을 다소 고쳤음(역자).
29) Ebd., Buch Θ, *Kapitel* 8, S. 217 f. 한글판 『형이상학』, p. 399-400에서 인용. 마찬가지로 문맥에 비추어 표현을 다소 고쳤음(역자).

우리가 여기서 아리스토텔레스에 대해 그가 그렇게 올바로 기술한 배열 (Konstellation)을 강제 논리로 도출하도록 요구한다면 우리는 별 소득 없는 탁상공론의 미로에 빠질 것이다. 이러한 요구는 지극히 순수한 존재론적 물음에서는 원칙적으로 불가능하다. 아리스토텔레스의 경우 특정한 혼동들과 그 결과에서 보이는 거짓 추론들이 도처에서 나타나는데, 그는 여기서 그처럼 올바로 인식한 것을 인간적 실천 너머로 확장하려고 한다. 새롭게 발생한 존재 단계의 잠재적-복합적 핵심 범주로서의 독특한 노동현상이 아리스토텔레스에게서 그랬던 것처럼 분석 가능한 명백한 형태로서 우리에게 제시되어 있다. 그러므로 이제 적절한 존재론적 분석을 통해 복합물로서의 이러한 잠재적 구조를 해명하는 것이 관건이다. 즉 인간의 해부가 원숭이의 해부를 위한 단서를 제공한다는 마르크스적 모델에 따르면, 적어도 여기서 유도된 추상적-범주적 도정을 분명하게 만들 수 있을 것이다. 하르트만에 의해 그 의미가 적합하게 묘사된, 고등동물의 생물학적 존재에서 나타나는 불안정성 역시 노동에 대해 일정한 토대를 형성할 수 있다는 것은 의심의 여지가 없어 보인다. 인간과 지속적이고 친밀한 접촉을 해온 가축의 발달은 이러한 불안정성 속에 얼마나 커다란 가능성들이 담겨 있을 수 있는지를 보여준다. 하지만 동시에 이러한 불안정성은, 가장 발달된 형태의 이러한 불안정성의 현상이 현실적 인간을 위한 토대를 형성할 수 있는 것도 도약을 통해서만, 즉 동물성을 탈피하는 과정의 가장 원시적인 인간의 정립활동에서 보이는 도약을 통해서만 가능하다는 것에 대한 일반적 토대에 지나지 않는다는 점을 분명히 하지 않으면 안 된다. 이러한 도약은, 아리스토텔레스의 잠재태 개념에서 보이는 새로운 형태의 가능성처럼, 중대한 사유의 발전이 그처럼 확인 가능한 길을 잘 비추어준다 하더라도 오직 사후적으로만 이해될 수 있다.

비존재의 특수한 형식으로서의 반영으로부터 인과관계의 정립이라는 능동적이고 생산적인 존재로 이행하는 과정은 아리스토텔레스의 잠재태의 발전된 형식을 제공해주는데, 우리는 그것을 노동과정에서의 모든 정립행위라는 선택적 성격으로서 규정할 수 있다. 처음에 이것은 노동의 목적을 정립할 때 드러난다. 우리는 그 성격을 가장 초보적인 노동행위를 고찰할 때 가장 잘 확정할 수 있다. 원시인이 돌덩이들로부터 그의 목적에 어울릴 법한 돌 하나를 선택하고 다른 돌들은 놔둘 때, 여기에는 명백히 하나의 대안이나 하나의 선택이 담겨 있다. 모름지기 그 자체로 존재하는 비유기적 자연의 대상으로서의 돌이 결코 이러한 정립을 위한 도구로 사전에 만들어진 것은 아니라는 의미에서 그렇다. 당연히 목초 역시 가축에 의해 먹히기 위해 자라는 것이 아니며, 가축도 육식동물의 먹잇감으로 제공되기 위한 것이 아니다. 하지만 두 경우 모두 각각의 동물들과 그들의 먹잇감은 생물학적으로 결합되어 있으며, 따라서 그들의 행동도 생물학적 필연성으로 결정되어 있다. 때문에 여기서 동물에게 출현하는 의식은 명백하게 결정된 것, 말하자면 선택적 현상이 아니라 부수현상으로 규정된 것이다. 도구로 선택된 돌은 하지만 더 이상 생물학적 성격을 띠지 않는 하나의 의식활동에 의해 선택되었다. 돌을 계획된 행위에 적합하게 하거나 부적합하게 하는, 그 돌의 특정한 속성들이 ―관찰과 경험, 즉 반영과 그것의 활용을 통해― 인식되어야만 할 것이다. 외부적으로는 지극히 단순하고 통일적인 행위인 돌의 선택도 그 내부 구조에 비추어볼 때는 고도로 복잡하고 완벽한 모순 덩어리이다. 이와 관련해 이른바 상호 이종적으로 관련된 두 가지 선택이 문제가 된다. 첫째, 돌은 정립된 목적에 올바로 선택된 것인가, 혹은 잘못 선택된 것인가? 둘째, 목표는 올바로 정립되었나, 혹은 잘못 정립되었나? 다시 말해 돌은 대체로 이러한 목표정립을 위해 현실적으로 적합한 도구인가? 이 두 가지 선택이 잠재적으로 기능하고 잠재적으로 활용되는 현실 반영의 체계로부터 (따라서 그 자체 존재하지 않는 행위들의 체계로부터) 나온다는 것은 어렵지 않게 드러난다. 하지만 마찬가지로, 존재하지 않는 반영의 결과가 그처럼 선택적으로 구조 지어진 실천으로 강화될 때, 이로부터 단순한 자연적 존재자가 사회적 존재의 맥락에서 존재하는 것, 이를테면 돌칼이나 돌도끼처럼 근본적으로 새로운 형태의 대상성이 될 수 있다는 것도 어렵지 않게 드러난다. 자연적 현존이나 본질 상태의 돌은 돌칼이나 돌도끼와는 아무런 관계가 없기 때문이다.

이른바 돌이 취해져 노동의 도구로 사용될 뿐 아니라, 보다 나은 노동수단이 되기 위해 세심한 가공과정을 거치게 될 경우, 이처럼 특유한 형태의 선택은 보다 발전된 단계에서 보다 분명하게 나타날 것이다. 노동이 아직은 고유한 의미에서 실현되고 있는 여기서, 여전히 선택이 보다 분명하게 그 참다운 본질을 드러낼 것이다. 노동은 유일무이의 결정행위가 아니라, 하나의 과정, 늘 새로운 선택들로 이루어진 부단한 시간적 사슬이다. 만일 우리가 임의의 어떤 노동 —여전히 그것이 초보적일지라도— 과정에 대해 잠시 반성해본다면, 결코 하나의 목적정립을 기계적으로 수행하는 것이 문제는 아님을 알 수 있을 것이다. 자연에서의 인과의 사슬은 "~하면 ~한다."는 식으로 자연 내부의 고유한 필연성에 따라 '스스로' 진행된다. 그럼에도 우리가 앞서 보았듯 노동에서는 목표가 목적론적으로 정립될 뿐 아니라 그 목표가 실현하는 인과의 사슬도 하나의 정립된 인과성으로 바뀌지 않을 수 없다. 노동의 수단뿐 아니라 노동대상 역시 그 자체로 자연 인과성에 종속된 자연물이다. 자연물이 노동과정 속에서 사회적 존재라는 피정립성(Gesetztheit)을 획득할 수 있는 것은 —설령 그것이 자연 대상으로 남아 있을지라도— 오직 목적론적 정립 속에서, 오직 이 목적론적 정립을 통해서이다. 때문에 노동과정의 세부적인 부분에서는 이러한 선택들이 지속적으로 반복된다. 말하자면 매듭을 묶고, 날카롭게 다듬는 등의 과정에서 각각의 개별 운동이 (현실의 올바른 반영에 기초해서) 올바로 고려되어야 하고, 올바로 목적정립을 지향해야 하고, 올바로 수작업으로 수행되어야 한다. 그렇지 못할 경우, 매 순간 정립된 인과성은 효력을 상실하게 되고, 돌은 다시금 단순한 자연적 인과성에 종속된, 자연적 존재자로 화합으로써 더 이상 노동수단이나 노동대상이 되지 못한다. 따라서 선택은 노동과정에서 비로소 현실의 형식들이 된 범주들을 삶 속으로 불러들이는 하나의 올바른 행위 혹은 그릇된 행위에까지 확장되는 것이다.

각기 다른 정도의 오류가 있을 수 있다는 것은 당연하다. 이러한 오류는 말하자면 후속 행위나 행위들을 통해서 교정될 수 있다. 이 행위는 다시금 새로운 선택들을 일련의 결정들 속으로 끌어들이는데, 여기서 또한 하나의 행위에서 혹은 일련의 행위들 속에서 수행 가능한 교정이 불규칙적으로 삽입된다. 혹은 이 같은 오류의 발생이 전체 노동을 무의미하게 만들 수도 있다. 노동과정에서의 선택들은 따라서 동일한 종류가 아니며, 그 중요한 정도도 동일하지가 않다. 처칠이 대단히 복잡한 경우의 사회적 실천에 대해 고무적으로 이야기했던 것처럼, 단 하나의 결단을 통해서도 '의미의 순간'으로 들어갈 수 있다는 말은 모든 사회적 실천의 구조적 특성으로서 이미 가장 원시적인 노동에서도 나타난다. 발전과정에서, 확실히 상대적으로 낮은 발전단계에서, 노동과정의 개별적인 선택들이 동화와 타성으로 인해 부분적인 반성에 그치고, 때문에 의식에 걸맞게 '무의식적'으로 수행될 수 있다는 것으로 해서 선택들의 연쇄로서 나타나는 이러한 노동과정의 존재론적 구조가 모호해져서는 안 된다. 여기서 제한된 반성의 속성과 기능에 대해 다루지 않는다 하더라도 ─이러한 반성은 보다 복잡한 단계에서, 즉 노동 자체에서뿐 아니라 사회적 실천의 모든 영역에서도 판에 박힌 어떤 모순으로 드러난다─ 모든 제한된 반성은 인류의 발전에서뿐 아니라 이러한 제한된 반성을 처음 학습과 훈련 등을 통해 형성할 수 있는 모든 개인에게서도 본래는 선택적 결정의 대상일 뿐이었다는 것임을 분명히 해야 한다. 모름지기 이러한 과정의 시초에 일련의 선택들이 존재한다.

선택 역시 의식의 활동과 마찬가지로 매개범주인데, 이 범주의 도움으로 현실의 반영이 존재자를 정립하는 견인차가 된다. 노동에서 이러한 존재자는 이미 자연적인 어떤 것이라는 점과, 이러한 자연적 속성은 결코 완벽하게 제거될 수 없다는 점도 강조되어야 한다. 노동과정에서 인과성들의 목적론적 정립의 변형 효과가 클수록, 자연적인 제약이 축소될지언정 결코 완벽하게 소멸되지는 않는다. 이는 돌도끼 못지않게 원자로와도 관계 있다. 여기서 나타나는 가능성들 중 하나만을 언급해보자. 설령 자연의 인과성들이 노동의 정립행위에 종속될지라도, 모든 자연 대상은 속성들의 내포적인(intensive) 무한성을 가능성으로 자기 안에 담지하고 있기 때문에 영향을 미치는 것을 완벽하게 멈출 수는 없다. 자연의 인과성의 영향력들은 목적론적 정립과 완전히 이종적 관계에 있기 때문에, 많은 경우 이것들은 목적론적 정립과 상충되지 않을 수 없으며, (철의 부식작용 등에서 보듯) 종종 파괴적인 결과를 빚기도 한다. 이로써 매 순간 노동과정이 완성될 때마다 선택들이 계속해서 감시, 통제, 보수 등으로 기능하지 않을 수 없고, 또 그러한 예방적 정립은 선택들을 목적정립과 그 실현 속에서 끊임없이 증가시키지 않을 수 없게 된다. 때문에 노동의 발전은 인간적 실천의 선택적 성격을, 즉 인간이 자신의 주위 환경과 자기 자신에 대해 맺고 있는 관계 방식의 선택적 성격을 한층 강하게 선택적 결정들 위에 정초시키는 데 기여한다. 따라서 노동 속에서 인간화로의 도약을 통한 동물성의 극복, 의식의 한낱 생물학적 결정성이라는 부수현상들의 극복은 노동의 발전을 통해 지속적으로 증가하고 보편화의 경향도 지배적이 된다. 또한 여기서는 새로운 존재형태들이 점진적인 발전을 통해 그 고유한 영역들의 지배적이고 현실적인 보편적 규정들로 성장할 수 있다는 것도 나타난다. 이행과 장기간의 도약을 거치면서 이 존재형태들은 저급한 존재형태들과 지속적인 경쟁을 벌이게 된다. 따라서 변형과정이 대단히 높은 수준에 도달했을지라도, 이러한 존재형태들은 저급한 존재들로부터 성장하고, 또 그것들이 새로운 존재형태의 —제거하기 어려운— 물질적 토대를 형성하는 것이다.

돌이켜보면 여기서 비로소 아리스토텔레스에 의해 가능성의 새로운 형식으로서 발견된 잠재태가 그 완전한 의미로 이해될 수 있다. 왜냐하면 목적을 정립하는 것뿐 아니라 그것을 수행하는 수단을 정립하는 기초 행위는 발전과정 속에서 보다 강하게 특유의 고정된 형태를 취하는데, 이러한 형태는 마치 그것이 이미 본래 사회적 존재자였던 것 같은 환상을 유발한다. 근대적인 공장을 생각해보자. 그 모델(목적론적 정립)은 생산 자체 속에서 현실화되기 전까지는 종종 크게 뭉뚱그려서 구상되고 검토되고 계산된다. 이런 식으로 수많은 사람들의 물질적 실존이 그러한 모델을 구상하는 일에 기초해 있을지라도, 모델 형성과정이 의미 있는 물질적 토대(사무실,[30] 가구 등)를 지닌다 해도 , 그 모델은 —아리스토텔레스적 의미에서— 여전히 하나의 가능성으로 남을 뿐이다. 즉 그것은 선택들에 기초한 실행의 결단을 통해서만, 이러저러한 돌을 칼이나 도끼로 사용할 수 있도록 선택하는 원시인의 결단에서처럼 결단 자체를 통해서만 현실화될 수 있는 하나의 가능성일 뿐이다. 목적론적 정립을 실현하는 결단의 선택적 성격은 가

30) 수고에는 아파트.

능성으로부터 현실성으로의 도약이라는, 그 의미가 좀 더 강조된 다소 복잡한 내용들을 담고 있다. 원시인에게는 직접적인 유용성 일반이 선택의 대상을 형성하는 반면, 생산, 즉 경제의 사회적 성격이 발전하는 과정에서의 선택들은 늘 다양화되고 분화된 형태를 담고 있다고 생각된다. 기술의 발전과정에 따를 경우, 모델의 기획은 일련의 선택들의 결과이다. 그러나 기술의 보다 높은 발전 정도(일련의 과학을 통한 기술의 토대)가 선택을 결정하는 유일한 근거는 될 수 없다. 왜냐하면 그렇게 계발된 기술적 최적 조건이 경제적인 최적 조건과 반드시 일치하는 것은 아니기 때문이다. 경제와 기술은 확실히 노동의 발전과정에서 불가분적으로 공존하고 단절되지 않는 상호관계를 맺고 있다. 그럼에도 불구하고 우리가 살펴보았던 것처럼, 목적과 수단 간의 모순적인 변증법에서 드러나는 양자의 이종성은 결코 지양되지 않으며, 오히려 종종 그것들의 모순성이 강화되기도 한다. 그 복잡한 계기들을 우리가 여기서 다룰 수 없는 이러한 이종성은 다음과 같은 결과를 갖는다. 즉 노동은 언제나 그것들의 보다 높은 사회적 실현을 위해 과학을 도우미로 삼고 있지만, 그러나 양자의 상호관계는 평탄하지만은 않은 발전과정에서만 실현될 수 있다는 것이다.

이제 우리가 그러한 기획을 존재론적으로 고찰한다면, 그것이 아리스토텔레스적 가능성의, 본래적인 능력의 본질적 징표를 담고 있다는 점은 분명해질 것이다. "무엇을 할 수 있는 능력이 있다고 하는 것은 할 수 있다는 것뿐 아니라 할 수 없다는 것이기도 하다." 아리스토텔레스와 동일한 의미로 마르크스도, "노동과정의 진행에서 노동수단은 단순한 가능성을 벗어나 바로 현실성으로 번역되었다."고 말했다.[31] 복잡하고 근본적으로는 올

---

31) Marx: *Grundrisse der Kritik der politischen Ökonomie*, Moskau 1939~41(bzw. Berlin

바른 반영들에 기초해서 기획된 프로젝트라 할지라도 거부된 프로젝트는 존재자가 될 수 있는 가능성을 자기 안에 담지하고 있을지언정 여전히 비존재자로 남아 있다. 따라서 여기서는 노동을 통해 물질적 실현의 과정을 진행하도록 요청받은 저 인간들의 (혹은 저 인간들의 집단들의) 선택만이 능력을 존재자로 변형시킬 수 있게 된다. 이것은 현실화할 수 있는 이러한 유의 가능성의 보다 높은 한계를 가리킬 뿐 아니라, 실현을 겨냥한 현실의 의식적 반영이 언제, 그리고 어느 정도 이러한 의미에서의 가능성이 될 수 있는지와 같은, 보다 낮은 특정한 한계도 가리킨다. 이러한 가능성의 한계는 직접적인 합리성에서 결코 엄밀성과 독창성 등과 같은 사유의 수준으로 환원되지 않는다. 선택을 결정함에 있어 궁극적으로는 노동에서 목적정립과 계획의 정신적 계기들이 중요한 역할을 담당한다. 하지만 이때 우리가 가능성에서 현실성으로의 도약의 동력을 노동의 영역에서만 파악하려 한다면, 그것은 경제적 이성(ratio)의 물신화를 의미하게 될 것이다. 그러한 이성은 우리가 만든 선택들이 추상적이고 순수한 자유의 차원에서 수행될 것이라는 전제와 마찬가지로 하나의 신화이다. 두 경우 모두 노동지향적 선택들은 늘 구체적인 상태하에서 결정을 모색한다는 것을 염두에 두어야 하는데, 여기서는 다시금 돌도끼를 제작하는 것인지 혹은 수많은 파생본들 속에 생산되고 있는 자동차의 원본을 다루는 것인지 하는 것과는 아무런 상관이 없다. 그 결과 첫째로 합리성은 개별 생산물이 충족시켜야 하는 구체적인 욕구에 기초하게 된다. 이러한 욕구충족과 그와 관련한 표상들을 규정하는 구성요소들은 그렇기 때문에 현실화의 인과관계를 정당하게 반영하려는 시도 외에 기획의 구조, 관점을 선택하고 분류하

1953), S. 208; MEW 42, S. 222.

는 방법을 결정한다. 따라서 마지막으로 규정은 계획된 실현의 개별성 속에 근거해 있다. 이러한 규정의 합리성은 결코 절대적일 수 없으며, 오히려 이미 무엇인가를 실현하려는 시도에서처럼 "~하면 ~한다."는 것 같은 관계의 구체적 합리성일 뿐이다. 그러한 맥락 안에서 그런 식의 필연적 결합이 지배한다는 것이 무엇보다 선택을 가능한 것으로 만든다. 즉 결합은 —이러한 구체적 복합물들 내부에서— 개별적인 단계들의 필연적인 연쇄를 전제하고 있는 것이다. 물론 다음과 같이 반대할 수도 있다. 즉 선택과 선(先) 규정이 서로 간에 논리적으로 배척하기 때문에 선택은 자유로운 결단 속에서 하나의 존재론적 토대를 가져야만 한다는 것이다. 이 토대는 특정한 정도에서, 오직 특정한 정도에서만 올바르다. 하지만 그것을 현실적으로 이해하기 위해서 우리는 어떤 측면에서 보더라도 선택이 구체성을 띠어야 한다는 점을 염두에 두어야 할 것이다. 즉 구체적인 목적정립을 실현할 수 있는 최상의 구체적 조건에 관한 구체적 인간(구체적 인간집단)의 결단. 이로부터 다음과 같은 사실이 드러난다. 즉 모든 선택(또한 모든 선택의 사슬)은 노동 속에서 결코 현실 일반과 관계하지 않는다는 것이다. 다시 말해 그것들은 자기 스스로 결정하는 주체가 아니라 그 주체가 살고 활동하는 사회적 존재를 산출하는 것을 목표로 하는 여러 방식들 사이에서 이루어지는 하나의 구체적인 선택인 것이다. 주체는 이처럼 그와 무관하게 실존하는 존재복합물에 의해서 규정된 가능성, 이처럼 제한된 가능성을 통해서만 자신이 목표로 삼는 대상으로, 자신의 선택으로 고양될 수 있다. 마찬가지로 결정 공간이 이러한 존재복합물을 통해 윤곽이 그려질 수 있다는 말도 설득력이 있다. 아울러 폭과 넓이, 깊이 등이 현실을 정확히 반영하는 과정에서 강력한 역할을 발휘한다는 것도 자명하다. 하지만 그렇다고 해서 목적론적 정립의 내부에서 이루어지는 인과계열의 정립은 —직접적이건 혹은 매개적이건— 결국 사회적 존재에 의해 규정된다는 사실이 바뀌는 것은 아니다.

　여기서 목적론적 정립을 위한 모종의 구체적인 결정이 강제적 필연성에 따라 그 선행 조건으로부터 완벽하게 도출되지 않는다는 것은 분명하다. 다른 한편 모종의 개별적인 목적론적 정립활동이 아니라 이러한 행위 전체와 특정 사회 안에서 이루어지는 행위들 간의 상호관계를 고찰할 경우, 불가피하게 그것들 속에서 나타나는 경향적 유사성, 수렴, 유형 등을 확정하지 않을 수 없다는 점도 분명히 해야 한다. 이러한 총체성 속에서 나타나는 수렴 및 발산 경향의 비율은 앞서 지적된, 목적론적 정립의 구체적 공간을 나타낸다. 그로부터 목적의 정립뿐 아니라 수단의 발견과 적용이 나타나는 실제적인 사회적 과정이 모름지기 가능한 물음과 답변을 위한, 실제로 실현 가능한 선택을 위한 구체적으로 한정된 공간을 규정한다. 한정짓는 구성요소들은 고립적으로 관찰된 개별 정립행위에서보다 훨씬 구체적이고 고정적으로 규정된 총체성 속에서 그 모습을 드러낸다. 그럼에도 여기서는 선택의 한 측면만이 나타나고 있다. 특정 공간에 대해 그처럼 분명하게 기술할지라도, 그것은 선택을 결정하는 행위 속에 결단과 선택의 한 계기가 담겨 있으며 이러한 결단의 '장소'와 기관이 인간 의식을 형성한다는 사실을 폐지시킬 수는 없다. 모름지기 존재론적으로 볼 때 이러한 현실적 기능이 완전히 생물학적으로 규정된 동물적 의식 형태의 부수현상 너머로 인간 의식을 고양시키는 것이다.

　때문에 어떤 의미에서 우리는 여기서 인간과 사회를 둘러싼 철학적 논쟁에서 그토록 커다란 역할을 담당했고 또 오늘날에도 여전히 담당하는 자유의 존재론적 맹아에 대해 이야기할 수 있을 것이다. 자유, 즉 노동과정의 내부의 선택에서 처음으로 현실 속에 나타난 자유의 그러한 존재론적 발생의 자유의 특성은 더 이상 오해가 발생하지 않도록 좀 더 분명하게 구체화되어야만 한다.

우리가 이른바 노동을 그 근원적 존재방식에서 ―사용가치의 산출자로서― '영원한' 것으로서, 사회구성체가 교체되는 과정에서 변함없이 유지되는 인간(사회)과 자연 사이의 물질대사로서 파악한다면, 선택의 성격을 규정하는 의도는, 비록 그것이 사회적 필요를 벗어나 있다 할지라도 자연대상들의 변화를 겨냥하고 있다는 것이 분명하다. 지금까지의 고찰에서 우리는 노동의 이 같은 원초적 존재방식을 확정하고 ―이미 교환가치의 사회적 정립에서 또 그것이 사용가치와 맺고 있는 상호관계들에서 발생하는― 그것의 발전되고 복합적인 형태들은 나중의 분석을 위해 남겨두고자 했다. 이러한 추상의 수준을, 개별적인 분석에서 특정 사회에 의해 제약된 보다 구체적인 상황을 전제하고 있는 사태들을 끌어들이지 않고서 마르크스적 의미에서 일관되게 주장하려 한다면 당연히 어려워질 가능성이 있다. 따라서 마침내 우리가 기술적이며 경제적인 최적 조건의 이종성에 관해 이야기할 때, 우리는 저 구체적인 예에서 ―어느 정도는 지평으로서― 가능성을 현실성으로 전화시키는 과정에서 나타나는 몇몇 계기의 복잡성을 개괄하기 위해 시야의 확장 문제를 다루게 된다. 하지만 지금 지극히 엄밀한 의미에서 노동을 오로지 그 원초적 형태에서, 인간과 자연 사이의 신진대사의 기관으로서 언급하지 않을 수 없다. 왜냐하면 그 경우에서만 이러한 원초적 형태에서 존재론적으로 필연적으로 발생하고, 그리하여 노동으로부터 사회적 실천 일반의 모델을 형성하는 범주들을 제시할 수 있기 때문이다. 확장된 총체성 속에서 훨씬 강하게 파악되는 사회를 토대로 나타나는 복합체들과 제한들 등을 해명하는 일은 향후의 탐구 과제, 많은 경우 윤리학에서 과제일 것이다.

그렇게 이해할 경우 노동은 존재론적으로 이중적 시각을 보여준다. 한편으로 이러한 노동의 일반성에서 볼 때, 실천은 주체의 목적론적 정립의 결과로서만 가능하다는 것, 하지만 그러한 목적론적 정립은 자연의 인과적 과정들에 대한 인식과 정립을 여러 정립들로 자기 안에 포함한다는 것이 분명하다. 다른 한편으로 여기서는 주로 인간과 자연 사이의 상호관계가 문제라는 것, 정립을 분석하는 과정에서 우리는 그 관계로부터 발생하는 범주들만을 고려하면 된다는 것이다. 이때 우리는 곧바로 다음과 같은 사실을 간취하게 된다. 즉 우리가 노동이 그 주체 속에 야기한 변화들에 주목할 경우, 우리는 새롭게 발생한 범주들의 존재방식을 지배하는 이러한 관계의 특수성을 깨닫게 된다는 것이다. 즉 주체 속에 나타나는 지극히 중요한 다른 변화들이 이미 보다 높은 단계의 발전된 사회적 관점의 산물들이라는 것, 물론 이러한 산물들은 그것들의 원초적 형태를 단순한 노동 속에서 존재론적 전제로 갖지 않을 수 없다는 것이다. 우리는 결정적으로 새로운 범주, 가능성에서 현실성으로의 도약을 초래한 범주가 모름지기 선택이라는 것을 보았다. 그렇다면 그것이 지닌 본질적이고 존재론적인 내용은 무엇인가? 우리가 포괄적인 계기로서의 이러한 내용에서 주로 인식론적인 성격을 조명할 경우, 첫 번째 진술은 다소 놀랍게 들릴지 모른다. 목적론적인 정립을 위한 최초의 자극이 욕구충족을 위한 의지라는 것은 자명하다. 하지만 이 의지는 아직은 동물적 삶과 인간적 삶 사이에 있는 공통의 영역이다. 욕구와 충족 사이에 노동이, 말하자면 목적론적인 정립이 개입될 때 비로소 그 공통 영역이 나누어진다. 노동을 위한 최초의 자극이 담긴 이러한 사태 속에는 이미 인식론적 속성이 분명할 정도로 두드러지게 표현되어 있다. 왜냐하면 욕구와 직접적인 충족 사이에 노동이 매개로서 삽입될 경우 그것은 의심할 바 없이 생물학적 본능의 단순한 자발성에 대한 의식적 태도의 승리이기 때문이다.

매개가 노동과 연관된 일련의 연속적 선택들 속에서 실현될 경우 이러한 상황은 보다 분명하게 나타난다. 노동하는 자는 반드시 자신의 행위의 성공을 추구해야 한다. 하지만 그가 이러한 성공에 도달하는 것은 오직 그가 목적의 정립에서뿐 아니라 그 수단을 선택하는 일에서 끊임없이 노동과 연관된 일체를 객관적인 즉자존재 속에서 포착하여 스스로 목적과 수단에 적절히 대응할 경우이다. 여기에는 객관적 반영에 대한 의도가 담겨 있을 뿐 아니라, 객관적인 통찰을 어둡게 할 수 있는 일체의 단순 본능, 감정적인 것 등을 제거하려는 노력도 담겨 있다. 아울러 본능에 대한 의식의 우위, 한낱 감정적인 것에 대한 인식적인 것의 우위도 발생한다. 물론 이는 원시인의 초보적인 노동이 오늘날의 의식의 형태 속에 반영된다는 것을 의미하지는 않는다. 의식의 형태들은 확실히 우리가 그것을 다시금 재구성할 수 없다는 점에서 의식과는 질적으로 구별된다. 그럼에도 이미 지적했던 것처럼 그것은 노동이 존재할 수 있는 객관적 전제에 속한다. 다시 말해서 의식과 무관하게 즉자적으로 존재하는 바의 현실에 대한 올바른 반영만이 목적정립에 대해 무관심한, 이종적인 자연의 인과성들을 실현하고, 그것들을 목적론적 정립에 기여하는 정립된 인과성들로 변화시킬 수 있는 것이다. 목적을 규정하고 수행하는 과정에서 나타나는 노동의 구체적 선택들 역시 결국에는 무엇보다 옳음과 그름 사이에서 하나의 선택을 담고 있다. 그것이 노동의 존재론적 본질을, 아리스토텔레스적 가능태를 구체적인 현실태로 바꿀 수 있는 노동의 힘을 구성하는 것이다. 그러므로 노동의 선택들에 대한 이 같은 원초적 인식 가능성이야말로 무시할 수 없는 사실이자 모름지기 노동의 존재론적 현상태(Geradesosein)이다. 따라서 이 존재론적 현상태는 근원적으로, 그리고 아마도 오랜 시간에 걸쳐 어떤 의식 형태들로 현실화되는지에 전혀 상관없이 존재론적으로 인식될 수 있다.

노동하는 주체의 이러한 변화 ─인간의 고유한 인간화─ 는 노동의 이 같은 객관적 현상태의 필연적이고 존재적인 결과이다. 우리가 이미 그 텍스트를 상세하게 인용했던 노동에 관한 규정에서, 마르크스는 역시 노동이 인간 주체에 미치는 결정적 영향에 대해 이야기했다. 그의 지적에 따르면, 인간은 자연에 영향을 주는 가운데 자기 자신을 변화시키고, "동시에 인간은 자신의 본성을 변화시킨다. 인간은 자연 속에 잠자고 있는 잠재력을 발전시켜 그 힘의 작용을 자신의 지배 아래 놓는다."[32] 이미 노동에 관한 객관적 분석에서 언급한 바 있었던 바처럼, 이는 무엇보다 단순한 생물학적 본능에 대한 의식의 지배를 의미한다. 주체의 측면에서 고찰할 경우 그 결과는 늘 새롭게 이루어지는 이러한 지배의 연속성이라 할 수 있다. 다시 말해 그것은 개개의 모든 노동운동에서 새로운 문제로서, 새로운 선택으로서 등장하는 연속성이다. 그것은 노동이 성공하는 매 순간 단순한 본능에 대한 올바른 통찰의 승리로 마감하지 않을 수 없는 연속성이다. 왜냐하면 돌이라는 자연존재가 완전한 이종성 속에서 칼이나 도끼로 사용되는 것과 마찬가지로, 그리고 이러한 변화 역시 인간을 통해 올바로 인식된 인과연쇄의 정립의 결과로서만 경험될 수 있는 것과 마찬가지로, 그것은 인간 자신의 원초적인 생물학적-본능적 운동 등과 이종적인 관계에 있기 때문이다. 인간 자신은 이러한 변화들을 특별히 노동으로 간주하지 않으면 안 되며, 인간 자신 속에 내재하는 단순한 본능에 대한, 자기 자신에 대한 지속적 투쟁 속에서 관철시켜야만 한다. 여기서 아리스토텔레스의 잠

32) *Kapitel*, I. 140; MEW 23, S. 192.

재태(Dynamis, 마르크스는 논리학 사가인 프란틀[Prantl]에 의해 선택된 용어 잠재력[Potenz]을 사용했다.)가 이러한 이행의 범주적 표현임이 드러났다. 마르크스가 여기서 잠재태라고 명명한 것은 결국은 하르트만이 고등동물의 생물학적 존재에서 불안정성(Labilität)으로 표현했던 것, 근본적으로 변화된 상황에서 적응에 필요한 상당한 탄력성과 동일하다. 그것은 확실히 특정한 고등동물이 인간으로 변화되는 생물학적 토대였다. 우리는 이것을 가축들처럼 갇혀 있는 특정 고등동물들에게서 관찰할 수 있을 것이다. 이 탄력적인 태도, 잠재태의 이러한 현실화 역시 여기서는 순수하게 생물학적인 것으로 남아 있다. (하지만) 인간에 의해 외부로부터 가해진 동물에 대한 요구는 넓은 의미에서의 새로운 환경으로 나타나기 때문에 의식 역시 여기서는 하나의 부수현상으로 남지 않을 수 없다. 하지만 노동은 이미 강조했던 것처럼 이러한 발전과정에서 하나의 도약을 의미한다. 적응은 동물적인 것에서 의식적인 것으로 이행하는 것만은 아니다. 그것은 자연에 의해 창조된 것에 대해서가 아니라, 오히려 자기가 선택하고 창조한 상황에 대한 '적응'으로 드러나기도 한다.

때문에 노동하는 인간에서의 '적응'은 불변하는 환경에 대해 규칙적으로 똑같이 반응하곤 하는 다른 생명체들에서처럼 내적으로 안정되고 정태적인 것이 아니며, 가축들에서처럼 외부로부터 이끌리는 것도 아니다. 자기창조의 계기는 환경 자체를 변화시키는 데 그치는 것이 아니다. 그것은 환경을 직접적-물질적으로 변화시키는 동시에 환경이 물질적으로 인간에 역으로 작용하게끔 하기도 한다. 따라서 예를 들어 처음에는 이동의 장애를 의미했던 바다가 노동의 결과로 인해 훨씬 효과적인 연계수단이 되는 경우가 그렇다. 하지만 그것을 넘어서 —물론 그러한 기능의 변화를 야기하는— 노동의 이러한 구조적 속성 역시 주체에 대해 역작용을 한다. 만일 우리가 주체 속에서 발생하는 변화들을 올바로 이해한다면, 이미 기술된 객관적 상황에 비추어볼 때, 주체란 목적정립의 창시자이며 반영된 인과사슬들을 정립된 사슬들로 변형시키고 노동과정 속에서 이 모든 정립을 실현하는 주도자이다. 따라서 주체에 의해 이루어진 이론적이고 실천적인 종류의 서로 다른 수많은 계열의 정립들이 문제이다. 우리가 이 모든 정립을 주체의 행위로 파악하고자 할 경우 그것들 속에서 공통적인 것은, 일반적으로 본능에 의해 직접적으로 파악이 가능한 것은 —모든 정립작용 속에 필연적으로 포함된 거리두기로 말미암아— 의식활동에 의해 대체되거나 혹은 적어도 규제된다는 점이다. 이 점과 관련하여 우리는 모든 습관적 노동에서 적어도 개별적인 행위가 곧바로 의식적 성격을 갖지는 않는다는 겉모습으로 인해 헤맬 필요는 없다. 그러한 행위들에서 '본능적인 것', '무의식적인 것'은 의식적으로 발생한 운동들을 고정되고 제약된 반사운동(습관들[Reflexe])으로 변화시키는 과정에 기초해 있다. 이 반사운동들은 무엇보다 고등동물들의 본능적 표현들과 구분되지 않는다. 이처럼 더 이상 의식되지 않는 것은 끊임없이 축소되고 폐지되는 어떤 것이다. 축적된 노동의 경험들은 그것을 하나의 반사운동으로 고정시키고, 새로운 경험들은 매 순간 그것을 새로운 운동에 의해, 마찬가지로 축소에 의해 고정된 (반사)운동으로 대체할 수 있을 것이다. 노동경험의 축적은 따라서 습관적 운동의 지양과 보존이라는 이중적 성격을 갖는다. 그렇기 때문에 이러한 운동들이 제약된 반사운동으로 고정될 경우, 이러한 운동은 목적과 수단을 규정하고 실행을 감독하고 교정하는 거리두기의 정립행위를 통해 그것들의 기원을 매 순간 자기 안에 담게 되는 것이다.

이러한 거리두기는 노동하는 인간이 자신의 감정을 의식적으로 통제하지 않을 수 없다는 보다 중요한 의미를 갖는다. 노동하는 인간은 피로를 느낄 수 있을 것이다. 하지만 노동의 중단이 해가 될 경우 피로에도 불구하고 그는 일을 지속해야 한다. 예를 들어 사냥을 할 때, 그는 두려움에 대해 이해하고 있을 것이다. 하지만 그는 그럼에도 불구하고 자신의 자리에 머물러서 강하고 위험한 동물들과의 싸움 등을 받아들여야 한다. (지금 우리가 노동을 그 사용가치로 판단하고 있다는 것이 여기서 다시금 강조될 것인데, 이 사용가치야말로 확실히 노동의 최초의 형태였다. 예를 들어 노동쟁의에서 보듯 사회적 존재로부터 유래하는 다른 가치들이 이 최초의 태도와 충돌하는 것은 보다 복잡한 계급사회에서이다. 하지만 본능에 대한 의식의 지배가 여기서도 근본 정향으로 보존되어 있다.) 인간의 고유한 인간성에 결정적 의미를 갖는 이러한 태도 방식들이 이렇게 인간의 삶 속에 들어온다는 것은 더할 나위 없이 분명하다. 자신의 본능, 감정 등에 대한 인간의 우위야말로 습관과 전통에서 최상의 형태의 윤리학에 이르기까지 모든 정신성의 주요 문제라는 것은 일반적으로 알려져 있는 사실이다. 최고 단계의 문제는 자연히 나중에, 오로지 윤리학 자체에서만 현실적으로 적절하게 다루어질 수 있을 것이다. 하지만 그것이 이미 가장 초보적인 노동 속에서, 그것도 감정 등에 대한 의식적 지배라는 대단히 분명한 형태 속에 등장한다는 것은 사회적 존재에 결정적으로 의미가 있다. 우리는 종종 인간을 도구를 만드는 동물로 특징 짓는다. 이 말도 옳다. 하지만 그것은 도구의 제작과 사용이 여기서 묘사된 인간의 자기통제를 성공적인 노동을 위한 필수불가결한 전제로서 불가피하게 요구한다는 점에 의해 보충되어야만 한다. 또한 그것은 여기서 묘사된 도약의 한 계기, 즉 단순한 동물적 현존을 벗어나 인간이 출현하는 한 계기이기도 하다. 예를 들어 사냥개를 훈련시킬 때처럼 비슷한 현상들이 가축들에게서 나타난다 하더라도, 그러한 습관들은 인간과 접촉할 경우에만, 인간에 의해 동물에게 강제될 경우에만 나타날 수 있는 반면, 인간은 스스로 정립한 목표를 노동 속에서 실현하기 위한 필수적 전제로서 독립적으로 자기통제를 관철시키는 것이다. 따라서 이러한 견지에서 볼 때 노동이야말로 인간이 인간으로서 자신을 형성하기 위한 견인차라고 말하는 것은 타당하다. 생물학적 존재로서 인간은 자연 진화의 산물이다. 인간의 자기실현과 더불어 당연히 인간 자신 속에서 자연적 한계가 축소할지라도 결코 그것의 소멸이나 완전한 제거를 의미하지는 않는다. 인간은 새로운 존재, 스스로 정초한 존재, 즉 사회적 존재로 진입하는 것이다.

2. 사회적 실천의 모델로서의 노동

앞서의 서술을 통해 우리는 인간 발전의 보다 발전된 단계에서 대단히 일반화되고 탈물질화되어 미묘하고 추상적인 형태를 담고 있고, 때문에 나중에 철학의 주요 주제를 이루는 문제들이 어떻게 가장 일반적이면서도 결정적인 규정들로 노동과정의 정립들 속에 간결하게 담겨 있는가를 보여주었다. 이러한 이유로 우리는 모든 사회적 실천의, 모든 능동적인 사회적 태도의 모델을 노동에서 보는 것이 옳다고 믿는다. 우리는 다음에서 노동의 이러한 존재방식을 범주들과의 관계 속에서 지극히 복잡하고 추론적인 방식으로 서술하려는 의도를 갖고 있기 때문에, 앞서 언급한 유보는 우리가 가정하고 있는 노동의 성격과 관련해서 좀 더 구체화되어야 할 것이다. 우리는 무엇보다 우선 노동이 유용한 대상, 즉 사용가치의 산출자라고 말했다. 노동이 협의의 사회적 생산의 발생과정에서 담지하는 새로운 기능들(교환가치의 문제)은 우리의 모델관에는 아직 들어 있지 않으며 다음 장에서야 비로소 적절히 서술될 것이다.

그럼에도 이제 노동이 이러한 의미에서 보다 발전된 형태의 사회적 실천들과 구별되는 점이 무엇인지를 살펴보는 것이 보다 중요하다. 이처럼 시초의 협소한 의미에서의 노동은 인간의 활동과 자연 사이에서 이루어지는 하나의 과정을 담고 있다. 즉 노동의 작용은 자연 대상들을 사용가치로 전환하는 일에 맞추어져 있다. 나중에 발전된 형태의 사회적 실천에서는 그것 외에도 다른 인간들에 대한 영향이 보다 전면에 등장하는데, 여기서 이러한 영향은 궁극적으로는 —물론 궁극적으로만— 사용가치의 생산을 목표로 한다. 아울러 여기서는 목적론적 정립들과 그러한 정립들에 의해 계속적으로 정립된 인과계열들이 존재론적-구조적 토대를 형성한다. 그러나 목적론적 정립의 본질적 내용은 이제는 —매우 일반적으로, 매우 추상적으로 말해서— 다른 인간들(혹은 하나의 인간집단)로 하여금 그 나름대로 구체적인 목적론적 정립을 추구하게끔 하는 시도이다. 노동이 다수의 인간들의 협력에 기초하는 한에서 이미 사회화되었다고 할 때 곧바로 이러한 문제가 나타난다. 다시 말해 지금은 교환가치의 문제가 이미 등장했는지 혹은 협력이 단순히 사용가치만을 지향하는지는 문제가 아니다. 때문에 정립된 목적이 곧바로 다른 사람들의 목적정립으로 이어지는 이 두 번째 형태의 목적론적 정립은 이미 아주 원시적인 단계에서 출현할 수 있다.

구석기 시대의 사냥에 대해 생각을 해보자. 사냥하는 동물의 크기, 힘, 위험성은 인간집단의 협력을 필수적으로 요구한다. 하지만 협력이 성공적으로 기능하려면, 개개인이 참여하는 과정에서 기능의 분담(추적자와 사냥꾼)이 이루어져야 한다. 이로부터 실제로 이어지는 목적론적 정립들 역시 직접적인 노동의 관점에서 볼 때는 이차적인 성격을 갖는다. 그러한 노동들에는 하나의 목적론적 정립이, 즉 자연 대상을 지향하는 개별적이고 구체적이며 실제적인 정립들의 성격, 역할, 기능 등을 규정하는 하나의 목적론적 정립이 선행한다. 이 이차적 목적정립의 대상은 따라서 순수하게 자연적인 것이라기보다는 오히려 인간집단의 의식이다. 말하자면 이 목적정립은 자연 대상의 변화를 직접적으로 지향하기보다는 이미 자연 대상을 겨냥하고 있는 목적론적 정립을 유지하고자 하는 것이다. 여기서 사용되는 수단도 마찬가지로 자연 대상에 대해 직접적인 영향을 주려는 것이 아니라 다른 인간들에게서 그러한 영향을 불러일으키려는 것이다.

이 같은 이차적인 목적론적인 정립은 이미 우리가 여기서 제시한 바의 노동 자체보다 훨씬 발전된 단계의 사회적 실천에 근접해 있다. 상세한 분석은 나중에 이어질 것이다. 하지만 이 둘 간의 차이는 이미 다소 제시되었다. 왜냐하면 한편으로 보다 고차적인 사회적 수준의 노동을 일별해보면 지금까지 다루어진 의미에서의 노동이 매우 분화된 매개사슬들로 이루어진 목적론적 정립들의 불가피하고 실제적인 토대이자 궁극목적을 형성한다는 사실이 드러났기 때문이며, 다른 한편으로 이러한 연관에 대한 일별을 통해 시초의 노동은 필연적으로 그런 복합적 형태들을 자신의 속성에 맞는 고유한 변증법으로부터 스스로 발전시켜야 한다는 것이 드러났기 때문이다. 그리고 이러한 이중적 연관은 상이한 수준의 노동 단계에서, 특히 그 단계가 광범위하고 다면적이며 복잡하게 매개된 경우에도 동일성과 비동일성이 동시적으로 작용하고 있음을 시사해준다.

우리는 이미 의식적으로 수행된 목적론적 정립이 현실을 반영하는 과정에서 거리두기(Distanzierung)를 야기한다는 것, 이러한 거리두기와 더불어 비로소 고유한 의미에서의 주-객-관계가 발생한다는 것을 보았다. 이 두 사실은 현실의 제 현상에 대한 개념적 포착이 이루어지는 것과 언어를 통해 그에 적합한 표현이 만들어지는 것을 동시에 포함하고 있다. 우리가 그처럼 복잡하고 착종된 상호작용의 기원을 발생 자체에서뿐만 아니라 향후의 계속적인 발전에서도 존재론적으로 올바르게 탐구하고자 한다면, 진정한 존재변화에 관해 이야기하는 곳에서는 어디든 모든 복합물의 총체적 연관이 그 구성요소들보다 우선한다는 전제에서 시작하지 않으면 안 될 것이다. 이러한 요소들은 해당 존재복합체의 내부에서 그것들 각각의 구체적인 상호작용으로부터만 파악될 수 있는 반면, 존재복합체 자체를 그 구성요소들부터 나중에 사유를 통해 구성하려고 하는 것은 무익한 노력일 것이다. 이러한 노력은 소득 없는 탁상공론적인 예에서처럼 닭이 —존재론적으로— 먼저인가, 알이 먼저인가와 같은 거짓 문제에 직면할 것이다. 이러한 물음은 오늘날에는 한낱 농담으로 받아들여질 수도 있다. 하지만 말이 개념으로부터 발생하는지 혹은 그 역으로 발생하는지와 같은 물음이 전혀 비현실적이고, 그리하여 비이성적인가 하는 물음은 생각해볼 가치가 있다. 왜냐하면 말과 개념, 언어와 개념적 사고는 복합물의 공속적 요소를 이루고 있기 때문이다. 말하자면 사회적 존재와 그 구성요소들은 양자의 존재론적 분석이라는 연관 속에서만, 그것들이 이러한 복합체 내부에서 실행하는 실제적 기능들에 대한 인식을 매개로 해서만 그 참된 본질에 비추어 파악될 수 있을 것이다. 물론 모든 상호작용에서처럼 존재하는 복합체 내부에서의 상호관계들의 체계 속에는 하나의 포괄적인 체계가 존재한다. 이러한 특성은 순수한 존재론적 관계에서는 모든 가치 위계들과 무관하게 발생한다. 이러한 상호관계들에서 개별적인 계기들은 다음의 두 가지 경우에 직면한다. 즉 앞서 소개된 말과 개념의 경우에서처럼 일방이 존재하지 않으면 타방도 존재하지 않는 식의 상호 제약적이거나, 혹은 하나의 계기가 다른 계기의 활성화를 위한 전제이고 이러한 관계는 역전될 수 없다는 식의 제약이 발생하는 경우이다. 따라서 노동은 복합체의 다른 계기, 즉 사회적 존재와 마주 서 있다. 언어나 개념적 사유를 노동으로부터 발생적으로 도출하는 것은 물론 가능하다. 왜냐하면 노동과정의 수행은 언어와 개념적 사유에 이미 존재하는 심리 물리적 능력과 가능성을 변형함으로써만 동시에 충족될 수 있는 요구들을 수행 주체에 대해 제기하기 때문이다. 반면 존재론적으로 볼 때 선행하는 노동의 요구들이 없다면 이 언어가 파악될 수 없으며, 또 노동과정의 발생을 야기하는 조건으로서도 파악될 수 없다. 일단 노동의 필요가 언어와 개념적 사유를 삶 속으로 끌어들일 경우, 그 발전과정은 중단하거나 해체할 수 없는 상호작용일 수밖에 없다는 것은 자명하다. 더 나아가서 노동이 지배적 계기를 이루고 있다는 사실이 그러한 상호작용의 영속성을 결코 제거하지 못하며, 오히려 그것을 강화하고 집중시킨다는 것도 분명하다. 이로부터 필연적으로 그러한 복합체 내부에서 언어와 개념적 사유가 노동을 통해 끊임없이 영향을 주고받고, 그 역도 이루어지는 것이다.

존재론적 발생에 대한 이해를 구체적으로 구조 지어진 복합체에 대한 이해로 파악할 경우에만 이러한 발생이 하나의 도약(유기적 존재로부터 사회적 존재로의)이고 동시에 수천 년에 걸친 오랜 과정이라는 사태를 조명해준다. 존재 자체의 새로운 속성이 지극히 초보적이고 개별화된 행위 속에서 실제로 현실화되자마자 도약이 출현한다. 하지만 새로운 존재 단계가 자신의 축을 중심으로 분명하게 재구성되는 것은 지극히 오랜 발전과정이자 새로운 존재 범주들이 외연적으로나 내포적으로 확대될 때까지 진행되는 대단히 모순적이고 평탄치 않은 과정이다.

이미 우리가 보았던 것처럼, 그러한 발전과정의 가장 본질적인 특성은 새로운 존재 단계에 특별한 고유의 범주들이 새로운 복합체들 속에서 낮은 단계들 —설령 이것들이 끊임없이 물질적으로 새로운 단계의 존재를 지탱하고 있을지라도— 에 대해 보다 강한 우위를 획득하는 데에 있다. 따라서 유기적 자연이 비유기적 자연과 맺는 관계는 이제 여기서는 사회적 존재가 자연의 두 존재 단계에 대해 맺는 관계와 같다. 새로운 존재 단계에 고유한 범주들의 이러한 전개는 언제나 특정 존재 양태의 복합체 내부에서 그것들의 분화가 증가하고, 아울러 그것들의 독립성이 —물론 단순히 상대적일지라도— 증가함으로써 진행되는 것이다.

이러한 현상은 사회적 존재 속에 현실이 반영되는 형태들에서 극명하게 드러난다. 오직 —당대의 구체적인 노동과의 연관에서— 노동의 목적을 위해 고려되는 인과관계를 사실적으로 정확하게 반영하는 것만이 정립된 관계로의 무제약적이며 필연적인 변화를 이룰 수 있다는 사실은 단순히 반영행위를 지속적으로 검증하고 완성하는 방향에서뿐만 아니라 그것을 일반화하는 방향에서도 작용한다. 구체적인 노동의 경험들은 다른 경험들 속에서 활용되기 때문에, 점차적으로 그것들의 —상대적인— 자립성이 발생한다. 다시 말해 특정한 관찰들이 일반화되고 고정됨으로써 배타적이거나 개별적인 실행과 관계하기보다는 오히려 자연과정 일반에 대한 관찰로서 일정한 일반성을 담지하게 되는 것이다. 이러한 일반화들 속에서 미래 과학들의 맹아가 싹트는데, 그것들의 시초는 기하학과 수학의 경우에서 보듯 아득한 과거 속에 잊혀져 있다. 이 점을 명백히 자각하지는 못했을지라도, 이미 최초의 일반화 속에는 훗날 현실적으로 자립화된 과학들의 결정적인 원리들, 말하자면 탈인간화의 원리들, 환경에 대한 (또 인간 자신에 대한) 인간의 반응들과 불가분적으로 결합되어 있는 규정들에 관한 추상적 형태의 원리들이 담겨 있다. 이러한 원리들은 이미 대수학과 기하학에 관한 지극히 초보적인 개념화 속에 함축적으로 포함되어 있다. 게다가 그 원리들은 그것들을 생각하고 이용하는 인간들이 그 현실적 본질을 파악하고 있는지 여부와는 무관하다. 그러한 개념들을 역사 시대에까지 미치는 주술적이고 신화적인 표상들과 완고하게 결합하는 것은 인간의 합목적적이고 필연적인 행위, 사유에 의한 올바른 준비와 실행이 어떻게 인간의 의식 속에서 비존재들을 참으로 궁극적인 근거로서 간주하면서도 언제나 보다 고차적인 형태의 실천을 유발할 수 있다고 생각하는 거짓 표상과 뒤섞일 수 있는가를 보여준다. 이는 과제에 대한, 세계에 대한, 주체 자신에 대한 의식이 인간 고유의 실존의 재생산으로부터 (아울러 유적 존재의 재생산으로부터) 이러한 재생산의 필수불가결한 도구로서 성장하고 있음을 보여준다. 의식은 보다 정밀하고 보다 자립화되어가면서도 결코 제거될 수 없다. 설령 의식이 그처럼 매개된다 할지라도, 결국에는 이처럼 인간 자신을 재생산하는 도구가 될 것이다.

여기서 논의된 허위의식의 문제에 대해서, 그리고 종종 이러한 의식의 생산적이고 상대적인 올바름의 가능성에 대해서는 차후의 연관들 속에서만 적절히 언급될 수 있다. 이러한 고찰은 우리를 이율배반적인 상태로 몰고 가는데, 여기서 —노동 속에서, 노동을 위해서, 노동을 통해서 활성화되는— 인간의 의식은 자기재생산 활동에 개입하게 된다. 우리는 그것을 다음과 같이 표현할 수 있을 것이다. 즉 외부세계와 내부세계가 인간의 의식 속에 독립적으로 반영되는 것은 노동의 발생과 보다 높은 발전을 위한 필수적인 전제이다. 그러나 과학, 즉 노동에서의 시초의 목적론적-인과적인 정립에 관한 자율적이고 독립적인 형태로 성장한 이론은 고도로 발전된 단계에서조차도 그것이 그 기원과 맺고 있는 이러한 궁극적 유대를 결코 제거할 수 없다. 앞으로 이어질 우리의 고찰은 과학이 인간 종의 욕구 충족에 의존되어 있는 이러한 구속을, 양자 간의 매개가 아무리 복잡하고 착종되어 있다 할지라도, 결코 저버릴 수 없다는 것을 보여줄 것이다. 구속과 자율[33]이라는 이 같은 이중적 관계 속에는 인간적 반성, 인류의 의식과 자기의식이 역사의 진행과정에서 늘 새롭게 제기하고 답변하지 않을 수 없는 중차대한 문제가 반영되어 있다. 이 같은 복합적 물음들에 대해 올바른 출구를 찾기 위해서, 다시금 우리는 지금까지 종종 다루어왔던 문제로, 즉 목적론과 인과성으로 되돌아가야 할 것이다.

자연과 역사에서 이루어지는 존재의 현실적 과정이 목적론적으로 파악되었던 한에서, 아울러 인과성에게는 '궁극목적'을 위한 실행기관이라는 역할만이 주어졌던 한에서, 이론은 인간적 태도의 최고 형태인 성찰(Kontemplation)로 간주되어야 한다. 왜냐하면 현실의 목적론적 성격이 객관적 현실의 본질에 대한 난공불락의 토대로 간주되는 한, 인간 자신은 이 궁극목적을 위해 오로지 성찰적인 태도만을 취할 수 있기 때문이다. 다시 말해 인간 고유의 삶의 문제에 대한 자기이해는 직접적인 의미에서뿐 아니라 미묘하게 매개된 의미에서도 현실에 대한 성찰적 태도에서만 파악되는 것처럼 보이는 것이다. 게다가 목적론적으로 정립된 인간 실천의 성격은 상대적으로 일찍부터 인식되었다. 하지만 이로부터 발생하는 구체적인 활동들이 여전히 목적론적으로 파악된 자연과 사회의 총체성 속으로 이어지기 때문에, 우주론적 목적론의 성찰적 이해에 대한 이러한 철학적-윤리적-종교적 등의 우위가 여전히 지속되고 있다. 이 자리는 그러한 세계관으로 야기된 정신 투쟁을 개괄할 만한 장소는 아니다. 다만 위계상 성찰의 가장 높은 자리가 대개는 우주론에서 이미 목적론의 지배에 반대하는 투쟁을 받아들인 저 철학들 속에 남아 있다는 점에 간단히 주목하고자 한다. 얼핏 그 근거는 역설적인 것처럼 보인다. 즉 인간 외부세계의 완벽한 탈신격화

---

33) 원어는 Aufsichselbstgestelltsein로 '자기 자신 위에 서 있음'의 의미이다. 영어판은 autonomy로 번역하고 있는데, 우리도 문맥상 이를 따라 자율로 번역한다. (역주)

는 그 세계의 목적론적-신정적 속성들로부터의 해방보다 느리게 수행되는 것이다. 종교적 성향의 주체를 지닌 객관적 목적론을 폭로하고자 하는 지적 열정은 종종 목적론을 완벽하게 배제하려는 경향이 있는데, 오히려 이것이 실천(노동)을 구체적으로 파악하는 데 방해가 되었다. 독일 고전철학에 와서야 비로소 실천을 그 중요도에 따라 평가하려는 움직임이 시작되었다. 마르크스는 이미 우리가 낡은 유물론에 대한 비판으로서 인용한 포이어바흐 테제에서 다음과 같이 말했다. "그리하여 활동적 측면은 관념론에 대한 유물론의 대립에서 추상적으로 … 발전되었다." 이미 여기서 '추상적'이라는 형용사를 가지고 관념론을 비판하고 있는 이러한 반대는 관념론이 "물론 현실적-감성적 활동 자체를 인식하지 못하고 있다."[34]는 비난 속에 구체화되어 있다. 알다시피, 『경제학-철학 수고』에서 이루어진 헤겔의 『정신현상학』에 대한 마르크스의 비판은 독일 관념론, 특히 헤겔의 관념론이 지닌 이러한 장점과 이러한 한계에 집중되어 있다.

이로써 낡은 유물론에 대해서뿐 아니라 관념론에 반대하는 마르크스의 입장이 분명하게 규정된다. 즉 이론과 실천의 문제에 대한 해법은 그 실제적이고 물질적인 현상방식 속에서의 실천으로 소급할 것을 요구하는데, 여기서 실천의 근본적이고 존재론적인 규정들이 극명하게 드러나는 것이다. 아울러 목적론과 인과성의 관계가 존재론적으로 결정적인 지위를 갖는다. 인간적 사유와 인간적 세계상을 발전시키고, 더불어 노동이 이러한 투쟁의 핵심에 자리 잡을 수 있도록 해준 결정적인 문제제기는 총체적인 존재의 행로로부터 어떠한 형태의 목적론의 투사도 비판적으로 배제된다거나 혹은 노동(사회적 실천)이 현실을 변화시키는 참으로 현실적인 역할

---

34) MEGA I, 5, S. 533; MEW 3, S. 5.

이 목적론적 정립에 부여되는 바의 유일한 존재복합체로 이해된다는 것에 한정되지 않는다. 물론 그것은 이러한 토대 위에서 규정되기는 한다. 하지만 그것은 이러한 토대를 일반화시키고 또 이러한 일반화를 통해 존재론적 근본 사태들의 단순한 확정을 넘어서 목적론과 인과성 사이에 올바른 철학적 관계를 정립하는 것이다. 이러한 관계의 본질적인 측면을 우리는 이미 노동의 역동적 구조를 분석하면서 기술한 바 있다. 즉 목적론과 인과성은 그때까지의 모든 인식론적 혹은 논리적 분석으로부터 드러나듯 과정의 진행에서, 사물의 현존(Dasein)과 실상(Sosein)에서 상호 배타적인 원리들이라기보다는 철저히 상호 이종적인 원리들이다. 그럼에도 이러한 원리들은 사물을 반영하는 모든 부문에서 불가분적이고 역동적인 공존을 통해 상호 결합해서만 특정한 운동복합체의 존재론적 토대를, 그것도 오직 사회적 존재의 영역에서만 존재론적으로 가능한 토대를 형성한다. 이러한 토대에서 사회적 존재가 지닌 영향력은 동시에 이 단계의 존재의 핵심적 성격을 형성한다.

마찬가지로 우리는 노동에 대한 앞서의 분석에서 노동 범주의 운동 규정들의 지극히 중요한 특성을 확정 지을 수 있었다. 노동은 정립된 것으로서만 현실적으로 기능할 수 있다는 것은 목적론의 본질에 속한다. 노동의 존재를 존재론적 의미에서 구체적으로 규정할 수 있기 위해서는 다음의 과정이 필요하다. 즉 하나의 과정이 정당하게 목적론적인 것으로 기술되어야 한다면, 정립적 주체의 존재 역시 존재론적으로 의심 불가능한 것으로 입증되어야 하는 것이다. 이에 반해 인과성은 정립적인 방식에서뿐 아니라 비정립적인 방식에서도 작용할 수 있다. 따라서 올바른 분석은 이 두 가지 존재방식에 대한 정확한 구별을 요구할 뿐만 아니라, 정립된 존재의 규정이 모든 철학적 모호성으로부터 해방되어야 할 것을 요구한다. 이를

테면 대단히 영향력 있는 철학자들에서도 —헤겔을 지적하는 것으로 충분할 텐데— 단순히 인식론적인 인과성의 정립과 물질적이고 현실적인 존재론적 정립 사이의 구별이 모호해지거나 소멸된다. 우리가 지금까지의 분석에 근거해서 오로지 물질적-존재론적으로 정립된 인과성만이 언제나 앞서 묘사한 정립된 목적론과 공존할 수 있다는 것에 무게를 둔다 할지라도, 우리는 단순히 인식론적인(erkenntnismäßig) 의미의 인과성의 정립이라는 의미 —특별히 인식이론적(erkenntnistheoretische)이거나 논리적인 정립은 이러한 인과성의 정립에 대한 세부적인 추상이기 때문에 여기서는 고려되지 않는다— 를 결코 축소시키지 못할 것이다. 오히려 그와는 정반대이다. 앞서의 우리 분석에 따르면, 구체적인 인과성의 사슬들의 존재론적 정립은 그것의 인식을, 따라서 그것의 인식론적 정립태를 전제하고 있음을 분명히 보여주고 있다. 우리는 이러한 정립을 통해서는 아리스토텔레스적인 잠재태(dynamis)의 의미에서 오직 하나의 가능성만이 도달될 수 있다는 것, 잠재적인 것을 현실인 것으로 바꾸는 일은 특별한 행위라는 것, 이러한 행위는 현실적인 것을 전제하면서도 그것과는 이종적 타자의 관계에 있다는 것을 놓쳐서는 안 될 것이다. 이러한 행위는 모름지기 여러 선택들로부터 발생하는 결정이다.

인간의 노동 (실천) 행위에서, 그리고 오직 여기서만 이루어지는 목적론과 인과성의 존재론적 공존은 그 사회적 본질에 따를 경우 이론과 실천이 하나의 동일한 사회적 복합체의 계기들이라는 것, 그리하여 우리는 그것들을 오직 이러한 상호관계에서 출발할 때 적절하게 파악할 수 있다는 의미를 갖는다. 바로 여기서 노동은 가장 분명하게 모델로서 기능할 수 있다. 이 말은 얼핏 처음 들을 경우 낯설게 들릴지 모른다. 왜냐하면 목적론을 노골적으로 지향하는 것은 모름지기 노동이고, 정립된 목적을 실현하려는 관심이 가장 분명하게 나타나는 것도 노동에서이기 때문이다. 그럼에도 불구하고 노동 속에는, 즉 기계적인 인과성을 정립된 인과성으로 변화시키는 노동행위 속에는, 사태의 반영 속에 이미 사회적 관심이 불가피하게 섞여 들어가 있는 보다 고차적인 형태의 행위에서보다 행위의 순수한 인식론적 특성이 고스란히 보존되어 있다. 모름지기 여기서는 인간과 인간, 인간과 사회 사이의 관계가 아니라 오로지 인간과 자연 사이의 상호관계만이 문제되기 때문이다. 인과성을 노동 속에 정립하는 행위는 가장 순수한 형태에서는 참과 거짓이라는 가치 대립을 지향한다. 우리는 이미 앞에서 인과성을 정립하는 과정에서 보이는 즉자존재적 인과성에 대한 모든 오해가 불가피하게 전체 노동과정의 붕괴에 이르지 않을 수 없다는 점을 지적한 바 있다. 이에 반해 다른 인간들의 정립적 의식의 변화가 직접적으로 정립된 목적이 되는 모든 인과성의 정립에서는 모든 목적정립 속에 —물론 단순노동의 정립 속에서도— 포함된 사회적 관심이 실현에 필수불가결한 인과계열을 정립하는 데 영향을 주지 않을 수 없다. 이것은 노동 자체에서처럼 인과계열의 정립이 대상이나 과정과 관계될 때 더욱 그러하다. 이러한 대상은 정립된 상태에서는 목적론적 목적에 철저히 무관심한 데 반해, 인간들 속에서 특정한 선택들을 결정하도록 해주는 모든 정립은 자기 스스로, 자발적으로 선택들의 결정을 압박하는 물질 속에서 작용을 한다. 이러한 유의 정립은 인간의 의식 속에 존재하는 제반 경향들의 변화와 강화 혹은 완화를 지향하기도 한다. 그 결과 이러한 정립은 그 자체 무차별적인 것이 아니라 호의적이건 비호의적이건 이미 경향적으로 목적정립을 향해 움직이는 물질 속에서 작용한다. 그런 식으로 의도된 영향에 대한 인간들의 결과적인 무관심이 앞서 언급된 자연 물질의 무관심과 갖는 공통성은 단지 이름에 불과할 뿐이다. 자연에 있어 무관심이란 인간의 목적정립에 대해 영원하고, 불변적이고 완전히 중립적인 이종성을 부여하려고 한 하나의 은유인 데 반해, 그러한 의도들에 대한 인간의 무관심은 상황에 따라 가변적이며, 사회적이건 개인적이건 구체적 원인을 갖는 행위 방식이다.

때문에 보다 고차적이고 사회적인 부류의 인과성을 정립하는 과정에서는 그러한 인과성을 정신적으로 재생산하는 일에 목적론적인 목표를 효과적으로 침투시키는 것이 불가피하다. 이 후자의 행위가 과학으로서, 사회적 삶의 —상대적으로— 독립변수로서 구성된다 할지라도, 존재론적으로 볼 때 여기서 지배적인 인과계열들을 편견 없이 사회적으로 완벽하게 재현하고, 그 결과 자연의 인과성들에 도달한다는 것, 노동 자체에서보다 모름지기 여기서 자연과 인간이 직접적이고 배타적으로 대결하는 보다 순수한 형식이 도달 가능하다고 믿는 것은 하나의 착각이다. 당연히 자기 스스로 계획한 자율적 노동에서보다는 오히려 여기서(과학에서—역자) 연관된 자연 인과성에 대해 보다 정확하고, 훨씬 깊이 있고 완벽한 인식에 도달할 수 있다. 이것이 자명하기는 하지만 우리의 현재 문제를 해결해주지는 못한다. 인식에서의 이러한 진보가 인간과 자연 사이의 배타적 대립의 상실을 자체적으로 포괄하지 못한다는 것이 핵심문제이다. 아울러 이러한 상실은 그 본질상 진보의 방향으로 움직이고 있다는 점이 즉각 부가되지 않으면 안 된다. 노동에서 말하자면 인간은 노동의 목적과 직접적으로 결합되어 있는 즉자적이고 단편적인 자연존재와 맞서 있다. 이러한 인식이 독립적으로 발전해가는 과학의 초창기에 이미 발생했던 보다 높은 단계의 일반화로 고양된다면, 인간의 사회성과 결합된 자연을 반영할 때 존재론적으로 지향된 범주들을 받아들인다는 것은 불가능하다. 물론 이 말을 속되게 직접적인 의미로 이해할 필요는 없다. 첫째로 모든 목적론적 정립은 궁극에는 사회적으로 규정되며, 노동의 정립은 훨씬 더 분명하게 욕구에 의해 규정된다. 어떠한 과학도 이러한 욕구의 영향으로부터 완전히 자유로울 수 없다. 그럼에도 불구하고 이것이 결정적인 차이를 이루지는 않을 것이다. 하지만 두 번째로, 과학은 제 연관의 일반화를 현실에 대한 탈인간중심적 반영의 중심에 놓고 있다. 직접적으로 볼 때 우리는 이것이 더 이상 노동의 존재론적 본질에, 무엇보다 노동의 발생에 속하지 않는다는 것을 보았다. 노동에서는 구체적 자연현상들의 속성이 목적론적으로 정립된 노동의 목적과 필연적으로 결합되어 있는 한에서 그 현상들을 올바로 파악하는 것이 관건일 뿐이다. 복잡한 연관들에 대해서 노동자가 그릇된 표상을 가질 수 있을지 모른다. 하지만 이러한 표상이 직접적으로 존재하는 것에 대한 올바른 반영을, 노동과정의 성공(원시적 노동의 주술과의 관계)을 방해해서는 안 될 것이다.

반영이 일반화를 지향하는 순간, 일반 존재론의 불가피한 문제가 —의식적이건 않건— 등장한다. 자연과 관계된 이러한 문제가 그 순수한 본래 모습에서 사회 및 그 욕구와 전혀 다르고 그것들에 대해 완전히 중립적이라 할지라도, 의식 속으로 끌어들여진 존재론은 이미 탐구된 매개적 의미에서 어떤 사회적 실천에 대해서도 무관심할 수 없는 것이다. 이론과 실천이 긴밀하게 연관됨으로써 불가피하게 구체적인 사회적 현상 형태에서의 실천이 자연에 대한 인간의 존재론적 표상들에 의해 상당 정도 영향받게 되었다. 과학은, 그것이 현실에 대한 적확한 파악임을 진지하게 받아들일 때, 나름대로 다음과 같은 존재론적 문제 설정을 벗어나기 어렵다. 즉 과학은 의식적으로 발생한 것인가 무의식적으로 발생한 것인가, 물음과 답변이 옳은 것인가 틀린 것인가, 과학이 그러한 물음들을 이성적으로 답변할 가능성을 부정하는지의 여부가 이 수준에서는 문젯거리가 안 되는지 여부이다. 왜냐하면 이러한 부정조차 사회적 의식에서는 어떤 방식으로든 존재론적으로 영향을 미치기 때문이다. 사회적 실천은 언제나 존재론적 표상들에 관한 정신적 환경 속에서 전개되기 때문에, 일상이나 혹은 과학이론들의 지평에 대해 언급하는가의 여부와 관계없이, 우리에 의해 해석된 사실이 사회에서는 기본적이다. 아테네의 불경건(Asebeia) 재판 절차[35]로부터 갈릴레이나 다윈을 넘어서 상대성 이론에 이르기까지 사회적 존재에서 이러한 상황은 강제적으로 영향을 미쳐왔다. 사회적 실천을 위한 모델로서의 노동의 변증법적 성격에 따를 경우, 모름지기 실천은 보다 발전된 형태에서는 노동 자체를 크게 벗어나 있다는 것이 드러난다.

우리는 앞서 이처럼 매개된 복합체의 형태를 묘사한 바 있는데, 그것은 확실히 지금 논의되는 것과 여러 모로 관련되어 있다. 두 가지 분석에 의하면, 노동은 기본적이며, 때문에 저 복합체들 가운데 가장 단순하고 명료한 형태이다. 이 복합체의 잠재적 연관이 사회적 실천의 특수성을 구성하는 것이다. 바로 그렇기 때문에, 노동의 특수한 성격이 곧바로 사회적 실천의 복잡한 형태로 넘어갈 필요가 없다는 점을 거듭 지적할 필요가 있다. 앞서 지적한 바와 같이, 그 구조적 형태에서의 동일성과 비동일성의 동일성은 우리가 믿듯 노동 자체가 자연과의 물질대사의 근본적으로 새로운 관계를 물질적으로 실현하는 데 반해, 보다 복잡한 형태의 사회적 실천의 절대 다수는 자연과의 이러한 물질대사, 인간의 사회적 재생산의 토대를 이미 불가피한 전제로 삼고 있다는 사실로 환원된다는 것이다. 우리는 다음 장의 윤리학에 가서야 비로소 현실적이고 적절한 방식으로 이처럼 복잡

---

35) 신들에 대한 불경건과 독신죄(瀆神罪)로 아테네 법정에 선 소크라테스의 재판을 말한다. (역주)

한 형태의 현실적 속성에 대해 다루게 될 것이다.

하지만 이론과 실천의 관계에 대한 하나의 해석으로 —다시금 강조되어야 하는데, 잠정적이고 도입 격으로— 넘어가기 전에, 뒤로 돌아가서 노동 자체의 존재론적 발생 조건을 탐구해보는 것도 도움이 될 것이다. 비유기적인 자연에서는 도대체 행위라는 것이 발생하지 않는다. 유기적인 자연에서 그러한 행위의 양상을 불러일으키는 것은 근본적으로 유기적 자연의 재생산과정이 유기체와 환경 사이의 상호작용, 심지어 의식적으로 수행되는 최고 발전단계의 상호작용을 발생시킨다는 사실에 기인한다. 하지만 그 최고의 단계에서도 (우리는 늘 자유롭게 살아가는 동물들에 대해 말하고 있다.) 동물들이란 직접적 생존을 위해 중요한 환경 세계의 현상들에 대해 단순히 생물학적으로 반응할 뿐이다. 때문에 동물들은 결코 주-객관계를 산출할 수 없을 것이다. 이를 위해서는 우리가 앞서 기술했던 거리두기가 필수적이다. 직접적인 생물학적 관심으로는 운동하는 유기체를 대상과 결코 결합시키지 못한다. 바로 이 점에서 의식이 대상을 파악하고자 할 때 객체는 비로소 의식의 대상이 될 수 있다. 다른 한편 주체는 외부세계의 대상들에 대한 자신의 태도를 적절히 변화시킴으로써만 주체가 된다. 이로부터 분명해지는 것은, 목적론적 목적의 정립과 그것의 실현을 위해 의식의 활동으로서 인과적으로 기능하는 수단은 서로 간에 동떨어진 상태로서는 결코 수행될 수 없다는 점이다. 목적론과 정립된 인과성 간에 우리가 확립한 불가분적 공속성은 노동이 수행되는 이 같은 복합체 속에 반영되고 실현된다.

노동의 이 같은 원(原)구조(Urstruktur) —그렇게 부를 수 있다면— 는, 정립된 인과계열의 실현이 그러한 계열의 정립이 올바른지 혹은 결함이 있는지에 대한 기준을 제시한다는 점에 그 상관물을 갖는다. 따라서 그 자체로 본다면 노동 속에서 실천이 이론에 대한 무제약적 기준을 제시한다는 것은 분명하다. 이 점은 일반적으로 의심할 수 없다. 게다가 이는 좁은 의미에서의 노동에 대해서뿐만 아니라 자연과학의 실험에서 보듯 인간적 실천이 자연에 배타적으로 맞서 있는 보다 복잡한 종류의 유사활동에 대해서도 그렇다. 그리하여 노동(또한 고립적으로 이루어지는 실험)을 특징짓는 저 협소한 물질적 토대가 문제의 활동(노동)에 의해 초과되는 순간, 이론적으로 정립된 구체적 복합체의 인과성이 현실의 총체적 연관 속으로, 사유 속에서 재생산된 현실의 즉자존재 속으로 끌어들여지는 순간, 그것은 훨씬 구체화될 필요가 있는 것이다. 하지만 이러한 일은 처음에 그 이론적 분석과 평가를 무시한 상태로 이미 실험 자체 속에서 발생했다. 모든 실험은 일반화에 대한 관심 속에서 발생한다. 실험은 목적론적으로 일 군(群)의 물질들과 힘들 등을 운동 속에 정립하는 것이다. 따라서 가설적으로 정립된 인과관계가 현실에 대응하는지와 미래의 실천에도 올바로 정립될 수 있는지 여부가 그것들의 특정한 상호작용 속에서 —가능하면 최대로 이종적인, 그리하여 탐구된 상호관계와 연관된 우연적인 상태들을 파괴시키지 않은 상태에서— 확정되어야 한다. 아울러 노동 자체 속에 드러난 기준들이 직접적으로 타당하다는 것, 직접적으로 보다 순수한 형태에 도달한다는 것도 확실하다. 실험은 노동 자체와 마찬가지로 옳고 그름 사이의 판단을 분명하게 수립할 수 있으며, 그것을 보다 높은 일반화의 수준 위에서, 이러한 복합적 현상을 특징짓는 양적인 사태 연관을 수학적으로 도식화할 수 있는 이해 위에서 수행한다. 이제 실험결과가 노동과정 자체의 완성에 이용된다면, 실천을 이론의 기준으로 보는 데는 전혀 문제가 없다. 만일 그렇게 습득된 지식이 인식 자체를 확장하는 데 활용된다고 하면, 문제는 좀 더 복잡해질 것이다. 왜냐하면 이 경우 특별히 구체적인 인과관계가 그와 못지않게 특별히 구체적인 배치(Konstellation) 속에서 특별히 구체적인 목적론적 정립을 요구하는 데 적절한 것인지의 여부뿐이 아니라, 자연 일반에 대한 우리 인식의 전반적인 확장과 심화 등도 문제가 되기 때문이다. 이러한 경우 물질 연관의 양적 측면들에 대한 한낱 수학적 이해만으로는 더 이상 충분하지가 않다. 즉 현상들은 오히려 그 물질적 존재의 현실적 특성 속에서 파악되어야 하며, 그렇게 파악된 본질은 이미 과학적으로 명백하게 확립된 다른 존재방식과 일치되어야 할 것이다. 두말할 것도 없이 그것은 또한 실험결과의 수학적 정식화가 그 물리적-화학적 혹은 생물학적 등의 해석에 의해 보충되고 완성되어야 한다는 것을 의미한다. 하지만 이러한 작업은 —참여자의 의지와 무관하게— 필연적으로 존재론적 해석으로 넘어가야 한다. 왜냐하면 모든 수학 공식은 이러한 견지에서는 다의적이기 때문이다. 다시 말해 특수 상대성 이론에 대한 아인슈타인의 이해와 이른바 로렌츠 변환은 순전히 수학적으로 볼 때는 서로 간에 대응한다. 하지만 무엇이 옳고 그른지에 관한 논의는 물리적 세계상의 총체성에 대한 논의를 전제하며, 그리하여 불가피하게 존재론으로 이행하지 않을 수 없다.

이 평범한 진리는 그럼에도 과학사에서 끊이지 않는 싸움터를 나타내고 있다. 그것을 어느 정도로 의식하고 있느냐는 문제가 아니다. 인간의 모든 존재론적 표상은 여기서 일상생활의 요소, 종교적 신앙의 요소 등이 지배적인가와 상관없이 대개는 사회적으로 영향을 받고 있다. 이러한 표상들은 인간의 사회적 실천에서 대단히 영향력 있는 역할을 담당하고 있으며, 종종 곧바로 사회적인 권력으로 응결되기도 한다. 몰록(Moloch)[36] 등

---

36) 셈족(族)이 섬기던 신으로 한때 이스라엘 민족 사이에서도 신앙되었던 신(사도 7: 43). 헤브

에 관한 마르크스의 박사학위논문의 해석을 떠올리기만 해도 될 것이다.[37)] 이로부터 종종 과학적이며 객관적으로 근거 지어진 개념화들과 단순히 사회적 존재 속에 뿌리를 두고 있는 존재론적 개념화들 사이에 공개적인 투쟁이 발생한다. 특정한 상황하에서 ―이는 우리 시대에 특징적이다― 이러한 대립은 과학의 방법 자체 안으로 밀고 들어온다. 존재론적 결정이 유보되는 상황에서도 새롭게 인식된 연관이 이용될 수 있다는 데에 그 가능성이 드러난다. 이는 이미 갈릴레이의 시대에 코페르니쿠스의 천문학과의 연관 속에서 신학적 존재론과 대립한 추기경 벨라르민(Bellarmin)[38)]에 의해 분명히 인식되었다. 현대 실증주의에서 뒤엠(Pierre Duhem)[39)]은 공개적으로 벨라르민의 해석의 '과학적 우월성'에 대해 지지했으며,[40)] 동일한 의미에서 푸앵카레(Jules Henri Poincare)[41)]는 코페르니쿠스의 발견이 갖는 방법론적 본질에 대한 자신의 해석을 다음과 같이 정식화했다. "지구가 자전한다고 전제하는 것이 보다 편리하다. 이로써 천문학의 법칙이 보다 단순한 언어로 표현될 수 있기 때문이다."[42)] 이러한 경향은 이제 신실증주의의 고전적 텍스트들 속에서 가장 발전된 형식을 띠게 된다. 왜냐하면 존재론적

라이어(語)로는 Molek. 원래 바빌로니아(바벨론) 지방에서 명계(冥界)의 왕으로 알려졌고, 가나안에서는 태양과 천공(天空)의 신으로 알려졌다. (역주)

37) Ebd., I, 1/1, 80 f.; MEW EB I, S. 370.

38) 벨라르민(1542~1621)은 로마 예수회 소속의 로마 가톨릭 교회의 추기경이다. (역주)

39) 피에르 뒤엠(1861~1916)은 프랑스의 과학 철학자이다. 뒤엠의 과학철학은 비실재론적 전통에 속한다. 뒤엠은 비실재론적 과학철학의 입장에서 유명한 미결정성 논제를 포함하는 '뒤엠 논제'와 전체론(holism)을 주장하였다. (역주)

40) P. Duhem: *Essai sur la nature de la théorie physiaue de Plqton à Gqlilée*, Paris 1908, S. 77 f und S. 128 f.

41) 앙리 푸앵카레(1854~1912)는 프랑스의 수학자이다. (역주)

42) H. Poincaré: *Wissenschaft und Hypothese*, Leipzig 1906, S. 118.

의미에서의 존재에 대한 모든 연관은 '형이상학'이기 때문에 비과학적인 것으로 부정되고, 실용적인 적용 가능성의 증가가 과학적 진리를 위한 유일무이한 기준으로 관철되기 때문이다.

아울러 모든 노동과정과 그것을 주도하는 의식성 속에 들어 있는 존재론적 대립, 말하자면 한편으로 인과적 정립의 과학적 발전을 심화함으로써 얻는 참다운 존재인식과, 다른 한편으로는 구체적으로 인식된 인과관계를 단순히 실용적으로 조작하는 일로 제한하는 것 사이의 대립이 현재의 사회적 존재 속에 뿌리 깊게 정착해 있다. 그러므로 노동 속에 나타나는, 이론에 대한 실천의 기준적 성격이 지닌 모순의 이러한 해결 방식을 단순히 인식이론적 해석으로, 형식논리적 혹은 과학이론적 해석으로 환원하는 것은 지극히 피상적일 것이다. 그것은 현실적 본질에 따른 문제제기와 답변이 결코 아니다. 게다가 오랜 시간에 걸친 자연 인식의 미숙성과 자연에 대한 제한된 통제가 기준으로서의 실천을 제한되거나 왜곡된 형태의 허위의식으로 보이게 하는 데 중요한 역할을 담당한다. 그러나 실천의 구체적인 형태들, 그리고 무엇보다 그것의 영향, 확장, 위력 등은 이미 사회적 관계에 의해, 물론 협소한 존재론적 지평과의 상호작용 속에서 규정되고 있다. 제 과학의 사실적인 발전단계가 올바른 존재론을 객관적으로 가능하게 하는 오늘날에도 여전히 그릇된 존재론적 의식은 과학의 영역 위에 토대를 두고 있으며, 그 과학의 정신적 영향은 지배적인 사회적 욕구들 속에 보다 분명하게 기초해 있다. 이 가운데 가장 중요한 것을 예로 들어본다면, 무엇보다 경제에서의 조작이 현대 자본주의에서 재생산의 결정적인 요인이 되었으며, 이러한 중심에서 출발해서 사회적 실천의 모든 영역에까지 확장되었다. 이러한 경향은 공개적이건 잠재적이건 종교적 측면에서 가일층 지지를 받고 있다. 벨라르민이 수백 년 전에 저지하고자 했던 것, 말하자면 종교의 존재론적 토대의 붕괴가 (오늘날에는) 일반적인 현상이 되었다. 신학적으로 고착된 종교의 존재론적 도그마들은 파괴되고, 점점 더 분산되면서 그 자리에는 현대 자본주의에서 시작된, 의식적이며 대개는 주관적으로 정초된 종교적 욕구의 본질이 들어섰다. 제 과학의 조작 방법이 이들을 해체하는 데 기여했다. 과학은 비판적 의미를 해체시켜 현실적 존재로 만들고, 그리하여 주관적 상태에 머물러 있는 종교적 욕구로 가는 길을 열어놓았다. 더 나아가서 현대에 신실증주의의 영향을 받은 과학이론들, 예를 들어 공간과 시간, 우주 등에 관한 이론들은 지금은 희미해진 종교의 존재론적 범주들과 사유 상의 화해에 도달했다. 비록 주도적인 자연과학자들이 여기서 실증주의적-과학적 중립의 입장을 의도적으로 고수하고자 한다 하더라도, 명성과 업적이 있는 학자들 가운데는 가장 최근의 자연과학의 해석들을 현대의 종교적 욕구들과 직접 화해시키려는 시도도 있다.

앞서의 고찰들에서 이미 언급한 것들 중에 한 가지가 반복되었다. 우리가 그렇게 한 것은 앞서 이미 똑같이 언급되었던 것, 즉 실천을 이론의 기준으로 직접적-절대적-무비판적으로 설명한다는 것은 문제가 없지는 않다는 것을 여기서 보다 구체적으로 보여주기 위해서이다. 이러한 기준이 노동 자체에서 ―그리고 부분적으로는― 실험 속에서 타당성에 이를 수 있다는 것이 분명할수록, 모든 복잡한 경우에서 실천의 이 같은 기준기능이 지닌 근본적이고 올바른 속성이 훼손되지 않도록 의식적이며 존재론적인 비판이 가해져야 한다. 다시 말해 우리는 앞서 일상생활의 "직지향(intentio recta)"에서뿐 아니라 과학과 철학의 그것에서도 사회발전은 이러한 "직지향"을 왜곡하고 현실적 존재의 이해를 호도하는 상황과 방향을 야기할 수 있다는 점을 살펴보았으며 앞으로도 언급하게 될 것이다. 이렇게 필연성을 띠게 된 존재론적 비판은 따라서 특정 시기의 사회적 총체성에 기초해 있고, 또 사회적 총체성을 지향하는 구체적 비판이어야 한다. 모든 경우 과학이 일상적 사유를, 철학이 과학을 존재론적-비판적 의미에서 올바로 교정할 수 있다거나 혹은 반대로 일상적 사유가 과학과 철학에 맞서 몰리에르의 요리사[43] 역할을 담당할 수 있다고 가정하는 것은 지극히 잘못일 것이다. 사회의 불균등 발전의 정신적 결과들은 너무나 강력하고 너무나 다양해서 이러한 복합적 문제에 접근하는 모든 도식은 존재로부터의 계속적인 일탈을 보여주지 않을 수 없다. 따라서 존재론적인 비판은 사회의 차별화된 —계급에 맞게 구체적으로 차별화된— 전체와 또한 거기서 발생한 행동방식에서의 상호관계를 지향해야만 한다. 오직 그럴 경우에만 모든 정신적 발전, 모든 사회적 실천에 결정적으로 중요한 실천의 기능들이 이론의 기준으로 올바로 적용될 수 있다.

우리는 지금까지 새로운 범주들 혹은 새롭게 기능 지어진 범주들(정립된 인과성)의 보다 새로운 복합체들의 발생을 주로 객관적 노동과정의 측면에서 고찰했다. 하지만 또한 인간의 이러한 도약이 생물학적 존재의 영역에서 주체의 행동방식에 이르기까지 어떠한 존재론적 변화를 야기했는지를 탐구할 필요도 있다. 여기서는 목적론적인 것과 정립된 인과적인 것 사이의 존재론적 결합으로부터 시작할 필요가 있다. 왜냐하면 주체 안에서 발생하는 새로운 것은 이러한 범주적 배치(Konstellation)의 필연적 결과이기 때문이다. 이제 우리가 주체의 결정적 행위는 주체의 목적론적 정립이자 그것의 실현이라는 사실에서 출발한다면, 범주적으로 규정하는 이러한 행위의 계기는 당위에 의해 규정된 실천의 출현을 포함한다는 것이 분명해질

---

43) 몰리에르의 『수전노』에 등장하는 요리사. 인색하고 탐욕스런 주인 아르빠공에게 행동을 고칠 것을 채근한다. (역주)

것이다. 실현을 지향하는 모든 행위의 직접적이며 결정적인 계기는 그렇기 때문에 이미 당위여야 한다. 왜냐하면 실현의 모든 단계는 그것이 목적 달성을 요구하는지 여부와 그 방법에 의해 규정되기 때문이다. 이로써 결정의 방향이 역전된다. 정상적이고 생물학적이며 인과적인 결정성에 비추어 볼 때, 동물에게서와 마찬가지로 인간에게서도 불가피하게 과거가 현재를 결정하는 인과적 과정이 발생한다. 유기체 속에서 과거에 의해 산출된 속성들이 그러한 변화에 보존적으로 혹은 파괴적으로 반응하기 때문에 생명체가 변화된 환경에 적응하는 것도 인과적 필연성에 의해 진행된다. 앞서 살펴보았던 것처럼, 목적정립은 이러한 관계를 역전시킨다. 즉 목적은 (의식 속에서) 그 실현보다 앞서 있고, 실현에 이르는 과정 속에서 모든 단계, 모든 운동은 목적정립에 의해 (미래에 의해) 인도된다. 정립된 인과성의 의미는 여기서 본다면 처음에 결정된 목적을 실현하기 위해 인과의 요소, 인과의 사슬 등이 선택되고 가동되고 점검된다는 점에 있다. 헤겔이 지적한 바와 같이, 노동과정에서 자연이 단지 '묵묵히 일을 하는(abarbeitet)' 곳에서도, 이것은 마찬가지로 자발적인 인과적 과정이 아니라 목적론적으로 인도된 과정이다. 이러한 과정의 발전은 목적론적으로 인도되는 자발적 과정을 개선하고 구체화하고 차별화하는 데 있다.(노동의 목적을 위해 불이나 물 같은 자연력을 사용하는 것) 주체의 관점에서 볼 경우 규정된 것으로 정립된 미래에 의해 결정된 행위는 모름지기 목적이라는 당위에 의해 인도된 것이다.

여기서 우리는 보다 발전된 단계들에서 비로소 출현할 수 있는 범주들을 이러한 당위의 최초 형태 속으로 투사하는 것을 경계해야만 한다. 그럴 경우 특별히 칸트주의에서 그랬던 것처럼, 보다 발전된 형태에 대한 파악에도 좋지 못한 영향을 주는, 원초적 당위에 대한 물신적 왜곡이 일어날 수 있다. 당위가 처음 출현하는 사태는 충분히 단순하다. 모름지기 인과성의 정립은 다음과 같다. 적절한 선택과 영향 등에서 정립된 목적을 실현할 수 있는 인과의 사슬들과 인과관계들이 인식된다는 것, 그리고 노동과정 자체는 목적을 실현하기 위해 구체적인 인과관계에 영향을 미치는 이러한 방식과 다르지 않다는 것이다. 우리는 여기서 필연적으로 끊임없이 선택들이 이어지고 있다는 것, 그 선택들에 대한 올바른 결정이 미래에 의해, 실현해야 할 목적에 의해 결정되는 방식을 지켜보았다. 인과성에 대한 올바른 인식, 그것의 올바른 정립은 오직 목적에 의해서만 구체적으로 파악될 수 있다. 예를 들어 돌을 절개할 때 지극히 합목적적인 정확한 관찰과 그것의 적용은 연마과정에서 전체 노동을 어렵게 할 수 있다. 물론 현실에 대한 올바른 반영은 올바로 기능하는 당위를 위한 불가피한 전제이다. 이처럼 올바른 반영은, 그것이 욕구되는 바의 실현을 실제로 촉진할 경우에만 효과적일 수 있다. 여기서는 단순히 현실 일반에 대한 올바른 반영, 현실 일반에 대한 적절한 반응이 문제가 아니라, 각각의 옳고 그름, 따라서 노동과정에서 선택에 대한 각각의 결정은 오로지 목적에 의해서, 그 목적의 실현에 의해서만 판단될 수 있는 것이다. 따라서 여기서는 당위와 현실의 반영 (목적론과 정립된 인과성) 사이의 끊임없는 상호작용에 대해 이야기할 수 있는데, 이러한 맥락에서 당위에는 포괄적 계기의 기능이 부과된다. 이전 형태들의 자기 지양, 사회적 존재의 자율화(autochthonwerden)는 곧바로 저 범주들의 이러한 우위 속에 표현되는데, 여기서 보다 발전된 새로운 존재형태가 그것을 근거 짓는 형태들과 반대되는 표현을 획득하는 것이다.

　하지만 우리는 이미 하나의 존재수준에서 보다 높은 수준으로의 도약이 대단히 오랜 시간적 간극을 요구한다는 것, 하나의 존재방식의 발전은 그것이 지닌 특수한 범주들이 점진적으로 —모순적이고, 불균형적으로— 우세해지는 경향에 있다는 것을 거듭 지적한 바 있다. 이들 범주가 각각의 존재론적 역사에서 보여주는 그 같은 고유화의 과정은 명백할뿐더러 입증도 가능하다. 지극히 단순하고 명백한 존재론적 관계들을 파악하지 못하는 관념론적 사유의 무능은 방법론적으로 볼 때는 결국 고도로 발전되고 정신화되고 미묘해진 범주들의 현상방식들을 인식론적으로나 논리적으로 분석하는 것만으로 충분하다는 전제에 기초해 있다. 이러한 맥락에서 관념론은 존재론적으로 정향된 범주들의 현실적 발생과 결합된 복합문제들을 단순히 방치할 뿐만 아니라 완전히 무시하기도 한다. 오히려 관념론에서는 사회와 자연 간의 물질대사라는 관점과는 크게 동떨어진 형태의 사회적 실천만이 고려되며, 이들 가운데 그러한 형태를 그 시초의 형태들과 연결해주는 착종된 매개들은 인식이 되지 못할 뿐 아니라, 시초의 형태와 발전된 형태 사이에서 대립을 구성하기도 한다. 따라서 이러한 물음들을 관념론적으로 취급하는 대부분의 방식에서는 사회적 존재의 특수성이 완벽하게 사라지는 것이다. 말하자면 인위적이고 뿌리도 없어진 당위(가치)의 영역이 구성됨으로써, 이처럼 객관적이고 존재론적인 것이 가치 못지않게 사회적이라 할지라도 이 가치의 영역이 인간의 —외견상— 단순한 자연적 존재와 대비되는 것이다. 속류유물론이 사회적 존재에서 당위의 역할을 간단히 무시함으로써 이러한 영역 전체를 순수한 자연 필연성의 모델을 따라 파악하고자 한다는 것은 이 복합적 문제를 혼동하는 것이며, (존재와 당위라는—옮긴이) 양극단에서 —물론 내용적으로나 방법론적으로는 대립되지만 사실적으로는 공속되어 있는— 현상을 물신화하는 것이다.

이처럼 당위를 물신화하는 태도는 칸트에게서 두드러지게 관찰된다. 칸트 철학은 인간 실천을 오직 도덕이라는 최고의 형태와 관련해서만 탐구한다.(도덕과 윤리에 대한 칸트의 그릇된 구별이 얼마나 이러한 고찰을 '위로부터' 모호하게 하고 또 경직화하는가는 『윤리학』에서 다루어질 수 있다.) 여기서는 칸트의 견해의 한계들을 '아래로부터', 모든 사회적 발생의 결핍이라는 측면에서 고찰하는 것이 관건이다. 일관된 모든 관념론적 철학에서 그렇듯 칸트에게서도 이성의 완고한 물신화가 발생한다. 그러한 세계상들 속에서 필연성은 인식론적 차원에서조차 유일하게 그것을 구체화할 수 있는 "만일 ~라면 ~이다."는 성격을 상실한다. 필연성은 단적인 절대자로서 현상하는 것이다. 이성(Ratio)의 이 같은 절대화의 최고 형태는 명백히 도덕에서 나타난다. 따라서 당위는 ―주관적이든 객관적이든― 인간의 구체적 선택들로부터 완전히 분리될 것이다. 당위는 오히려 도덕적 이성의 절대화라는 관점에서 절대적 명령, 즉 인간에게 초월적으로 남아 있는 명령을 적합하게 혹은 부적합하게 구현하는 것으로서만 현상한다. 칸트는 다음과 같이 말한다. "실천 철학에서 우리의 관심사는 일어난(geschiet) 것에 관한 근거가 아니라 설령 그것이 결코 일어나지 않는다 할지라도 마땅히 일어나야 할(geschehen soll) 것에 관한 법칙이다. …"[44] 인간들에게서 당위관계를 요구하는 명법(Imperative)은 따라서 초월적-절대적인(비의-신학적인) 원리가 된다. 명법의 속성은, 그것이 "행위의 객관적 강제를 표현하고" 게다가 이성이 결코 의지의 유일무이한 규정 근거가 되지 못하는 한 존재(즉 인간 존재)와 연관된 규칙을 표현한다는 점에 기초해 있다. 따라서 실제로 칸트의 실체화된 이성을 통해서는 규정될 수 없는 인간 실존의 참으로 존재론적 특성은 명법의 보편적 타당성을 위해 우주론적으로 (신학적으로) 발생한

---

44) Kant: *Grundlegung zur Metaphysik der Sitten, Phil. Bibl.*, Leipzig 1906, S. 51 f; KW 6, S. 58.

특수한 경우로서만 나타난다. 칸트는 또한 명법의 객관성을, 모든 "이성적
존재"에 미치는 명법의 타당성을 현실적으로 우리에게 익숙한 인간의 사회
적 실천의 영역과 첨예하게 구분 지었다. 칸트는 여기서 발생한, 행위를 규
정하는 주관적 격률들(Maximen)이 —명법의 절대적 객관성과 대립해서—
마찬가지로 일종의 당위로서 작용할 수 있다는 것, 그럼에도 그것들은 결
코 "법칙"이 아닌 단순한 "실천적 처방들"일 뿐이라는 것, 때문에 그것들에
는 필연성이 결여되어 있다는 것을 분명하게 부인하지는 않았다. 만일 이
러한 격률들이 실천적이어야 한다면, 그것들은 정서적 조건들로부터, 다시
말해 의지에 우연적으로 매여 있는 조건들로부터 독립해야만 한다.[45] 이로
써 인간의 모든 구체적인 속성, 노력 등은 칸트적 의미에서는 '정서적'이다.
왜냐하면 그것들은 단지 우연적으로만 —마찬가지로 물신화된— 추상적
인 의지에 매여 있기 때문이다. 지금은 이러한 도덕에 대한 상세한 비판을
제시할 자리는 아니다. 여기서 우리는 단지 사회적 존재의 존재론에만, 현
재는 이 영역에서 당위의 존재론적 성격에만 전념해 있다. 때문에 여기서
는 우리의 현재 목적을 위해 칸트의 근본 입장을 충분히 보여주는 몇 가지
를 지적하는 것으로 만족하는 게 좋겠다. 마찬가지로 이러한 도덕의 비의
신학적 성격을 나타내주는 것을, 즉 칸트는 모든 사회적-인간적 규정들을
이렇게 추상하면서도 지극히 일상적인 인간의 도덕적 선택들을 절대적이
며 입법적으로 답변할 수 있다고 스스로 확신했다는 것만을 지적할 뿐이
다. 우리는 여기서 상당히 잘 알려진 칸트의 결정, 즉 왜 우리는 예금을 횡
령해서는 안 되는가라는 것에 대해 생각해볼 수 있는데, 이 점에 관해서는
헤겔이 예나 시기에 날카롭고 올바로 비판한 바 있다. 이러한 비판은 청

---

45) Kant: *Kritik der praktischen Vernunft, Phil. Bibl.*, Leipzig 1906, S. 24 f.; KW 6, S. 126.

년 헤겔에 관한 나의 저서에서 상세히 다루었기 때문에,[46] 여기서는 이렇게 간단히 시사하는 것만으로 충분할 것이다.

당위에 대한 칸트의 이러한 해석에 대해 모름지기 헤겔이 그처럼 단호하게 반대했다는 것은 결코 우연이 아니다. 물론 헤겔 특유의 해석이 문제가 없는 것은 아니다. 헤겔의 사유에서는 두 가지 상이한 경향이 서로 간에 아무런 매개 없이 대립해 있다. 한편으로 당위 개념을 지나치게 확대한 칸트의 초월적 해석에 대한 정당한 반대가 있다. 그럼에도 이러한 반대는 종종 추상적이고 일면적인 반대로만 치닫고 있다. 헤겔이 그의『법철학』에서 했던 것이 바로 이러한 것인데, 여기서 그는 칸트의 형식적인 심정의 도덕이 갖는 내적인 문제와 모호성에 대해 인륜성을 통해 내용적으로 반대하고자 했다. 여기서 헤겔은 당위를 오로지 도덕의 현상방식으로, "**당위 혹은 요구**"의 관점으로, "**누구도** 도달할 수 없는" 행위로 간주하고 있다. 이는 비로소 인륜성에서, 인간 실존의 충만한 사회성 속에서 도달되는데, 때문에 여기서 칸트의 당위 개념은 그 의미와 타당성을 상실한다.[47] 헤겔의 이러한 입장의 오류는 그의 극단적인 반대와 관련되어 있다. 헤겔은 칸트의 당위론의 제한과 한계를 비판하면서도, 그 자신은 그것의 한계와 제한에 대해 긍정적으로 넘어서지 못하고 있다. 칸트의 순수도덕의 내적 문제의식을 드러내는 헤겔의 방식이 옳다고 해도, 인륜성을 충만한 사회성으로 제시하는 그의 방식은 편향되어 있다. 그는 여기서 도덕에서의 실천의 당위적 성격이 인륜성에 의해 지양된다고 보고 있다.

『엔치클로페디』에서 칸트에 대해 보여준 반대 입장과는 무관하게 노골

---

46) GLW, Bd. 8, 3. Aufl., Neuwied-Berlin 1967, S. 369 f.
47) Hegel: *Rechtsphilosophie*, § 108 und Zusatz; HWA 7, S. 206 f.

적으로 이러한 복합문제를 다루는 과정에서, 헤겔은 다소 관념론적 편견에 의해 오염되었을지라도 참다운 존재론적 문제 설정에 보다 가깝게 접근하고 있다. 실천적 감정을 정신의 발전의 한 단계로서 탐구하는 주관적 정신에 관한 장에서, 그는 당위를 다음과 같이 규정한다. "실천적 감정은 당위를 포함한다. 실천적 감정의 자기규정은 그 자체 존재하는 것, 그 감정에 부합할 경우에만 가치가 있는 개별성의 존재와 연관된 것이다." (Enzyklopädie, §, 472─역자) 헤겔은 여기서 당위가 인간 실존의 기초이자 출발점이자 원초적인 범주라고 대단히 정확하게 인식했다. 그럼에도 헤겔은 여기서 당위가 노동과 맺고 있는 관계를 고려하지는 못하고 있는데, 이는 그가 노동의 합목적적 성격을 근본적으로 올바르게 통찰하고 있다는 점에서 본다면 놀라운 일이다. 이러한 이유로 당위가 호, 불호와 맺는 관계에 대해 참으로 관념론적이며 반동적인 언급이 이어지는데, 헤겔은 주저없이 이러한 당위를 "주관적이며 피상적인" 감정으로 폄하하는 데 앞장서고 있는 것이다. 하지만 이것이 당위가 인간 실존의 전 영역에 대해 결정적인 의미를 지닌다고 예감하는 데 지장을 주는 것은 아니다. 따라서 헤겔은 다음과 같이 말한다. "악이란 **당위**와 **존재** 사이의 양립 불가능성과 다른 것이 아니다." 헤겔은 다음을 보충적으로 부가한다. "이러한 당위는 수많은 의미를 지닌다. 우연적인 **목적**이 마찬가지로 당위의 형식을 띠고 있다는 점에서 본다면 무한히 많은 의미를 지닌다."[48] 당위 개념의 이러한 확장은 헤겔이 당위의 타당성을 명백히 인간적(사회적) 존재에 한정하고 모든 당위의 실존을 자연 속에서는 부인함으로써만 가치를 얻고 있다. 그러한 설명이 혼란스러울지 몰라도, 헤겔은 당대의 주관적 관념론이나 그 이후의 시

---

48) Hegel: *Enzyklopädie*, § 472 HWA 10, S. 292 f.

대를 넘어서는 거대한 진보를 보여주고 있다. 우리는 곧 헤겔이 얼마나 이러한 문제들을 종종 덜 제한된 관점 아래에서 다루고 있는지를 보게 될 것이다.

우리가 당위의 명백한 발생이라고 믿고 있는 바를 노동의 목적론적 본질로부터 올바로 파악하고자 한다면, 우리는 이미 노동을 모든 사회적 실천을 위한 모델로 설명했던 것을, 말하자면 그 모델과 수없이 복잡한 나중의 변종들 사이에 동일과 비동일의 동일의 관계가 존재한다는 점을 다시금 상기해야 할 것이다. 노동에서 당위의 존재론적 본질은 명백히 노동하는 주체를 지향하며 노동 속에서 그 주체의 태도를 규정할 뿐만 아니라 노동과정의 주체로서의 자기 자신에 대한 태도도 규정하는 것이다. 그럼에도 불구하고 우리가 이러한 고찰에서 분명하게 강조했던 것처럼, 노동은 인간과 자연 사이의 하나의 과정이자 인간과 자연 사이의 물질대사를 위한 존재론적 토대이다. (노동의—옮긴이) 목적-객체, 수단과 같은 속성 역시 주관적 태도의 본질을 규정한다. 주체의 관점에서 본다면, 객관성에 대한 상당한 기대를 가지고 수행된 노동만이 성공할 수 있다는 것, 때문에 주관성은 이 과정에서 생산적 역할을 담당해야만 한다는 것이다. 노동과정의 진행에서 주체의 속성들(관찰력, 숙련, 근면, 인내 등)이 외연적 혹은 내포적으로 상당한 영향을 미치는 것은 당연하다. 그럼에도 여기서 가동될 수 있는 인간의 모든 능력은 본질적으로는 늘 외부를 지향하는데, 실제적인 지배, 즉 노동을 통한 자연 대상의 물질적 변형을 지향한다. 당위 역시 주체의 내면성이라는 특정한 측면에 호소하는 것이 불가피하다 할지라도, 이러한 요구는 인간 내면에서의 변화가 자연과의 물질대사를 보다 잘 대처할 수 있는 견인차가 되게끔 이루어진다. 당위의 영향으로 비로소 노동에서 필연적으로 등장하는 인간의 자기통제, 본능적인 생물학적 성향과 습관 등에 대한 통찰력의 증대는 이 과정의 객관성을 통해 규제되고 인도된다. 하지만 이러한 통제는 본질적으로 대상의 자연적 현존과 노동의 수단 등에 기초해 있다. 우리가 노동 속에서 주체에 영향을 미치고 변형시키는 당위의 측면을 올바로 파악하고자 한다면, 우리는 규제자(Regulator)로서의 이러한 객관성에서 출발해야만 한다. 그 결과 노동하는 사람의 실제적인 태도가 무엇보다 노동에 중요하다. 그 와중에 주체 자신에게 발생한 것이 절대적으로 영향을 미칠 필요는 없다. 물론 우리는 당위가 노동에서 나중에 보다 발전된 형태의 실천에 결정적인 의미를 지니게 될 인간의 속성들을 자극하고 증진한다는 것을 보았다. 이 점은 감정에 대한 지배를 상기해보는 것으로도 충분하다. 하지만 주체의 이 같은 변화들이 여기서 인격으로서의 그의 총체성을 지향하는 것은 아니며, 적어도 직접적으로는 그렇지 않다. 그것들은 노동 자체 속에서 주체의 삶의 다른 부분에 영향을 미치지 않고서도 탁월하게 기능할 수 있다. 어쨌든 변화가 그렇게 할 수 있는 중요한 가능성을 담지하고 있지만, 하지만 그것은 단순한 가능성일 뿐이다.

앞서 보았던 것처럼, 목적론적인 목표가 나름대로 사람들이 목적론적 정립을 수행하는 데 영향을 주는 한, 정립하는 자의 주체성은 질적으로 변화된 역할을 취할 수밖에 없을 것이다. 그리하여 마침내 인간의 사회적 관계의 발전도 당위적 성격의 목적론적 정립의 직접적 대상이 되는 주체의 자기변화로 이어지는 것이다. 자연히 이러한 정립은 그 복잡성의 규모에서 질적으로 구별될 뿐만 아니라, 바로 그렇기 때문에 우리가 노동과정에서 발견했던 저 당위의 형태와도 질적으로 구별된다. 그에 관한 상세한 분석은 다음 장의 대상이 되며, 무엇보다 윤리학 자체의 대상이 된다. 그럼에도 불구하고 부인할 수 없는 이러한 질적 차이가 근본적으로 공통적인 사실을, 말하자면 그것들 모두가 '당위'관계이자 활동(Akte)이라는 점을 은폐해서는 안 된다. 이러한 활동에서는 기계적 인과성에 따라 과거가 현재를 결정하기보다 오히려 목적론적으로 정립된 미래의 과제가 현재 지향적인 실천의 규정 원리가 된다.

낡은 유물론은, 고도로 구조화되고 복잡다단한 현상들을 그것보다 낮은 단계의 현상들로부터 그 단순한 산물로서 직접 도출하고자 한 점에서 (뇌화학으로부터 사유를 순수한 자연산물로 직접 도출한 몰레쇼트[Moleschotts][49]의 유명한 방식처럼) '아래로부터' 지적인 해결의 방도를 모색했다. 마르크스에 의해 정초된 새로운 유물론도 확실히 인간 실존의 자연적 토대를 지양 불가능한 것으로 간주하지만, 그럼에도 이 유물론에서 그것은 자연과 사회를 구분하는 과정에서 발생한 범주들의 특수한 사회성을 그것들의 사회성 속에서 명백히 하기 위한 동기에 불과할 뿐이다. 때문에 노동에서 당위의 문제와 관련하여 자연과 사회 사이의 물질대사의 실현으로서의 노동의 기능이 그토록 중요한 것이다. 이러한 관계는 욕구충족의 사회적-인간적 방식으로부터 당위 일반이 발생하기 위한 토대일 뿐 아니라 그것의 속성, 그것의 특수한 성질, 그리고 존재론적으로 규정된 모든 제약, 즉 현실관계의 형식과 표현으로서의 이러한 당위에 의해 소환되고 결정된 제약들의 토대이기도 하다. 동일성과 비동일성의 이 같은 동시성에 대한 인식은 그럼에도 상황을 충분히 이해하는 데는 미흡하다. 복잡한 노동의 형태들을 노동과정에서의 당위로부터 논리적으로 도출하고자 하는 시도 역시, 관념철

---

49) 몰레쇼트(1822~93)는 19세기 독일의 생리학자이자 생화학적 유물론자이다. 그는 동물의 상태와 기원을 물리적 원인의 작용으로 본다. 그의 사상은 "인(燐)이 없으면 생각도 없다."와 "간의 비밀스러운 담즙, 뇌의 비밀스런 생각"이라는 명제로 표현된다. (역주)

학에서의 이원론적 대립이 그릇된 것과 마찬가지로 문제가 있을 수 있다. 노동과정에서의 당위는 우리가 살펴본 것처럼 이미 그 자체가 주관적이고 객관적인 여러 가지 방식의 가능성을 담고 있다. 그 가운데 어떤 것이 사회적 현실이 되며 또 어떻게 그러한 현실이 되는가는 사회의 각기 구체적인 발전에 달려 있다. 마찬가지로 주지하듯, 이러한 발전은 나중에 가서야 (post festum) 비로소 그 구체적인 규정들이 적절히 파악될 것이다.

가치의 문제는 사회적 존재의 범주로서의 당위의 문제와 불가분적으로 결합되어 있다. 주관적 실천의 결정적 요인으로서의 당위가 노동과정에서 이처럼 특수하고 결정적인 역할을 담당할 수 있는 것은 노동을 통해 획득된 것이 인간에게 가치가 있기 때문이다. 마찬가지로 노동하는 인간 속에서 가치실현의 당위가 실천의 지도원리로 정립될 수가 없다고 한다면 가치는 노동과정 속에서는 실현이 불가능할 것이다. 일견 동일성으로 작용하는, 이처럼 긴밀한 공속성에도 불구하고, 가치는 특별한 취급을 요한다. 두 범주(당위와 가치—역자)는 하나의 동일한 공통의 복합체의 두 계기를 이루고 있기 때문에 서로 간에 긴밀하게 내속(內屬)해 있다. 그리고 가치가 목적정립에 영향을 주는 면에서 우위에 있고 실현된 산물을 평가하는 원리가 되는 반면, 당위는 과정 자체의 조정자에 좀 더 가깝기 때문에, 사회적 존재의 범주로서의 두 범주에는 서로 다른 속성이 많다. 물론 이러한 사정은 양자의 공속성을 부정하기보다 오히려 구체화하고 있다. 가치가 모든 노동의 최종 산물을 가치의 유무로 특징짓는다는 사실에서 출발할 경우, 즉각 다음과 같은 물음이 제기된다. 즉 이러한 특성은 객관적인 것인가, 아니면 단순히 주관적인 것인가? 가치는 주체의 평가행위 속에서 단순히 —정당하게 혹은 부당하게— 인정되는 사물의 객관적 성질인가, 혹은 가치는 실제로 그러한 평가행위의 결과로 나타나는가?

가치가 자연적으로 주어진 대상의 성질들로부터 즉각 얻어지지 않는다는 것은 확실하다. 이 점은 곧바로 모든 고차적인 형태의 가치에 대해서도 설득력을 갖는다. 물론 여기서 미학적 혹은 윤리적 가치와 같은 '정신적' 가치만을 생각해서는 안 된다. 앞서 우리가 지적했던 것처럼, 이미 인간들이 경제적 교환을 시작할 때, 교환가치의 발생에서, 마르크스는 가치의 비자연적 본질을 분명히 했다. "지금까지 어떤 화학자도 진주나 다이아몬드에서 교환가치를 발견하지 못했다."[50] 물론 현재 우리는 가치의 초보적인 현상방식만, 즉 자연적 현존재에 불가분적으로 결합되어 있는 사용가치만 다루고 있다. 인간의 삶에 대상이 유용하기 때문에 그 대상은 사용가치가 된다. 여기서는 단순한 자연적 존재에서 사회적 존재로의 이행이 문제가 되기 때문에, 마르크스가 지적한 것처럼, 노동의 생산물이 아니고서도 사용가치가 현전하는 제한적인 경우가 가능하다. 마르크스는 말한다. "이것은 인간에 대한 대상의 유용성이 노동을 통해 매개되지 않은 경우이다. 공기, 처녀지, 자연 초지, 야생 산림 등이 그렇다."[51] 우리가 여기서 실제로 제한적인 경우를 나타내는 공기를 예외로 한다면, 다른 모든 대상은 나중의 유용한 노동의 토대로서, 노동생산물의 창조 가능성으로서 가치가 있을 것이다.(앞에서 우리 역시 자연적 생산물의 집적을 노동의 시초 형태로 간주한다는 점을 시사한 바 있다. 노동의 속성에 대한 정확한 검토는 동시에 노동의 주객관적인 모든 범주 역시 집적과정에서 맹아적으로 입증됨을 보여준다.) 때문에 우리가 그러한 일반적인 고찰에서 진실을 벗어남이 없이도 사용가치와 재화를 노동의 구체적 생산물로 파악할 수 있을 것이다. 그 결과 우리는 사

---

50) *Kapital* I, S. 49 f.; MEW 23, S. 98.
51) Ebd., 7; ebd., S. 55.

용가치에서 객관적이고 사회적인 대상성의 형식을 이해할 수 있을 것이다. 사용가치의 대상성은 노동 속에 정초된 것이다. 사용가치의 절대 다수는 노동을 통해서, 대상·상태·효력 등의 변형을 통해서, 자연적 대상의 변형을 통해서 발생한다. 아울러 이러한 과정은 자연적 제약이 축소되면서, 노동이 발전하고 사회성이 증가하면서 더욱 그 폭과 넓이에서 발전하는 것이다.(오늘날에는 공기조차 호텔이나 요양소 등이 생기면서 교환가치를 갖는다.)

따라서 사용가치들과 재화들은 사회적인 대상성의 형태를 나타낸다. 이러한 대상성은, 사회와 자연의 물질대사를 객관화한 범주들이 전체 사회 구성체와 모든 경제체제의 특징이라는 점에서, 그 일반성의 측면에서 볼 때 이러한 범주들은 결코 역사적 변화에 종속되지 않는다는 점에서, 경제학의 다른 범주들과 구별된다. 물론 그 구체적인 현상형식은 동일한 사회구성체 내에서도 끊임없이 변화한다. 둘째, 이러한 맥락에서 본다면 사용가치도 모종의 객관적인 것이다. 노동의 사회성의 발전과정에서 직접적인 욕구충족을 매개로 해서만 기여할 뿐인 저 사용가치의 숫자가 지속적으로 증가한다는 사실을 완전히 무시한다면, 예를 들어 특정 자본가가 기계를 구매할 때 그가 이용하고자 하는 것은 사용가치라는 점을 결코 잊어서는 안 된다. 말하자면 하나의 대상을 사용가치로 만드는 유용성은 노동을 시작하는 초기 단계에서조차 상당히 정확하게 확정될 수 있다는 것이다. 이러한 유용성이 목적론적 성격을 갖는다는 것, 특정의 구체적인 목적을 위한 유용성을 갖는다는 것이 객관성을 무너뜨리지는 않는다. 따라서 사용가치는 주관적인 평가행위의 단순한 결과물로서 발생하는 것이 아니다. 오히려 이러한 행위는 사용가치의 객관적 유용성을 의식하게 만들 뿐이다. 그 행위의 옳고 그름은 사용가치의 객관적 속성에 의해 수립되며, 그 역은 아니다.

사물의 속성으로서의 유용성(Nützlichkeit)은 일견 패러독스처럼 보인다. 자연은 이러한 범주들 일반을 알지 못하며, 단지 인과적으로 규정된 타자화의 연속적 과정만을 알고 있다. 오직 신정론(神正論)에서나 이를테면 산토끼는 여우의 먹이로서 '유용성'이 있다는 식의 터무니없는 규정들이 등장하는 것이다. 왜냐하면 유용성은 오직 목적론적 정립과 연관되어서만 대상의 존재방식을 규정하며, 오직 이러한 관계 속에서만 유용하거나 혹은 그 반대이거나 하는 것이 존재자로서의 그 본질에 속하는 것이다. 따라서 철학에서 노동의 존재론적 역할이 파악되어야 할 뿐 아니라 문제를 현실적으로 제기하기 위해서는 사회적 존재를 새롭고 독립적인 존재방식으로 구성하는 과정에서 노동이 담당하는 기능도 파악되어야만 한다. 때문에 방법론적 관점에서 볼 때 전체 현실의 목적론적 성격을 가정하는 데서 시작하는 세계상의 입론자들이 자연과 사회에서의 대상의 특성을 초월적 세계 창조자의 피조물로 환원시켜 그 객관성을 정초하고자 했다는 것을 이해하기란 어렵지가 않다. 그래서 아우구스티누스는 사물에 대해 다음과 같이 말했다. "사물들이 존재하는 것은 당신(신)에 의해 창조되었기 때문이지만, 사물들이 존재하지 않는 것은 당신이 존재하는 바대로 존재하지 않기 때문입니다. 오직 변치 않는 것이야말로 참으로 존재하는 것입니다." 사물의 존재 역시 그 가치성을 신의 창조성으로서 표현하는 반면, 사물의 소멸은 사물의 비존재적 계기를 드러낼 뿐이다. 이러한 의미에서, "존재하는 모든 것은 선하다." 반면 "악, 죄는 결코 현실적인 사물이 아니다."[52] 물론 이것은 사물의 객관성, 가치의 객관성을 그처럼 우주론적-신학적으로 정초 짓

---

52) *Die Bekenntnisse des heiligen Augustin*, Buch VII, Kapitel 11-12, München o.J., S. 215 f.

는, 아울러 그것에 의해서, 그것을 통해서만 정초 짓는 방식의 특수한 경우일 뿐이다. 우리가 여기서 그러한 입장들의 각기 다른 모습들을 천착해 들어갈 수는 없다. 우리는 다만 객관성 역시 노동으로부터 ―물론 노동을 창조로 간주하는 초월적 실체화로부터― 도출되었다는 점만을 분명히 하고자 한다. 그럼에도 그 결과 한편으로는 일반적인 관념론적 세계상에서 보다 훨씬 분명한 형태로 복잡하고 정신화된 가치가 지상의 물질적 가치와 다소 첨예한 대립에 빠져들게 되고, 또한 후자의 가치가 단순히 전자의 가치에 종속되거나 혹은 ―금욕적으로― 곧바로 거부되는지 여부는 가치를 정립하는 방식에 의존하게 되는 것이다. 우리는 『윤리학(*Ethik*)』에서 그러한 모든 평가의 배후에 사회적 존재의 현실적 모순이 잠복해 있음을 보게 될 것이다. 하지만 여기서는 그러한 복합적 문제의 세세한 내용들에 대해 더 이상 언급할 수 없다.

어쨌든 여기서는 가치 및 재화문제에 대한 객관적 ―물론 초월적 의미에서 왜곡되었지만― 답변이 이루어져 있다. 가치를 초월적-신정적으로 근거 지음으로써, 르네상스와 더불어 발생한 반종교적 세계관이 주관적인 평가행위에 무게를 실어주고 있다는 점도 분명하다. 홉스는 다음과 같이 말했다. "사람들은 자신이 좋아하는 대상을 좋다고 하지만, 그가 혐오하고 증오하는 모든 대상은 악하고 나쁜 것으로 이해된다. 어떤 것도 그 자체만으로 좋거나 나쁘거나 악한 것은 없다. 그러한 규정들의 근거는 사물 자체의 본성에 있는 것이 아니라 그것을 사용하는 사람들에게 달려 있다."[53] 스피노자도 매우 비슷하게 다음과 같이 말한다. "선과 악이라 할 때, 이러한 표현들은 이른바 사물을 그 자체로 고찰한다면 사물들 속의 긍정적인 것

---

53) Hobbes: *Leviathan*, Kapitel II, Zürich-Leipzig 1936, S. 95.

을 나타내는 것이 아니다. … 하나의 동일한 사물이 동일한 시간에 좋을 수도 있고 나쁠 수도 있고 또 무관심해질 수도 있기 때문이다."[54] 가치 해석의 목적론적 경향에 대한 이처럼 의미 있는 반대 운동은 계몽주의에서 그 철학적 정점에 도달한다; 우리는 중농주의자들과 18세기 영국 경제학자들에게서 가치를 경제학적으로 정초하려는, 일관되어 있지만 동시에 벤담에게서 보듯 지극히 천박하고 피상적인 형태를 담고 있는 최초의 시도를 발견한다.[55]

이처럼 두 극단적인 방식에 대한 고찰은 다음과 같은 이유에서 우리의 존재론적인 문제 설정에 특별히 도움이 된다. 즉 무가치하거나 혹은 중요하지 않은 것으로 폄하된, 사회적이며 현실적인 두 가치체계에서, 자생적인(autochthone) 가치평가는 오직 미묘한 정신적인 가치에서 발견되거나 혹은 노골적인 물질적 가치에서만 발견되기 때문이다. 두 체계에서 내용은 다를지라도 동일한 수준에서 가치가 똑같이 거부된다는 것(예를 들어 아우구스티누스의 마니교)이 이러한 사실을 바꾸지는 못한다. 왜냐하면 사회발전과정에서 가치가 겪는 가장 의미 있는 질적 측면의 구조변화를 고려하지 않는다고 한다면 두 극단적인 방식에서 일차적 관심은 사회적 존재의 현실적 요인으로서 가치가 지닌 궁극적 통일성을 부정하는 데 있기 때문이다. 이 양극단에 대해 오직 변증법적 방법만이 제3의 길(tertium datur)을 제공할 수 있다. 오직 이 방법에서만 새로운 존재방식의 존재론적 발생 속에 그 결정적 범주들이 담겨 있다는 것을 —때문에 범주들의 등장은 발전과정에서 하나의 도약을 의미한다는 것—, 하지만 시초에 이것들은 즉자

54) Spinoza: *Ethik*, Teil IV, Vorrede, Phil. Bibl.m Leipzig o. J., S. 174 f.
55) Vgl. darüber MEGA I, 5, S. 386 ff. ö MEW 3, S. 393 ff.

적으로만 존재할 뿐이며, 즉자에서 대자로의 발전은 늘 지지부진하고 평탄치 않고 모순적으로 진행되는 역사적 과정일 수밖에 없다는 점을 명백히 할 수 있다. 대자로의 변화를 통한 즉자의 이 같은 지양은 형식논리적으로 볼 때는 서로 배제하는 것처럼 보이는 부정과 보존, 보다 높은 수준으로의 고양과 같은 복잡한 규정들을 담고 있다. 때문에 가치의 초보적 형태와 발전된 형태의 비교에서도 지양이 갖는 이처럼 복잡한 특성을 명백히 할 필요가 있다. 계몽이 —때로는 현학적으로, 때로는 좋게 말해 이마에 땀을 흘려가면서— 최상의 덕을 한낱 유용성으로부터 이끌어내려고 했을 때, 그 계몽은 실수한 것이다. 이러한 일은 직접적인 방식으로는 불가능하다. 하지만 그렇다고 해서 보존이라는 변증법적 원리가 여기서 아무런 역할도 하지 못한다는 의미는 아니다. 우리가 살펴보았듯, 종종 관념론적 편견의 희생물이 되었던 헤겔은 이미 『정신현상학』에서 객관적으로 현전하는 계몽의 모순들을 유용성의 문제에서 특유의 변증법의 의식적 모순론의 토대로 만들고자 시도했다. 존재론적으로 건전한 이 같은 경향이 헤겔에서는 결코 사라진 적이 없었다. 예를 들어 헤겔은 자신의 『역사철학』에서 스토아주의자들의 유용성에 관한 논의를 언급하면서 관념론의 편에서 이루어지는 이러한 범주들에 관한 '고상한' 비판이 얼마나 그릇되는지를, 그럼에도 그것들이 실천이라는 보다 고차적인 가치 형태 속에서 —지양된 계기로서— 어떻게 보존될 수 있고 되어야만 하는지를 소박한 비판을 곁들여 보여주고 있다. 헤겔은 여기서 다음과 같이 말했다. "유용성에 관한 한, 도덕은 얼마나 무미건조하게 처신하고 있는가. 사실상 모든 선한 행위는 유용하다. 다시 말해 그러한 행위는 현실성이 있고 어떤 선한 것을 산출한다. 유용하지 않은 선한 행위는 결코 행위가 아니고 현실성도 없다. 그 자체로 유용하지 않은 선한 것은 비현실성만큼이나 추상이다. 우리는 유용성에 대한 의식을 가질 필요가 있을뿐더러 가져야만 한다. 왜냐하면 선을 안다는 것이 유용하다는 것은 참이기 때문이다. 유용성이란 무엇을 해야 할지를 아는 것과, 행위에 대한 의식을 갖는 것과 다르지 않다."[56]

따라서 가치의 존재론적 발생과 관련하여 우리는 사용가치들(재화들)을 생산하는 노동 속에서 욕구충족을 위해 유용한지 여부의 선택이 유용성의 문제로서, 사회적 존재의 능동적인 요소로서 정립되어 있다는 사실에서 시작해야만 것이다. 가치의 객관성이라는 문제에 접근할 때, 우리는 가치가 올바른 목적론적 정립에 대한 긍정을 담고 있다는 것을 어렵지 않게 알 수 있을 것이다. 좀 더 잘 표현한다면, 목적론적 정립의 올바름은 —올바른 실현을 전제하는— 특정 가치의 특정한 구체적 실현을 의미하는 것이다. 가치관계에서는 이러한 구체성이 특별히 강조되어야만 한다. 우리가 이미 잘 알고 있는, 이성에 대한 과도한 확장을 따라서 가치의 객관성을 추상적으로 확장하는 것은 가치에 대한 관념론적 물신화의 요소들에 속한다. 따라서 우리는 가치에서, 예를 들어 칼이 무언가를 잘 자른다면 그 칼은 가치가 있다는 것처럼 "만일 ~라면 ~이다."는 가치의 사회적이며 존재론적인 성격을 강조해야 할 것이다. 생산된 대상은 그것이 욕구충족에 올바르게 최적으로 기여할 수 있는 한에서만 가치가 있다고 하는 일반화는 "만일 ~라면 ~이다."라는 이 구조를 추상적-절대적인 영역으로 고양시키는 것이 아니다. 이러한 일반화는 "만일 ~라면 ~이다."는 관계를 법칙 지향적 추상 속에서만 파악하는 것이다. 이러한 의미에서 사용가치를 재생산하는 과정으로서의 노동 속에 나타나는 가치야말로 의심할 여지없이 객관적이

---

56) Hegel: *Geschichte der Philosophie* II., Ausg. Glockner, XVIII., S. 456 f.; HWA 19, S. 280 f.

다. 그 이유는 다음과 같다. 즉 생산물이 목적론적 정립에 따라 측정될 수 있기 때문이 아니라, 이러한 목적론적 정립 자체가 욕구충족을 위한 "만일 ~라면 ~이다."라는 관계 속에서 객관적인 것으로 현전하고 유가치한 것으로 입증되고 검증될 수 있기 때문이다. 따라서 이와 관련해 개별적인 정립으로서의 가치평가가 가치 그 자체를 구성하는지에 관해서는 아무런 말도 할 수 없다. 그와는 정반대이다. 과정 속에 나타나고 과정에 하나의 사회적 대상성을 부여하는 가치란, 목적론적으로 정립하고 그것을 실현하는 과정에서의 선택이 가치에 부합하는지, 그리하여 옳고 유가치한 것인지에 관해 결정하는 것이다.

앞서 당위에서 보았던 것처럼, 물론 여기서는 보다 복잡한 형태들, 다시 말해 사회와 자연의 물질대사의 영역에만 배타적으로 속하는 것이 아니라, 오히려 늘 이러한 영역을 기초로서 전제하면서 사회화된 세계 속에서 작용하는 그런 형태들에서 보다 전체 상황이 훨씬 단순하고 명료하다. 이러한 복합문제들은 뒤에 가서야 비로소 적절하게 다루어질 수 있다. 여기서 우리는 새로 발생한 매개들과 실현들을 방법론적으로 보여주기 위해서 오직 하나의 예만을 선택할 것이다. 마르크스가 "상품들의 변태"라고 불렀던 바의 가장 일반적인 형태, 즉 상품의 단순한 판매와 구매를 예로 들어 보자. 교환가치와 화폐 일반에 기초해서 상품교환이 가능하기 위해서는, 분업이 사회에 존재해야만 한다. 그럼에도 마르크스는 말했다. "사회적 분업은 (상품소유자의—루카치) 욕구가 다양한 만큼이나 그의 노동을 일면화한다." 분업의 이처럼 초보적이고 모순적인 결과는 하나의 상황을 야기하는데, 여기서 판매와 구매라는 사실상(sachlier)의 공속 행위가 실행과정에서 분리되고 상호 자립화된다. 따라서 그들 상호 간의 행위는 우연적인 것이 되기 때문에 "누구도 자신이 판매했다는 이유만으로 곧바로 구매할 필요는 없는 것이다." 다음과 같이 볼 수도 있다. "상호 간에 독립적으로 대립하는 과정이 하나의 내적 통일을 형성한다는 것은 그 내적 통일이 외적 대립물들 속에서 운동한다는 것과 다르지 않다." 또한 마르크스는 이 자리에서 다음의 내용을 지적했다. 즉 이러한 형태에는 "위기의 가능성이, 하지만 오직 가능성만이" 담겨 있다.[57] (물론 그 현실성은 단순한 상품 순환의 수준에서는 결코 존재할 수 없는 관계를 요구한다.)

몇 안 되지만 중요한 이러한 계기들에 대한 언급을 통해 우리는 언제나 사회적 성격을 띠게 되는 현실의 경제적 과정이 사용가치를 직접적으로 생산하는 단순노동보다 얼마나 복잡한지를 보여주었다. 하지만 그것은 여기서 발생하는 가치의 객관성을 결코 배제하지 않는다. 지극히 복잡한 경제조차도 개별적인 목적론적 정립들의 결과이자 그것들의 실현의 결과이며, 양자가 선택적 형태로 이루어진 결과이다. 확실히 이러한 정립들이 야기한 인과사슬들의 운동 전체는 그것들 간의 직접적이며 매개된 상호작용을 통해 하나의 사회적 운동을 낳으며, 이러한 운동의 최종 규정들이 과정적 총체성으로 총괄되는 것이다. 하지만 정립적이고 선택적으로 결정하는, 특정 단계의 개별 경제주체들에게 이러한 운동은 사용가치를 창출하는 단순노동의 경우에서와 마찬가지로 그들의 결정을 충분하고 확실하게 가치 지향적으로 할 수 있을 만큼 더 이상 직접적으로 파악되지는 않는다. 대부분의 경우 사람들은 그들 자신의 결정의 의미를 올바로 추구할 수 없을 것이다. 그렇다면 어떻게 그들의 가치정립이 경제적 가치를 구성할 수 있단 말인가? 가치 자체는 그럼에도 객관적으로 존재한다. 가치의 객관성은 —설령 적절한 확실성을 갖추지 못한 객관성이고, 적절한 의식성을 갖추지 못

---

57) *Kapital* I, 70, 77, 78; MEW 23, S. 120, S. 127과 S. 128.

한 주관성이라 할지라도— 가치 지향적인 개개의 목적론적 정립을 규정하기도 한다.

점점 더 복잡해져 가는 사회적 분업이 어떻게 자체적으로 가치를 산출하는가에 대해 우리는 이미 마르크스 장에서 부분적으로 시사한 바 있다. 종종 우리는 이 물음으로 되돌아올 것이다. 여기서는 다만 교환가치를 통해 매개되고 정립된 분업이 시간을 보다 잘 활용함으로써 시간의 통제 원리를 산출한다는 점을 지적하고자 한다. 마르크스는 다음과 같이 말했다. "시간의 경제, 모름지기 여기에서 마침내 모든 경제가 해소된다. 마찬가지로 사회는 그 총체적인 욕구에 부합된 생산을 획득하기 위해 자신의 시간을 합목적적으로 분배해야 한다. 개인이 적정 비율로 인식을 얻기 위해서 혹은 자신의 활동에 대한 상이한 요구들을 충분히 수행하기 위해서는 자신의 시간을 올바로 분배해야 한다. 상이한 생산단위에 대한 노동시간의 계획적 분할과 마찬가지로 시간의 경제 역시 공동생산에 기초한 일차적인 경제법칙으로 남아 있다."[58] 마르크스는 여기서 사회적 생산의 법칙에 대해 언급하고 있다. 당연한 일이다. 왜냐하면 상이한 현상들의 인과작용들이 생산법칙으로 총괄되고, 이로써 개인의 행동에 결정적으로 반작용하고, 그리하여 개인은 파멸의 형벌(Strafe des Untergangs)에 놓임으로써 이 법칙에 순응하지 않을 수 없다.

하지만 시간의 경제는 동시에 하나의 가치관계를 의미한다. 오직 사용가치만을 지향하는 단순노동은 인간의 욕구에 따라 자연을 변형하는 일뿐만 아니라, 인간 고유의 단순한 자연적 본능과 감정을 지배하는 일과 또한 이를 매개로 특수한 인간적 능력들을 최초로 형성하는 일에 이르기까지 인

---

58) *Grundrisse*, S. 89; MEW 42, S. 105.

간에 의해, 인간을 위해 자연을 종속시키는 과정이다. 시간 절약을 위한 경제법칙의 객관적 지향은 매 순간 최적의 사회적 분업을 관철시키고 있으며, 따라서 사회적 존재의 발생을 매 순간 보다 높은 수준의 사회성으로 고양시킨다. 이러한 운동은 따라서 당사자들이 그것을 어떻게 이해하느냐에 관계없이 객관적인 것, 즉 사회적 범주들을 그 최초의 즉자존재로부터 보다 풍부한 규정과 효력을 지닌 대자존재로 실현하기 위한 첫 단계이다. 하지만 인간 자신이야말로 자기에게로 복귀한 발전된 사회성의 이 같은 대자존재를 적절히 구현한 존재이다. 이러한 인간은 결코 존재하지 않거나 어디에도 존재하지 않는 고립된 인간 일반이라는 추상적 우상이 아니라 구체적인 사회적 실천 속의 인간, 자신의 행위와 더불어, 자신의 행위 속에서 인류를 구현하고 현실로 만드는 인간이다. 마르크스는 경제와 경제생활이 인간 자신 속에 산출하는 것들 사이의 이러한 연관을 언제나 분명하게 보고 있었다. 경제의 가치원리로서의 시간의 경제에 관해 앞서 인용된 구절과 직접 관련해서 마르크스는 다음과 같이 적었다. "현실 경제는 … 노동시간의 절약 속에 있다; … 하지만 이러한 절약은 생산력의 발전과 동일하다. 따라서 결코 **향유의 부정**이 아니라, 힘의 발전, 생산 능력의 발전, 그리하여 향유의 능력뿐 아니라 그 수단의 발전이 문제이다. 향유의 능력은 향유의 조건이며, 따라서 향유의 첫 번째 수단이다. 이러한 능력이 곧 개인적 능력, 생산력의 발달이다. 노동시간의 절약은 동시에 자유시간의 증가, 즉 개인의 완전한 발전을 위한 시간, 그 자체 커다란 생산력으로서 다시금 노동의 생산력에 영향을 미치는 시간의 증가이다."[59] 마르크스가 여기서 제기한 구체적 문제에 대해, 특히 여가와 노동생산력 사이의 관

59) Ebd., S. 599; MEW 42, S. 607.

계에 대해 우리는 마지막 장에 가서야 비로소 상세하게 언급할 수 있을 것이다.

이 자리에서 마르크스 자신에게 무엇보다 중요한 것은 개별적인 문제가 아니라 객관적인 경제발전과 인간 사이의 불가분적이고 필연적인 보편 연관이다. 경제적 실천은 인간에 의해 ─선택적 행위 속에서─ 수행된다. 하지만 이러한 실천의 총체는 객관적이고 역동적인 복합체를 이루는데, 각 개인의 의지를 넘어서는 이러한 복합체의 법칙이 개인들에게 객관적이며 사회적인 완고한 현실로서 대립하고 있다. 그럼에도 현실을 특징짓는 이러한 완고함은 객관적 과정의 변증법 속에서 사회적 인간을 늘 보다 높은 단계에서 생산하고 재생산한다. 보다 정확하게 말하면 이러한 법칙들이 인간의 보다 높은 발전을 가능하게 하는 관계들이고, 가능성을 현실성으로 변화시키는 인간 자신 속의 능력들을 생산하고 재생산하는 것이다. 때문에 마르크스는 우리가 방금 인용한 규정들을 다음과 같이 계속할 수 있는 것이다. "우리가 부르주아 사회를 크고 넓게 고찰할 경우, 언제나 사회적 생산과정의 최종 결과물로 나타나는 것은 사회 자체, 즉 사회적 관계에서의 인간 자신이다. 생산물 등과 같이 고정된 형식을 갖는 것은 모두가 단지 계기로서, 이러한 운동 속에서 소멸하는 계기로서 나타난다. 직접적인 생산과정 자체는 여기서는 단지 계기로서만 나타난다. 과정의 조건들과 대상화들은 그 자체가 과정의 계기들과 동일하며, 오직 개인들만이 그 과정의 주체로서 나타난다. 하지만 이러한 개인들은 똑같이 그들이 새롭게 생산하고 재생산하는 상호관계 속의 개인들이다. 개인들 자신이 스스로를 혁신할뿐더러 그들이 창출한 부의 세계도 혁신하는 그들만의 지속적인 운동과정."[60] 이러한 서술을 앞서 인용한 헤겔의 서술과 비교하는 일은 흥미롭다. 거기서 헤겔은 노동의 도구를 그 도구에 의해 가능해진 특정한 욕구충족의 무상함과 반대로 노동에서 객관적으로 지속하는 계기로 강조하고 있다. 하지만 즉각적으로 드러나는 두 가지 표현의 대립은 그럼에도 외견상의 대립일 뿐이다. 헤겔은 노동 자체의 행위를 분석하면서 노동도구에서 사회발전에 지속적으로 영향을 미치는 계기, 결정적으로 중요한 매개 범주를 강조했다. 이러한 범주들에 의거해서 개별적인 노동행위는 그 개별성을 넘어서며, 또 그 범주들이 개별적인 행위 자체를 사회적 연속성의 한 계기로 고양시키는 것이다. 헤겔은 또한 노동행위가 어떻게 사회적 재생산의 계기가 될 수 있는지에 대해 최초로 언급했다. 이에 반해 마르크스는 경제과정을 발전된 역동적 총체성 속에서 고찰했으며, 이러한 총체성 속에서 인간은 처음이자 마지막으로서, 전체과정의 창시자이자 최종 결과로서 나타난다. 이 과정에서 인간은 종종 ―언제나 그 자신의 개별성에서― 썰물처럼 사라지는 것처럼 보인다. 이러한 외관이 나름대로 근거 있어 보이기는 해도 인간은 여전히 이 과정의 현실적 본질을 이루고 있다.

경제적 가치의 객관성은 사회와 인간 사이의 물질대사로서의 노동의 본질 속에 근거 지어져 있다. 하지만 그 가치적 성격의 객관적 현실은 이러한 초보적 연관을 훨씬 넘어서 있다. 유용성을 노동생산물의 가치로 정립하는 노동의 원시적 형태는 욕구충족과 직접적으로 관련되어 있다. 하지만 노동은 노동을 수행하는 인간 속에 이미 하나의 과정을 설정하는데, 그것의 객관적 의도는 ―어느 정도 이것이 적절하게 의식되는가와 상관없이― 인간의 보다 높은 발전을 위한 현실적 도야를 지향하고 있다. 따라서 경제적 가치 속에는 사용가치를 생산하는 단순 활동에 이미 내재적으로 주어져 있는 가치와 대립해서 어떤 질적인 발전이 담겨 있다. 이 점에서

60) Ebd., S. 600; MEW 42, S. 607 f.

모순적인 이중 운동이 발생한다. 한편으로 가치의 유용적 성격은 보편적인 것에로의, 인간적 삶 전체를 지배하는 것에로의 발전을 경험한다. 이러한 발전은 동시에 유용성의 항시적 추상화를 수반한다. 언제나 매개되어 보편성의 차원으로 고양되어 있지만 내부적으로는 모순이 많은 교환가치가 인간 상호 간의 사회적 교류에서 주도적인 역할을 담당하기 때문이다. 물론 이 점과 관련해서 교환가치의 효력은 언제나 사용가치에 기초해 있음을 전제한다는 것을 결코 잊어서는 안 된다. 따라서 새로운 것은 발생과정에 이미 현존하는 원초적 규정들의 모순적이고 변증법적인 전개이지 그러한 규정들에 대한 단순하고 추상적인 부정은 아니다. 다른 한편으로 자본주의나 사회주의와 같은 현실 사회구성체의 창출로 이어진 이러한 발전 자체는 극히 중요하고 생산적일지라도 내부적으로는 모순적이다. 즉 발전된 생산의 사회성은 내부적으로 폐쇄된 자립 경제체제를 산출하는데, 여기서 현실적 실천은 내재적인 경제적 목표를 정립하고 그것을 획득할 수 있는 수단을 탐구할 경우에만 가능하다. "경제인(homo oeconomicus)"이라는 용어가 탄생한 것은 결코 우연이나 단순한 오해가 아니다. 그 말은 사회화된 생산의 세계에서 인간이 지닌 직접적이고 필연적인 태도를 적절하고 탄력적으로 표현한 것이다. 물론 직접적인 태도일 뿐이다. 우리는 마르크스장에서뿐만 아니라 현재의 고찰에서도 다음과 같이 확정하지 않을 수 없을 것이다. 즉 —원시적 노동에서 순수한 사회적 생산에 이르기까지— 가장 넓은 의미에서, 그리하여 발생에서 전개에 이르기까지 인간의 인간화에 대한 존재론적 의미의 내재적 의도가 근저에 놓여 있지 않은 경제행위란 존재할 수 없다는 것이다. 경제영역의 이러한 존재론적 속성은 인간적 실천의 다른 영역과의 관계를 조명해준다. 우리가 다른 맥락에서 반복적으로 보았던 것처럼, 경제에는 존재론적 의미에서 일차적이고 근본적인 기능이 부여되어 있다. 이미 여러 차례 이것이 해명되었다 할지라도, 여기서 다시금 강조하는 것이 불필요해 보이지는 않는다. 즉 이러한 존재론적 우위에는 어떠한 가치의 위계도 담겨 있지 않은 것이다. 그것은 간단한 존재론적 사태, 즉 하나의 특정한 존재형태가 다른 존재의 불가피한 존재론적 토대를 형성하며, 그 역이나 상호적 관계는 없다는 것을 강조하고 있을 뿐이다. 그러한 확정은 그 자체로 완전히 가치중립적이다. 오직 신학과 신학적으로 채색된 관념론에서만 존재론적 우위가 동시에 보다 고차적인 가치척도를 나타내는 것이다.

이러한 존재론적 근본 직관과 더불어 존재영역의 내부에서 보다 고차적인 (복잡하고 상당히 매개된) 범주들의 발전이 단순하고 토대적이고 발생적인 범주들로부터 관조적일 뿐 아니라 실천적인 방식으로 파악될 수 있는 방향과 방법이 제시된다. 추상적으로 파악된 일반 개념으로부터 시작된 범주들(여기서는 가치들)의 구조와 배열에 관한 모든 '논리적 추론' 역시 부정되어야 한다. 왜냐하면 이를 통해 그 존재론적 특성이 실제로 사회-역사적 발생에 근거 지어져 있는 바의 연관들과 성질들은 참다운 존재와 추정적 개념들 사이의 이러한 간극으로 인해 그것들의 구체적 본질과 구체적 상호작용을 왜곡시킬 수 있는 개념적-체계적 위계의 모습을 띠기 때문이다. 마찬가지로 복잡한 범주들을 단순히 기초적-근거적 범주들의 기계적 산물로 파악함으로써, 한편으로 저 범주들의 특수성에 대한 모든 이해를 방해하고, 다른 한편으로는 그것들 사이에 존재론적 의미를 가장한 거짓 위계를 ―이 위계에 따라 오직 기초 범주들에만 진정한 의미의 존재가 부가될 수 있다― 세우는 속류유물론적 존재론도 부정되어야 한다. 그러한 방식의 두 가지 그릇된 이해를 부정하는 것은 경제적 가치가 사회적 실천의 다른 가치들과 (또 그것과 긴밀하게 연관된 이론적 태도와) 맺고 있는 관계를 올바로 파악하고자 할 경우 특별히 중요하다. 우리는 가치가 사회적 실천의 선택적 특성과 불가분적으로 연관되어 있다는 것을 살펴보았다. 자연은 어떠한 가치도 알지 못한다. 자연은 오직 인과적 관계만을 알고 있으며 그러한 관계를 통해 산출된 변화들, 사물의 타자성들, 복합체 등만을 알고 있다. 현실에서 가치가 담당하는 효과적 역할은 그러므로 사회적 존재에 한정된다. 우리는 어떻게 노동과 경제적 실천에서의 선택들이 개인의 주관적인 가치의 단순한 결과나 관계 따위를 지향하는 것이 아니라, 반대로 객관성과 관련해 사회적 존재의 내부에서 가치 지향적 선택 정립들의 옳고 그름에 관해 결정하는 가치를 지향하는지 살펴보았다.

우리는 앞서의 고찰들에서 단순히 사용가치를 지향하는 노동에서의 원초적 선택들과 보다 높은 단계에서의 선택들 사이의 결정적 차이는 무엇보다 전자의 노동은 자연 자체를 변형하는 목적론적 정립을 담고 있는 반면, 후자의 노동의 목적은 무엇보다 다른 사람의 의식에 영향을 미쳐서 그들이 원하는 목적론적 정립을 유발한다는 것에 기초해 있음을 지적했었다. 사회적으로 발전된 경제의 영역은 여러 모로 착종된 상태에서 두 부류의 가치정립을 담고 있다. 여기서 첫 번째 부류는 그 원초적 본질을 상실함이 없이 이러한 복합체에서 다양한 변화에 종속되어 있다. 아울러 경제의 영역에서는 이미 보다 복잡한 형태의 가치와 가치정립이 발생한다. 그럼에도 우리가 비경제적 영역으로 이행할 때, 우리는 여전히 보다 크고 질적으로 달라진 다양한 형태의 물음에 직면하게 된다. 그렇다고 해서 사회적 존재의 연속성이 중단된다는 의미는 아니다. 그것은 여전히 지속되고 영향력이 있다. 한편으로 역사의 진행과정에서 자립성을 획득해가는 사회적 실천의 특정한 종류와 방향은 그 본질상 단순한 매개 형태들이며, 본래 사회적 재생산을 보다 잘 규제하기 위해 등장하게 된 것이 분명하다. 이를테면 가장 넓은 의미에서의 법의 영역에 대해 생각해볼 수 있다. 하지만 우리는 이 같은 매개적 기능이, 모름지기 그 과제를 낙관적으로 충족시키기 위해 경제와 무관하고, 경제와 대립해서 이종적으로 구조 지어진 체제를 포함하지 않을 수 없다는 것을 살펴보았다.*[61] 여기서 다시금 법의 영역을 철저히 자립적인 것으로 만들려는 관념론적 물신화뿐 아니라 이러한 복합체들을 경제구조로부터 기계적으로 도출하려는 속류유물론도 자신들의 문제를 간과할 수밖에 없었다는 것이 분명해졌다. 객관적이며 사회적인 측면에서 경제에 대한 법의 영역의 의존성과 그것과 결합되어 발생한 법과 경제의 이종성이야말로 그것들의 변증법적 동시성에서 가치의 특성과 사회적 객관성을 결정하는 것이다. 다른 한편으로 우리는 이미 마르크스 장에서뿐만 아니라 여기서도 개별 인간 안에서, 그들 상호 간의 관계 안에서, 인류의 현실적 발생에 이르기까지, 인간 능력을 일깨우고 발전시키지 않고서는 (설령 특정 상황하에서 아리스토텔레스의 잠재태의 의미에서 단순히 그것들의 가능성일지라도) 순수한 경제적 정립은 실천적으로 수행될 수 없다는 것을 살펴보았다. 이러한 능력은 결과적으로는 순전히 경제적인 것을 훨씬 넘어서지만, 그럼에도 (관념론자들이 생각하는 것과는 달리) 사회적 존재의 토대를 결코 떠날 수 없다. 모든 유토피아 사상은 그 내용과 그 방향에서 그들이 거부하는 사회에 의해 규정된다. 그들이 내세우는 모든 사회적 반대 상(像)은 지금 여기(hic et nunc)의 사회-역사적 존재의 특정한 현상과 연관되어 있다. 결국 사회적 삶의 현실적 실천으로부터 철저히 분리되고 또 그것에 의해 깊이 규정되지 않은 인간적 문제란 존재하지 않는 것이다.

61) 수고에서는 여기에 각주가 있다: "우리는 마르크스 장에서 이 물음에 관한 우리의 인용문을, 특히 마르크스가 라살레에게 보내는 편지 등을 기억한다." GLW 13, S. 656

여기서 대립은 공속의 중요한 계기일 뿐이다. 우리는 이미 마르크스 장에서 인간 발전의 거대한 인간적 성과는 종종 —결코 우연적이지 않게— 그러한 대립적 형태 속에서 현상하며, 이로써 객관적이고 사회적인 측면에서 불가피한 가치 갈등의 뿌리가 되었다는 것에 대해 상세히 언급한 바 있다. 우리는 여기서 언급된 인류의 발생사가 유일하게 참이고 현실적이라고 생각할 수 있다. 모름지기 경제에서 이루어지는 발전은, 그 총체성에 비추어볼 때 목적론적으로 정립된 것이 아니라 개별 인간의 개별적인 목적론적 정립에 기초하고 있음에도 불구하고 자동적이고 필연적인 인과사슬에 의해 발생한 것이므로, 이러한 사슬들 속에서 매 순간 역사적이고 구체적이며 필연적인 현상방식은 객관적인 경제적 —아울러 객관적인 인류— 진보와 그 인간적 결과 사이에 존재하는 첨예한 대립을 표출할 수 있을 것이다.(우리가 볼 때 현상세계가 사회 현실의 실제적인 한 부분을 형성한다는 것을 반복하는 것은 불필요할 것이다.) 우리는 이러한 대립을 원시 공산주의의 해체로부터 현대의 (대중)조작의 형태에 이르기까지 역사를 관통해서 목도하고 있다. 이러한 맥락에서 거의 단순노동의 모델에 가까운, 경제발전 자체에 대한 선택적 입장은 상당히 분명한 반면에, 삶을 결정하는 경제의 성과에 대한 도덕적 입장에는 가치 적대주의가 팽배해 있음을 어렵지 않게 관찰할 수 있다. 그 이유는 이렇다. 즉 경제-사회적 과정이 인과 법칙적으로 규정된 명료성을 띠고 발전적으로 운동하는 곳에서, 그 과정에 대한 선택적 반응도 똑같이 —직접적인— 가치 명료성을 요구하지 않을 수 없기 때문이다. 프랑스의 자본주의 발전과 관련하여 가장 심오한 역사가인 발자크(Balzac)는 세자르 비로토(Cesar Birotteau)[62]의 행동 속에서 당대의 자본주의적 관행에 대한 거부를 보여주었다. 비록 그 이면의 심리적-도덕적 동기는 존경할 만한 것이기는 해도, 가치에 관한 한 그러한 거부는 부정적인 것으로 남아 있다. 반면 보조원과 영리한 의붓아들 포피노(Popinot)가 이러한 경제적 문제를 해결할 수 있다는 사실은 당연히 긍정적인 평가를 받는다. 포피노의 후일 발전과정에서 발자크가 이러한 경제적 성공이 지닌 인간적-도덕적으로 어두운 면을 인색할 정도로 부정적으로 묘사한 것은 우연이 아니며, 그의 통찰을 특징적으로 보여주고 있다.

경제적인 선택들과 더 이상 경제적이지 않은 인간적-도덕적인 선택들의 차이를 보여주는 이러한 명료함은, 그러나 자연과의 단순한 물질대사와 다르지 않은 노동의 경우에서는 더 이상 분명하게 나타나지 않는다. 여기서 묘사된 명료함은 경제과정이 그 객관성에서 어쩌면 '제2의 자연'으로서 작용하고 동시에 해당 개인들의 선택들의 내용이 완전하게 혹은 압도적으로 고유의 경제적 영역에 집중될 경우에만 현실화될 수 있다. 그렇지 않을 경우 경제과정 자체와 그 사회적-인간적 현상방식 사이에서 드러나는, 종종 직접적이고도 적대적인 모순이 압도적인 위력을 갖지 않을 수 없다. 이미 고대 로마에서 루카누스(Marcus Annaeus Lucanus)[63]는 여기서 발생한 가치의 딜레마를 분명하게 언급한 바 있다. "성공한 원인은 신들을

---

62) 발자크의 소설 『세자르 비로토(*César Birotteau*)』(1837)에 등장하는 주인공의 이름. (역주)
63) 마르쿠스 안나이우스 루카누스(39~65)는 로마의 정치가이자 서정시인, 철학자이다. 세네카의 조카이기도 하다. 에스파냐의 코르도바에서 태어나 8세경 로마로 옮겨 스토아 학자 코르누투스(20?~?)에게 교육을 받았다. 조숙한 재능을 나타내어 아테네에 유학한 후 네로(재위 54~68)의 중용을 받아 요직을 역임했다. 그러나 예술가로 자처하던 네로 황제의 질투를 사서 대중 앞에서의 시낭독을 금지당했고, 이에 대한 노여움으로 피소의 반란(65년)에 가담, 사건 발각 후 자결했다. 저작의 대부분은 망실되었으나 '내란'을 테마로 한 유일하게 현존하는 시 「파르살리아」는 「아에네이스」 이후 최대의 라틴 서사시로 꼽힌다. 그는 중세에 인기가 대단하였고, 그 영향은 17세기의 시나 연극에서 자주 볼 수 있다. (역주)

기쁘게 하지만, 실패한 원인들은 카토(Marcus Porcius Cato)[64]를 기쁘게 한다.(Victrix causa diis placuit, sed victa Catoni.)" 우리는 다만 돈키호테의 모습만을 생각하면 된다. 거기서 객관적-진보적 의미의 사회발전의 필연성에 대한 열정적 거부와 또 그 못지않게 인간의 도덕적 고결에 대한 열정적인 고백 사이의 긴장이 지나간 과거의 형태에서이기는 해도 그로테스크한백치와 숭고한 영혼의 순수가 통일되어 집중적으로 나타나고 있다. 하지만 여전히 우리는 이러한 모순의 뿌리로부터 멀리 떨어져 있다. 경제의 내재적 법칙은 경제과정의 내재적 본질과 그것들이 때맞추어 인간의 삶 속에드러나는 형식 사이에 적대를 산출하는 동시에 이 적대를 총체적 발전 자체의 존재론적 토대로 만들기도 한다. 예를 들어 원시 공산주의는 경제적필연성에 따라 계급사회로 대체되고 아울러 계급 귀속성과 계급투쟁에의참여가 각 사회 구성원의 삶의 결정들을 깊이 있게 결정한다. 따라서 선택들의 내용이 사회와 자연의 물질대사를 결정적으로 넘어서는 순간, 대단히갈등적인 현상들이 난립할 수 있는 공간이 발생하는 것이다. 가치 지향적선택들의 실현은 여기서 심지어 불가피한 의무들 간의 갈등 형태를 취하기도 한다. 왜냐하면 이러한 선택들에서 갈등은 단순히 가치를 '어떤 것'을결정하고 '어떻게' 결정하는지를 인정하는 차원에 머무는 것이 아니라, 오히려 구체적인 가치와 구체적으로 통용되는 가치 사이의 상호 갈등의 하나로서 실천을 결정하는 것으로 보기 때문이다. 즉 선택은 상충하는 가치들 사이의 선택에 의해 결정되는 것이다. 이러한 우리의 고찰은 앞서 논구

64) 마르쿠스 카토(B. C. 234~B. C. 149)는 로마의 정치가·문인이다. 로마가 그리스화하는 것에 반대하였으며, 중소 농민을 보호하고 반(反)카르타고 정책을 펼 것을 주장하였고 라틴 산문 문학을 개척하는 데 기여하였다. 저서에 『농업론』, 『기원론(起原論)』 따위가 있다. (역주)

된, 비극적이고 상대주의적인 막스 베버의 개념에로 되돌아가는 것처럼 보이기도 한다. 베버에 따르면 이처럼 갈등의 소지를 안고 있고 해결이 불가능한 가치의 다원주의야말로 사회에서의 인간적 실천의 토대를 형성한다.

하지만 그럼에도 이것은 하나의 가상일 뿐이다. 그 배후에는 현실 자체가 숨겨 있는 것이 아니다. 그것은 한편으로는 현상이 현상계에 드러나는 바의 직접성에 머무는 것이고, 다른 한편으로는 초감성적이며 논리화된 가치들의 위계체계이다. 똑같이 그릇된 이러한 극단은 홀로 작용할 경우 순수한 상대주의적 경험주의이거나 혹은 현실에 적절히 적용될 수 없는 이성의 구조물만을 낳을 뿐이다. (반면) 상호 연관될 경우에도 그것들은 현실과 맞선 도덕적 이성의 무기력한 상태를 보여줄 뿐이다. 여기서 우리는 이처럼 복합적인 문제에 대해 구체적이며 상세하게 논구할 수는 없을 것이다. 그것은 『윤리학』이 해결해야 할 과제들 중의 하나가 될 것이다. 거기서 비로소 변화와 변화 속의 자기보존의 형태 속에서 여러 가지 상이한 가치와 가치실현을 적절히 구분할 수 있을 것이다. 지금 우리는 이러한 과정을 단지 하나의 예에서, 즉 중요한 선택들에서 내리는 사회적으로 올바른 결정을 통해 매우 일반적으로 개괄할 수 있을 뿐이다. 여기서 문제되는 전부를 아주 간략하게 표시한다면 이러한 복합적 문제에 접근할 수 있는 바의 존재론적 방법의 핵심을 보여주는 것이다. 아울러 우리는 앞서의 맥락에서 이미 언급했던 실체성에 대한 규정에서 시작하지 않을 수 없다. 존재에 대한 보다 새로운 견해는 실체에 대한 정태적이고 불변적인 개념을 파괴시켰다. 하지만 그렇다고 해서 존재론의 내부에서 실체를 부인할 필연성이 이어지기보다는 오히려 그것의 본질적이며 역동적인 성격에 대한 인식이 생기는 것이다. 실체란 사물의 영원한 변화 속에서 스스로 변화하면서 그 연속성 속에서 스스로를 보존할 수 있는 것이다. 이러한 역동적인 자기보존은 그러나 무제약적으로 '영원성'과 결합된 것이 아니다. 실체는 발생할 수 있고 소멸할 수 있다. 실체는 오직 그것이 실존하는 순간에만 실체라는 것을 역동적으로 보존하고 중단한다는 이유 때문이 아니라도 발생하고 소멸할 수 있다.

모든 참다운 가치는 이제 우리가 실천이라고 묘사한, 사회적 존재의 모든 근본적인 복합체 속에서 하나의 중요한 계기를 이룬다. 사회적 존재의 존재는 재생산과정 속에서 실체로서 보존된다. 하지만 이러한 재생산과정은 가치의 수용 혹은 거부와 사실적으로 분리되지 않는 목적론적 행위의 복합체이자 종합이다. 따라서 모든 실천적 정립에서는 하나의 ─긍정적이거나 혹은 부정적인─ 가치가 지향되는데, (이로 인해) 가치 자체가 다만 이러한 행위의 사회적 종합인 것처럼 보이는 가상이 생긴다. 때문에 가치가 이러한 정립의 대상이 되지 못할 경우, 가치는 사회 안에서 존재론적 연관성을 담지할 수 없다는 사실만이 참으로 옳다. 그러나 가치실현의 이러한 조건이 가치의 존재론적 발생과 단순히 동일한 것은 아니다. 오히려 발생의 참다운 원천은 사회적 존재 자체의 끊임없는 구조변화이며, 이러한 존재로부터 가치실현적 정립이 직접적으로 발생하는 것이다. 우리가 살펴보았던 것처럼, 인간이 자신의 역사 자체를 만든다는 것은 마르크스적 개념의 근본 진리이지만, 그럼에도 스스로 선택한 상황하에서 그렇게 할 수 있는 것은 아니다. 인간은 매 순간 사회적 발전의 가능성이 그에게 제기한 구체적 선택들에 ─많건 적건 의식적으로, 많건 적건 올바르게─ 응답한다. 하지만 여기에는 이미 가치가 함축적으로 담겨 있다. 예를 들어 노동의 성과로서 인간이 자신의 감정을 지배하는 것이 하나의 가치라는 점에 대해서는 추호의 의심의 여지가 없다. 그러나 반드시 의식적 형태를 취하지 않는다 하더라도, 또한 노동하는 인간에게 그 가치적 성격을 관철시키지 않는다 하더라도, 노동 자체 속에는 가치가 담겨 있으며, 사회적으로도 실현될 수 있다. 가치란 사회적 존재의 한 계기이다. 때문에 비록 그것이 의식되지 않거나 혹은 불완전하게 의식된다 할지라도, 가치는 현실적으로 존재하고 유효한 것이다.

물론 의식화 역시 사회적으로 볼 때 우연적인 것이 결코 아니다. 우리는 가치의 사회적-존재론적 존재성을 적절히 강조하기 위해 이러한 독립성의 계기를 특별히 강조하지 않을 수 없다. 그것은 목적과 수단, 그 자체 사회적 존재를 소유한 개인들 간의 사회적 관계이다. 물론 이러한 존재는 그 자체로 구체적인 선택들의 해결 공간을 규정하고, 그것들의 사회적이며 개인적인 내용, 그 속에 담긴 문제들의 해결 방향들을 규정하기 때문에 그것은 동시에 가능성의 계기를 담고 있을 것이다. 가치는 그 가치를 충족시키는 행위를 통해 이러한 즉자존재의 전개, 참다운 대자존재로의 성장에 도달한다. 하지만 가치의 궁극적 실재에 필수적인 이러한 실현이 인간적 실천에서 가치 자체와 불가분적으로 결합되어 있다는 것이야말로 여기서 제시된 존재론적 사태의 특징이다. 가치의 규정들에 가치의 실현을 각인하는 것이 곧 가치이지 그 역은 아니다. 이것은, 가치로부터 가치의 실현이 생각으로 '도출'될 수 있는 양, 실현이 가치의 단순한 인간적 '노동의 산물'인 양 이해되어서는 안 된다. 선택들은 특수한 사회적-인간적 실천의 필수적인 토대이어서 현실적이 아니라 오직 추상적으로만 개인적 결단과 분리될 수 있다. 하지만 그러한 선택 해결이 사회적 존재에 의미하는 바는 가치에 달려 있는데, 좀 더 잘 말해본다면, 지금 여기의 사회-역사적 문제에 대해 실천적으로 반응하는 특정 순간의 현실적 가능성들의 복합체에 달려 있다. 따라서 이러한 현실적 가능성들을 그 가장 순수한 형태에서 —가치 수용적이거나 혹은 가치 부정적으로— 실현하는 결정들은 특정 시기의 발전단계에 상응해서 긍정적이거나 부정적인 상에 도달한다. 이러한 상은 원시적인 단계에서는 직접적 의미의 구술 전통 속에서 보존되고 있다. (가치에서 절정을 이루는) 부족 생활의 그러한 선택들을 인간적 상의 수준에서 응답하는 사람들은 신화의 영웅이 된다. 이러한 응답은 예시적으로 —긍정적 혹은 부정적으로— 부족 생활의 재생산을 위해 사회적 차원에서 지속적으로 중요하고, 또 그렇기 때문에 변화와 자기보존 과정에서 이 같은 재생산과정의 핵심요소가 되는 것이다.

이러한 보존을 특별히 입증할 필요는 없다. 사회적 선택들에 대한 그러한 개인적 해결이 이미 창세기의 신화로부터 우리 시대에 이르기까지 어떻게 보존되어왔는지는 널리 알려져 있다. 그럼에도 단순한 보존은 이러한 과정의 한 면만을 보여주고 있다. 이러한 보존은 늘 해석상에서, 말하자면 현재의 실천을 위한 모델로서의 적용 가능성에서 끊임없이 변화될 수 있을 때만 가능하다는 것을 확고히 하는 것도 마찬가지로 중요하다. 역사의 초창기에 구술로 전승되다가, 뒤에 가서는 문자나 정교한 형태 등으로 발생했다는 사실이 여기서의 근본적인 사태를 변경시키지는 않는다. 왜냐하면 이 모든 경우에서 문제가 되는 것은 사회적 선택을 지향한 행위가 구체적인 세부 사항들과 그것들에 대한 해석 등이 끊임없이 변화하는 가운데도 연속적인 것으로, 사회적 존재에 본질적인 것으로 보존된다는 점에 있기 때문이다. 이러한 일은 개별적인 선택의 형태에서 일어나지 명령이나 금기와 같은 다른 가치영역에서 일어나지 않는다는 것이 여기서 실현된 가치의 특수한 성격을 나타낸다. 즉 그것은 직접 인간의 인격성으로부터 발생하는 경향이며, 인간 유의 내면적 핵심의 연속성으로서의 자기확증이다. 참다운 사회적 연관에 따르면 무엇보다 변화와 해석을 절대적으로 결정하는 계기는 언제나 현재의 사회적 필요 속에 놓여 있다는 것을 알 수 있다. 실상 이러한 필요가 그 같은 선택이 해석될 수 있는지 여부와 어떻게 해석되는가를 결정한다. 여기서 중요한 것은 아마도 현존하는 역사적 진리를 해명하는 것이 아니다. 우리는 전설의 브루투스(Marcus Junius Brutus)[65]가 역사적 진리에 대응하지 않는다는 것을 정확히 알고 있다. 하지만 그렇다고 해서 셰익스피어라는 인물의 영향이 축소되는 것은 결코 아니다. 반면 상반된 평가(이를 테면 단테[Dante]의 평가) 역시 그가 속한 현재의 필요에 기초해 있다. 변화와 지속은 따라서 똑같이 사회발전에 의해 산출되는 것이다. 여기서 그것들의 상호관계는 앞서 새롭게 인식된 실체성의 형식을 반영하는데, 이 점에 대해서는 현재의 사유 도정을 시작할 때 언급한 바 있다. 즉 가치의 유기적 성분은 그 역사적 객관성에 있다는 것이다.

따라서 가치들의 객관성은 그것들이 전체 사회발전을 움직이고 있고 또 움직였던 핵심요소라는 데 기초해 있다. 가치의 모순성, 즉 가치는 종종 그것이 속한 경제적 토대에 대해서뿐 아니라 그것들 상호 간에서도 명백히 모순된다고 하는 명백한 사실은 이러한 방식에서 본다면 막스 베버가 생각한 것과 같은 궁극적인 가치 상대주의가 아니며, 또 이러한 방향에서는 그것들을 도표상의 위계질서적 체계 속에 배열할 수 있는 가능성도 전혀 없다. 사회적-사실적으로 의무 지어진 당위의 형태 속에서 작동하는 가치의 실존, 이종성에서 대립에 이르기까지의 계단에서 가치의 다원성, 가치 상호 간의 관계가 내적이고 필연적으로 귀속되는 가치의 실존은 오직 사후적으로만 합리화될 수 있다. 그럼에도 여기에는 지극히 모순적인 통일, 즉 사회적-역사적 과정 전체에 대한 평탄치 않은 명료성이 표현되어 있다.

---

65) 마르쿠스 브루투스(B. C. 85~B. C. 42)는 로마의 정치가이다. 신임을 받던 줄리어스 시저의 암살 모의에서 주도적으로 역할을 담당한 것으로 알려져 있다. (역주)

이러한 과정은 객관적이며 인과적인 규정성 속에서 하나의 역동적 전체를 형성한다. 그럼에도 그것은 선택적인 목적론적 정립들의 인과적 총합으로부터 구성되기 때문에, 그러한 정립들을 직접적 혹은 매개적으로 기초 짓거나 방해하는 계기는 언제나 그러한 선택적인 목적론적 정립들로 이루어져 있다. 실천을 통해 객관화된 정립의 참다운 의도, 본질적인 것 혹은 피상적인 것, 발전적인 것 혹은 방해적인 것 등을 지향할 수 있는 의도가 이러한 정립의 가치를 결정한다. 사회적 존재에서는 이 모든 경향이 현실적으로 존재하고 또 유효하기 때문에, 게다가 그러한 경향들은 행위하는 인간 속에서 극히 상이한 방향과 수준 등의 선택들을 산출하기 때문에, 상대성이 현상하는 방식은 결코 우연적이지 않다. 이러한 경향은 질문을 하고 응답을 하는 가운데 진정성을 향한 경향이 적어도 부분적으로는 생생하게 남는 데 기여하고 있다. 왜냐하면 현재의 실천의 선택은 긍정이나 혹은 부정 속에서 특정한 가치로 표현될 뿐 아니라, 동시에 어떤 가치가 현재 구체적인 선택의 기초를 형성하며, 어떤 근거로 그것에 대해 그러한 태도를 취하게 되는지에서 표현되기 때문이다. 우리는 다음과 같은 사실을 알고 있다. 즉 객관적 의미에서 경제발전이 실제 진보의 버팀목을 제공한다는 것이다. 그렇기 때문에 과정 속에서 보존되는 결정적 가치는 ―의식적이건 혹은 무의식적이건, 직접적이건 혹은 가능한 한 많이 매개되었건― 이러한 경제발전과 연관되어 있다. 하지만 이러한 과정 전체의 어떤 계기가 현재의 선택을 고려하고 있고 취급하고 있는지 객관적으로 중요한 차이가 존재한다. 이를 통해 가치는 끊임없이 새롭게 갱신되는 사회적 과정 전체 속에서 보존되고 있으며, 이를 통해 가치는 그 나름의 방식에서 사회적 존재의 현실적인 핵심요소, 사회적 존재라고 하는 복합체의 요소들이 되는 것이다.

우리는 노동 모델로부터 멀리 떨어진 이러한 존재론적 상황을 입증하기 위해 의도적으로 하나의 가치를 선택했다. 우리가 그렇게 한 까닭은 무엇보다 선택이 직접적으로 순수하게 내면화된 그러한 경우에서 결정의 의도가 그럼에도 객관적이고 사회적인 실존 규정들의 근저에 놓여 있다는 것, 실천 속에서 실현된 가치는 그럼에도 사회적이고 객관성인 성격을 띠지 않을 수 없다는 것을 보여주기 위해서이다. 우리는 앞서 브루투스라는 인물의 예를 상기한 바 있는데, 여기서 이러한 연관, 사회적 존재 내에서의 가치의 이러한 뿌리가 분명하게 파악될 수 있었다. 마찬가지로, 다음의 경우는 아마도 좀 더 강할 것이다. 즉 우리가 헤시오도스(Hesiodos)[66]의 눈으로 본 프로메테우스는 신들에 의해 정당하게 처벌받은 범법자였던 반면, 아이스킬로스(Aischylos)[67]의 비극 이래 프로메테우스라는 인물은 인류의 의식 속에서 빛을 가져온 자이자 시혜를 베푼 자로 살아 있다는 점을 기억할 때가 그렇다. 만일 우리가 구약(舊約)의 타락(형벌로서의 노동과 관련한—주)과 원죄에 관한 기독교 이론이 사회적 영향력이 강화된 헤시오도스와 동일한 관점을 대변한다는 점을 덧붙인다면, 우리는 이 경우의 선택들은 인간이 자신의 노동 속에서 스스로를 산출할 수 있는지 여부를 —혹은 인간이 스스로를 초월적 힘에 봉사하는 자로 파악하는지 여부를— 결정 내용으로 삼아야 한다는 것과, 그 결과 필연적으로 인간 자신 속에, 인간의 사회성

66) 헤시오도스는 기원전 8세기경에 활동한 그리스의 서사시인이다. 호메로스와 함께 그리스의 신화와 문학에서 큰 비중을 차지하고 있다. 대표적 작품으로는 『신통기』와 『노동의 나날』이 있다. (역주)

67) 아이스킬로스(B. C. 525/4~B. C. 456/5)는 소포클레스, 에우리피데스와 더불어 고대 그리스의 3대 비극 작가로 꼽히고 있다. 대표작으로는 『결박된 프로메테우스(Prometheus desmotes)』, 사튀로스극인 『아가멤논(Agamemnon)』 등이 있다. 후자는 오레스테이아 삼부작의 첫 번째 작품이다. (역주)

속에 정초된 자립적 행위가 보다 높은 힘들에 대한 범죄를 담고 있다는 것을 어렵지 않게 읽어낼 수 있을 것이다. 그럼에도 선택들 속에서 사회성을 관철함에 있어서 ―두 번째로― 이러한 구조가 대단히 중요한 경우이기는 해도, 그것은 인류의 역사에서 상대적으로 발전된 단계에서만 영향력을 발휘할 수 있는 극단적인 경우이다. 그렇기 때문에 사회적 차원에서 이루어지는 가치의 필연적 정립은 달리 구조화된 경우를 산출해야만 한다. 이러한 복합적 문제 전체는 오직 『윤리학』 안에서만 적절히 다루어질 수 있기 때문에, 여기서 우리는 순전히 형식적인 시사에만 한정할 것이다. 즉 사회적으로 관철하기 위해서 (법, 국가, 종교 등) 전혀 다른 형식들을 취할 수 있는 제도적 장치들을 필요로 하는 사회적 가치들이 존재한다는 것이다. 현실 반영의 객관화가 가치들의 담지자가 되고, 가치정립의 견인차 등이 되는 경우들이 있다. 여기서는 직접적인 대립들을 야기하는 차이들과 이종적 구조들을 언급하는 것조차 가능하지 않을 것이다. 왜냐하면 이러한 차이들은 오직 모든 가치 간의 구체적인 사회적 상호관계와 상호작용 속에서만 예외 없이 적절히 표현되며, 따라서 사회적 실천과 아울러 사회적 존재의 총체성을 지향하는, 현실적이며 종합적인 서술 속에서만 파악 가능하기 때문이다.

3. 노동과 그 결과에서의 주-객-관계

노동으로부터 발생하고, 그렇기 때문에 존재론적-발생적 의미에서 노동에 의해 개념화되지 않으면 안 되는, 특별히 인간적인 생활방식이 드러나는 저 형태는 비록 상당한 정도로 설명되었다고는 할지라도 아직은 충분하지가 않다. 그럼에도 일견 동떨어져 있어 보이지만, 그 본질상 여기에 깊숙이 뿌리 내리고 있는 고유의 문제들을 상세히 고찰하기에 앞서 우리가 이미 언급했던 노동의 직접적 결과적 현상, 즉 주-객-관계의 발생과 아울러 그곳에서 현실적으로 작용하는, 주체로부터 객체의 필연적 분리를 좀 더 자세히 고찰해야 할 것이다. 이러한 거리두기(Distanziertheit)는 인간의 사회적 존재에 필수불가결한 토대이자 자기 고유의 삶을 통해 이루어진 토대, 즉 언어를 창출한다. 엥겔스가 다음과 같이 말한 것은 정당하다. 즉 "서로 간에 무언가를 말해야 한다."는 것에서 인간의 언어가 발생한다. "필요가 인간의 기관을 창출했다."[68] 하지만 무언가를 말을 한다는 의미는 무엇인가? 우리는 위험, 먹이, 성욕 등과 관련한, 극히 중요한 소통들을 이미 고등동물에서 발견한다. 이러한 소통들로부터 엥겔스가 적절히 지적했던 인간의 소통들로의 도약은 모름지기 주체와 객체 사이의 거리에 놓여 있다. 인간은 언제나 규정된 어떤 것에 '대해서' 이야기하는데, 이로써 그는 이중적 의미에서 자신의 직접적 현존재로부터 고양된다. 첫째로, 그 현존재는 독립적으로 존재하는 대상으로서 정립되고, 둘째로, ―여기서 아마도 거리두기가 훨씬 강하게 드러날 것이다― 인간은 특정 대상을 구체적인 것으로 명확히 하려 하기 때문에, 그의 표현 수단과 지시는 모든 기호가 전혀 다른 맥락에서도 제한 없이 작동할 수 있게끔 만들어져 있다. 아울러 말로 기술된 것(기호)은 그것이 지시하는 대상들과 그것을 표현한 주체들로부터 분리됨으로써, 전혀 다른 맥락에서 전혀 다른 주체들에 의해 유사한 방식으로 적용될 수 있는 표현, 말하자면 특정한 현상들의 모든 집단에 대한 사상적 표현이 되는 것이다. 동물의 소통 형태는 결코 그와 같

68) *Dialektik der Natur*, S. 696; MEW 20, S. 446.

은 거리를 알지 못한다. 동물들의 소통 형태들은 생물학적 생명과정의 유기적 요소들을 형성하고 있다. 심지어 그러한 형태들이 분명한 내용을 가질 때조차, 이러한 내용은 그것들이 연관된 구체적이며 특정한 상황과 결합되어 있다. 따라서 구체적인 생명체가 구체적인 현상에 대해 구체적인 소통을 시도하려 한다 할지라도, 이러한 소통이 그가 속한 상황과 뗄 수 없는 관계에서 지극히 분명할지라도, 우리는 여기서 대단히 협소하고 쉽게 오해될 수 있는 의미 일반에서만 주체와 객체에 대해 말할 수 있을 것이다. 노동 속에서, 마찬가지로 그로부터 발생하는 언어 속에서 주체와 객체의 동시적 정립은 주체를 객체로부터 분리시키고, 역으로 구체적 대상을 여기에서 주어진 의미에서의 개념 등으로부터 분리시킨다. 이를 통해 비로소 무한히 확장 가능한 대상 파악과 인간에 의한 대상의 지배가 가능해지는 것이다. 대상에 대한 명명, 대상의 개념, 대상의 이름의 언표가 오랫동안 마법의 경이로 간주되었다는 것은 놀라운 일이 아니다. 구약에서 동물에 대한 인간의 지배는 아담이 그 이름을 부여하고, 동시에 언어가 자연으로부터 분리되는 현상이 명백히 기술되는 데서 표현되고 있다.

하지만 이러한 거리 창조는 노동 자체에서뿐만 아니라 언어에서도 지속적으로 분화를 더해가고 있다. 이미 가장 단순한 노동도 우리가 살펴보았던 것처럼 목적과 수단의 변증법을 통해 직접성과 매개의 새로운 관계를 실현했는데, 이로써 노동을 통해 획득된 모든 욕구충족은 이미 그 객관적 본질에 비추어볼 경우 매개된 것이다. 마찬가지로 모든 노동의 산물은 일단 완성되면 그것을 사용하는 인간에게 하나의 새로운 —더 이상 자연적이지 않은— 직접성을 안겨준다는 명백한 사실 역시 이러한 사태의 대립적 성격을 강화해준다.(고기를 끓이고 굽는 것은 하나의 매개이다. 하지만 끓이고 구운 고기를 먹는 행위는 이러한 의미에서는 날고기를 먹는 것만큼이나 직접적일 뿐만 아니라 가공되지 않은 것이다. 비록 후자가 자연적이고, 전자는 사회적일 지라도 그렇다.) 하지만 노동은 그 고도의 발전과정에서 인간과 그의 직접적 목표 사이에, 즉 그가 최종적으로 도달하고자 하는 목표 사이에 일련의 커다란 매개를 삽입한다. 이로써 노동에는 이미 이전에 출현한, 직접적 목적정립과 좀 더 매개된 목적정립 사이의 차이가 발생한다.(우리는 무기 제작을 생각해볼 수 있는데, 이 작업은 광석을 발견하고 제련해서 완성하는 일에 이르기까지 일련의 상이하고 서로 대립되고 이종적인 목적론적 정립을 요구한다.) 현실에 대한 이러한 태도가 사회적으로 일반화될 때만 비로소 사회적 실천이 가능한 것이다. 노동경험들을 이처럼 확장하는 과정에서 노동과 대립된 전혀 새로운 관계와 구조가 발생한다는 것은 자명하지만, 직접적인 것과 매개된 것의 이러한 구별 ―그 필연적 연관에서, 그 연속에서, 상위질서와 하위질서 등에서 양자가 동시적으로 존재한다는 점에서― 이 노동으로부터 생긴다는 사태를 변경시키지는 않는다. 언어를 통해 대상을 사유상에서 거리를 두는 행위는 여기서 발생한 현실적 거리두기를 간접적인 것으로, 사회의 가능한 공동소유를 고정적인 것으로 만든다. 우리는 다만 상이한 조작들의 시간적인 선후와 사태의 본질에 상응하는 매개들(연속과 휴지 등)이 언어 등에서 시간을 명백히 분할하지 않고서는 ―가장 중요한 것을 강조할 뿐― 사회적으로 실행 불가능한 것임을 생각하는 것이다. 노동에서와 마찬가지로 언어에서도 자연적 존재로부터 사회적 존재로의 도약이 이루어진다. 즉 자연에서와 마찬가지로 사회에서도 이러한 도약은 오랜 과정이다. 물론 그 최초의 시작은 우리에게 영원히 알려져 있지 않지만, 그럼에도 우리는 그 발전방향을 도구의 발전에 힘입어 상당히 잘 연구하고 어쩌면 사후적 인식을 통해서도 그 전체상을 파악할 수 있을 것이다. 당연히 민족지학(民族誌學)자가 우리에게 제공해줄 수 있는 가장 오래된 언어 유적은 최초의 도구보다는 훨씬 후대일 것이다. 하지만 노동과 언어 사이에 현실적으로 존재하는 연관을 연구 대상으로, 방법의 실마리로 삼으려는 언어 과학은 이러한 도약의 역사적 과정에 대한 우리의 인식을 상당 정도 확장하고 심화할 수 있을 것이다.

이미 상세하게 기술했던 것처럼, 노동은 불가피하게 노동을 수행하는 사람의 본성도 변화시킨다. 이러한 변화과정이 취하는 방향은 목적론적 정립 및 그것의 실천적 실현과 더불어 주어진다. 우리가 지적했듯, 인간의 내적 변화라는 핵심 물음은 인간이 자기 자신에 대한 의식적 지배에 도달하는 데 있다. 목적은 사전에 의식 속에 의식의 물질적 실현으로서 현전하고 있다. 노동의 이 같은 구조는 모든 개별적인 운동에까지 확대되는 것이다. 노동하는 인간은 자신의 모든 노동을 사전에 계획해야 한다. 아울러 그가 노동 속에서 구체적으로 최적의 가능한 것에 도달하고자 한다면, 이러한 계획의 실현을 끊임없이 비판적이며 의식적으로 검증해야 한다. 습관, 본능, 감정 등 의식 영역의 일부에 영향을 미치는, 인간 의식에 대한 이러한 지배는 가장 초보적인 노동의 기본적인 요구이다. 그것은 동물적인 구성과는 질적으로 상이하고 그것과 대립된 완전히 이종적인 관계를 스스로에 대해 요구하기 때문에, 또 이러한 요구는 모든 종류의 노동에 대해서 이루어지기 때문에, 인간이 스스로에 대해 갖는 표상에 결정적으로 각인되어야만 한다.

객관적이며 존재론적으로 볼 때, 우리가 앞서 여러 가지 측면에서 묘사한 인간 의식의 새로운 속성, 즉 더 이상 생물학적 부대 현상이 아니라 새롭게 발생한 사회적 존재의 본질적이고 능동적인 계기를 형성하는 속성이 발생했다. 우리가 보다 여러 가지 면에서 노동에 의한 자연적 한계의 축소를 설명할 경우, 여기서는 의식의 이러한 새로운 기능이 실천의 목적론적 정립으로서 대단히 중요한 역할을 담당한다. 그럼에도 이러한 복합문제들에서 엄밀한 존재론적 비판을 시도하고자 할 경우, 우리는 자연적 한계의 끊임없는 축소가 문제일 뿐 그것을 결코 완전히 제거할 수 없다는 점을 이해해야 할 것이다. 즉 사회의 능동적 구성원, 사회의 변화와 발전의 견인차로서의 인간은 생물학적 의미에서 지양 불가능한 자연존재로 남아 있는 것이다. 생물학적 의미에서 인간의 의식은 —존재론적으로 볼 때 결정적인 기능상의 변화에도 불구하고— 인간 육체의 생물학적 재생산과정과 불가분적으로 결합되어 있다. 그러한 결합 전반의 일반적 사태에서 생명의 생물학적 토대 역시 사회 속에 남아 있다. 모종의 응용적 지식을 통해 이 과정을 연장할 가능성이 많을지라도, 육체의 생명과정에 대한 의식의 궁극적이며 존재론적인 결합이 바뀌지는 않을 것이다.

두 존재영역 간의 관계의 이러한 속성은 존재론적으로 볼 때 구조적 의미에서 새로운 것이 아니다. 생물학적 존재에서도 물리 화학적인 관계나 과정 등이 떼어내기 어려울 정도로 주어져 있다. 이러한 관계나 과정 등이 —유기체가 보다 발전할수록 이러한 상태는 더욱 강화된다— 유기적인 것과 결합되지 않은 순전히 물리 화학적인 과정에게는 불가능한 기능들을 수행하게 할 수 있다. 그렇다고 해서 유기체가 자신을 정상적으로 기능하게 하는 토대와의 불가분적 결합을 지양할 수 있다는 것은 아니다. 따라서 이제 사회적 존재와 생물학적 존재의 관계가 방금 논의된 유기적 존재와 비유기적 존재 사이의 관계와 같지 않다면, 보다 복잡한 상위의 체계와 그것을 '아래로부터' 근거 짓는 것의 존재와 재생산 등 사이의 이러한 결합은 변경 불가능한 하나의 존재론적 사태로 남는다. 그 자체로 볼 경우 이러한 연관은 의심의 여지가 없다. 그럼에도 불구하고 의식의 발전은 이미 일상 생활 속에 통합된 상태에서 존재론적인 '직지향(intentio recta)'[69]을 그릇된 길로 이끌 수 있는, 사회적으로 연관된 정립들을 창출하고 있다. 이렇게 발생한 사회적 존재의 존재론의 이러한 근본 사태로부터의 일탈은, 그것들이 의식의 직접적이고 지양하기 어려운 사태에 기인하는 것처럼 보이기 때문에 통찰하기도 어렵고 극복하기도 어렵다. 우리가 이러한 상황의 복잡성을 통속적으로 단순화하고 싶지 않다면, '~로 보인다'(가상)는 말에 괄호를 치는 것은 바람직하지 않다. 오히려 가상이 여기서는 사회적-인간적 존재의 필연적 현상방식을 표현하고 있음을, 또 그렇기 때문에 그 자체로 고립적으로 고찰될 경우 논박이 불가능한 것임을 끊임없이 염두에 두어야할 것이다. 단순한 현상으로서의 가상의 성격은 구체적 복합체들을 대단히 모순적인 역동성 속에서 분석할 경우에만 드러날 수 있다.

따라서 우리는 대립적으로 보이는 두 개의 사태를 대한다. 첫째는 객관적-존재론적 사태, 즉 의식의 존재와 효력은 생명 유기체의 생물학적 진로와 불가분적으로 결합되어 있다는 것, 모든 개별적인 의식은 자신의 육체와 더불어서만 발생하고 소멸하며, 의식이 주어질 수 있는 다른 방식은 있을 수 없다는 것이다. 둘째로, 육체에 대비해서 노동과정에서 발생하는 의식의 주도적-지도적-규정적 역할. 그렇게 주어진 양자의 관계에서 육체는 의식에서만 시작되고 규정될 수 있는 목적론적 정립들을 위해 봉사하고 실행하는 기관으로 나타난다. 일체의 회의를 넘어서는 사회적 존재의 이러한 근본 사실, 즉 육체에 대한 의식의 지배는 인간의 의식 속에서 일정 정도 불가피하게 다음과 같은 표상을 낳는다. 즉 의식 혹은 그 의식의 실체적 담지자로 생각되는 '영혼'은, 만일 그것이 육체로부터 독립된 실체가 아

---

69) 의식의 자기반성이 아니라 대상을 직접적으로 지향한다는 의미에서 의식적-인식론적이기보다는 존재론적이라는 의미이다. (역주)

니고 의식과 질적으로 상이하게 구성되지 않았다면, 만일 그것이 의식과 대립해서 독립적인 실존을 점유하지 못한다면, 육체를 그 정도로 주도하고 지배할 수 없을 것이다. 이러한 복합문제들을 공정하고 사심 없이 고찰함에 있어서 ―이는 물론 드물게 나타나지만― 명백한 것은 여전히 그렇게 확실한 독립성에 대한 의식이 독립성의 현실적 존재에 대한 증명이 결코 될 수 없다는 점이다. 어떤 존재자가 독립적으로 존재할 수 있는 한 ―이러한 관계는 언제나 상대적이다― 그러한 독립성은 존재론적-발생적으로 추론이 가능해야 한다. 복합체 내부의 독립적 기능이 풍부한 증거가 되는 것은 아니다. 이러한 증거는 ―물론 사회적 존재의 내부에서만 이루어지고, 따라서 여기서는 단지 상대적 증거일 뿐이다― 전체로서의 인간에게 개인으로서, 인격으로서 관련될 뿐, 결코 각기 독립적이고 고립적으로 관찰된 육체나 의식(영혼)과 관련되어서는 안 된다. 사실상 육체와 의식은 객관적-존재론적으로 지양이 불가능한 하나의 통일을 이루고 있으며, 그리하여 육체가 동시적으로 존재하지 않고서는 의식도 존재할 수 없다. 의식이 없이 육체의 존재 상태가 가능한가, 예를 들어 병으로 인해 생물학적 기초가 없는 상태에서 의식은 존재를 소유할 수 없다는 것을 존재론적으로 말해야만 한다. 이것은 육체와 대비된 의식의 독립적-주도적-계획적 역할과 결코 모순되지 않으며, 오히려 육체의 존재론적 토대이다. 그리하여 현상과 본질 사이의 모순이 여기서 대단히 노골적인 형태로 나타난다. 물론 현상과 본질 사이의 그러한 대립이 결코 드물게 나타나는 현상이 아님을 잊어서는 안 된다. 태양과 항성들의 운동에 대해 생각하는 것으로 충분하다. 여기서는 본질과 정면으로 대립된 현상방식이 지구의 거주자에게 너무나 확고하게 현상의 감각적-직접적 반영 속에 주어지기 때문에 코페르니쿠스적 세계관을 명백히 확신하고 있는 지지자들에게서조차 직접적이고 감각적인 일상적 삶에서 태양은 아침에 떠서 저녁에 진다는 것이다.

인간의 의식 속에 존재하는 현상과 본질 간의 이러한 모순이 보다 쉽게, 하지만 서서히 최초의 존재론적 성격을 상실하고, 아울러 모순 자체로서, 즉 현상과 본질 사이의 모순으로서 의식된다면, 이것은 모순이 인간의 외적 삶과 관계되어 있지 인간의 자기 자신에 대한 태도에 곧바로 영향을 줄 필요가 없기 때문이다. 물론 이러한 물음은 종교 존재론이 붕괴되고 존재론적으로 근거 지어진 신앙이 순전히 주관적이며 종교적인 필요로 변형되는 과정에서 일정한 역할을 담당하고 있지만, 우리는 여기서 그 문제를 더 상세하게 언급할 수 없다. 현재 우리에게 흥미로운 물음과 관련해서 볼 때 오히려 모든 인간이 자기 자신의 정신적 상(像)에 대해 일상적이며 중요하게 갖는 관심이 문제이다. 여기에는 다음의 사실이 강하게 덧붙여질 수 있다. 즉 육체로부터 '영혼'의 객관적-존재론적 독립성은 단순히 근거 없는 가정에, 전체과정에 대한 고립적이고 왜곡된 추상적 고찰에 기초해 있지만, 그럼에도 의식의 자립적 행위와 이러한 의식으로부터 시작된 목적론적 정립의 특성, 또 그것의 실행에 대한 의식적 통제 등은 존재론과 사회적 존재의 객관적 사태라는 점이다. 따라서 의식이 육체로부터 자신의 독립성을 존재론적 의미의 절대적 진리로 파악할 때, 항성계에서처럼 현상들을 사유 안에서 직접 고정시키는 데서 오류를 범하는 것이 아니라, 오히려 —존재론적으로 필연적인— 현상방식을 사실 자체(die Sache selbst) 속에서 직접적이고 적절하게 근거 지어진 것으로 고찰하는 데서 오류를 범하는 것이다. 존재론적 의미에서 궁극적으로 통일된 힘들의 복합체가 이처럼 필연적-이원론적으로 현상하는 방식을 극복하는 일이 얼마나 어려운가는 종교들에서만 나타나는 것이 아니라 늘 되풀이해서 철학사에서도 나타난다. 철학을 초월적-신학적 도그마들로부터 순화시키기 위해 진지하고도 성공적으로 노력했던 사상가들조차 이 점과 관련해서는 방향을 잃고 낡은 이원론을 새로운 정식들 속에 유지하고 있다. 이와 관련하여 17세기의 위대한 철학자들을 상기하는 것으로 충분한데, 그들에게서 연장과 사유의 지양 불가능한 이원성에서 이러한 현상방식이 존재론적 의미의 궁극적인 것으로 보존되어 있다.(데카르트) 스피노자의 범신론은 해법을 초월적 무한성 속으로 옮겨놓고 있다. 신, 즉 자연(deus sive natura)의 모호성은 이러한 태도를 극명하게 표현하고 있다. 또한 대부분의 기회원인론은 근본문제에 대한 현실적-존재론적 해결이 없는 상태에서 사유 상의 화해를 제시하려는 시도를 벗어나지 못하고 있다. 존재론적인 '직지향'의 이러한 오류를 일상생활에서, 그리고 또한 철학에서 개괄하기 어려운 사정은 사회적 존재의 전개과정을 통해 더욱 증가하고 있다. 물론 과학으로서의 생물학의 발전은 의식과 존재의 불가분성에 대해, 독립적 실체로서의 '영혼'의 존재 불가능성에 대해 새롭고 보다 나은 논의를 제공해주고 있다.

하지만 여기서는 보다 높은 수준에서 끊임없이 조직되는 사회적 삶의 다른 힘들이 상반된 방향에서 작용하고 있다. 이와 관련해 우리는 삶의 유의미성이라고 정의될 수 있는 문제들의 복합체를 생각한다. 이러한 의미는 인간에 의해, 인간을 위해, 인간 자신과 동일한 존재를 위해 사회적으로 정립된다. 이러한 범주 일반은 자연에서는 등장하지 않으며, 또한 의미의 부정으로서도 등장하지 않는다. 생명, 탄생, 죽음은 자연적 삶의 현상으로서 의미와 무관한 것으로, 의미가 있는 것도 없는 것도 아닌 것으로 파악된다. 인간이 사회 속에서 자신의 삶을 위해 의미를 추구할 때 비로소 그러한 노력이 좌절되면 정반대, 즉 무의미성이 똑같이 정립되는 것이다. 최초의 사회들에서는 이러한 작용방식이 아직은 자발적이며 순수한 사회적 형태로 나타난다. 즉 특정 사회의 가르침에 부응하는 삶은 의미가 있다. 테르모필라(Thermopyla) 전투에서의 스파르타인들의 영웅적 죽음이 그렇다.[70] 사회가 분화되어 인간이 개별적으로 자신의 삶을 유의미한 것으로 형성하거나 혹은 무의미하게 포기할 때, 비로소 이러한 문제가 보편적인 문제로 등장하고, 아울러 육체에 대해서뿐만 아니라 고유의 자발적인 감정들에 대해서도 '영혼'이 독립되었다고 보는 견해가 더욱 심화되는 것이다. 나에게뿐 아니라 다른 사람들에게도 해당되는 삶이라는, 무엇보다 죽음이라는 변경할 수 없는 사실이 의식을 이러한 유의미성으로부터 사회적 신앙의 실재로 만든다. 삶의 유의미화에 대한 추구는 그 자체로 불가피하게 육체와 영혼의 이원론의 심화를 요구한다. 그 점을 이해하기 위해서는 에피쿠로스(Epikur)[71]를 생각하는 것만으로 충분하다. 그럼에도 이러한 심화는 발전의 법칙은 아니다. 여기서 이미 논의된, 자발적으로 외계에 투영된 일상생활의 목적론이 존재론적 체계를 구축하는 데 도움이 되는데, 이 체계 속에서 개인적 삶의 유의미성은 목적론적인 세계구원의 한 부분으로서, 계기로서 현상한다. 여기서 목적론적 사슬의 영광스러운 종말을 형성하는 것이 천국의 지복인지 혹은 지복의 비대상성에로의, 구원에 이르는 비존재에로의 자기해소인지는 이러한 고찰에서는 적절하지가 않다. 중요한 것은 특정한 발전단계에서 시작해 사회적 삶의 극히 중요한 문제에 이르기까지 인격의 유의미한 통합을 보존하려는 열망이 실상은 그러한 필요에서 발전된 거짓 존재론의 하나에서 정신적 지지를 받고 있다는 것이다.

---

70) B. C. 480년경 30만 페르시아 대군에 맞서 그리스로 가는 관문인 테르모필라에서 300명의 스파르타 병사들이 벌인 영웅적 전투. 이 전투에서 그들은 모두 영웅적으로 전사했다. (역주)
71) 에피쿠로스(B. C. 342~B. C. 271)는 에피쿠로스(쾌락주의)학파의 창시자이다. 그는 그리스 사모스섬에서 출생하여 35세에 아테네로 돌아와 "쾌락이 선이다."라고 주장하면서 육체와 마음에 고통이 없는 상태(Ataraxia)를 최고의 선으로 보았다.

우리는 인간적 삶의 기초적인 사태를 존재론적으로 그릇되게 해석하고 있는 그러한 현상들이 그처럼 광범위하고, 상당 정도 매개된 형태로 이어지고 있는 것에 대해 의도적으로 언급했다. 이럴 때 비로소 인간의 인간화 과정에서 얼마나 넓은 영역이 노동을 통해 광범위하게 발생하는가가 분명해진다. 인간의 잔여 부분 전체에 대한 목적정립적 의식의 지배, 무엇보다 그들 자신의 육체에 대한 지배, 또 그렇게 자극된 인간적 의식이 자신의 인격에 대해 거리를 두는 비판적 태도는 그 형태가 끊임없이 변화할지라도 새롭고 늘 차별화된 내용을 갖고 인류의 역사를 관통해서 추구되고 있다. 그러한 지배의 기원은 의심할 여지없이 노동 속에 있다. (그리하여) 노동에 대한 분석은 불가피하게, 그리고 자동적으로 이러한 현상의 집단에 이르는 반면, 여타의 모든 설명의 시도들은 부지불식간에 노동을 통해 발생한 인간의 자기 경험들을 전제하고 있다. 예를 들어, '영혼'의 자립성의 기원을 꿈 체험에서 찾는 것은 오류이다. 몇몇 고등동물들도 꿈을 꾸지만, 그렇다고 해서 그들 의식의 동물적-부대현상적 성격이 자립성을 취할 수 있는 것은 아니다. 꿈 체험의 불가의성은 영혼으로 해석된 동물적 주체가 삶 속에서의 그들의 통상적인 지배와 다소간 일치하지 않는 듯한 방식을 취한다는 점에 있다. 노동경험이 늘어나면서 '영혼'의 자립적 현존이 인간상의 고정점이 될 경우에 비로소, 하지만 오직 그 경우에서만, 꿈 체험은 영혼의 초월적 존재를 사유 상으로 구축하는 데 기여할 수 있을 것이다. 이러한 현상은 이미 주술에서 일어났으며, 그 이후의 종교들에서 적절히 변화되어왔다.

　　하지만 주술에서 추구된, 달리 정복되기 어려운 자연력에 대한 지배뿐 아니라 창조주에 대한 종교적 이해 역시 궁극적으로는 인간 노동이 모델로서 근저에 놓여 있다는 사실을 잊어서는 안 될 것이다. 종종 이러한 문제에 골몰했으면서도 관념적-철학적 세계관의 발생에 좀 더 흥미를 느꼈던 엥겔스는 이 문제를 다음과 같은 사실에서 추론하고자 했다. 즉 이미 상대적으로 낮은 단계에서 (단순한 가족에서) "노동을 계획한 머리는 … 계획된 노동을 다른 사람들의 손을 통해 수행할 수 있다."[72]는 것이다. 이는 확실히 모든 사회에 대해 옳다. 이러한 사회들에서 지배계급은 일찍부터 스스로 노동하는 것을 완벽하게 중단했다. 때문에 이러한 사회들에서 노예에 의해 수행된 육체노동은 그리스의 발전된 도시국가(Polis)에서 보듯 사회적으로 경멸되었다. 하지만 원칙적으로 볼 때 호머의 영웅들의 세계는 육체노동에 대해서 어떠한 경멸도 알고 있지 않다. 그 세계에서 노동과 여가는 아직은 계급적 분업 속에서 상이한 사회적 인간집단들에게 배타적으로 위임되어 있지 않다. "그(호머—저자)와 그의 청중들을 자극하는 것은 만족(여가—역자)에 대한 묘사가 아니다. 오히려 그들은 인간의 행동에서, 즉 일단 획득하면 그것을 준비했다가 더욱 강화시킬 수 있는 인간의 능력(노동—역자)에서 쾌락을 느끼는 것이다. … 노동과 여가에서의 인간적 삶의 분화가 여기 호머의 서사시에서는 아직은 구체적인 연관 속에서 파악되고 있지 않다. 인간은 노동을 한다. 먹기 위해서, 또 몸을 희생하여 신들과 화해를 하기 위해서 노동은 불가피하다. 그가 먹고 희생을 할 때, 자유로운 향유가 시작한다."[73] 앞서 인용한 내용과 관련해서 엥겔스가 이데올로기적 과정이 "이른바 고대 세계의 몰락과 함께 인간의 정신을 지배했다."고 말했을 때, 그는 기독교의 정신주의가 미친 세계관적 영향에 대해 지적했던 것이다. 그럼에도 무엇보다 스스로의 정신주의가 정점에 도달했을지

72) Ebd., S. 700; ebd., S. 450.
73) E. Ch. Welskopf: *Probleme der Muße im alten Hellas*, Berlin, 1962, S. 47.

도 모를 최초의 출발단계에서의 기독교는 육체노동으로부터 사회적으로 해방된 상류계급의 종교가 결코 아니었다. 우리가 객관적으로 유효하지만 존재론적으로는 상대적인, 육체로부터 의식의 독립이 발생하고, 아울러 완전한 —현상적으로는— 자립이 이루어지고 또 그것이 '영혼'으로서의 주체의 체험 속에 반영되는 것은 노동 자체에서라는 것을 강조할지라도, 이로부터 (의식과 육체의) 복합체에 대한 후대의 복잡한 해석들을 직접 추론하고자 하는 것은 우리의 생각을 크게 벗어나는 일일 것이다. 노동과정의 존재론에 기초해서 우리가 주장하는 바는 앞서 기술했던 저 단순한 사태일 뿐이다. 존재론이 각기 다른 발전단계들에서, 각기 다른 계급적 상황에서 전혀 다르게 표현될 경우, 종종 이처럼 특정 내용들에 대한 상반된 차별적 이해가 특정한 사회구성체의 특정 구조로부터 발생하는 것이다. 이는 이처럼 각기 다른 특정 현상들에서의 토대가 모름지기 노동과 더불어, 노동 속에서 객관적이고 필연적으로 발생하는 존재론적 사태일 수도 있다는 사실을 결코 배제하지 않는다.

'영혼'의 독립성은 차안(此岸)에서 경험할 수 있는 것인가 혹은 피안(彼岸)에서 경험할 수 있는가의 물음은 기원으로부터 단순히 추론될 수 있는 것이 아니다. 대부분의 주술적 표상들은 본질적으로 차안적 성격이 강하다는 것이 분명하다. 즉 정상적인 노동을 통해서 기지의 자연력이 정복되는 것처럼, 미지의 자연력은 주술을 통해 지배되어야 하는 것이다. 죽음을 통해 자립화된 '영혼들'의 위험한 영향에 대한 주술적 방어조치는 그 내용이 아무리 환상적이라 할지라도 일반적 구조에서 볼 때는 일상의 목적론적 노동정립들과 완벽하게 대응한다. 또한 지상에서 무참히 깨어져 파편화된 채로 남은 삶의 의미가 구원이나 저주를 통해 채워지는 피안의 요구는 —보편적인 인간적 현상으로서— 그들에게 열려 있는 삶을 결코 차안

이 충족시킬 수 없는 그러한 인간들의 상황으로부터 발생하는 것이다. 막스 베버는 전쟁 영웅들에게 피안은 "괘씸하고 불명예스러운 것"으로 나타난다고 하는 대립적 극단을 올바로 지적했다. "죽음과 인간 운명의 비합리성을 내면화하는 일은 전사들에게는 일상사이다. 차안의 기회와 모험이 영웅들의 삶을 충족시키는 방식은 단순하다. 즉 영웅들은 사악한 마법에 대한 보호 이상을, 신분적 품위에 어울리고 신분적 관습의 일부가 된 제식이나 기껏해야 승리를 기원하는 제사장들의 기도, 혹은 영웅들의 하늘로 들어가는 행운의 죽음과 같은 의례적 행위 이상을 종교에 대해 요구하지 않으며, 또 한다 하더라도 마지못해 그렇게 할 뿐이다."[74] 이러한 사유방식의 올바름을 통찰하기 위해서는 그들 자신의 영혼의 구원보다는 조국의 구원을 훨씬 중요하게 받아들였던 단테의 우베르티(Farinata degli Uberti)[75]나 마키아벨리가 극찬했던 피렌체 사람들(Florentiner)을 생각하는 것으로 충분하다. 사회적 존재에서 실현된 것들 가운데 극히 작은 면일 뿐인 그러한 다양성은 물론 모든 새로운 역사적 형태에서 특별한 설명을 요구한다. 하지만 그렇다고 해서 노동 속에서 그 최초의 보편적이고 지배적이며, 보다 복잡한 것을 정초하는 기본적 기능을 보존하고 있는 의식과 육체의 존재론적 분리가 없다면 이러한 역사적 형태들 가운데 어떤 것도 현실화될 수 없다는 사실이 배제되는 것은 아니다. 따라서 노동 속에서 —오직 노동 속에서만— 뒤로 갈수록 더욱 복잡해지는 사회적 현상들의 존재론적 발생이 모색되고 발견될 수 있는 것이다.

---

74) Max Weber: *Wirtschaft und Gesellschaft*, Tübingen 1921, S. 270. *Studienausgabe*, Köln-Berlin 1964, S. 371.
75) 파리나타 우베르티는 13세기의 피렌체 황제파의 귀족이자 유명한 정치적 지도자로서 1264년에 죽었다. 단테의 「인페르노(Inferno)」에 등장하는 영웅이기도 하다. (역주)

노동이 인간의 인간화에 얼마나 근본적인가는 노동의 존재론적 속성이 전 역사 과정에서 심층적으로 인간을 움직인 삶의 문제들, 즉 자유의 문제에 대해 발생적인 출발점을 형성한다는 사실에서 드러난다. 그 문제를 고찰함에 있어서도 우리는 지금까지와 동일한 방법을 적용해야 할 것이다. 즉 나중의 형태들에 대한 출발점과 지양 불가능한 토대를 형성하는 저 원(原)구조를 보여주는 과정에서 동시에 나중의 사회적 발전과정에서 기계적이고 불가피하게 등장하고, 아울러 핵심 규정들을 결정적으로 변화시키면서 현상들의 본래 구조를 필연적으로 만드는 질적인 차이도 명백히 하는 것이다. 자유에 대한 하나의 —일반적이고 방법론적인— 탐구를 하는 데 특별한 어려움은 그것이 사회발전의 극히 다양하고 다측면적이고 모호한 현상들에 속한다는 사실에 놓여 있다. 우리는 다음과 같이 말할 수 있을 것이다. 즉 고유의 법칙을 따르는 사회적 존재의 모든 개별적이고 상대적인 영역이 자유의 고유한 형식을, 즉 해당 영역의 사회-역사적 발전과 동시적으로 진행되면서, 그와 못지않게 중요한 변화에 속하는 자유의 고유한 형식을 산출한다는 것이다. 법적 의미에서의 자유는 정치와 도덕, 윤리 등의 의미에서의 자유와는 본질적으로 다른 어떤 것을 뜻한다. 자유문제에 대한 적절한 논의는 오직 『윤리학』에서만 발견될 수 있다. 그러한 차별화는, 관념론적 철학이 모든 대가를 치르고서라도 자유에 대한 하나의 통일적-체계적 개념을 모색하면서 종종 발견했다고 생각하기 때문에 이론적으로 특히 중요하다. 또한 여기서는 존재론적 물음을 논리적-인식이론적 방법으로 해결하고자 한, 좀 더 확대된 경향의 혼란스러운 결과들이 드러난다. 그에 따라서 한편으로는 이종적인 존재복합체의 왜곡되고 물신화된 동종화가 발생하고, 다른 한편으로는 앞서 지적했던 것처럼 보다 복잡한 형태들이 보다 단순한 형태들의 모델로 사용됨으로써 전자에 대한 발생적

이해뿐 아니라 후자에 대한 올바른 가치 분석이 방법론적으로 불가능해지는 것이다.

이처럼 불가피한 유보를 염두에 두고서 자유의 존재론적 발생을 노동 속에서 해명하려 한다면, 당연히 노동에서의 목적정립의 선택적 성격으로부터 시작해야 할 것이다. 이러한 선택들에서 이른바 자연에 낯선 자유의 현상들이 최초로 분명한 형태로 나타난다. 의식은 어떤 목적을 정립하고 또 어떻게 그것에 필요한 인과계열들을 실현의 수단으로서 정립된 목적으로 바꿀 것인지를 선택적 방식에서 결정해야 하기 때문에, 자연에서 결코 그 유례를 찾아볼 수 없는 하나의 역동적인 현실복합체가 발생하는 것이다. 자유의 현상은 따라서 그 존재론적 발생에 비추어 오직 여기서만 탐구될 수 있다. 첫 번째 접근에서 말했던 것처럼, 자유는 의식의 결과로서, 의식에 의해 정립된 새로운 존재를 낳는 의식의 활동이다. 이미 여기서 우리의 존재론적-발생론적 이해는 관념론적 이해와 궤를 달리한다. 왜냐하면 첫째로, 우리가 자유를 현실의 의미 있는 계기로 말하고자 한다면 자유의 기초는 서로 다른 구체적 가능성들 사이에서 구체적으로 결정하는 데 있기 때문이다. 선택의 문제를 좀 더 추상화시켜서 그것을 구체적인 것으로부터 완전히 방면시킨다면, 그러한 선택은 현실과의 모든 연관을 상실함으로써 공허한 사변이 될 것이다. 둘째로, 자유는 ―궁극적으로는― 현실에 대한 변화 욕구(이는 물론 특정한 상황하에서 그들에게 주어진 생존의 선택을 내포한다)인데, 여기서 현실은 역시 고도의 추상 속에서조차 변화의 목표로서 보존되어야 할 것이다. 지금까지의 우리의 논의는 매개를 통해 다른 사람이나 혹은 자기 자신의 의식의 변화를 지향하는 결정의 의도 역시 똑같이 동일한 변화를 염두에 두고 있다는 것을 보여주었다. 이렇게 생긴 현실적 목적정립의 둘레 역시 거대하며 또한 커다란 다양성을 포괄하고 있다. 하지만 그럼에도 그것은 각각의 개별적 경우에서 곧바로 결정될 수 있는 한계를 지니고 있다. 따라서 현실 변화를 지향하는 이 같은 의도가 입증이 되지 않는 한, 고려, 계획, 소망 등과 같은 의식의 상태들은 자유의 현실적 문제와 직접 관계하지 않는다.

결정의 외적 혹은 내적 결정성이 어느 정도 자유의 기준으로서 파악될 수 있는가는 복잡한 문제이다. 결정성과 자유의 대립이 추상적이고 논리적으로 파악된다면, 오직 전지전능한 신만이 내적이며 현실적으로 자유로울 것이다. 하지만 다시금 신은 자신의 신학적 본질에 따라 자유의 영역 너머에 존재할 것이라는 점을 생각하지 않을 수 없다. 사회 속에서 살고 사회적으로 행동하는 인간에 대한 규정으로서 자유는 제한이 없다면 결코 존재하지 않는다. 이와 관련해서 우리는 단지 앞서 제시한 설명을 상기하면 된다. 즉 가장 단순한 노동 속에서조차 결단의 확실한 매듭점이 등장한다는 것, 다른 방향이 아니라 이 방향을 취하는 결단이 여기서 "의미의 순간"을 ―여기서 결정의 공간은 극히 제한되어 있으며, 상황에 따라서는 존재할 수도 없다― 낳을 수 있다는 것이다. 심지어 게임에서, 예를 들어 체스 게임에서조차, 말 하나의 움직임만으로도 상황이 벌어질 수 있지만, 이 게임에서는 오직 강제적으로 주어진 상황만이 가능하다. 헤벨(Friedrich Hebbel)[76]은 그의 비극 시 『헤로데스와 마리암네(*Herodes und Mariamne*)』에서 가장 내면적인 인간관계를 대단히 아름답게 표현하고 있다.

76) 프리드리히 헤벨(1813~63)은 독일의 극작가이다. 낭만주의적 비관주의를 극복하기 위해 헤겔의 철학적 입장을 받아들였다. 사실주의의 선구적 작품인 『마리아 막달레나』 등이 있다. (역주)

모든 인간에게 그 순간이 온다네

안내자 별이 그에게 고삐를 안겨주는.

그가 그 순간을 알지 못하는 것,

누구든지 그렇게 놓칠 수 있다는 것,

오직 그것이 안타까울 뿐!

자유를 구체적으로 개념화하는 데 그렇게 중요한, 일련의 결단들 안에서의 매듭 점의 이 같은 객관적 존재를 무시한다면, 이러한 상황에 대한 분석은 여전히 선택들을 선택하는 주체의 결정성에서, 즉 그 결과들에 대해서 혹은 적어도 그 결과들 중의 한 부분에 대한 필연적 무지와 같은 중요한 규정을 보여준다. 이러한 구조는 모든 선택에 어느 정도는 내재해 있다. 그럼에도 그 양적 속성은 선택들 자체에 대해 질적인 반작용을 갖는다. 무엇보다 예기치 않게 등장하고 종종 파국의 위험에 즉각 응답하지 않을 수 없는 등 끊임없이 선택들이 일상생활에서 제시된다는 것을 간파하기란 어렵지 않다. 여기에 선택의 결정이 다수의 구성요소들과 상황들, 그리고 결과들 등에 대한 무지에 빠질 수밖에 없다는, 선택 자체의 본질적 규정이 놓여 있다. 하지만 여기에서도 결정에는 최소한의 자유가 남아 있다. 그럼에도 여기서는 —예외적인 경우로서— 하나의 선택이 문제이지 순전히 기계적 인과성에 의해 결정된 자연적 사건이 문제는 아니다.

이론적으로 중요한 특정한 의미에서 가장 초보적인 노동조차 방금 기술했던 경향들과는 정반대의 내용을 표현하고 있다. "의미의 순간"이 노동과정에서도 출현할 수 있다는 사실이 그러한 대립의 근본을 변경시키는 것은 아니다. 왜냐하면 모든 노동정립은 사유 속에 구체적이고 특정하게 파악된 자신의 목적을 지니고 있기 때문이다. 그러한 목적이 없다고 한다면 노동은 가능하지 않다. 이에 반해 앞서 기술된 유형의 일상생활의 선택들은 종종 대단히 모호한 목적정립들을 지니고 있다. 물론 우리는 늘 그렇듯 여기서도 노동을 단순한 사용가치의 산출로 가정한다. 그 결과, 선택들을 인간과 자연의 물질대사의 하나로 정립하는 주체는 단순히 자신의 욕구에 의해, 대상의 자연적 규정성에 대한 자신의 인식에 의해 규정된다. 말하자면 사회의 사회적 구조로 인해 특정 유형의 노동을 수행할 수 없음을 나타내는 범주들이나(예를 들어 노예노동), 노동의 수행에 저항하면서 발생하는 사회적 성격의 선택들이(예를 들어 고도로 발달된 사회적 생산에서의 사보타주) 이 단계에서는 아직 출현하지 않는 것이다. 여기서는 무엇보다 소재와 진행과정에 대한 적절하고 객관적인 인식만이 실현의 성공적 과정에 부합된다. 이른바 주체의 내면적 동기는 여기서는 전혀 문제시되지 않는다. 그렇기 때문에 자유의 내용은 보다 복잡한 형식들의 내용과는 본질적으로 구별된다. 우리는 그것을 기껏해야 다음과 같이 대략적으로 설명할 수 있을 것이다. 즉 매 순간 고려된 자연 연관에 대해 주체가 도달한 인식이 적절할수록, 소재에서의 그의 운동의 자유도 그만큼 커질 것이다. 달리 표현하면, 특정 순간에 작동하는 인과사슬들에 대한 적절한 인식이 클수록, 그것을 정립된 목적으로 보다 적절하게 변형할 수 있으며, 그것들에 대한 주체의 지배도, 즉 여기서 도달된 주체의 자유도 보다 확실해질 것이다.

이로부터 모든 선택 결정은 사회적 복합체의 핵심을 형성하며, 그 역동적인 요소들 아래에서 결정성과 자유의 모습이 드러난다는 것이 분명해진다. 욕구충족의 방식과 수단이 더 이상 자연발생적이며 생물학적인 인과사슬들의 결과가 아니라, 오히려 의식적으로 결정하고 실행한 행위들의 결과라는 점에서, 존재론적으로 새로운 것이 사회적 존재로 등장하는 바의 목적정립은 창발적 자유의 행위인 것이다. 그럼에도 동시에, 또 그것과 불가분적으로 이러한 자유의 행위는 직접적으로 욕구 자체에 의해 —사회적 관계들, 그러한 관계들의 종류와 질 등에 의해 매개된— 한정된다. 이러한 이중성, 동시 존재, 결정성과 자유의 상호관계 역시 목적을 실현하는 과정에서 확인될 수가 있다. 즉 그 모든 수단은 본래 자연적으로 주어진 것이다. 우리가 살펴보았듯, 그것들의 대상성이 선택들의 사슬로부터 발생하는 노동과정 전체의 활동을 한정 짓는 것이다. 결국 노동과정을 수행하는 인간은 자신의 현상태(Geradesosein)에서 지금까지의 발전의 산물로서 주어진다. 설령 노동이 인간을 그렇게 변화시킨다고 할지라도, 이러한 타자화 역시 노동을 시작할 때 이미 상호 규정하는 계기들로서, 부분적으로는 자연적이고 부분적으로는 사회적으로 형성된 능력들에 기초해서, 아리스토텔레스의 잠재태(Dynamis)의 의미에서의 가능성으로서 인간의 노동 수행과정에서 현존했던 능력들에 기초해서 이루어지는 것이다. 모든 선택은 그 존재론적 본질에 비추어볼 때 구체적이며, 일반적인 선택이나 선택 일반은 오직 논리적-인식론적 추상과정의 정신적 산물로서만 생각될 수 있다고 한 앞서 우리의 주장은, 선택 속에서 표현되는 자유는 그 존재론적 본질에 비추어볼 때 똑같이 구체적이어서 추상적-일반적일 수 없다는 의미로 이해될 때 분명해지는 것이다. 그것(선택)은 구체적인 사회적 복합체 내부에서 이루어지는 결정들의 특정한 역장(力場)을 나타내는데, 여기서는 자연적인 대상과 힘뿐 아니라 사회적인 대상과 힘도 이 복합체들과 동시에 작용하는 것이다. 따라서 오직 이러한 구체적 총체성만이 존재론적 진리를 소유할 수 있는 것이다. 총체성 내의 사회적 계기들이 발전과정에서 상대적이며 절대적인 의미에서 지속적으로 증가한다는 사실이 이 같은 근본 소여를 변화시킬 수 없다. 여기서 생각되는 바의 노동에서는 더욱 그렇다. 자연적 한계의 축소가 아무리 클지라도 자연 지배의 계기는 결정적인 것으로 남아 있어야 한다. 자유가 노동의 선택들에서 힘을 발휘하는 한, 소재상의 자유로운 운동은[77] 자유를 위해 중요한 계기이고 또 그렇게 남아야 한다.

하지만 노동이 토대로서 간주된 저 원초적 상태를 이미 오래전에 떠났다고 할지라도 자유 자체의 이러한 현상방식이 형식적일 뿐 아니라 내용적으로도 유지된다는 점이 간과되어서는 안 된다. 우리는 무엇보다 대단히 일반화된 노동의 경험들로부터 과학(수학, 기하학 등)이 발생하는 것을 생각해볼 수 있다. 물론 이와 관련해서는 개별 노동의 구체적 목적정립과의 직접적 결합이 완화되어 있다. 하지만 아마도 노동에서 상당히 매개된 적용이 이 노동에서의 궁극적인 검증으로 남는다 할지라도, 훨씬 일반화된 방식에서 궁극적인 의도, 실제적인 연관들을 정립된 것으로, 목적론적인 정립들 속에서 적용 가능한 것으로 전환시킬지라도, 결코 혁명적인 변화는 경험할 수 없으며, 따라서 노동에서 두드러진 자유의 현상 형식이나 소재상의 자유로운 운동 어느 것도 결코 근본적인 변화를 감내할 수 없는 것이다. 심지어 예술작품의 생산 영역에서도 상황은 비슷한데, 그럼에도 여기서는 노동 자체와의 직접적 결합이 상대적으로 드물게 나타난다.(산종[散種], 추수, 사냥, 전쟁 등 생활에 중요한 설비들을 춤, 건축 등으로 변환하는 것) 여기서 다양한 복합 현상들이 발생하는데, 이 점에 관해서는 우리가 나중에 다루게 될 것이다. 그 근거는 다음의 두 가지이다. 한편으로, 노동 자체에서의 직접적인 실현이 여기서는 대단히 많고, 다양하며, 종종 극히 이종적인 매개들에 종속되어 있다. 다른 한편으로는, 소재상의 자유로운 운동이 자유의 형상으로 나타나는 바의 소재는 더 이상 단순한 자연이 아니라,

---

77) 소재 혹은 질료의 제약 혹은 구속으로부터 자유로워지는 것을 말한다. (역주)

이미 여러 가지 면에서 사회와 자연의 물질대사이거나 심지어는 사회적 존재 자체의 과정이다. 현실적으로 확장된 포괄적 이론은 이러한 복합적 현상을 당연히 고려하지 않을 수 없는데, 윤리학에서 우리는 다시금 이것을 세밀하게 분석할 것이다. 이와 관련해서는 자유의 근본 형식이 여기에 보존되어 있다는 확인과 관련해 이러한 가능성을 시사하는 것만으로 충분할 것이다.

우리는 복합체 속에서 결정성과 자유 사이의 불가분적인 상호관계가 지배하고 있다는 것을 보았기 때문에, 이러한 물음에 관한 철학적 논의가 필연성과 자유 사이의 대립으로부터 시작해야 한다는 점에 대해 놀라지 않는다. 이렇게 정식화된 대립은 두 가지 측면에서 문제가 된다. 첫째, 대부분 논리적-인식론적으로 지향된 의식 철학, 무엇보다 결정성을 단순히 필연성과 동일시함으로써 합리적 일반화와 긴장을 담고 있는 관념론적 철학은 "~하면 ~하다."는 존재론적 의미에서의 대립의 참다운 성격을 도외시하고 있다. 둘째, 이러한 대립은 마르크스 이전 철학의 상당 부분에서, 특히 관념론적 철학에서 지배적 경향을 띠고 나타난다. 주지하듯, 관념론적 철학은 목적 개념을 존재론적으로 부당하게 자연과 역사에까지 확장함으로써, 자유의 문제를 그 고유의 참다운 형태에서 파악하는 데 특별한 어려움을 안고 있다. 이를 위해서는 유기적이고 비유기적인 자연 전체에 비해서 근본적으로 새롭게 인간의 인간화 과정에서의 질적 도약을 올바로 개념화할 필요가 있다. 물론 관념론적 철학도 필연과 자유의 대립을 통해 이 새로운 것을 강조하고는 있다. 하지만 관념론적 철학은 자연 속에 목적론을, 자유의 존재론적 전제를 투영함으로써 그 새로운 것을 퇴색시킬 뿐만 아니라, 존재론적-구조적 대립으로 인해 자연과 자연 범주들의 궁핍을 초래하기도 한다. 자유와 필연의 관계에 대해 지극한 영향력을 발휘하고 있는 헤겔의 유명한 규정은 다음과 같이 적고 있다. "필연성이 개념화되지 않는 한 그것은 맹목적일 뿐이다."[78]

헤겔이 여기서 문제의 본질적 측면을 파악했다는 점에 대해서는 의문의 여지가 없다. 즉 즉자적으로 존재하는 자연발생적 인과성에 대한 올바른 반영이자 올바른 파악의 역할이 그것이다. 하지만 '맹목적'이라는 표현은 우리가 앞서 언급했던 관념론적 이해의 성향을 보여주고 있다. 왜냐하면 '맹목(blind)'이란 말은 봄(Sehen)에 대한 대립으로서만 현실적 의미를 지니기 때문이다. 존재론적 본질상 결코 의식되지 않은, 결코 보일 수 없는 하나의 대상, 하나의 과정 등은 (지극히 부정확하고 은유적인 의미에서) 맹목적이 아니다. 그것은 눈(目)과 먼눈(盲目) 사이의 대립에 훨씬 못 미치고 있다. 존재론적으로 볼 때 헤겔이 여기서 생각했던 것, 즉 그 법칙성(필연성)을 우리가 올바로 파악했던 하나의 인과적 과정은 헤겔이 맹목성이라는 표현으로 나타내려고 한 지배 불가능성의 의미를 우리에게 전달할 수 없다는 점에서 옳다. 그럼에도 그 자체로 볼 때 자연적인 과정 자체에서는 아무것도 변화하지 않는다. 그 과정은 이제 오로지 우리에 의해 정립된 것으로 변화될 수 있으며, 이러한 —오직 이러한— 의미에서 '맹목적'으로 작용하지 않는 것이다. 엥겔스조차 이 문제를 다룸에 있어 동물의 부자유에 대해 언급했다는 사실은 여기서 문제시되는 것이 단순히 시각적 표현만이 아님을 —그 경우 모든 논쟁적 언급은 불필요할 것이다— 보여준다. 다시 말해, 부자유란 자신의 자유를 상실했거나 혹은 아직 자유에 도달하지 못한 상태일 뿐이다. 동물은 부자유한 것이 아니라 자유와 부자유의 대립에 도저히 미치지 못한 것이다. 하지만 여전히 본질적인 관점에서 볼 때 필연성

---

78) *Enzyklopädie*, § 147, Zusatz; HWA, 8, S. 290.

에 관한 헤겔의 규정은 다소 왜곡되어 있고 오류에 빠져 있다. 이는 전체 우주에 대한 그의 논리적-목적론적 파악과 관련되어 있다. 다시 말해 그는 상호작용에 대한 분석을 다음과 같이 파악하고 있다. "이러한 **필연성의 진리**는 따라서 **자유**이다."[79] 우리는 헤겔의 체계와 방법에 대한 비판적 서술을 통해 하나의 범주는 다른 범주의 진리일 수도 있다는 표현이 범주들의 연속에 관한 논리적 구조에 해당된다는 것, 다시 말해 실체가 주체로 변화하는 과정에서의, 주-객 동일로 가는 도상에서의 범주들의 위치라는 것을 살펴보았다.

형이상학적 차원으로의 이러한 추상적 고양을 통해 필연성과 자유, 그리고 무엇보다 그것들 상호 간의 자유는 헤겔이 그것들에 부여하려고 했고, 또 앞서 보았던 것처럼 그가 노동 자체에 대한 분석에서 여러 가지로 언급했던 구체적 의미를 상실한다. 이러한 일반화에서 동일성의 환상이 발생하는 반면, 본래적인 필연성과 자유는 그 개념들에 대한 비본래적인 표상으로 추락하는 것이다. 헤겔은 그것들의 관계를 다음과 같이 총괄하고 있다. "자유와 … 필연성은 상호 추상적으로 대립할 때는 오직 유한성에만 속하며, 그 유한성의 영역에서만 효력이 있다. 필연성을 자기 안에 지니지 못하는 자유와 자유가 없는 단순한 필연성. 이것은 추상적이며, 따라서 거짓 규정들이다. 자유는 본질적으로 구체적이며, 영원히 자기 스스로 규정하고, 따라서 동시에 필연적이다. 필연성에 대해 언급할 때, 우리는 무엇보다 외부로부터의 결정성으로만 이해하곤 한다. 예를 들어, 유한한 역학에서 하나의 물체는 다른 물체와 충돌할 경우에만 운동하며, 다른 물체에 의해 그 물체에 가해지는 방향으로 운동한다. 그럼에도, 이것은 참으로 내적

79) Ebd., § 158; HWA 8, S. 303.

인 필연성이 아니라 단지 외적인 필연성일 뿐이다. 자유란 내적 필연성이다."[80] 무엇보다 지금 우리는 '맹목적'이라는 표현이 필연성에 대해 얼마나 오류인지를 보고 있다. 그 표현이 현실적인 의미를 가져야 할 곳에서, 헤겔은 "단순한 외적 필연성"을 보고 있다. 그럼에도 이러한 필연성은 그것이 인식된다고 해서 그 본질이 변화되지는 않는다. 우리가 살펴보았던 것처럼, 그것은 그대로 남아 있으며, ―노동과정에서― 인식될 때 훨씬 '맹목적'이다. 그것이 구체적이며 목적론적인 정립의 실현을 위해 인식될 때만, 다시 말해 정립된 필연성으로 변화될 경우에만, 필연성은 그 기능을 주어진 목적론적 연관 속에서 수행하는 것이다.(바람은 그것이 풍차나 항해하는 배에서 정립된 운동을 수행하는 데 도움을 줄 때 더 이상 맹목적이지 않다.) 그러나 헤겔이 자유와의 동일성 속에서 필연성의 본래적 의미로 나타냈던 것은 우주적인 신비로 남아 있다.

엥겔스가 『반-듀링론』에서 헤겔의 유명한 정의를 다시 언급했을 때, 그는 논박에 대해 일말의 고민할 필요도 느끼지 않고 그런 식의 모든 구성을 물리쳤다. 그의 이해는 엄밀하고도 명백하게 노동을 지향하고 있다. 그는 헤겔의 언명에 대해 다음과 같이 논평했다. "자유란 자연법칙으로부터의 독립을 꿈꾸는 데 있는 것이 아니라 이러한 법칙을 인식하고, 아울러 이 법칙이 특정한 목적에 계획적으로 작동하도록 하는 가능성에 있다. 이는 외부 자연의 법칙과의 관계뿐 아니라, 인간 자신의 육체적 및 정신적 현존을 규율하는 것과의 관계에 대해서도 들어맞는다. … 그러므로 의지의 자유는 사태에 대한 인식과 더불어 결정할 수 있는 능력에 다름 아니라고 일컬

---

80) Ebd., § 35; Zusatz; 8, S. 102 f.

어지는 것이다."[81] 이로써 헤겔의 서술은 현실적으로 "발로 서게" 된다. 그럼에도 엥겔스가 여기서 헤겔의 정식화들을 따라 이러한 일반성 속에서 다소 모호해진 결정성이라는 일반적 개념을 철학사적 전통에 따라 주어진 엄밀한 필연성의 개념으로 대체했다고 해서 존재론적인 사태가 현실적으로 해명되었는지 여부에는 의문이 남는다. 우리는 자유와 필연성 사이의 전통적 대립이 여기에 놓인 문제를 전체 범위에서 포괄할 수는 없다고 믿는다. 우리가 확실히 관념론과 신학에서뿐 아니라 이들 모두에 대한 낡은 유물론적 대립에서도 상당한 역할을 담당하는, 이른바 필연성 개념에 대한 논리적 과장을 무시한다면, 다른 양상 범주들을 존재론적으로 완벽하게 무시할 수 있는 근거는 전혀 없다. 노동과 그것을 구성하는 목적론적으로 정립된 과정은 현실을 지향하고 있다. 실현은 현실 자체와의 투쟁 속에서 현실적 인간이 노동 속에서 수행하는 현실적 성과일 뿐만 아니라, 자연과정의 대상들의 단순한 타자화와는 반대로 존재론적 의미에서 사회적 존재에서 이루어지는 새로운 것이기도 하다. 노동에서 현실적 인간은 그의 노동과 연관된 전체 현실과 대면하고 있다. 이러한 맥락에서 우리는 현실(성)을 단순히 양상 범주들의 하나가 아니라 그것들의 현실적 총체성의 존재론적 총괄로 이해하지 않으면 안 될 것이다. 이 경우 ('~하면 ~한다.'는 연관으로서, 현재의 구체적 법칙성으로서 파악된) 필연성은 문제가 되는 현실복합체 가운데 극히 중요한 하나의 요소일 뿐이다. 그럼에도 —여기서는 노동이 주어진 경우에서 그 목적정립을 위해 이용하고자 하는 물질들, 과정들, 상황들 등의 현실로서 파악된— 현실성은 필연성을 통해 규정된 연관 등으로서는 아직은 완벽하게 그 의미가 드러나지 않는다.

---

81) *Herrn Eugen Dührings Umwälzung der Wissenschaft*, S. 118; MEW 20, S. 106.

이러한 맥락에서 우리는 단순히 가능성에 대해 생각한다. 노동은, 인간이 자신의 목적정립을 위해 대상의 특정 속성들의 적합성을 인식할 것을 전제하고 있다. 이러한 속성들은 명백히 객관적으로 현존할 것이다. 그것들은 상응하는 대상들의 존재에 속한다. 그럼에도 그것들은 대개는 이러한 자연적 존재 속에 잠복해 있는 단순한 가능성들이다.(우리가 이미 앞에서 속성과 가능성 간의 존재론적 공속성에 대해 지적했다는 사실을 상기하자.) 특정하게 절단된 돌이 칼이나 도끼 등으로 이용될 수 있는 것은 특정한 돌의 객관적으로 존재하는 속성이다. 이렇게 존재하는 자연존재의 가능성을 현실성으로 전화시키지 못한다면, 모든 노동은 성과 없는 것으로 판정을 받고, 불가능한 것이 되고 말 것이다. 하지만 이 맥락에서는 어떠한 종류의 필연성도 인식되지 못하고, 오직 잠재적인 가능성만 인식되고 있을 뿐이다. 맹목적 필연성은 여기서 결코 의식적 필연성이 되지 못하고, 오히려 잠재적인 것으로 남을 뿐이다. 노동과정이 없다면 영원히 잠재적인 것으로 남아 있을 이러한 가능성은 노동을 통해 의식적으로 현실성의 영역으로 고양되는 것이다. 하지만 그것은 노동과정에서 가능성의 한 측면일 뿐이다. 노동을 현실적으로 이해하고 있는 모든 이들에 의해 강조된, 노동하는 주체의 변형의 계기를 존재론적으로 본다면 그 본질은 인간에게 다만 가능성으로서 잠들어 있었던 가능성을 체계적으로 일깨우는 작업이다. 노동에서 사용된 동작들이나 조작 방식들 가운데 노동과정을 시작하기 전에 알았거나 실행했던 것은 아마도 거의 없을 것이다. 오직 노동을 통해서만 그것들은 단순한 가능성으로부터 지속적인 발전과정에서 언제나 새로운 가능성을 현실성으로 전화시킬 수 있는 능력으로 고양되는 것이다.

마지막으로 긍정적인 의미에서뿐 아니라 부정적인 의미에서도 우연의 역할이 간과되어서는 안 된다. 존재론적으로 제약된 자연존재의 이종성에 따르면 모든 활동은 끊임없이 우연들의 영향을 받고 있다. 목적론적 정립이 성공적으로 실현되어야 한다면, 노동자 역시 끊임없이 이 점을 고려해야 한다. 이러한 일은, 노동자가 원치 않는 우연의 가능한 결과들을 제거하고 조정하고 무해하게 만드는 일에 주력함으로써 소극적으로 행해질 수 있다. 하지만 그것은 적극적 의미에서도 일어날 수 있는데, 우연적인 배열이 노동의 생산성을 제고할 수 있는 경우에 그렇다. 훨씬 높은 단계의 현실에 대한 학문적 관리에서조차 우연으로 인해 중요한 발견에 이른 경우가 알려져 있다. 심지어 —우연적으로— 원치 않는 상황이 출발점을 훨씬 뛰어넘는 업적을 낳을 수 있을 것이다. 여기서 우리는 —얼핏— 상당히 거리가 먼 예를 들 수도 있겠다. 슈탄쩨(Stanze)로 불리는, 라파엘(Raffael)이 그린 프레스코 벽화는 언제나 그 형태나 양식이 그림 구성에 별로 어울리지 않는 창문을 갖고 있다. 그 근거는 우연적이다. 왜냐하면 이 방은 프레스코를 기획하기 훨씬 전에 그곳에 있었기 때문이다. 라파엘은 「파르나스(Parnaß)」에서, 그리고 「베드로의 해방」에서 원치 않는 이 같은 우연적 상황을 지극히 독창적이고 대단히 설득력 있고 독특한 공간 설비로 활용할 수 있었다. 비슷한 문제가 단순노동에서도, 특히 사냥과 항해 등과 같이 대단히 이종적으로 규정된 상황하에서 수행될 경우 늘 다시금 등장한다는 것은 우리가 보기에도 분명하다. 따라서 우리는 자유를 인식된 필연성으로 보는 전통적 규정도 그렇게 파악되어야 한다고 믿는다. 다시 말해, 소재상의 자유로운 운동은 —우리는 잠정적으로 노동에 대해서만 이야기한다— 매 순간 문제되는 현실이 그 모든 양상 범주의 형식 속에서 올바로 인식되고 또 실천으로 올바로 변형될 경우에만 가능하다는 것이다.

우리가 노동의 현상과 그 속에서 드러난 노동과 자유의 관계를 존재론적으로 적절하게 사유 속에서 파악하려 할 경우, 주어진 경우에서 엥겔스의 규정들을 이처럼 확장한 것은 불가피한 일이다. 동시에 그것은 헤겔적 관념론을 완벽하게 극복할 수 있는 방법론을 시사해주기도 한다. 엥겔스는 헤겔적 정의에서 직접적으로 드러나는 관념론적 요소들을 비판적으로 분명하게 인식했으며, 아울러 그것을 현실적이고 유물론적으로 '발로 세웠다'. 그럼에도 비판적인 전도는 오직 간접적으로만 일어나는 것이다. 헤겔이 그의 체계에 따라 필연성의 범주에 논리적으로 과장된 의미를 부여했다는 것, 그로 인해 헤겔은 범주적으로 선호된 현실성 자체의 특별한 고유성을 지각하지 못하고, 그 결과 자유가 현실의 총체적 양상에 대해 맺고 있는 관계를 탐구하는 데 실패했다는 점을 엥겔스는 놓치고 있다. 하지만 헤겔의 변증법에서 유물 변증법에 이르는, 유일하게 확실한 길 ─마르크스의 철학적 실천이자 많은 경우 엥겔스의 것이기도 했던─ 은 모름지기 그 근저에 놓여 있는 사태와 얽혀 있는 모든 변증법적 상호작용을 사심 없는 존재론적 비판을 통해 탐구하는 데 있기 때문에, 그처럼 중요하고 대중적이고 영향력 있는 자리에서 (엥겔스가─역자) 행한 헤겔 철학과 관념론 일반에 대한 단순한 '유물론적 전도'가 적절하지 못했다는 사실은 분명하게 지적되어야 할 것이다.

이러한 방법론적 결함과는 무관하게 엥겔스는 여기서 노동 그 자체에서 드러나는 자유의 특성을, 즉 우리가 '소재상의 자유로운 운동'이라고 불렀던 것을 분명하고 정확하게 인식했다. 그는 이 점에 대해 다음과 같이 말했다. "의지의 자유는 그러므로 사태 인식에 기초해서 결정할 수 있는 능력에 다름 아니다." 이러한 규정은 엥겔스가 그것을 적었던 시대에는 이 단계의 자유에 충분한 것처럼 보인다. 그것이 발생한 시대 상황은 여기에 존재하는 문제의식, 즉 노동을 통해 획득된 통찰이 고도로 발전할 수 있는 가능성에서, 세계를 포괄하는 참다운 과학과 단순한 기술적 조작으로 갈라지는 현상이 왜 엥겔스의 이해를 넘어섰는가를 설명해준다. 우리가 앞서 지적했던 것처럼, 이러한 방법상의 결별은 노동을 통해 획득된 자연 인식 속에 처음부터 담겨 있다. 그럼에도 그것은 르네상스와 19세기의 과학적 사유의 발흥 사이의 기간에는 사라진 것처럼 보인다. 물론 이러한 이중적 경향은 언제나 그 자체로 현존해 있다. 자연과정의 합법칙성에 대한 원시인들의 협애한 일반적 인식에서는 자연 인식의 의도들은 직접적으로 인식 가능한 것들이라는 조그마한 섬에 집중되고 제한되어 있다는 것이 무엇보다 분명하다. 따라서 노동이 발달하고 과학들이 시작될 때조차, 보다 광범위한 일반화는 그 당시에 가능한 —주술적, 나중에는 종교적인— 존재론적 표상들을 채용하지 않을 수 없었다. 이로부터 노동 자체 속에 제한되어 있기는 해도 종종 고도로 발전된 구체적 합리성 사이에, 또한 (개별) 인식을 세계 인식으로 확장하고 적용하는 것과 현실 자체에서 발견 가능한 일반화들에 대한 지향 사이에 뿌리 뽑기 어려워 보이는 이원성이 발생하는 것이다. 이 점에 대해서는 고도로 발전된 수학적 연산들, 상대적으로 정확한 천문학적 관찰들이 얼마나 천문학의 작업에 기여하는지를 생각하는 것으로도 충분하다. 이러한 이원성은 그 결정적 위기를 코페르니쿠스와 케플러, 그리고 갈릴레이 시대에 경험했다. 우리는 이미 이 시대에 과학에 대한 의식적이며 '과학적인' 조작의 이론이 인식된 사태, 법칙 등의 실제 조작에 원칙적으로 한정되어 나타난 바를 추기경 벨라르민과 관련해서 언급했었다. 결국 오래전에 —여전히 엥겔스가 집필하던 시대에도— 이러한 탐구는 좌초할 수밖에 없는 것처럼 보였다. 즉 근대 자연과학의 발전과 과학적 세계관으로의 일반화는 저항할 수 없는 것처럼 보였다.

20세기 초에 이르러서야 비로소 반대 운동이 다시금 세력을 얻었다. 우리가 이미 지적했던 것처럼 유명한 실증주의자 뒤엠(Duhem)이 벨라르민의 해석과 연루되었고, 또 그를 과학적 정신에 부응하는 갈릴레이의 입장에 대립하는 희생물로 간주했다는 것은 결코 우연이 아니다. 신실증주의에서 이러한 경향의 완전한 전개를 우리는 1장에서 상세하게 서술했으므로, 여기서 더는 개별 문제들로 돌아갈 필요가 없을 것이다. 우리가 현재 직면해 있는 문제의 관점에서 볼 때 이로부터 다음과 같은 이율배반적인 상황이 발생한다. 즉 보다 원시적인 단계에서는 노동과 지식의 미성숙이 존재에 대한 진정한 존재론적 탐구에 장애가 되었던 반면, 오늘날에는 끝없이 확대되는 자연에 대한 지배가 지식의 존재론적 일반화 앞에 스스로 설정한 한계에 도달했다는 것, 이러한 지식은 환상에 반대하는 것이 아니라 그 자신의 실용적 보편성의 기초에 스스로 축소되는 것에 반대하는 것이다. 여기서 새로운 형태로 등장하는, 존재의 인식과 그것의 단순한 조작 간의 대립의 결정적 동기를 우리는 뒤에 가서 상세히 다룰 수 있을 것이다. 우리는 여기서 사실관계를 확정하는 것으로 만족하지 않을 수 없다. 말하자면 조작은 물질적으로는 생산력의 발달에, 이념적으로는 종교적 욕구의 새로운 형태들에 그 뿌리를 두고 있다. 아울러 이러한 조작은 한낱 현실 존재론의 거부에 한정되는 것이 아니라, 실제로 순수 과학의 발전과 배치되기도 하는 것이다. 미국의 사회학자 W. H. 와이트(Whyte)는 그의 저서 『조직인(The Organization Man)』에서 과학 탐구, 계획, 팀워크 등 조직의 새로운 형태는 그 본질에 비추어볼 때 기술에 놓여 있으며, 이러한 형태는 이미 과학의 독립적이며 생산적인 탐구를 저해하고 있음을 지적했다.[82] 덧붙여 우리는 이미 1920년대에 싱클레어 루이스(Sinclair Lewis)가 그의 소설 『마틴

---

82) W. H. Whyte: *The Organization Man*, Penguin Books, London, S. 190 ff.

애로스미스(*Martin Arrowsmith*)』에서 이러한 위험에 대해 분명한 신호를 보냈다는 사실을 언급하고자 한다. 여기서는 그러한 위험의 시급성이 이 단계에서 자유를 "사실인식을 통해 결정할 수 있는 능력"으로 규정한 엥겔스식의 정의를 지극히 문제 있는 것으로 만들고 있다는 점을 지적하지 않을 수 없다. 왜냐하면 ―주술 등과는 다르게― 인식에서의 조작에서는 결코 사실 인식이 중요한 것이 아니기 때문이다. 문제는 오히려 사실 인식이 무엇을 지향하고 있느냐로 구체화된다. 말하자면 사실에 대한 인식만이 아니라 이러한 의도의 목적이 여기서 실질적인 기준을 제공할 수 있으며, 게다가 그 기준도 현실 자체와의 관계에서 모색하는 것이다. 그처럼 단단하게 뿌리를 내린 상태에서 노골적으로 실용성을 지향하면서도 논리적인 이러한 태도는 존재론적 의미에서 본다면 막다른 골목으로 빠져드는 것이다.

우리는 이미 앞에서 목적론적 정립이 오로지 자연 대상들의 변형을, 자연과정들의 활용만을 지향하기보다는 오히려 인간들로 하여금 그런 식으로 규정된 정립들을 수행하게끔 하는 유인책이 되는 순간, 노동의 원초적 구조가 본질적으로 변화되지 않을 수 없다는 점을 지적한 바 있다. 인간에게서 인간 고유의 행동방식이, 인간 고유의 내면성이 목적론적 정립의 대상이 되어야 한다는 것으로 발전이 진행될 경우, 이러한 변화는 질적으로 훨씬 중요하다. 이러한 목적론적 정립이 점진적으로, 평탄치 않게, 모순적으로 삶 속으로 들어올 수 있었던 것은 사회발전의 성과이다. 따라서 새로운 형태들은 단순히 원초적 형태들로부터, 지적 추론을 매개로 복잡한 것을 단순한 것으로부터 획득될 수는 없을 것이다. 그러한 형태들의 특수하고 구체적인 현상방식만이 사회-역사적으로 제약될 뿐 아니라, 그것들의 일반적 형태, 그것들의 본질도 사회발전의 특정한 발전단계에 구속되어 있다. 따라서 우리가 그것들의 합법칙성을 적어도 그 가장 일반적인 측면에서 인식하기 전에는 ―우리는 다음 장의 재생산의 문제에서 이 문제를 개략적으로 탐구할 것이다― 그것들의 존재양식, 개별 단계들 상호 간의 연관과 대립, 개별복합체들 간의 모순 등에 대해서 딱 부러지게 아무것도 말할 수 없다. 그것들을 적절히 다루는 일도 마찬가지로 『윤리학』에 속한다. 여기서는 단순히 ―지금까지 지적했던 유보적인 태도로― 모든 구조 복합체에서, 목적론적 정립의 대상에서, 목적과 수단에서의 모든 질적 대립에서 중요한 규정들은 노동과정으로부터 발생적으로 생겨난다는 것, 대립으로 전화될 수 있는 차이를 아무리 강조해도 이러한 규정들 역시 자유문제에서 사회적 실천을 위한 모델이 될 수 있다는 것을 지적할 수 있을 뿐이다.

목적론적 정립에서의 실현 대상과 수단은 언제나 보다 사회적이 됨으로써 결정적인 차이가 발생한다. 주지하듯 이것은, 자연적인 토대가 사라지게 되리라는 것을, 우리가 여기서 상정한 바의 노동을 특징짓는 배타적인 자연 지향성이 대상과 뒤섞여 사회적 성격이 더 강화된 의도에 의해 대체되었음을 의미하는 것이 아니다. 자연이 이러한 정립에서 계기로 전락한다 할지라도, 그러한 자연과 반대로 노동 속에서 필연성을 띠게 된 태도는 보존되어야 한다. 그럼에도 그것에 대해 두 번째 계기가 등장한다. 사회적 과정, 상황 등은 결국에는 사람들의 선택적 결정에 의해 해결될 것이다. 하지만 이러한 결정들은 그것들이 정립된 의도와 다소 무관하게, 그것들에 내재하는 그것들 고유의 법칙들에 따라 운동하는 인과계열을 전개할 경우에만 사회적으로 연관될 수 있다는 사실을 잊어서는 안 될 것이다. 그러므로 사회에서 실천적으로 행동하는 인간은 여기서 두 번째 자연과 맞서게 된다. 만일 그가 그것을 성공적으로 정복하려 한다면, 그는 무엇보다 첫 번째 자연에 대해서와 마찬가지로 행동해야 한다. 다시 말해서 그는 그의 의식과 무관한 사물의 진행을 정립된 진행으로 탈바꿈시키고자 해야 하고, 그 본질에 대한 인식을 통해 그에 의해 의도된 것으로 각인시키려 하지 않으면 안 될 것이다. 그런 한에서 모든 이성적이며 사회적인 실천은 적어도 노동의 원초적 구조로부터 전승되어야 하는 것이다.

이러한 작업이 결코 작은 일은 아니지만 그렇다고 전부도 아니다. 왜냐하면 노동은 본질적으로 자연의 존재나 운동 등이 우리의 결정들에 전혀 무관심하게 대한다는 점에 근거해 있기 때문이다. 자연에 대한 실제적 지배를 가능하게 하는 것은 오로지 그것에 대한 올바른 인식뿐이다. 사회적 사건들 역시 마찬가지로 내재적인, '자연적인' 법칙을 지니고 있으며, 이러한 의미에서 그것은 우리의 선택이나 본성 자체와 무관하게 운동한다. 그럼에도 인간이 이러한 진행에 행동으로 개입할 경우, 과정에 대해 긍정하거나 부정하는 하나의 입장을 선택하는 것이 불가피하다. 이것이 의식되는지 혹은 그렇지 않은지, 올바른 의식에 의한 것인지 혹은 거짓된 의식에 의한 것인지 여부는 여기서 더 이상 상세히 논구할 수 없는 문제이다. 하지만 그 점이 여기서 가능한 바와 같은 일반적 논의에서 결정적인 것은 아니다. 어쨌든 그와 더불어 전혀 새로운 계기가 복합적인 실천 속으로 들어오는데, 모름지기 그것은 여기서 출현하는 자유의 존재방식에 상당한 영향을 미치고 있다. 우리는 노동과 관련해 여기서 제시된 첫 번째 형태의 노동에서 내면의 주관적 태도가 그다지 좋은 역할을 담당하지 못했다는 점을 강조한 바 있다. 하지만 이제 —물론 상이한 영역들에서 상이한 방식으로— 그러한 태도가 점점 더 중요해지고 있다. 자유는 사회의 전체과정 혹은 적어도 그 부분적 계기들에 대한 그 같은 입장 선택에 근거해 있지 않다. 따라서 이제 사회화된 노동에 기초해서 새로운 유형의 자유가, 더 이상 단순노동으로부터 직접 도출되지 않으며, 소재상의 자유로운 운동에로만 환수되지도 않는 자유가 발생하는 것이다. 다만 이미 지적했던 것처럼,

그러한 자유의 본질적 규정들 몇 가지는 남을지라도, 어쨌든 실천의 상이한 영역들에서 갖는 무게는 각기 다를 것이다.

목적론적 정립이 그 속에 갇힌 선택들과 더불어 모든 변용, 개선, 내면화에도 불구하고 본질적으로는 모든 실천 속에 보존되지 않을 수 없다는 점은 자명하다. 또한 그것을 특징짓는 내밀하고 불가분적인, 결정성과 자유의 상호전이는 언제나 보존되어 있다. 그 비율이 변화해서 질(質)의 변화를 초래할지는 몰라도 일반적인 근본구조가 결정적으로 변화되지는 않을 것이다. 아마도 가장 중요한 변화는 목적과 수단 사이의 관계에서 이루어질 것이다. 우리는 이미 가장 초보적인 단계에서 이것들 사이에 어떤 잠재적 모순관계가 지배하고 있음을 살펴보았다. 이러한 모순은 물론 목적정립의 대상에서 더 이상 자연의 변화가 아니라 인간의 변화가 핵심적인 계기를 형성할 경우에 비로소 외연적인 동시에 내포적으로 드러날 것이다. 물론 사회 현실에 따른 결정성과 자유 사이의 불가분적 공존은 선택 결정에서도 존재한다. 그럼에도 선택이 순전히 인식론적으로 결정 가능한 옳고 그름을 내용으로 삼는지 혹은 목적정립 자체가 사회적-인간적으로 발생한 선택들의 성과인지에 대해서는 질적인 차이가 존재한다. 계급사회들이 발생하고 나서 모든 문제에는 어떤 계급적 관점에서 현실적 딜레마에 대한 답변이 이루어지냐에 따라 해결방안들이 각기 다르게 요구되고 있다는 점은 분명하다. 마찬가지로 사회의 사회성이 점점 강화됨에 따라 이러한 선택들은 선택정립을 정초하는 과정에서 범위와 깊이를 꾸준히 증가하지 않을 수 없다는 점도 자명하다. 물론 여기서는 이러한 변화들을 목적정립의 구조 속에서 구체적으로 분석할 수는 없다. 다만 그러한 발전방향에 들어서야 한다는 단순한 언명만으로도 더 이상 단순노동의 기준들만으로는 목적정립을 측정할 수 없다는 점이 드러난다.

하지만 이러한 상황은 목적정립과 실현 수단 사이의 모순들이 질적 구별로 전화될 만큼 첨예화되지 않을 수 없다는 불가피한 결과를 낳는다. 당연히 여기서는 정립된 목적을 실현하는 수단이 적절한지에 관한 물음이 전면에 등장하게 될 것이다. 하지만 첫째로 이러한 물음을 정확히 결정하는 데는 상당한 차이가 존재하므로 그 차이는 즉각 질적인 차이로 나타나지 않을 수 없다. 왜냐하면 단순노동에서 인과사슬들을 정립하는 과정에서는 그 자체 불변적으로 작용하는 자연 인과성들에 대한 인식이 문제이기 때문이다. 이 문제는 단순하다. 즉 그것들의 지속적 본질과 자연의 제약에 따른 변화들이 어느 정도 올바로 인식되느냐이다. 인과적 정립들을 수단 속에서 실행하기 위한 '질료'는 그럼에도 이른바 인간들에 의한 가능한 선택들의 결정이라는 점에서 사회적인 성격을 지닌다. 때문에 원칙적으로 볼 때 그것은 동종적인 것이 아니며, 끊임없는 변화 속에 있다. 이는 물론 인과정립이 갖는 불확실성의 정도를 의미하므로, 당연히 우리는 원초적 노동과의 질적 차이에 대해 이야기할 수 있을 것이다. 비록 이러한 불확실성을 수단의 인식에서 성공적으로 극복했던 결정들이 역사를 통해 우리에게 알려져 있다 할지라도, 이러한 질적 차이는 현존한다. 다른 한편으로 우리는 불확실성을 조작의 방법에 의해 통제하려는 근대적 시도가 보다 복잡한 경우에서는 대단히 문제가 있다는 것을 언제나 다시금 보게 된다.

이제 우리에게는 목적정립과 수단의 지속적 영향 사이에 가능한 모순의 문제가 보다 중요해 보인다. 이 점과 관련해서 일반적인 철학적 논의의 대상이 되었던 중요한 사회적 문제가 바로 등장했는데, 그것은 끊임없이 사유의 핵심 의제로 남아 있다. 사회적 실천을 행하는 경험주의자들뿐 아니라 그것을 도덕적으로 판단하는 자들도 여기서 언제나 다시금 이러한 모순과 대결하지 않을 수 없다는 사실을 알고 있다. 여기서 구체적인 개별 문제들에 도달할 수 없다면 ─이 작업은 오직 『윤리학』에서만 가능하다─ 적어도 사회적 실천에 대한 존재론적 고찰이 실천적 경험주의에 대해서뿐 아니라 추상적 도덕가들에 대해서 갖는 이론적 우위만이라도 강조되어야 만 한다. 역사를 돌이켜볼 때 종종 한편으로 이른바 특정한 목적정립에 이 성적이고 적절하게 어울려 보이는 수단이 '순식간에' 재앙이자 완벽한 실패 로 드러나고, 다른 한편으로 ─현실적 윤리학의 관점에서 보아도─ 허용 가능한 수단과 불가능한 수단의 합리적 목록을 선험적으로(a priori) 수립 하는 것이 불가능해지기도 한다. 그릇된 이 양극단에 대한 논박은 오직 인 간의 도덕적-윤리적 등의 동기가 사회적 존재의 실제 계기로 나타나는 하 나의 관점으로부터만 성공할 수 있다. 이러한 관점이야말로 언제나 모순 의 한가운데 있지만, 그 모순 속에서 통일적인 사회복합체들에 유효하게 작용하는 관점이며, 언제나 사회적 실천의 실제 요소를 이루고 있고, 또 그러한 속성으로 인해 특정 수단이 (인간이 그들의 선택을 이러저러하게 결정 하는 데 미치는 특정한 영향이) 목적을 실현하는 데 적절한지 부적절한지, 올 바른지 혹은 책임 있는지를 결정하는 데 중요한 관점이다.

그러한 잠정적 ─그 잠정성으로 인해 불가피하게 매우 추상적인─ 정의 가 오해를 야기하지 않도록, 지금까지의 우리의 서술로부터 필연적으로 이 어지는 다음과 같은 사실을 덧붙여야 하겠다. 즉 윤리적 등등의 태도가 갖 는 존재론적 실재성은 결코 많은 것을 말하려 하는 것이 아니므로, 그러한 실재성을 인정한다 하더라도 그 본질이 소진되는 것은 아니라는 것이다. 오히려 사정은 정반대이다. 그 사회적 실재성은 그것이 실제로 연계된 사 회발전으로부터 성장한 가치들, 말하자면 그것이 보존되어 있는 것, 영속 적인 것 등과 실제로 어떻게 연관되는지에 달려 있지 않다. 우리가 물론 이 러한 계기를 부적절하게 절대화한다면, 우리는 사회-역사적 과정에 대한 관념론적 이해에 빠질 것이다. 우리가 그것을 단순하게 부정한다면, 설령 말로는 마르크스를 들먹인다 하더라도 실제 '현실 정치' 속에 뿌리 깊게 배여 있는 저 몰개념성에 빠질 것이다. 따라서 우리는 이처럼 대단히 불가피한 추상적-일반적 해석에서조차 선택들에서 분명하게 드러나는 주관적 결단들의 의미는 무엇보다 사회적 현상이라는 점에 주목하지 않으면 안 된다. 발전과정의 객관성이 주관적으로 상대화되는 것이 아니라 —이는 다만 사회적으로 제약된 직접성의 현상형태일 뿐이다— 객관적 과정 자체가 고도 발전의 결과 주관적 결단의 의미가 증가함으로써만 수행되고 또 수행될 수 있는 과제를 제기하는 것이다. 하지만 그러한 주관적 결정 속에서 관철되는 모든 가치평가는 가치의 사회적 객관성 속에, 인류의 객관적 발전을 위한 가치들의 의미 속에 닻을 내리고 있다. 그러므로 가치들의 긍정성 혹은 부정성과 마찬가지로 그것들의 작용의 강도와 지속도 궁극적으로는 이러한 객관적-사회적 과정들의 성과인 것이다.

이렇게 발생한 행동의 구조들이 단순한 노동의 구조들과 얼마나 동떨어져 있는가를 깨닫기란 그리 어렵지가 않다. 그럼에도 불구하고 존재론적으로 고찰할 때, 모든 사심 없는 견해들에는 이러한 갈등과 모순의 맹아가 —맹아에 불과할 터이지만— 가장 단순한 목적-수단-관계 속에 담겨 있는 것이 보인다. 이러한 관계의 사회-역사적 현실화 역시 질적으로 전혀 새로운 문제복합체들을 야기한다는 것은 역사를 사회적 존재의 존재론적 현실로 파악하지 않고, 때문에 가치를 '무시간적'이고 순수한 정신적 실재로 실체화하거나 혹은 그것들 속에서 인간의 실천에 의해 영향받지 않는 객관적 과정에 대한 단순한 주관적 반영만을 보는 사람들을 놀래킬 수 있다.

노동이 그 수행자에게 야기한 영향들을 들여다보면 상황은 훨씬 비슷하다. 따라서 여기서는 차이가 대단히 중요할 수 있고 또 중요해야 할 것이다. 그럼에도 이러한 과정의 본질에서 가장 중요한 것은 중대하고 구체적인 변화들의 한가운데 속에 있다. 물론 우리는 노동이 노동하는 인간 자신 속에 야기하는 영향을, 즉 자기 자신에 대한 노동자의 지배의 필연성, 자신의 본능과 감정 등에 대한 지속적인 투쟁 등을 생각하고 있다. 우리는 그 점에 대해서 이미 지적한 바 있다. 하지만 여기서는 인간은 모름지기 이러한 투쟁에서, 이러한 투쟁을 통해 자연적으로 주어진 자신의 속성을 인간화한다는 것, 인간의 높은 발전과 완성은 오직 이러한 방식으로만, 오직 이러한 수단에 의해서만 실현된다는 것을 특별히 강조해서 반복하지 않을 수 없다. 일찍이 원시인들의 관습조차 이러한 문제를 적절히 인간 행동의 중심에 놓았다는 것은 우연이 아니다. 소크라테스와 스토아주의자들과 에피쿠로스에서 시작하여 스피노자와 칸트와 같은 여러 사상가들에 이르기까지 모든 위대한 도덕철학자들이 이러한 문제를 참다운 인간적 행동의 핵심문제로 보고 끊임없이 씨름했다는 것도 결코 우연이 아니다. 물론 노동 자체에서도 합목적성이 여전히 문제이다. 이 문제는 오직 사용가치, 유용한 것을 생산할 수 있을 때만, 노동과정에서 주체의 이러한 자기 극복이 항구적으로 수행될 때만 성공할 수 있을 것이다. 이는 다른 모든 실천적 목적정립의 경우에서도 마찬가지이다. 하지만 그것은 여전히 실천에서 단순히 형식적인 유사성으로만 파악되고 있다.

그럼에도 이미 노동 자체 속에는 훨씬 많은 것이 담겨 있다. 그것이 노동의 수행자에게 얼마나 의식되는지에 관계없이, 그는 이 과정에서 자신을 인간 유의 구성원이자 더불어 인간 유 자체로 산출한다. 심지어 다음과 같이 말할 수 있다. 즉 자연적인 본능의 결정성으로부터 의식적인 자기 지배에 이르기까지 자기극복을 향한 당찬 투쟁의 길은 인간의 현실적인 자유를 향한 유일의 실제적인 길이다. 우리는 자연과 사회에서 인간적 결정이 관철될 가능성의 비율들에 대해 따져볼 수 있을 것이며, 모든 목적정립에서, 선택들에 관한 모든 결정에서 결정성이라는 계기를 여전히 높이 평가할 수 있을 것이다. 자기 자신을 지배하려는, 단순한 자기 자신의 원초적 본질을 지배하려는 투쟁은 명명백백한 자유의 행위이자 인간적 삶을 위한 자유의 토대이다. 여기서 우리는 인간 존재와 자유에서의 유적 성격이라는 문제를 만나게 된다. 다시 말해 이러한 유가 단순한 (자연적 생명의—역자) 유기적 침묵을 극복하고, 사회적 존재로 스스로를 형성해가는 인간의 구체적이며 자기발전적인 유로 확장해 나가는 일은 —존재론적이며 발생론적으로 볼 때— 자유가 발생하는 것과 동일한 행위이다. 실존주의자들이 자유 안에서의 인간의 '기투성(Geworfenheit)'에 대해 말할 때, 인간은 자유를 향해 '운명 지어져'[83] 있다고 말할 때, 그들은 자유를 사유 속에서 구원하고 고양시킬 수 있다고 생각한다. 하지만 현실에서 인간의 사회성 속에 뿌리박고 있지 않는 자유나 비약이 이루어질지라도 이 사회성으로부터 발전되지 않은 자유란 환상일 뿐이다. 인간이 노동 속에서, 노동을 통해서 사회적인 유적 존재로 형성되지 못한다고 한다면, 자유가 스스로의 행동의 결실이 아니라고 한다면, 자신의 단순한 유기적 속성에 대한 자기 극복의 결실이 아니라고 한다면, 진정한 자유는 결코 존재할 수 없을 것이다. 최초의 노동에서 자극된 자유가 아직은 초보적이고 제한적이라고 하더라도 가장 정신적인 최상의 자유가 가장 원시적인 노동에서와 동일한 방법을 가지고 싸우지 않으면 안 된다는 사실을, 여전히 보다 높은 의식의 단계에 있기는 하지만, 그 노동의 성과는 궁극적으로 동일한 내용을 갖고 있다는 사실, 즉 유적 개인이 자신의 단순한 자연적이며 특수한 개별성을 지

---

83) 수고: 『존재와 무』.

배한다는 사실을 바꾸는 것은 아니다. 이러한 의미에서, 우리는 노동이 현실적으로 모든 자유의 모델로 파악될 수 있다고 믿는다.

이러한 고찰과 함께 ―이미 앞에서 행한 인간적 실천의 보다 높은 현상형태들에 대한 지적에서도― 우리는 우리가 전제한 의미에서의 노동에 대한 논의를 시작했다. 우리가 그렇게 하지 않을 수 없었던 까닭은 사용가치의 단순한 생산이라는 의미에서의 노동이 엄밀히 말하자면 인간의 인간화의 발생적 시초이기 때문이다. 하지만 이러한 노동은 그 모든 계기 속에 초기 상태를 필연적으로 훨씬 뛰어넘는 현실적 경향들을 담고 있다. 그럼에도 노동의 이러한 초기 상태가 하나의 역사적 실재이고, 그 구조와 외연이 끊임없이 이어질 것 같은 주기를 띠고 있을지라도, 우리는 마땅히 우리의 가정을 하나의 추상이라고, 마르크스적 의미에서의 합리적 추상이라고 불러야 할 것이다. 이 합리적 추상의 의미는 노동 자체의 규정들을 가능한 한 가장 순수한 형태로 논구할 수 있기 위해 필연적으로 새롭게 발생하는 사회적 환경을 언제나 다시금 의식적으로 무시하는 데 있다. 노동이 보다 높은 단계의 사회적 복합체들과의 관계에서 갖는 유사성과 대립이 언제나 다시금 지적되지 않는다면 이것이 가능하지 않다는 것은 자명하다. 이제 우리는 이러한 추상이 결정적으로 지양될 수 있고 지양되어야만 하는 지점에 도달한 것처럼 보인다. 여기서 우리는 사회의 근저에 놓인 동력과 이 사회의 재생산과정에 대한 분석을 시작할 수 있을 것이다. 다음 장의 내용은 이러한 분석으로 채워지게 될 것이다.

제2장
재생산

1. 재생산의 일반적 문제

앞 장에서 우리는 노동을 분석하는 가운데 노동 그 자체가 상당히 추상적으로 수행된다는 사실을 부각시켰다. 왜냐하면 사회적 존재를 전개하는 범주로서의 노동은 절차적인 사회복합체, 그리고 절차적으로 재생산해가는 사회복합체 속에서만 적절하면서도 참된 모습으로 자리할 수 있기 때문이다. 다른 한편 노동은 사회적 존재의 특성을 위해 필요한 근본적 의미와 사회적 존재의 모든 규정을 근거 짓는다는 의미를 소유하기 때문에 이러한 추상은 불가피하다. 따라서 모든 사회적 현상은, 직접적이건 간접적이건 간에, 경우에 따라서는 아주 간접적으로 노동을 그 존재론적 결과들과 더불어 전제한다. 이런 분열적 상황으로 인해 노동에 대한 우리의 분석은, 방법론적으로 필연적인 추상에도 불구하고, 많은 지점에서 인위적-추상적으로 고립된 노동을 넘어가야 하거나 적어도 벗어나야 했다. 이러한 탐구의 토대 위에서야 비로소 우리는 노동에 사회적 존재의 존재론적 토대로서 적절한 지위를 부여할 수 있었다. 여기에서 노동은 사회적 총체성의 연관에서, 작용과 반작용을 통해 생겨나고 지속되는 그런 복합체의 상호작용에서 고찰된다.

우리의 서술의 가장 중요한 결과들 중 하나는 노동활동이 필연적으로, 그리고 지속적으로 자신을 넘어서는 활동(Über-sich-Hinausweisen)이라는 것이었다. 자기와 종을 보존하고자 하는 유기적 생명의 재생산적 경향이 생명체의 생물학적 존재를 이루고 있는 생명과정의 재생산이라는 협소한 의미를 가지는 데 반해, 그리고 이때 법칙상 환경의 급진적 변화만이 이러한 과정의 급진적 변형을 불러오는 데 반해, 사회적 존재에서 재생산은 원리상 내적-외적 변화를 목표로 한다. 최초의 상황의 몇몇 단계들이 종종 수천 년 지속된다는 사실도 이러한 주장과 배치되지 않는다. 비록 아주 미미한 변화라 하더라도 노동과정을 이끄는 도구의 변화는 특정한 매듭 지점에서 그 결과 비약적인 질적 변화를 이끌어낼 수 있다. 이런 변화는 언제나 그런 것은 아니지만 전체적으로는 진보적인 경향을 가진다. 이러한 변화의 객관적-존재론적 토대는 목적의식적 노동이 원래부터 노동과정을 수행하는 자의 생명을 재생산하는 데 필요한 것보다 더 많은 것을 생산할 수 있는 가능성을 보유한다는 사실에 있다. 노동과정에서 자연의 힘들의 효과적 이용(예를 들어 불을 지핀다거나 동물을 훈련시키는 것 등)을 가능하게 하는 도구의 생산은 어느 특정한 발전단계에서 개별 사회의 구조와 역동성을 질적으로 변화시킬 수 있는 매듭 점을 만들어내기도 한다. 결과적으로 노동을 수행하는 자 자신의 재생산을 넘어가는 노동의 이러한 능력은, 그 이전에는 포로를 죽이거나 유기하는 대안만이 존립한 데 반해, 포로를 노예로 만듦으로써 객관적 토대를 변화시킨다.[1] 여기서부터 다양한 단계를 거쳐 노동력의 사용가치를 전체 체계의 토대로 삼는 자본주의로 진행해간다. 하지만 —몇몇 이론가들이 잉여노동(Mehrarbeit)이라는 표현에 이데올로기적 혐오를 드러내기는 하지만— 사회주의에서 자유의 왕국, 아주 의미 있는 평안의 가능성은 노동하는 자의 자기재생산에 필요한 것보다 더 많은 것을 산출할 수 있는 노동의 이런 근본적 특성에 의존한다.

노동분업은 이러한 유의 변화들 중 가장 중요한 것에 속한다. 노동분업은 어느 정도 노동 그 자체의 본질에 내재해 있으며, 노동 그 자체로부터 유기적-필연적으로 성장한다. 오늘날 우리는 노동분업의 한 형식인 협업이 이미 시초의 단계에서부터 출현했다는 것을 안다. 구석기 시대의 사냥을 그 첫 단계로 생각해볼 수 있다. 아주 낮은 수준이기는 하지만 그 시대 분업이 실존했다는 것은 사회적 존재의 더 나아간 결정적 규정, 즉 노동으로 연합된 인간들 사이의 정교한 의사소통, 즉 언어가 노동으로부터 성장한 것으로 보게 하는 데 기여했다. 이 언어를 넘어서 이후에 담화(Rede)가 나온다. 담화는 점점 더 강력하게 등장하는 다양성 속에서 인식된 것을 고정시키는 도구이며, 존재하는 객체의 본질을 표현하기 위해 존립한다. 이때 도구란 다양하고 변화하는 인간의 태도양식을 전달하기 위한 것으로, 생명을 연장하는 중요한 국면에서 언제나 반복적으로 동일한 행태를 보이는 동물들이 서로에게 표현하는 다양한 신호교환과 분명한 차이를 드러

---

1) 헤겔은 인간의 삶을 동물적 삶과 구별시키는 지점을 "생사를 건 투쟁"으로부터 설명한다. 동물은 타자를 제거함으로써 자신으로 머무는 데 반해, 인간은 상대를 노예로 만듦으로써 투쟁을 끝낸다. 이런 점에서 생사를 건 투쟁은 "인정투쟁"으로 드러난다. 그리고 노예와 주인의 모순은 역사를 이끌어가는 원동력이 된다. 『정신현상학』의 자기의식 장에 나타나는 '주-노 변증법'은 바로 이 과정을 그려주고 있다. (역주)

낸다. 동물들은 예를 들어 위험을 신호로 보내며(맹금류), 그 결과로 자기 은폐라는 계속 전해져 오던 태도가 수반된다. 이에 반해 인간에게서는 그 것이 이미 원시의 단계에서부터 언어적으로 가능했다. 예를 들어 '매머드 가 온다. 겁먹지 말라.'라는 말이 처음부터 가능했다. 본 연구의 첫 단계에 서 우리는 언어를 노동에 필연적으로 따라 나오는 목적론적 정립을 위한 가장 중요한 기구라고 하면서 관심을 보였었다. 물론 그 첫 단계에서는 언 어를 적절하게 다룰 수 없었다. 여기서 말하는 목적론적 정립은 자연 대상 을 변화시키거나 유용하게 만드는 목적을 갖는다는 말과 연관이 되는 것 이 아니라, 다른 사람들이 진술주체의 소망된 목적을 그 진술자의 입장에 서 수행하도록 동기부여하는 의도가 있다는 말과 연관된다.

여기에서 언어와 같은 유의 전달매체가 모든 종류의 노동분업에 불가 피하다는 것은 분명하다. 도구를 생산하거나 사용할 때 중요한 문제는 협 력 혹은 공동작업이라고 할 수 있다. 하지만 이러한 유의 전달은 그 이외 의 상황에서도 언제나 필요하며, 그것도 노동과 협업이 발전하면 할수록 더 많이 필요하다. 따라서 언어는 노동, 노동분업, 협업 등의 발전과 동시 적으로 더 높은 단계로 발전하지 않으면 안 되고, 그것들과 더불어 점점 더 풍부해지고, 정교해지고, 분화되지 않으면 안 된다. 이를 통해 새롭게 생겨난 대상들과 관계들이 전달될 수 있게 된다. 자연에 대한 인간의 지배 의 확장은 인간이 얼마나 많은 대상과 관계들에 이름을 부여할 수 있는지 에 달려 있다.[2] 인간, 사물, 관계 등의 이름에 대한 마법적 숭배의 이유는

---

2) 이러한 생각은 이미 헤겔에게서도 드러난다. 헤겔은 사물에 대해 아담이 행한 최초의 작업, 즉 각종 동물들에게 이름을 부여한 행위를 자연에 대한 효과적 지배의 첫 단계라고 말한다. 즉 이름을 부여한다는 것은 사물을 인간화시키는 것이고, 이는 곧 지배를 의미한다. (역주)

바로 이런 근거에 놓여 있다. 하지만 여기에는 우리에게 아주 중요한 것이 명확하게 드러난다. 그것은 모든 작용, 관계 등이 ―비록 이것들이 처음에 아주 단순한 것으로 현상한다 하더라도― 언제나 복합체들의 연관에 서로 밀착해 있다고 하는 존재론적 사실이다. 이런 존재론적 사실에서 모든 요소는 자신이 속해 있는 복합체의 구성요소로서만 자신의 참된 기능을 발휘할 수 있다. 인간이 생물학적 존재로서 이미 하나의 복합체라는 사실은 논쟁의 여지가 없다. 언어 역시 아주 복합적인 특성을 갖는다는 것 역시 동일하게 명백하다. 모든 단어는 이 단어가 속해 있는 언어의 연관 속에서만 전달 가능한 의미를 소유할 수 있다. 관련 언어를 알지 못하는 사람에게 그 단어는 무의미한 소리에 불과하다. 어떤 원시 종족들이 낯선 자를 "벙어리", "의사소통할 수 없는 자"라고 말하는 것은 결코 우연이 아니다.[3] 노동분업 역시 하나의 복합체를 형성한다고 하는 것도 역시 결코 의심할 수 없다. 개별적 행위나 기구설치 등은 이것들이 속해 있는 하나의 전체과정에서만 의미 있는 것으로 간주될 수 있다. 그런 행위나 기구가 올바른지, 실수인지 등에 대해서는 무엇보다 그것들 자신이 속한 복합체에서 충족시켜야 할 기능이 결정한다. 노동분업에서 생겨난 여러 집단들이 ―이 집단이 항상적이건 간헐적이건 간에― 상호작용의 관계에서만 상대적으로 독립성을 유지하며 기능할 수 있다는 것 역시 명백하다. 따라서 사회적 존재의 원시적 단계에서조차 사회적 존재는 여러 복합체들로부터 하나의 복합체를 생각해낸다. 이때 부분복합체들은 그들 상호 간에, 그리고 전체 복합체는 그 부분들과의 중단 없는 상호작용에 놓여 있다. 이로부터 그때

---

3) 그리스인들은 이방인들을 향해 '바르바르'라고 불렀다. 이 말은 '바르바르' 하고 말하는 자, 벙어리처럼 말하는 자라는 뜻으로, 오늘날 바바리안(야만인)이라는 말의 어원이 된다. (역주)

그때의 전체복합체의 재생산이 이뤄진다. 그것도 부분복합체들 역시 ―여기서는 다만 상대적으로만― 자율적 복합체로 스스로를 재생산하지만, 그전 과정에서 보면 다양한 상호작용의 체계에서 결국 전체의 재생산에 훨씬 더 중요성을 부여하는 그런 방식으로 진행된다.

노동분업은 근원적으로 인간집단의 구성원들의 생물학적 분화에 기초해 있다. 사회적 존재가 점점 더 확고하고 순수하게 사회적 존재가 되어감으로써 자연의 경계는 점점 더 축소되는 데, 이런 축소는 무엇보다 본래적인 이런 생물학적 분화의 원리가 점점 더 사회적 특성의 계기들을 수용하여, 이 계기들을 자기 안에서 중심 역할을 하는 것으로 간직하며, 이를 통해 생물학적 계기들은 이차적인 것으로 강등된다는 사실로 표현된다. 이러한 사실은 예를 들어 사회적 노동분업에서 성의 역할에 잘 드러난다.

엥겔스는 사회적 삶에서 여성의 지위(예를 들어 어머니로서의 권리)는 남성의 경제활동이 여성의 경제활동보다 사회에서의 부의 증가에 더 큰 기여를 한다는 사실에 의존한다고 말한다. 이런 사실은 원시적인 단계에서 그 반대였다.[4] 또한 새로운 인류학적 연구를 통해 드러난 사실은 그때그때의 재생산단계에서 생겨난 사회구조가 그런 기초적인 생물학적 관계들과 성적 관계들의 형식을 규정한다는 것이다. 이러한 상황은 모든 영역에서 드러난다. 노인과 청년의 관계에서도 동일하다. 이 관계는 일견 생물학적 특성을 갖는 관계로 보인다. 사실 노인은 상대적으로 긴 인생의 경험을 축적했다는 이유로 권위적 지위를 가지고 있다. 이런 경험은 사회적 활동, 특히 아주 넓은 의미에서 노동에 기초해 있기 때문에, 그리고 이때 자연은 노동의 영역으로 주어지기 때문에(예컨대 사냥), 상대적으로 긴 삶은 사회적으로

---

4) Engels: *Der Ursprung der Familie*, MEW 21.

중요한 삶의 경험을 축적하기 위한 생물학적 토대로 작용할 수 있다.(사회적으로 정말 중요한 경험들이 더 이상 경험적으로 축적되는 것이 아니라 보편화로부터 이끌려 나오게 되면서 노인의 이런 독점적 지위는 점차 상실되어간다.)

그러나 노동분업은 순수하게 사회화된 결과들, 행위와 관계들을 산출하는 훨씬 더 나아간 결과들을 가진다. 이에 대해서는 무엇보다 다른 사람들에게 목적론적으로 처신할 의향을 갖도록 하는 그런 목적론적 행위의 결과들에 대해 생각해볼 수 있다. 목적론적 행위가 이미 원시 단계에서 성공적으로 기능할 수 있기 위해 그런 행위는 이런 의향을 알아차릴 관련된 사람들에 대한 지식을 요구한다. 이는 마치 노동을 시작하기 위해 통찰되어야 하는 자연 대상이나 힘 등에 대한 지식을 요구하는 것과 같다. 이러한 인식은 당연히 단순히 생물학적인 것을 넘어서서 사회적 특성을 갖는다. 이때 발생하는 가치들, 예컨대 인간인식, 설득기술, 사회성, 교활함 등과 같은 것은 —점점 더 순수하게 사회화된— 가치들과 평가들의 영역을 확장해간다. 관련 집단이 이미 꽤나 발전해서 일종의 영역구분을 알고 있다면 이러한 사회성은 다소간 제도적인, 따라서 훨씬 더 풍부한 사회적 성격을 보유한다.

여기서 노동분업이 그 시초로부터 현재의 아주 분화된 형태로까지 진행되어온 과정을 묘사하는 것, 심지어 아주 간략하게 묘사하는 것도 불가능하다. 여기서 중요한 것은 다만 발전된 단계에서 점점 더 명료하게 드러난 기술적 노동분업이 사회적 분업에서 성장해왔으며, 그런 노동분업은 무엇보다 —현존하는 모든 상호작용을 인정할 경우— 원인이 아니라 결과라고 하는 것이다.(당연히 사회적으로 이미 고정된 노동분업의 테두리에서 기술에서의 전환은 노동분업에서 새로운 구체적 집단을 만드는 출발점이 된다.) 노동분업은 개별 업무들이 수공업으로 독립하면서 시작된다. 그것은 당연히 기술적으로뿐 아니라 경제적으로 위대한 진보를 의미한다. 하지만 잊어서는 안되는 것은 직업의 분화는 사회적 전제를 가지며, 생필품을 생산하는 모든 영역에서 모두는 이 산물들을 스스로 산출하지 않지만 스스로를 염려(재생산)할 수 있다는 것이다. 이런 노동분화는 상대적으로 이른 시기에 나타난다. 우리는 동양의 원시공산체 마을들을 생각해볼 수 있다. 그러나 좀 더고등한 형태의 이러한 사회적 분화 역시 개별적인 노동의 영역들을 자기내 폐쇄된 복합체로 만들어내며, 개별적 업무와 관련하여 아직 노동분업을 산출하지 않는다. 즉 여전히 길드에 놓여 있다. 공장제 수공업에 이르러서야 비로소 노동과정은 노동분업적으로 분화된다. 그러나 여기서도 역시노동과정의 특정한 일부 영역에 대한 일생의 투신은 비정상적인 숙련을 산출하는 그런 방식으로 진행된다. 기계의 도입과 더불어 비로소 기술에 의해 규정된 본래적 의미의 노동분업이 발생한다.

생물학적인 것으로부터 사회적인 것으로의 이런 변화과정, 즉 생물학적인 것이 사회적인 것에 의해 압도되는 과정은 아주 멀리까지 진행될 수 있었다. 존재론적 원리에 대한 질문만이 문제시될 때 이런 일련의 추론은 조용히 중단될 수 있다. 왜냐하면 노동분업의 발전은 그 자발적 발전 역학때문에 점점 더 생산적인 양식의 사회적 범주들을 산출해내기 때문이다. 이것은 상품의 교환과 그 안에서 효력을 발휘하게 된 경제적 가치관계를 의미한다. 우리는 이때 마르크스가 사회적 재생산을 분석하기 시작하는 지점에 서게 된다. 왜냐하면 그는 특히 자본주의 경제, 즉 이미 압도적으로 사회화된 형태의 경제를 탐구하고 있기 때문이며, 여기서는 상품관계가 해명을 위한 존재론적으로 아주 알맞은 출발점을 형성하고 있으며, 우리의 고찰에서처럼, 사회적 존재에서 노동의 문제를 해명하기 위한 아주 좋은 출발점을 형성하고 있기 때문이다. 상품관계는 상대적으로 발전한 노동분업을 전제한다. 이미 마르크스도 보여준 것처럼, 교환이 처음에는 공동체의 구성원들 사이의 교환이 아니라 소규모 공동체들 사이의 교환이었다고 하더라도, 교환이라는 사실은 한편으로 특정한 사용가치가 생산자의 직접적 욕구 위에서 생산된다는 것, 다른 한편으로 이들이 스스로 산출할 수 없는 생산물에 대한 욕구를 갖는다는 것을 의미한다. 이 두 사실은 공동체 내부의 노동분업이 특정한 정도에 이르렀음을 시사한다. 왜냐하면 이것은 특정한 사람들이 자신의 삶을 유지하고 재생산하기 위해 불가피하게 다른 사람의 노동을 필요로 할 만큼 특정한 노동에만 특화되었다는 것을 보여주기 때문이다. 상품교환이 이미 공동체 내부에서, 적어도 자신에 대한 염려의 보충으로라도, 등장할 경우 이런 분화는 가속화된다. 노동의 산물이 상품으로 된다는 것은 높은 수준의 사회성에 도달했다는 것이고, 단순히 자연에 붙박이지 않은, 훨씬 더 순수한 사회화된 운동의 범주들이 사회를 지배하게 되었다는 것을 의미한다. 우리는 여기서 점점 더 포괄적이고 더 분화된, 내적으로 필연적인 노동분업이 어떻게 노동으로부터뿐 아니라 내적으로 필연적인 보다 높은 발전으로부터 성장해가는지에서, 그리고 이에 상응하여 노동분업의 발전이 어떻게 상품유통의 방향으로 돌진해가고, 이 방향이 어떻게 동일한 방향에서 노동분업에 다시 영향을 미치는지에서 이러한 역학을 본다. 따라서 사회-경제적 삶의 가장 간단하고 근본적인 이런 범주들에서 이미 이 범주들에 내재한 경향이 지각되지 않으면 안 된다. 즉 이 범주들은 중단 없이 재생산될 뿐 아니라, 이런 재생산이 사회-경제적인 것의 고차화의 경향을 점증적으로 가져온다는 사실을 잊어서는 안 된다.

하지만 이때 변증법적으로 모순적인 이런 발전 도정이 확립되지 않으면 안 된다. 우리는 한편으로 이미 노동 그 자체에 보다 높은 단계로 추동시키는, 반박할 수 없어 보이는 과정이 있음을 알아차린다. 이런 경향은 그 때그때의 모든 구체적인 노동에서도 출현한다. 하지만 이런 경향은 자신의 근원적 출발점을 단순히 개선시키도록 영향을 미치는 것에 국한되지 않고, 때로는 혁명적인 방식으로 노동과정 자체에, 사회적 노동분업에 영향을 미치며, 이로써 자기에 대한 직접적 염려에 바탕하고 있던 경제를 상품 유통의 체계로 추동해가며, 더 나아가 이런 상품 유통을 점점 더 사회적 재생산의 지배적 형태로 변화시켜가는 방향을 취하게 된다. 이런 경향은 이렇듯 불가피하게 세계사적 방향과 연속성을 가질 수 있다. 하지만 경우에 따라 수백 년, 수천 년에 이를 수 있는 구체적인 부분의 단계들은 이 단계들에 구체성을 부여하는 전체복합체의 구조와 발전 가능성에 의해 영향을 받는다. 즉 그것들은 그 전체 구조와 발전 가능성에 의해 장려되거나 억제된다. 상이한 경제적 형태의 재생산 가능성과 그 방향의 양태를 결정하는 데 아주 중요한 이런 문제에 대해서는 다음에 좀 더 자세히 다룰 것이다. 현 단계 논의에서 우리는 특정한 환경에서 모순으로, 대립으로 성장할 수 있는 분기점을 확고히 하는 것으로 충분하다. 우리의 질문의 철학적-존재론적 배경을 좀 더 명료화하기 위해 여기서 언급되어야 하는 것은 헤겔에게서 다뤄지는 변증법적 사태, 즉 '단순한 차이와 존재하는 이질성으로부터 모순과 대립이 성장한다는 것'이 여기서 다뤄지는 문제의 존재론적 토대를 형성한다는 것이다. 우리가 발전의 필연적 불균등성이라는 반박할 수 없는 일반적 경향과 그것의 발전을 저해하는 구체적 양상 사이의 모순이 현상의 양식이라고 말할 때 우리는 독자들에게 새로운 것을 말하고 있는 것이 아니다.

　노동분업의 전개를 상품유통으로, 그리고 이와 더불어 이런 상품유통을 모든 경제활동의 조정자로서의 가치를 갖는 것으로 역사는 발전해왔다.

그런데 이런 발전의 필연성은 사회적 존재가 점점 더 사회적인 것으로 되어가는 과정에서, 보다 높은 단계의 사회성으로의 끊임없는 재생산과정에서 아주 중요한 역할을 한다. 교환을 규제하는 교환가치의 순수한 사회적 성격에 대해서는 이미 말한 바가 있다. 우리는 마르크스를 통해 교환가치의 실존과 그 실효성은 물리적-화학적, 혹은 생물학적 존재와 연관이 없다는 것을 알게 되었다. 그럼에도 불구하고 여기에서 이러한 범주의 순수 사회성 속에 결코 사회적 유심론이 함유되어 있지 않다는 것이 드러난다. 여기서는 자연의 한계로부터의 벗어남에 대해서만 언급할 뿐, 자연성의 소멸을 말하고 있지는 않다. 교환가치는 순수하게 사회적인 범주이다. 하지만 우리는 그것이 사용가치와의 불가피한 연관 속에서만 현실화될 수 있다는 것을 안다. 이에 반해 우리는 사용가치에서 사회적으로 변형된 자연소여성을 대면한다. 교환가치는 사용가치와의 반성관계에서만 현실화될 수 있다는 것을 알 수 있다. 따라서 이런 관계는 교환가치를 사회성의 보편적 자연토대와 연관시킨다. 그러나 이와 더불어 사회화를 향한 위대한 발걸음, 즉 순수하게 사회적인 교환가치를 통해 인간 상호 간의 교류를 매개하는 방식의 출현과 그것의 일반화와 지배적 경향화가 방해받지는 않는다. 그 반대로 바로 이러한 매개방식의 출현을 통해 가장 중요한 사회적 관계들이 인간의 실천의 영역으로 도입되며, 이런 관계들을 의식적으로 훨씬 더 사회적인 것으로 만든다.

교환가치가 일반화될수록 사회적으로 필요한 노동시간이 그때그때의 크기에 맞는 경제적 토대로서 점점 더 분명하고 뚜렷하게 중요한 위치를 점하게 된다. 무엇보다 사회적으로 필요한 이 노동시간에 의해 하나의 상품을 생산하는 데 요청되는 개인의 노동시간은 자연적으로 소여된 것을 넘어가는 특성을 보유하게 된다. 가장 최초의 노동의 단계에서는 상품의 생성 그 자체가 가장 주된 것이었다. 이때 생산이 얼마나 많은 시간을 요청하는지는 별로 중요하지 않았음에 분명하다. 개인의 노동능력의 차이 역시 개별 인간의 생물학적 (그리고 또한 심리적) 특성에 근본적으로 정초되었다. 생산과정과 교환과정이 어느 정도 높은 수준에 이르러서야 비로소 사회적으로 필요한 노동시간은 고유한 사회적 범주로 형성된다. 사회적으로 필요한 노동시간이라는 범주는, 존재론적으로 고찰했을 때, 어떻든 자연존재 속에 하나의 토대를 가지고 있기는 하지만(여기서 자연존재란 시간[시대]이 이 범주에 대한 온갖 변형된 반응에 대해 완벽하게 독립해 있다는 것, 즉 이 범주가 자신의 순수한 객체성을 갖는다는 것을 의미한다.), 이 개념은 그 이전에는 존재형식을 보유하지 못한 것으로, 순전히 유비적으로만 사용되었었다. 따라서 사회적으로 필요한 노동시간은 점차 그 모습을 드러내가는 상품유통의 토대로, 교환가치의 토대로, 즉 전체 사회-경제적 교류의 토대로 될 수 있다. 이러한 사실이 상품유통 속에서야 비로소 명백히 드러나고, 그 이후에야 의식적으로 적용될 수 있다는 것은 이 범주가 교환관계에서만 존재한다는 것을 의미하지 않는다. 그런데 사용가치와 교환가치는 서로 이질적인 대상형식들이지만, 생산의 사회성은 그것들 사이의 상호 포섭을 항구적으로 수행한다. 만약 한 자본가가 생산을 위해 임노동자를 필요로 할 때 그는 (모든 구매자처럼) 사용가치를, 이 경우에는 노동력의 사용가치를 구매한다. 여기서 노동력의 사용가치란 재생산을 위해 필요한 것보다 더 많은 것을 생산할 수 있는 능력이며, 자신의 교환가치를 규정하는 바로 그 특성이다. 노동의 수행을 통해서야 비로소 —사회적으로 필요한 노동시간의 테두리 안에서— 노동을 통해 발생한 생산물(경우에 따라 사용가치)은 교환가치를 보유하게 된다. 이 교환가치 안에서 노동력의 사용가치라는 특수한 생산물은 잉여가치로 보유된다. 이 과정을 상세히 묘사하는 것은 우리의 과제가 아니다. 그것은 인간의 경제적 교류가 사회적으로 필요한 노동시간에 의해 제어되는 것임을 시사한다. 그런데 여기에서 상품 유통 속에 내재한 생산의 사회화는 비록 모순투성이의 방식으로 현상하기는 하지만, 그럼에도 불구하고 사회성의 진보의 객관적 담지자로 드러난다. 마르크스는 다음과 같이 말한다. "사회가 밀이나 고기를 생산하는 데 더 적은 시간을 필요로 할수록 사회는 물질적이거나 정신적인 다른 생산을 위해 더 많은 시간을 획득한다. 개별자의 경우에서처럼 그것의 발전과 향유, 그리고 그 활동성의 모든 측면은 시간의 절약에 의존한다. 시간의 경제, 바로 이 안으로 모든 경제는 마침내 녹아든다."[5]

사회적으로 필요한 노동시간은 이처럼 모든 사회-경제적 생산의 조정자로 나타난다. 그런데 사회적으로 필요한 노동시간의 이런 사회적 보편성은 자본주의에서 물화된-물신화된 형식으로 현상한다. 그리고 바로 이런 근거에서 자본주의의 형식은 사회적으로 필요한 노동시간의 특수한 특성으로 고찰된다. 하지만 마르크스는 중요한 것은 다양한 형태들 속에서 다양하게, 의식적으로 혹은 자발적으로 현상하는 사회적 재생산의 보편적 특성이라는 사실을 보여주고자 노력한다. 마르크스는 —만들어진 이야기인— 로빈슨의 예를 들어서 설명하기 시작한다. "필요(궁핍)에 의해 그는 자신의 상이한 기능들 사이에서 자기 시간을 정확하게 분배한다." 이때 성취는 모든 질적 차이에도 불구하고 "인간 노동의 상이한 양식들에" 다름 아닌 객관적-주관적 조건들에 의존한다. 더 재미있는 것은 봉건주의의 경제와 자족적인 농업가족의 경제에 대한 마르크스의 설명이다. 봉건주의에서 개별 인격의 의존성은 가장 중요한 사회적 표식이며, 노동은 예외적인

---

5) Marx, *Rohentwurf*, S. 89; MEW 42, S. 105.

경우에만 상품형식을 취한다. 그럼에도 불구하고 부역은 "상품을 생산하는 노동처럼 시간에 의해 측정된다." 가부장적 농업가족에서 직접적으로, 그리고 가족 내부에서 이뤄지는 노동분업의 조건은 상품유통에 의해 규정되지 않는다. "하지만 시간의 지속으로 측정된 개별적인 노동력의 지출은 여기서는 본래부터 노동의 사회적 규정으로 현상한다. 왜냐하면 개별적인 노동력은 원래 가족 공동의 노동력의 기관으로서만 작용하기 때문이다." 마지막으로 이러한 문제는 사회주의에서 다음과 같이 특징지어진다. "노동시간은 이중의 역할을 수행할 것이다. 사회적으로 계획된 노동시간은 다양한 노동기능들이 다양한 욕구에 따라 적당한 비율로 분배되도록 제어한다. 다른 한편 노동시간은 동시에 생산자가 공동의 노동에 개인적으로 참여한 척도로 작용하며, 따라서 공동의 생산물의 개인적 지분의 정도로서 작용한다. 인간이 자신의 노동과 그 생산물과 맺는 사회적 관계는 생산에서뿐 아니라 분배에서도 투명하게 유지된다."[6]

다양한 사회적 재생산 형식들에 대한 이런 짧은 서술은 사물화하는 물신주의에 대항한 단순한 논박 그 이상을 담고 있다. 이 서술은 한편으로 사태의 본질로부터 발생하는 특정한 합법칙적 경향들이 극히 상이한 재생산의 주관적-객관적 조건들 아래서 어떻게 사회적 존재 내부에서 필연적으로 관철되어야 하는지를 보여준다. 다른 한편, 그리고 그와 동시에 재생산을 규제하는 이런 원리가 아주 상이한 환경들 아래서 관철된다고 하더라도 이 원리는 언제나 인간의 구체적-사회적 관계에 묶여 있으며, 따라서 그때그때의 재생산의 상황을 구체적으로 표현하고 있다는 사실이 명백하게 통찰된다. 현실화의 구체적 구조를 구체적 상황 아래서 다른 구조로

6) Marx, *Kapital* I, S. 43-45; MEW 23, S. 93.

이행시키려는 모든 시도는 —객관적으로 필연적인, 그리고 지고로 효과적인— 현상형식들의 왜곡으로 이끌지 않을 수 없다. 그런 것들은 상황에 따라서는 아주 실천적-경제적인 결과들을 가질 수 있는 것들이었다. 예컨대 이미 상당히 자본주의화된 사회적으로 필요한 노동시간을 적기에 인식하지 못하여 자신의 객관성을 상실하고 만 19세기의 많은 수공업자들에게서 그런 현상이 나타난다. 여기에서 주목해야 하는 것은 정상적으로 기능하는 그 이전의 형태들에서 (당연히 위기적인 이행의 시대의 형태들은 도외시하고) 다소간 올바른 태도가 상대적으로 즉흥적이게 생겨나곤 한다는 것이다. 보다 발전된 단계의 의식적 계획에서야 비로소 경제적 연관에 대한 적합한 통찰이 직접적으로, 그리고 실천적으로 삶에 보다 중요하게 되며, 그런 통찰은 다른 구조들에서 스스로를 보존해갈 수도 있는 태도 방식의 조작적 채택에 의해 대체될 수 없다.

더 많은 보충설명을 필요로 하는 우리의 지금까지의 이런 잠정적 스케치를 통해 사회적 존재의 재생산의 아주 중요한 존재론적 특성들은 특히 생물학적 삶의 영역과의 연관성과 대립 속에서 지각되어야 한다는 것이 드러난다. 두 존재영역(생물학적 존재영역과 사회적 존재영역—역자)의 가장 중요한 일반적 특성은 출발점으로 봉사할 수 있을 것이다. 이 두 존재영역에서 재생산은 존재의 결정적 범주이다. 존재란 여기서 엄격한 의미에서 자기 자신을 재생산함을 의미한다. 생물학적으로 삶의 근본적이고 기초적인 특성은 물리적 존재에서는 결코 그 유비를 발견할 수 없는 출생, 삶, 죽음이다. 이것들은 이런 존재론적 근본 사실의 직접적 결과물이다. 사회적 존재는 생명체로서의 인간을 지양할 수 없는 토대로 소유하기 때문에 이런 생물학적 재생산의 형식이 사회적 재생산의 불가피한 계기를 형성할 수밖에 없다는 것은 명백하다. 물론 그것은 단지 하나의 계기일 뿐이다. 왜냐하면 인간의 삶을 재생산함에 있어서 인간의 사회적 상호작용이 모든 연합의 존재 적합한 토대를 형성하는데, 인간의 이런 사회적 상호작용으로부터 전혀 새롭고 질적으로 상이한 범주들이 생겨나며, 또한 우리가 이미 본 것처럼, 그리고 앞으로 더 고찰할 것처럼, 인간의 삶의 생물학적 재생산을 규정하는 데 영향을 미치는 범주적 연관들도 생겨나기 때문이다. 그러나 [생물학적 재생산과 사회적 재생산에는 실제로는 이런 유비가 존재하는데—역자] 이런 유비를 동일성으로 파악할 경우 사회적 존재에서의 재생산은 제대로 인식될 수 없다. 메네니우스 아그리파(Menenius Agrippa)[7]의 우화로부터 인종이론까지, 그리고 오트마 슈판(Othmar Spann)[8]에 이르기까지 이런 잘못된 영향이 느껴진다. 이런 흐름은 오늘날 끝난 것 같다. 하지만 그 대신 신실증주의의 토대 위에서 (그리고 때때로 신실증주의에 대한 충분하지 않은 비판적 적대자들로부터) 그것과는 대척점에 서 있는 잘못된 이해, 일면적 파악이라는 측면에서 전자에 못지않게 잘못된 이해가 생겨난다. 이런 관점은 사회적 존재에서 기술(Technik)이 인간의 의지와 완전히 독립해 있는, "운명적인", 자동적으로 효력을 미치는 힘이나 되는 것처럼 이야기

---

7) 메네니우스 아그리파는 5세기 말, 6세기 초 고대 로마의 공화제하에서 귀족으로 활동했다. 공화제였음에도 평민은 원로원 의원이나 성직자가 될 수 없었고, 귀족을 상대로 소송도 제기할 수 없었다. 기원전 494년 이 같은 불평등에 저항한 평민계급과의 협상을 위해 메네니우스 아그리파는 원로원의 대표로 파견되었다. 그는 평민 대표에게 다음의 우화를 들려주었다. '신체의 구성원들이 모여 자신들은 힘들게 일하는 데 반해, 위는 하는 일 없이 자기들의 노동의 결과를 즐기기만 한다고 불평했다. 그래서 손과 입과 이는 위를 굶겨서 굴복시키기로 했다. 그러나 위를 굶길수록 자신들도 점점 허약해져 갔다. 이로써 위도 역할을 하고 있는 것이 명백해졌다. 위가 하는 일은 받아들인 음식을 소화시키고 재분배해서 다른 구성원들을 살찌게 하는 것이었다.' (역주)

8) 오트마 슈판(1878~1950)은 오스트리아의 경제학자, 사회학자, 철학자이다. 오스트리아 파시스트의 개척자로서 자유주의와 사회주의를 급진적으로 비판하였다. (역주)

하며, 이 기계적 힘의 운동이 인간의 운명을 궁극적으로 규정한다고 한다. 여기에서도 역시 전체과정의 한 계기가 연관에서 찢겨져 나와 절대화되고 물신화된다. 따라서 이러한 이해 역시 동일하게 재생산의 이런 전체과정에 대한 올바른 인식에 방해가 된다. 이런 재생산과정은 복합물들로 이뤄진 복합체에서 일어나며, 따라서 복합적-역동적 총체성 속에서만 적절하게 이해될 수 있다.

따라서 사회적 존재의 재생산을 존재론적으로 올바로 파악하고자 한다면 우리는 두 가지 사실을 인정해야 한다. 한편으로 인간은 자신의 근본적 토대를 자신의 생물학적 특성에서, 생물학적 재생산에서 형성한다는 데서 출발해야 하며, 다른 한편 그런 재생산은 비록 그 토대가 자연이기는 하지만 인간의 노동, 인간의 활동을 통해 점증적으로 규정된다는 것, 따라서 인간의 재생산의 과정을 실제로 가능케 하는 사회 역시 점증적으로 자신의 재생산의 조건을 더 이상 자연 안에서 '완성된' 것으로 발견하는 것이 아니라 인간의 사회적 실천을 통해 창출한다는 사실을 인정해야 한다. 여기에서 우리가 이미 다양한 측면에서 반복적으로 다뤘던 '자연의 경계로부터의 벗어남'의 과정이 드러난다. 스스로를 재생산하는 살아 있는 개별 존재와 그를 둘러싼 환경과의 상호관계는 당연히 생물학적 존재에서 재생산의 근본 현상이다. 그런데 그 관계는 그 자체로 생물학적인 것의 테두리 내에서 드러난다. 다른 말로 하면 소여된 생명체는 소여된 환경에서 자신의 생물학적 재생산을 위해 필요한 것을 개진해 나간다. 이런 과정이 환경에 어떻게 작용하는가 하는 문제는 그 내적인 역학에서 볼 때 순전히 우연적이다. 일반적으로 말해서 이 경우에 다양한 생명체들의 재생산과정으로부터 상대적으로 안정적인 관계가 형성되며, 따라서 이런 생명체들이 자기 자신을, 즉 동일한 생물학적 특성을 지닌 생명체들을 재생산한다는 것은 이런 과정의 아주 일반적인 특성이라고 할 수 있다. 지구가 지질학적 역사를 갖는 것과 마찬가지로, 생물학적 존재의 영역 역시 당연히 자신의 역사를 갖는다. 이런 생물학적 역사는 심지어 최종적인 존재론적 원리에서 볼 때 사회적 존재의 방향과 유사한 방향을 드러낸다. 왜냐하면 양자의 경우(존재의 생물학적 발전과 사회적 발전의 경우—역자) 발전의 결정적 계기는 낮은 단계의 존재 범주들이 지배를 위해 자신의 고유한 범주에 종속되고 자신의 모양을 변형시킨다는 사실에 있기 때문이다. 이 문제에 대해 더 이상 상론할 수는 없지만 여기에서는 다음의 사실만을 말하고자 한다. 즉 식물의 세계는 비유기적 자연과의 직접적 신진대사를 통해서 자신을 재생산한다. 이에 반해 동물의 세계는 영양물로서의 유기물에 의존한다. 동물들이 환경과 갖는 상호관계에서 직접적이고 배타적인 생리학적-생화학적 반응은 훨씬 더 복잡한 매개(신경체계, 의식 등)에 의해 경질된다. 우리는 여기서 의심의 여지없이 사회적 존재에서 자연의 경계를 넘어서 가는 것과 상당히 유사한 측면을 보게 된다. 여기에는 공통된 특징이 있는데, 즉 두 영역에는 낮은 단계의 존재수준의 존재 요소들을 변형시키는 현상이 나타난다는 점이다. 이때 변형한다는 말은 그 요소들을 제거한다는 말이 아니다. 생명체 영역의 존재가 비유기적 자연에 기초해 있다는 사실, 또한 사회적 존재가 전체 자연존재에 기초해 있다는 사실은 철회될 수 없다.

우리가 이 모든 연관과 유비에도 불구하고 두 존재영역이 그 본질에 있어 유사성을 갖는다는 사실을 거부했는데, 이런 질적 차이의 결정적 원인이 어디에 있는지 이미 상세히 밝혔다. 그것은 노동, 노동을 발생시키는 목적론적 정립, 그리고 이 정립에 필연적으로 앞서 있는 대안의 결정 등이다. 이것들은 힘, 사회적 범주의 구조를 결정하는 참된 역동적 힘들이다. 이 힘은 물론 자연 현실을 움직이는 동력과 어떤 유사성도 가지고 있지 않다. 오로지 사회적 범주에만 속하는 이런 역동적 힘들의 존재론적 우선성은 재생산과정에서 아주 일반적으로 드러난다. 삶의 영역의 존재 범주와 어떤 유사성도 가지지 않은 사회적 존재의 저 특수한 범주들에 대해 우리는 좀 더 상세히 이야기할 것이다. 여기서 우리는 두 존재영역의 근본적인 분기점을 명확히 해야 한다. 다음의 계기들을 말하는 것은 이를 위해 좀 더 유용할 것이다. 즉 이 두 존재영역에서 생물학적 삶은 궁극적으로 지양될 수 없지만, 이 두 영역이 내용적으로뿐 아니라 형식적으로 사회적 발전에 의해, 그 재생산의 형식에 의해 결정적으로 형태 지어진다는 사실은 명확하다. 우리가 우선 생명체인 모든 인간의 생물학적 재생산을 위해 불가피한 영양물에 대해 말하고자 할 경우 우리는 마르크스의 유명한 진술에서 출발할 수 있을 것이다. "배고픔은 배고픔이다. 그러나 포크와 칼을 사용하여 먹는 요리가 된, 고기에 만족하는 배고픔은 손과 손톱, 그리고 이를 가지고서 날것의 고기를 뜯어 먹는 배고픔과는 다른 배고픔이다."[9] 여기에 규정의 이중성이 명확히 드러난다. 배고픔과 그 만족을 위한 철회할 수 없는 생물학적 특성과 다른 한편 그와 동시에 만족의 방식의 모든 구체적 형식들이 경제적-사회적 발전에 의존한다는 것이 그것이다. 만약 생물학적 배고픔을 순수하게 초역사적 "토대"로, 배고픔의 만족을 위한 사회적 형식을 단순히 "상부구조"로 파악한다면 그것은 너무 피상적이고 외적인 고찰에 머무는 것일 것이다. 인간이 고기를 영양물로 삼아가는 이행과정 역시 생물학적 결과를 가진다는 것은 말할 것도 없고, 영양물 섭취의 사회적 규칙 역시 의문의 여지없이 동일하게 생물학적 결과를 가진다.

하지만 이런 사회적 규정성은 더 나아간 함의를 가지며, 이미 말한 바

---

9) *Rohentwurf*, 13; MEW 42, S. 27.

있는, 그리고 앞으로 아주 상세히 다룰 아주 중요한 사회적 물음과 인간 종의 발전에 재미있는 빛을 던져준다. 마르크스가 포이어바흐에게 제기한 것처럼, 인간 종(Menschengeschlecht)은 무언의, 추상적인 일반적 범주가 아니라, 사회적-의식적으로 형성된 범주이다. 이러한 사실은 현실의 작은 개별적 공동체들만이, 그리고 나중에는 민족들만이 인간 종에 적합한 것으로, 인간 종을 실현하는 것으로 간주되며, 이에 반해 이러한 영역 외부에 살아가는 자들은 다소간 그런 인간 종에서 배제된 자로 파악된다는 사실 속에 처음부터 드러나 있음에 분명하다. 세계시장의 생성과 집중적 발달과 더불어서야 비로소 인간 종은 보편적 문제로, 모든 인간을 포괄하는 문제로 논의되기 시작하였다. 이런 과정은 예를 들어 음식물의 조리의 발전에 아주 명료하게 드러난다. 음식물의 조리는 지역적이며, 하나의 통일성으로 흡수되는 것에 저항하면서 아주 천천히 전 국가적 척도에서 통합된다. 자연의 토대(예컨대 기후)만이 그런 차이를 규정한다고 말해서는 안 된다. 특히 처음에는 자연의 토대가 확실히 아주 결정적인 역할을 했다. 그러나 만약 오스트리아, 바이에른 혹은 뷔르템베르크에서 "요리"의 차이를 무엇보다 자연에서 그 원인을 찾는다면 그것은 너무 부자연스런 물음일 것이다. 그리고 외국을 여행하던 첫 시기에 많은 사람들이 낯선 음식에 아주 역겨워했다는 것을 쉽게 관찰할 수 있다. 하지만 오늘날 세계시장과 세계인의 교류가 강력하게 전개되면서 "요리"가 어떻게 점차 국제화되는지를 쉽게 관찰할 수 있다. 괴테가 '아주 높은 이념적 수준의 세계문학'이라는 표현으로 표시하였던 이 과정은 외적으로, 내적으로 아주 강력하게 인간의 음식의 일상 속으로 파고들었다. 우리의 일상의 삶이 오늘날 조작과 과시적 소비의 형태를 다양하게 수용한다는 것은 이 영역에서 아주 높은 정도의 사회화가 이뤄졌음을 드러낸다.

이와 동일한 발전의 방향을 생물학적 삶의 다른 중요한 영역에서도 확인할 수 있다. 예컨대 성의 영역에서 그것을 확인할 수 있다. 우리는 이미 남자와 여자의 관계(모권제 등) 변화에는 아주 커다란 사회적 변화들이 있음을 언급했다. 의문의 여지없이 사회적 변화들이 사회적 삶에서 전형적인 행위양식을 급격하게 변화시킴으로써 남성과 여성의 관계에도 강한 영향을 미쳤다. 누가 지배자이고 누가 피지배자인지 등은 이러한 관계에서 성적 관계를 "외적으로"만, 표면적으로만 변형시키는 "외적인" 사회적 질문이 아니다. 오히려 그러한 변형은 한 성이 다른 성에 성적으로 매력을 느끼거나 거북해하도록 하는 것에 깊은 영향을 미치는, 전형적으로 긍정되거나 부정되는 인간의 태도 방식을 자발적으로 생겨나게 한다. 인간의 압도적 다수를 고찰해볼 때, 근친 간의 성적인 끌림이 거의 사라졌다는 사실을 지적하는 것으로 충분할 것이다. 무엇보다 사회적 재생산의 아주 중요한 또 다른 특징이 성과 관련하여 다음과 같이 표현될 수 있다. 상호 간의 성적인 끌림은 본질적으로 육체적이고 생물학적인 특성을 결코 상실하지 않았다. 그러나 성적 관계는 사회적 범주들이 집중화됨으로써, 비록 여전히 육체적 끌림과 다소간 유기적으로 통합되어 있기는 하지만, ─직접적이건 간접적이건─ 육체적인 것과는 차이가 나는 사회적-인간적 특성을 갖는 그런 내용들을 점점 더 많이 수용한다. 사회적 존재의 재생산 내에서의 모든 발전처럼 이것 역시 불균등하게 표현된다. 플라톤의 초기 대화편에 잘 묘사되어 있는 고대 그리스 도시국가의 시민들의 동성애, 해체된 도시국가 문화에서 창녀들의 역할, 중세 금욕주의적 정신주의에서의 성애 등에 대해 생각해보는 것만으로도 충분하다. 발전의 불균등성은 이 영역에서 사회적 존재에 내재한 법칙의 이중성에서 나온다. 한편으로 일반적 법칙은 이러한 존재 범주를 ─인간에 의해 창출된, 인간의 삶을 지향하는─ 사회적 범주로 변형시키는 방향으로 부단히 움직여간다. 다른 한편 여기서 표현된 경향들이 사회적으로 활동하는 인간의 개별적인 목적론적 정립으로부터 보편적-객관적 경향들로 나아가는 것으로 요약될 수 있다고 하더라도, 이 경향들은 결코 목적론적 성격을 소유하지 않는다. 이 경향들은 그들에게 목적론적 정립을 불러일으키는 욕구라고 말할 수 있는 그런 방향으로 진행해간다. 하지만 그 방향은 압도적 다수에게 불투명하게 머물러 있으며, 모든 목적론적 정립은 정립 그 자체에 의식적으로 의도된 것 그 이상을, 그렇게 의도된 것과는 다른 인과적 연쇄를 작동시킨다. 그래서 사회화된 이것들의 종합은 모든 개별적 정립을 넘어서 가며, 그런 개별 정립들에 보유된 것 이상을 —보편적-객관적으로— 실현한다. 이때 이러한 사실은 대부분의 경우에 결과 속에서 개별 인간에게 제시되는 실현 가능성들이 발전의 보편적 과정과 종종 다르게, 심지어는 대립되게 현상하는 방식으로 수행된다. 이렇듯 근대 부르주아적 성애의 내면성은 기독교적인 정신주의적 금욕에서 발생하지만, 궁극적으로 기독교적 금욕은 근대 부르주아적 성애의 역사적 예비 단계라고 할 수 있다. 따라서 『신생(Vita nuova)』 없이는 베르테르도 없다.[10] 이런 방식으로 오늘날 한계 없고 내면에 부담을 주지 않는

---

10) 『신생』은 르네상스기 단테(1265~1321)의 작품으로 1576년 피렌체에서 출판되었다. '신생'이란 단테가 베아트리체라는 여인을 사랑함으로써 얻게 되는 활력을 지칭하는 것으로 새 생명이라는 뜻이다. 앞부분의 시는 남프랑스의 프로방스 서정시의 풍으로 쓰였고, 보다 높은 순애의 경지에 도달했을 때 단테의 새로운 시가 생겨나며, 베아트리체가 죽은(1290년) 후 시는 종교적인 분위기를 띤다. 서장(序章) 외에 42장으로 나뉜다. 시 31수, 소네트 25수, 칸초네 5수, 발라드 1수이다.
베르테르는 괴테의 소설 『젊은 베르테르의 슬픔(Die Leiden des jungen Werthers)』(1774)의 주인공으로 여자 주인공 로테를 열렬히 사랑하지만, 그녀에게 약혼자가 있다는 것을 알고 끝내 자살로 삶을 마감한다. 그런데 이 작품이 유명해지면서 젊은 세대의 자살이 급증하는 사태가 벌어졌다. 저자 루카치는 『신생』 유의 기독교적 사랑이 근대의 베르테르 유의 사랑

성(性) 이데올로기와 성의 문화가 생겨난다. 물론 부르주아적 성애의 내면성이 여성의 억압을 실제로 극복할 수는 없다. 여기서부터 엄청난 과장에서 위선에 이르는 허위의식의 커다란 등급이 생겨났다. 하지만 산업의 발달은 점진적으로 그러한 것들을 지양하는 방향으로 영향을 미친다. 이미 콜론타이(Alexandra Kollontai)[11]는 러시아 혁명의 시기에 『글라스 바서(*Glas Wasser*)』의 이데올로기를 예고했다. 이 이데올로기는 기계를 산업에 도입함으로써 필연적으로 생겨나는 비인간성에 대한 자발적 반발로 기계에 대한 공격이 일어났던 것과 마찬가지로, 성적 불평등에 대한 자발적 반발이다. 순수한 성의 양태를 ―정당하게도― 아주 비판적으로 고찰할 경우, 비록 여기에서도 역시 당연히 과시적 소비와 같은 조작 범주가 큰 역할을 함에도 불구하고, 이런 발전 상황을 간과해서는 안 된다.

발전된 사회에서는 순수한 생물학적 성을 사회적인 것으로 중첩시키고 변형시킨다는 사실을 말해왔다. 여기서 그런 내용과 형식들의 사회적 조건을 분명하게 고찰하기 위해 분석을 더 해갈 필요는 없을 것 같다. 그런 현상형식들이 육체 깊숙이 도달하여 의복으로부터 화장술에 이르기까지 성적-성애적 본능의 기능에 결정적으로 영향을 미치며, 이것은 다시 아주 중요한 인간관계의 발전과 밀접하게 연관되어 있다는 사실을 잊어서는 안 된다. 우리의 이러한 주장은 역사적 경향을 충실히 따르고 있다. 푸리에는 성관계의 변화에서, 남자와 여자의 관계에서, 사회에서 여자의 위치에서

의 역사적 조건이 되고 있다는 것을 말하고 있다. (역주)

11) 콜론타이(1872~1952)는 러시아 혁명시기, 특히 여성노동자들에게 관심을 보였다. 그는 1911년 3월 "투쟁하는 근로여성의 날"이라는 국제적인 여성운동을 발의하여 독일에서 행사가 개최되었는데, 엄청난 성공을 거두었으며, 이후 전 세계적으로 여성운동이 확산되게 하는 계기를 이루었다. (역주)

인류의 발전단계의 척도와 그때그때의 발전의 상태를 간파한 최초의 사람이었다. 마르크스는 이런 생각을 다시 수용하여 『경제학-철학 수고』에서 다음과 같이 말한다. "인간이 인간과 맺는 직접적-자연적-필연적 관계는 **남자와 여자의 관계**이다. 이 자연적인 남녀 관계에서 인간이 자연과 맺는 관계는 직접적으로 인간이 인간과 맺는 관계이다. 여기서 인간과 맺은 관계는 자연과 맺은 관계이며, 인간 자신의 **자연적** 규정이다. 따라서 이 관계에서 어느 정도까지 인간의 본질이 인간에게 자연으로 되고, 혹은 어느 정도까지 자연이 인간의 인간적 본질로 되는지 하는 문제는 **감각적으로 현상**하며, 직관할 수 있는 **사실**로 환원된다. 이런 관계로부터 우리는 인간의 전체 성장단계를 판단할 수 있다. 이런 관계의 특성으로부터 **인간이** 어느 정도까지 **유적 존재**이며, **인간**으로 되었는지, 그리고 인간으로 파악되는지 하는 문제가 따라 나온다. 남자가 여자와 맺는 관계는 인간의 **가장 자연스런** 관계이다. 이 관계에서 인간의 **자연적** 태도가 어느 정도까지 **인간적으로** 되었으며, 혹은 어느 정도까지 **인간적** 본질이 그에게서 **자연적** 본질로 되었으며, 어느 정도까지 그의 **인간적 자연**이 그에게서 자연으로 되었는지가 드러난다. 이런 관계에서 또한 어느 정도까지 인간의 **욕구**가 **인간적** 욕구로 되었으며, 그에게서 **다른** 인간이 어느 정도까지 인간으로 욕구되었는지, 가장 개별적인 그가 동시에 어느 정도까지 공동체적 존재로 되는지가 드러난다."[12] 마르크스의 이 진술에서 자연이라는 표현이 단순히 생물학적 존재를 의미하지 않는다는 것은 상세한 설명을 할 필요가 없을 만큼 자명하다. 자연이란 술어는 여기서 사회적 존재로부터 성장한 가치 개념이다. 이 술어는 인간 종의 규정을 현실화하는 인간의 자발적 의도를 표현한다. 당연

---

12) Marx Werke, a. a. O., III, 113; MEW EB I, S. 535.

히 자연이란 표현은 또한 인간적 현존재의 지양할 수 없는 생물학적 토대를 지시한다.

아마도 사회적 존재의 특수한 양식은 우리가 교육이라고 말하는 복합적 활동에서 더 분명하게 드러난다. 당연히 여기에서 다른 고등동물 종과의 비교를 통해 이런 사실은 더 분명해진다. 성장한 동물들은 자기 자식들에게 종에 알맞게 일생 동안 없어지지 않고 꾸준히 머물러 있는 특정한 태도 방식을 단번에 습득할 수 있도록 도움을 준다. 이러한 사실을 생각해보면 우리는 사회적 존재와 고등동물의 차이를 금방 알 수 있다. 이에 반해 인간의 교육에서 본질적인 것은 자식들을 자신의 삶에서 나중에야 등장하는 새로운, 사전에 예견할 수 없는 그런 사건과 상황들에 적절하게 반응할 수 있도록 만드는 것에 있다. 이것은 두 가지를 의미한다. 첫째, 인간의 교육은 —아주 넓은 의미에서— 실제로 결코 완결되지 않는다는 것을 의미한다. 인간의 삶은 —좁은 의미에서— 교육받았던 것과는 전혀 다른 사회에서 그에게 전혀 다른 요구를 하는 그런 환경에 놓일 수도 있다. 인간이 헤벨[13]의 작품에 나오는 마이스터 안톤이 보인 반응, 즉 "나는 세상을 더 이상 이해하지 못한다."고 한 태도 방식으로 그런 상황에 반응할 때 인간의 실존은 좌초한 실존이다. 이런 연관에서 그의 실존이 비극적으로 되든, 희극적으로 되든, 혹은 비참하게 되든 아무래도 상관이 없다. 이러한 사실은 좁은 의미의 교육과 넓은 의미의 교육 사이에 어떤 사변적, 혹은 형이상학적 경계가 있을 수 없다는 것을 보여준다. 그런 경계는 그 자체 실천적으

---

13) 프리드리히 헤벨(1813~63)은 독일의 극작가이자 서정시인이다. 마이스터 안톤은 그의 비극작품 『마리아 막달레나』(1843)의 남자 주인공으로, 이 드라마의 마지막 멘트가 바로 위에 기록된 "나는 더 이상 세상을 이해하지 못한다."이다. (역주)

로, 그때그때의 사회와 계급에 따라 극단적으로 상이한 방식으로 이끌려 나온다. 이제 좁은 의미의 교육에 대해서만 몇 가지 이야기해보자. 오늘날 인간은 인간 종에 적합한 자립적 개체로의 성장이 상당히 느려졌는데, 인간의 이런 더딘 발전이 생물학적 특성에서 발생하기라도 하듯이 말하는 경향이 있다. 하지만 이것은 오늘날 확산되어 있는 오류들을 다시 보여줄 뿐이다. 교육과정의 길이는 다시금 인간의 생물학적 특성에 영향을 미친다. 그러나 우리는 '배고픔과 사랑'에 대해 고찰할 때 이미 변화의 주된 모티브들이 비생물학적인 사회적 성격임을 보였다. 19세기 초와는 달리 오늘날 공장에서 어린아이들이 더 이상 일을 하지 않는다면 그것은 생물학적 근거에서가 아니라 산업의 발달, 특히 계급투쟁의 결과에 기인한 것이다. 오늘날 문명화된 나라에서 보편적 의무교육이 퍼져 있고, 아이들은 상대적으로 오랜 시간 동안 일을 수행하지 않는데, 이 경우 교육에 보다 많은 시간을 부여하는 이런 현상 역시 산업발전의 결과이다. 모든 사회는 그 구성원들에게 특정한 양의 지식이나 완성 정도, 그리고 태도 방식 등을 요구한다. 좁은 의미에서의 교육의 내용, 방법, 지속 기간 등은 그렇게 발생한 사회적 욕구의 결과들이다. 그렇게 변화된 환경들은, 이 환경들이 충분히 길게 유지될 경우, 당연히 인간의 육체적-심리적 특성에 특정한 방식으로 다시 영향을 미친다. 하지만 아주 오랫동안 유지되어온 영국 귀족들의 유형은 그들이 이튼(Eton) 고교에서 옥스퍼드-케임브리지 대학에 이르는 과정에서 배운 교육에 의해 각인된 것과는 상당히 거리가 먼 유산이다. 계급의 유형이나 직업유형이 상당히 오랫동안 유지되는 것을 고찰할 때 우리는 그런 각인들도 염두에 두어야 한다. 물론 당연히 넓은 의미의 —다양한 자발적— 교육은 좁은 의미의 교육과 적어도 동등한 정도의 역할을 수행한다. 넓은 의미의 교육이 느슨해지거나 사회적으로 해체되려고 할 때 그

"유산"은 유형들을 산출할 수 있는 자신의 능력을 상실한다. 우리들은 토마스 만의『부덴브루크 가(Buddenbrooks)』[14]에서 그런 해체과정을 아주 잘 고찰할 수 있다. 이 작품은 전체 사회의 재생산이 넓은 의미의 교육을 통해 더 이상 현재와 미래의 현실적 대안들을 전개하거나 그런 대안들에 영향을 미치지 못하게 되자마자 이런 교육을 통해 재생산된 모든 전통이 어떻게 몰락하는지를 보여준다. 교육을 통해 진행되는 이러한 전통의 거부는 토마스 부덴브루크와 크리스티안 부덴브루크에게서 잘 드러나듯이 아주 대립적으로 드러날 수 있다. 이러한 사실은 또한 토마스와 크리스티안이 이전의 세대들과 마주하여 거부라는 단일한 유형으로 다가간다는 보편적 법칙성을 강화할 뿐이다.

이렇듯 교육의 문제는 바로 이 교육을 근거 짓는 문제로 환원된다. 즉 교육의 본질은 사람들로 하여금 의도적으로 새로운 삶의 대안들에 반응하도록 그들에게 영향을 미친다는 데 있다. 이러한 의도는 ―한편으로는― 중단 없이 현실화될 수 있다. 이것은 사회적 존재의 재생산의 변동과정에서 연속성을 보유하도록 하는 데 도움을 준다. 그리고 이런 의도는 ―다른 한편으로는― 장기적인 관점에서 볼 때 동일하게 중단 없이 좌절될 수 있다. 이것은 이러한 재생산이 불균등하게 수행된다는 사실, 그리고 이런 재생산이 목적의식적인 교육에 파행을 불러일으키는 새롭고 모순투성이인 계기들을 언제나 산출한다는 사실의 심리적 반사물이다. 뿐만 아니라 그것은 이런 새로운 계기들 속에서 사회적 존재의 보다 고차적인 객관적 발

---

14)『부르덴부르크 가』는 19세기 유럽의 사실주의 전통에 입각한 토마스 만의 소설로, 당시 대(大)부르주아 출신의 4세대에 걸친 가문의 번창과 몰락을 통해 독일 시민계급의 발전과정을 비판적으로 제시한 시대적 연대기이다. (역주)

전이 —불균등하고 모순투성이의 방식으로— 자신의 재생산 속에서 표현된다는 사실의 심리적 반사이기도 하다. 지금까지 계속 했던 것처럼 여기서도 우리는 보다 고차적인 발전이란 객관적-존재론적인 의미에서의 발전이지 가치부여적인 의미에서의 발전이 아님을 강조한다. 여기서 문제가 되는 것은 사회적 존재는 스스로를 산출하면서 점점 더 사회화되며, 고유한 사회적 범주들로 자신의 존재를 점점 더 강력하고 집중적으로 구축한다는 것이다. 그러나 그 자체 형식적-존재론적으로 등장하는 재생산과정의 이런 측면은 —역시 객관적-존재론적으로— 동시에 개별적-인간적 공동체들의 통합의 과정이다. 이 과정은 더 이상 고립되어 있지 않은 인간 종의 실현의 과정이며, 이와 동시에 점점 더 다양하게 (점점 더 사회적으로) 전개되는 인간의 개별성의 실현의 과정이다.

노동의 과정은 새로운 것, 새로운 욕구, 이 욕구의 만족을 위한 새로운 도정 등을 발견하고 현실화시키면서 전진해간다. 이를 통해 그러한 노동과정은 점차 사회적으로 확산되고 정교해지며, 기술적 노동분업뿐 아니라 사회적 노동분업도 생겨난다. 여기서 이런 과정을 역사적으로 묘사하는 것이 우리의 과업은 아니다. 여기서는 노동의 이런 재생산과정과 이로부터 성장한 노동분업이 사회적 존재의 구조를 존재론적으로 새롭게 각인한다는 사실을 보여주는 몇몇 결정적인 계기들만 들춰내겠다. 최초의 노동분업은 확실히 특정한 기구나 협동체에서 가끔 일어나는, 따라서 단순히 기술적인 그런 협력에 불과하다. 노동분업이 특정한 직업에서 확고하게 되기까지, 혹은 노동분업이 개별 인간들에게 사회적 존재의 자립적 형식으로 기능하면서 그들의 전체 삶의 방식에 작용을 미치는 특수한 사회적 조직으로 발전해가기까지는 상당한 시간이 걸린다. 마르크스는 『독일 이데올로기』를 위한 스케치에서 이 문제에 대해 다음과 같이 말한다. "개인들은 언제나 자기로부터 나아갔으며 언제나 자기로부터 나아간다. 그들 간의 관계는 그들의 현실적 삶의 과정의 관계이다. 그 관계는 어떻게 그 개인들에 대해 자립적으로 될까? 그들의 고유한 삶의 힘들이 어떻게 그들에게 아주 강력하게 작용할까? 한마디로 말하자면, 그것은 **노동분업**이다. 노동분업의 단계는 점진적으로 발전해가는 생산력에 의존한다."[15] 노동분업은 생산력의 발전의 결과로 나타난다. 물론 이때 결과는 노동분업의 관점에서 보면 진전된 발전의 출발점을 이루며, 비록 개별 인간들의 개별적인 목적론적 정립으로부터 직접 생겨나지만, 일단 한번 생겨나면 개별 인간들에게 사회적 힘으로 사회적 존재의 보다 중요한 요소로 작용하며, 사회적 존재에 영향을 주면서 그들을 규정한다. 그리고 이 결과(즉 노동분업—역자)가 비록 개인들의 노동행위로부터 발생했다 하더라도 그것은 개인들에 마주하여 자립적 존재의 성격을 띤다. 우리는 무엇보다 여기서 원래는 통일적이었던 사회를 날카롭게 분화시키는 두 가지 복합체에 대해 생각해볼 수 있다. 하나는 정신노동과 육체노동의 분할이고, 다른 하나는 계급과 계급 적대의 형성과 더불어 중단 없이 교차하며 나타나는 도시와 농촌의 분할이다.

첫 번째 것(정신노동과 육체노동의 분할—역자)에 이르는 도정은 가장 원시적인 노동분업에 이미 배태되어 있다. 즉 우리가 이미 본 것처럼, 필연적인 목적론적 정립은 두 가지 형태를 수용한다. 자연 대상들(넓은 의미에서는 자연력도 포함된다.)을 인간의 목적을 위해 변화시키는 정립이 하나이고, 다른 하나는 다른 사람들에게 자신이 원하는 일을 하도록 동기부여하기 위해 그들의 의식에 영향을 미치는 정립이다. 노동이 발전할수록, 그와 더불어

---

15) Marx Werke, a. a. O., v, S. 537; MEW 3, S. 540.

노동분업이 발전할수록 두 번째 형식의 목적론적 정립이 더 자립적인 형식들로 되며, 그것은 그만큼 더 노동분업의 고유한 복합체로 발전해간다. 노동분업의 이런 발전 경향은 사회적으로 반드시 계급의 생성과 교차된다. 이러한 유의 정립은 즉흥적으로 혹은 제도적으로 지배와 예속의 형태로 나타나며, 따라서 자립화된 정신노동이 계급지배의 체계와 아주 자주 결합하게 된다. 물론 이때 정신노동의 시초가 더 오래되었다는 것, 그리고 이미 『공산당 선언』에 나온 것처럼, 계급투쟁의 과정에서 정신노동의 대표자들 중 일부가 어떤 사회적 필연성으로 인해 혁명적인 피억압자의 편으로 넘어오긴 한다는 사실을 지적할 필요는 있다. 이러한 문제 역시 여기서 다룰 수는 없다. 우리는 이 문제를 다음의 문제를 보이기 위해 살펴보았었다. 즉 우리는 사회적 재생산이 비록 궁극적으로는 개별 인간의 행위 속에서 실현되지만, —사회적 존재의 실재는 직접 인간 안에서 현상한다— 그럼에도 불구하고 현실화될 수 있는 이런 행위들은 불가피하게 사람들의 복합적 관계로 편입된다는 것을 보였다. 그런데 사람들 사이의 이런 복합적 관계는 일단 발생하면 그 자체 고유한 운동을 소유한다. 즉 그것은 개별 인간들의 의식과 상관없이 스스로를 산출하면서 사회적으로 효력을 발휘한다. 그뿐 아니라 그것은 대안을 선택함에 있어서 많든 적든, 직접적이든 간접적이든 결정적인 자극을 부여한다. 복합체의 상호의존과 영향의 주된 경향은 관련 형태의 전체를 재생산함에 있어서 좀 더 보편적인 합법칙성에, 그것의 구조, 발전방향, 발전단계 등에 의존한다. 그럼에도 불구하고 그런 복합체의 상호의존과 영향은 언제나 특정한 다의성을 갖지 않을 수 없다. 어쨌거나 이 경우 지금까지의 삶의 영역에서 그 어떤 것과도 유사하지 않은 인간들 사이의 분화가 사회적 재생산에서 발생한다. 대안을 결정함에 있어서 내용과 형식, 그리고 방향 등을 제시하는 결정적 환경들은 궁극적으로 인간의 행위의 결과이다. 바로 이 때문에 인류 내부에서 질적인 분화가 매우 넓고 깊게 진행되며, 따라서 때때로 인류가 통일되어 있다는 사실이 의심을 불러일으킨다. 인류가 통일되어 있다는 것은 당연히 사회적-역사적 발전과 더불어 이르든 늦든 그 정체가 드러나고 마는 하나의 가상일 뿐이다. 그런데 사회적으로 효력을 발휘하는 가상으로서의 그것의 단순한 현존은 사회적 존재와 생물학적 존재 사이의 질적 차이를 보여준다. 생물학적 존재의 경우 가상적이기만 한 그런 방식의 분열은 유 내부에서 발생할 수 없다. 분화들은 생물학적 토대에서만 발생할 수 있다. 하지만 그 다음 분열이나 변형 이전처럼 잠자코 있는 새로운 유들이 발생한다. 그러한 경우들에도 역시 유로서의 인간은 ─불균등하고 모순투성이로─ 스스로를 전개해가는 사회적-역사적 범주로 드러난다.

유사하게 인간의 역사에서 특정한 단계로부터 나타나기 시작하는 다른 종류의 노동분업, 즉 도시와 농촌의 노동분업이 있다. 나중에 도시로 성장해가는 최초의 정착지는 생산과 안전을 위해 형성된다.(후자의 관점에 대해, 방어, 정복 등이 생산과 관련 맺는 경제적-사회적 관계에 대해 우리는 나중에 자세히 살필 것이다.) 여기서는 무엇보다 도시란 매우 복합적인, 서로 이질적인 계기들로부터 발생하는 복합체, 그리고 매우 복합적이고 종종 극단적으로 이질적인 사회적 기능들을 충족시키는 복합체라는 사실을 강조할 필요가 있다. 따라서 도시라는 것을 정의하는 것은 불가능하다. 고대 동양, 폴리스 시대, 중세, 자본주의의 여러 단계들 등에 나타난 도시들은 하나의 고정된 관점에서 무엇이라고 이름 붙일 수 없다. 그럼에도 불구하고 최초의 도시들의 생성과 더불어 사회적 존재의 사회화를 위한 중요한 발걸음이 행해졌다고 하는 것은 분명하다. 이런 발걸음은, 비록 도시의 정치적-경제적-군사적 기능들이 부단한 변화에 종속되고, 때때로 오랜 시간 뒤에 도시가 몰락하기도 하지만, 결코 되돌릴 수 없다. 도시와 농촌 사이의 상호관계도 변화무쌍하며, 도시의 생성 이래, 그리고 그 결과 농촌 주민들의 경제와 풍습에 이르기까지 변화도 변화무쌍하다. 그와 더불어 압도적으로 사회적인 범주들을 통해 사회적 존재가 형태를 얻어간다는 것은 자명하다. 도시는 도대체가 열등한 존재에게서는 그 유를 찾아볼 수 없는 복합체이다. 이 복합체 안에서는 가장 단순한 삶의 기능들도 사회적으로 매개된 채 등장하며, 자연과의 연결 끈은 희미하게 존재할 뿐이다.(도시의 정원이나 공원조차도 압도적으로 사회적 조직물이다.)

육체노동과 정신노동이 분리되어가는 사회적 과정 역시 도시의 실존을 통해 더 가파른 상승 곡선을 긋는다. 도시가 산업의 중심으로 되면 될수록, 한 나라의 산업의 생산이 농업을 양적으로, 질적으로 압도하면 할수록 정신노동의 모든 분파는 도시에 더 강하게 집중되며, 오랜 시간에 걸쳐 농촌은 문화의 진보로부터 그만큼 단절된다. 이와 병행하여 농업생산을 하는 사람들의 수가 주로 도시에서 수행되는 산업 혹은 상업 인구보다 꾸준히 줄어드는 발전이 전개된다. 인간을 직접 감싸고 있던 자연과의 직접적 교류 대신 전체 인간의 노동이 필요하게 되었을 때 인간은 점점 더 자신의 출발지로부터 멀어져 갔다. 원래의 이런 직접성을 몰아내는, 그리고 시간이 지남에 따라 고유한 조직과 제도로 발전해가는 다양한 매개체들 중에서 도시는 상대적으로 자립화된 가장 중요한 복합체들 중 하나가 된다. 그것도 도시가 자신의 이행적 성격(고대의 도시국가는 오랜 기간 동안 주로 농업에 종사하는 주민들의 응집체였으며, 완전히 다른 환경에 처해 있었던 중세의 도시 역시 몇몇 유사한 특징을 보여준다.)을 벗어버릴수록, 혹은 도시가 모든 관점에서 농촌에 대한 현실적-사회적 대립자로 될수록 그렇게 된다. 이런 전개과정은 언급이라도 되어야 했다. 왜냐하면 또 다른 측면에서 볼 때 이런 발전은 재생산의 과정에서 경제적-사회적 발전이 다양한 영역에서 다양한 방식으로, 도처에서, 그리고 언제나 보다 순수하고 보다 배타적으로 사회화되는 사회적 존재의 구조를 어떻게 점점 더 고차적인 단계로 산출하는가를 보여주기 때문이다. 이러한 경향은 우리가 다양하게 제시한 전체 상과 결코 다르지 않다. 이 경향 역시 불균등하고 모순투성이의 경향이다. 왜냐하면 여기서도 역시 결정적인 진보는 객관적 전체 구조의 영역에서 사회적 현상방식과 동시적으로, 그런 현상방식과 분리할 수 없게 표현되기 때문이다. 이때 이런 사회적 현상방식에서 사회화를 향한 주된 경향에 대한 필연적이고 전형적인 인간의 반응은 작든 크든 날카롭게 대립한다는 데 있다. 여기서도 역시 객관적-경제적 진보와 정신적-문화적 현상방식 사이의 대립이 지배한다. 따라서 청년 마르크스는 도시와 농촌의 대립에 대해 다음과 같이 말한다. "그 대립은 개인이 노동분업, 즉 그에게 강요된 특정한 활동에 포섭되었다는 사실을 명확히 표현한다. 여기서 '포섭(Subsumtion)'이란 한쪽을 고루한 도시의 동물로, 다른 한쪽을 고루한 농촌의 동물로 만들어서 양자의 이익의 대립을 매일 새롭게 산출한다는 것을 의미한다."[16] 당연히 이렇게 확립된 것은 특히 보편적 태도 유형과 관계 맺는다. 또한 동일하게 당연히 모든 단계에 ―이 단계들은 시대와 장소에 따라 다양하다― 이런 왜곡에 대한 인간의 극복 시도들이 있다. 이때 그 극복들은 개별자들이 자체적으로 해결책을 찾는 데 있기는 하지만, 그러나 단순히 개별적인 것이 아니라 그때그때의 구체적인 사회적 정황에 따라 사람들이 해결 경향을 찾는다. 성취나 거부는 개인들을 통해 수행되는 행위들, 태도양식들이다. 개별 인간들이 산출하는 사회적 규정들은 그들의 사

16) Ebd., S. 39-40; MEW 3, S. 50.

회적 객관성을 손상시키지 않으면서 단지 그러한 개별적 형식들 속에서만, 개별성을 매개로 해서만 구체적으로 표현될 수 있다. 역사적으로 가장 중요한 노동분업의 형식인 계급분화의 형식은 노동분업의 사회적 전개의 이 모든 형식과 교차한다. 우리는 이미 계급분화의 근원이 재생산에 필요한 것보다 더 많은 것을 생산할 수 있는 노동력의, 점증적으로 발생한 노동력의 특수한 사용가치에 있다는 것을 말했었다. 생산의 발전, 생산의 특수한 형식과 한계 등, 바로 이런 것들이 상호작용의 형식에서 계급분화의 양식, 계급의 사회적 기능과 전망의 양식 등을 규정한다. 왜냐하면 계급들의 특이한 속성, 그리고 그들 간의 관계의 특이한 속성은 결정적으로 생산으로 환원되기 때문이다.(예를 들어 노예경제의 생산의 한계) 그러나 계급들이 경제적으로, 객관적으로 규정되는 개별적-사회적 복합체들을 형성하는 한 이런 복합체들은 서로 관련을 맺은 채 반성규정들로 실존할 수 있을 뿐이다. 이때 이 복합체들에서 이런 반성의 관계에 대한 의식은 특정한, 때때로 아주 중요한 역할을 수행한다. "이 사람은 예를 들어 왕일 뿐이다. 왜냐하면 다른 사람들이 그에게 신하로 처신하기 때문이다. 그들은 반대로 신하라고 믿는다. 왜냐하면 저 사람이 왕이기 때문이다."[17]고 마르크스는 말한다. 마르크스는 여기서 자신이 '계급 상황의 의식화를 계급관계의 현존재(Dasein)가 아니라 그 관계의 실상(Sosein)에 대한 결정적 규정으로 간주한다.'는 사실을 다소 아이러니한 형식으로 첨예화하여 표현하고 있지만, 다른 곳에서는 여러 방식으로 이런 사실을 명확하게 표현한다. 『철학의 빈곤』에서는 다음과 같이 말한다. "경제적 관계는 우선 수많은 대중을 노동자로 만들었다. 자본의 지배는 이 대중에게 공동의 상황, 공동의 관심사를

---

17) *Kapital* I, S. 24, Anmerkung; MEW 23, S. 92.

만들었다. 이렇듯 이 대중은 이미 자본에 마주한 하나의 계급이 된다. 하지만 대중은 아직 대자적인 존재는 아니다.(즉 대중은 이러한 상황에 대해 의식하지 못한다—역자) 투쟁하는 가운데 … 이 대중은 함께하게 되며, 스스로를 대자적인 계급으로 구성한다."[18] 『브뤼메르 18일』에서 이런 의식화는 곧바로 계급존재의 기준으로 등장한다. 마르크스는 거기서 농부에 대해 다음과 같이 말한다. "수백만의 (농업—역자) 가족들이 경제적 실존조건 이하에 놓임으로써 그들의 생활방식, 관심영역, 그리고 교육에 있어서 다른 계급들과 철저히 분리되고 적대적으로 대립되는 삶을 사는 한, 그들은 하나의 계급을 형성한다. 영세 농부들 사이에 국지적 연대만 있는 한, 그들만의 관심의 동일성이 공동의 것으로, 전 국가적 결합으로, 정치적 조직으로 산출되지 않는 한 그들은 결코 계급을 형성하지 못한다."[19] 경제적-사회적 관점이나 존재론적 관점이 아니라 정치적 관점에서 이런 극단적 공식을 보유하는 이런 한계상황으로부터 '계급존재는 의식과 결합된 어떤 것'이라고 추론할 경우 당연히 자신의 의도는 오인될 것이다. 이미 마르크스는 이전에 이 문제를 즉자존재로부터 발전해온 대자존재의 문제로 파악하는데, 이런 파악 방식은 그가 '계급에 객관적으로 존재하는 것을 구체적 생산관계로부터 성장한 것, 관련 형태의 구조로부터 성장한 것'으로 점차 생각하게 되었음을 보여준다. 의식이 계급의 사회적 존재를 객관적으로 규정하는 기능을 수행할 수 있다고 하는 주장은 특정한 속류 마르크스주의적 전통에 따라서 "순수하게 객관적인" 하부구조와 "순수하게 주관적인" 상부구조를 마르크스주의적 사회관으로 파악하는 사람들에게 아주 놀라운 일이

---

18) Marx: *Das Elend der Philosophie*, a .a. O., S. 162; MEW 2, S. 180.
19) Marx: *Der achtzehnte Brumaire*, a. a. O., S. 117; MEW 8, S. 189.

될 것이다. 다음 장에서 이런 문제들이 다뤄질 것이기 때문에 우리는 여기서 이 문제에 대해 더 자세히 다룰 수도 없고, 다룰 필요도 없다.

여기서는 그 문제의 단 한 측면만을 좀 더 자세히 살펴볼 것이다. 그 문제는 우리가 이전에 마르크스를 다룰 때 계급존재에서 반성규정으로 고찰한 것이다. 사회적 존재의 존재론의 관점에서 볼 때 그것은 무엇보다 다음을 의미한다. 즉 모든 계급은 사회적 복합체로서 특정한 사회에서만 현존할 수 있고, 따라서 상대적으로 자립적인 그들의 실존은 이러한 사회의 총체성과, 그리고 그 사회의 다른 계급들과의 불가피한 연관성을 그 자체로 파악하며, 하나의 계급은 그 사회의 다른 계급들과의 실천적인 상호작용에서만 사회적으로 현존한다는 것이다. 따라서 특정한 계급관계를 그때그때의 총체성 속에 놓여 있는 계급의 위치와 고립시켜 통찰하는 것보다 더 잘못된 것은 없다. 예를 들어 노예제는 고대의 지배적 계급형태이다. 중세 초에 있었던 그 잔여물은 아무런 결과도 갖지 못하는 에피소드에 불과했다. 이에 반해 아메리카에서의 흑인 노예제는 명백히 시대착오적이고 악마적 방식이긴 하지만 일어나고 있는 자본주의의 구성요소이다.[20] 이러한 사실은 결과적으로 반성연관이 한편으로는 상이한 계급들을 서로 반성의 관계로 서게 하는 전체 사회의 총체성을 전제한다는 것을 보여주며, 다른 한편 반성연관이 사회적 양식의 저 행위들의 종합과 법칙성을 드러내는 실천적인 것임을 보여준다. 마르크스가 브루노 바우어의 관념론에 대항하여 프랑스 혁명기 《루스텔리(Loustalet)》 신문의 모토를 인용할 때 그는 이런 문제의식을 명확히 가지고 있었다. "위대한 자들이 위대해 보이는 것은 우리가 무릎을 꿇고 있기 때문이다. 자 일어서자!" 그리고 이 문장에 대해 다

---

20) Marx: *Das Elend der Philosophie*, S. 93-94; MEW 4, S. 180f.

음과 같이 주석을 단다. "그러나 스스로 일어나기 위해 **사상** 속에서 자신을 들어 올리는 것으로는, 그리고 **현실적-감각적** 머리 위에서 이념으로는 곰곰이 따져질 수 없는 **현실적-감각적** 멍에를 흔들리게 버려두는 것으로는 충분하지 않다."[21] 앞의 인용구에서 마르크스는 이렇게 현실을 강조하고 현실을 단순히 사변적으로 변형시키는 것을 거부하고 있는데, 그럼에도 불구하고 분명한 사실은 그가 여기서 사상 일반의 부적합성을 주장하지는 않는다는 것이다. 여기서 중요한 것은 여기서도 그가 기계적 유물론과 철학적 관념론의 추상적인 이 두 대안들을 사회적 존재를 위해 잘못된 것으로 거부하고 있다는 점이며(기계적 유물론은 현실이 인간의 의식에서 작동하는 것과는 전혀 별개로 자신의 합법칙적 도정을 따라간다고 하며, 철학적 관념론은 존재를 규정하고 변형시키는 것은 인간의 사상이라고 주장한다.), 사상의 존재론적 지위를 언제나 사회적 존재의 존재연관들 속에서, 그 존재관계 속에서, 그 존재변형 속에서 구체적으로 탐구하고 있다는 점이다. 여기에서도 역시 우리가 이미 오래전에 확립한 문제가 등장한다. 즉 사회적 존재의 운동은 궁극적으로 대안들을 결정하기 위한 상호작용으로 이루어진다. 그런데 이 결정들은 한편으로 직접적이든 간접적이든 현실적 행위로 변형되는 현실적 결정들이어야 하며, 다른 한편 그런 결정들의 구체적 결과들은 개별적인 경우들에서뿐 아니라 전체 종합에서도 개별자가 ―또한 많은 개별자들이― 생각하고 의도했던 것과는 대체로 아주 다르게 귀결한다는 것이다. 여기서 발생한 문제들에 대한 상세한 분석은 다음 장에서 다룰 것이다.

사회에서의 바로 이 계급투쟁은 아주 빈번히 사회적 존재를 일종의 자

---

21) Marx Werke III, S. 254; MEW 2, S. 87.

연존재로 해석하는 데 이용되었다. 이런 이론과 연관되어 있는 대체로 반동적인 의도에 대해서는 여기서 다루지 않을 것이다. 그들은 일리가 없는 가상을 완고하게 반복하는데, 그들의 이런 완고한 반복은 참된 연관을 무시하고자 하는 그들의 관심과 그들의 사회적 원천을 보여줄 뿐이다. 비록 그때그때의 개별자가 특정한 사회계층에 귀속되는 현상이 비사회적인 우연에 의해 습득되고, 사회적 분화, 예컨대 카스트나 신분들로의 분화가 경제적-사회적 발전의 산물이었음에도 불구하고, 계급이 자연적으로 형성된다는 가상이 생겨나는데, 왜냐하면 계급이 출생이라는 자연적 행위를 통해 습득되는 과거 사회의 계급제도(카스트나 신분제)가 현존했기 때문이다. 방금 '우연'이라는 말을 했는데, 그 이유는 '사회적 발전의 보편적 법칙 아래로의 개인의 사회적 포섭은 개인의 관점에서 볼 때 불가피하게 우연적인 특성을 가질 수밖에 없다.'는 데 있다. 그러나 자본주의에서 그러하듯이 이런 가상이 완전히 사라져버릴 때조차 사회적인 것을 자연적인 것으로 사상적으로 되감는 그런 이론은 언제나 나타난다. 예를 들어 소위 사회적 다원주의에 그런 현상이 나타나는데, 이 이론은 현존을 위한 투쟁(생존투쟁—역자)을 자연과 사회의 공동의 법칙이라고 증명하기 위해 힘쓴다. 이 모든 이론은 사회에서의 계급투쟁에서는 인간 노동력의 특수한 사용가치를 형성하는 잉여노동의 전유가 문제되는 데 반해, 현존을 위한 투쟁에서는 생물학적 의미에서의 삶과 죽음, 죽이고 먹고 혹은 굶는 것 등이 직접적이고 현실적으로 중요한 문제가 된다는 사실을 간과한다.(전쟁에서 죽이는 행위는, 이 전쟁이 사육제적인 동기에서 이뤄진 것이 아니라면, 자연에서 이뤄지는 현존을 위한 투쟁과 아무런 관련이 없다. 우리가 앞으로 보게 되겠지만, 전쟁 그 자체는 —때때로 상대적으로 자율적으로 일어나기는 하지만— 이미 암시한 것처럼 경제적-사회적 재생산의 결과로 나오는 한 현상일 뿐이다.) 이런 상황은 가장 가공스러운 노예제에도 해당한다. 극단적으로 억압적인 노동을 수행하는 노예에게서는 자신의 삶을 재생산할 가능성이 거의 없다. 이러한 사실은 노예가 수행하는 잉여노동이 노예적 삶의 평균적 재생산을 강하게 제약한다는 것을 의미할 뿐이다. 노예제의 경제적-사회적 특성은 이러한 유의 생산이 거의 무제약적으로 노예의 투입에 의해서만 가능했다는 사실에서, 그리고 노예의 감소와 더불어 사라져야 했다는 사실에서 잘 드러난다.(후기 로마의 황제제국의 전개) 다른 한편 초기 자본주의의 경제는 결코 소진될 것 같지 않은 노동자들의 공급이 있었기에 소위 "자유"인에 대한 그런 엄청난 착취가 가능했다는 것을 보여준다.

　선의로 생겨났건 악의로 생겨났건 간에, 그런 잘못된 교설들은 일단 제외하고 계급과 계급관계의 발전은 우리가 다른 사회적 복합체에서 관찰한 경향들과 동일한 경향을 드러낸다. 즉 존재와 이 존재의 관계들은 점증적으로 사회적 성격을 갖게 된다는 것이다. 계몽 이래로, 특히 헤겔 이래로 이러한 발전은 자유를 향한 발전과정이라고 서술되곤 한다. 자유의 문제는 사회적으로 너무 다양하고 다의적이어서 이 자리에서 다뤄질 수는 없다. 여기서는 이 문제가 순수하고 아주 일반적인 존재론적 수준에서만 다뤄질 것이다. 따라서 이 문제는 일반적인 경제법칙이 더 분명하고 뚜렷한 표현을 얻게 되는 정도에 따라 —따라서 자연의 경계가 후퇴하는 정도에 따라— 사회에서의 개인의 위치가 점점 더 명백하게 우연에 종속된다는 형식으로 현상한다. 개별적 사건과 보편적 법칙 사이의 이런 관계는 존재론적으로 일반화된 사실이다. 그런데 사람들은 이러한 사실을 주목하지 않고 지나가는 경향이 있다. 왜냐하면 누구도 개별적 분자들의 우연적 운명에는 관심을 갖지 않고, 보편적 법칙이 관철되는 방식에만 인식관심을 갖기 때문이다. 그러나 이제 보편적 법칙과 개별 사례 사이의 관계는 어디에서나 확인할 수 있으며, 이 관계는 사회에도 역시 타당하다. 예를 들어 마르크스에 따르면 경제위기에서 자본주의적 생산의 통일성, 생산의 적절한 비율 등이 강제적으로 관철될 경우[22] 이것은 구체적으로 X나 Y라는 소유물의 교환가치가 평가절하되며, 교환가치 자체가 소멸해간다는 것을 의미한다. 그러나 뮐러나 슐체가 그런 X의 운명을 겪게 될 것인지의 우연은 지양될 수 있는가? 우리는 지양될 수 없다고 본다. 그리고 우리는 재생산 과정의 사회성이 더 순수하게 전개될수록 이런 우연성은 더욱 적나라하게 드러난다고 생각한다. 이때 의심의 여지없이 자유의 가상이 생겨난다. 그 것은 그저 가상인데, 왜냐하면 사회적 존재의 점증하는 사회화와 더불어 개인은 점점 더 풍부한 구체적 관계와 연관들 등에 종속되기 때문이다.[23] 이러한 상황의 더 나아간 결과들에 대해서는 나중에 다루게 될 것이다.

하지만 자유의 문제가 어떻게 생겨났는지에 대해서는 일단 제외하고 여기서 출발점으로 봉사하는 우연에 대해 좀 더 구체적으로 해명할 필요가 있다. 바로 위에서도 지적했듯이 우연성에는 객관적으로 서로 다른 두 가지 양식이 존재한다. 첫 번째 양식은 생물학적인 의미에서의 인간의 출생과 이러한 출생을 매개하는 사회적 상황과의 관계가 우연적일 수밖에 없다는 사실에서 나온다. 그런데 이와 더불어 우리가 그것에 대해 아직까지는 거의 아는 바가 없는 유전의 어떤 합법칙성도 거부되지는 않는다. 그럼에도 불구하고 이 합법칙성은 여기서 의미하는 특수한 양식의 우연성을 훼손하지 않는다. 보편적 법칙과 그 개별 대상 사이의 관계에 존재하는 우연성은, 이미 말한 것처럼, 사회적 존재에서 완전히 다른 성격을 갖는다. 사

---

22) Marx: *Theorien über den Mehrwert*, a. a. O., II, S. 268 und 274; MEW 26, 2, S. 501.
23) *Marx Werke* v, S. 65-66; MEW 3, S. 76 f.

회적 존재에서는 비유기적 자연의 단순개체들이 목적론적 정립을 하도록 강요되는 개별주체로 발전한다. 물론 이런 목적론적 정립이 법칙의 보편성과 —관련된 개별 인간의 관점에서 볼 때— 아주 우연적인 이 법칙의 작용을 변화시킬 수는 없다. 하지만 이런 목적론적 정립은 보편적 법칙이 개별자 자신에게 미치는 작용을 어느 정도까지는 변형시킬 수 있도록 하는 여지를 이 개별자에게 만들어낸다. 왜냐하면 당연하게도 설명된 위기 작용의 경우에 개별자들의 경제적 태도는 그런 위기에 무관심하지 않기 때문이다. 그들의 행위는 그 위기에 직면하여 파국적 결과를 피하는 방향으로, 혹은 그 반대로 파국으로 뛰어드는 방향으로 향한다. 이러한 여지를 평가할 때 당연히 고려되어야 하는 사실은 목적론적 정립의 전체 결과들이 정립하는 자에게 완전히 투명하게 드러날 수 없다는 것이다. 이것이 개별자의 자율적 행위영역을 제한하지만, 그렇다고 그런 여지를 지양하지는 않는다.

개별 인간에게 자신의 삶의 지양할 수 없는 소여성으로 나타나는 이런 우연성을 언급하는 것이 결코 무익하다고 우리는 생각하지 않는다. 왜냐하면 그것과 더불어 경제의 보편적 법칙이 재생산의 내용, 형식, 방향, 속도 등을 얼마나 적게 규정하는지, 그리고 그 법칙이 구체적 현실에 적용되는 과정에서 얼마나 적게 기계적 보편성의 성격을 갖는지를 드러내기 때문이다. 하지만 또한 무수한 우연의 영역이 현실적인 작용의 결과 인간의 사회적 삶의 중요한 부분을 이루게 된다는 사실을 통찰하는 것도 중요하다. 그렇게 발생한 역동적 구조를 이해하기 위해 필연성뿐 아니라 우연의 역할과 의미가 이들 간의 밀접한 연관 속에서 적절히 파악되어야 한다. 이때 전체로서의 사회는 법칙, 즉 필연성의 지배에 놓여 있는 반면 개인들의 삶은 특이한 종류의 우연성의 지배에 노출되어 있다고 하는 특정한 양극화가 발생할 수 있는데, 이 양극단을 과도하게 합리화해서는 안 된다. 법칙과 우연이 서로 연합되어 있다는 사실은 오히려 전체와 그 구성요소들을 관통하고 있는 속성이다. 개별적 인간과 사회의 전체성이라는 양극단으로 이루어진 사회적 존재의 전체복합체 내부에서 복합체들은 합법칙적이면서 동시에 우연적인 아주 복잡한 상호작용이 일어난다. 우리는 좀 더 나중에 이러한 상호작용으로부터 그 복합체의 현상태(Geradesosein)가 최종적으로 규정하는 존재론적 범주로 현상한다는 사실을 탐구할 것이다.[24] 현 단계에서는 이에 대해 단지 선언적으로만 말할 수 있을 뿐이다. 왜냐하면 이 범주는 아주 다양한 규정들을 자체적으로 파악하는 가운데서만 자신의 참된 종합적 존재 성격을 보유할 수 있으며, 처음으로서뿐 아니라 동시에 끝으로서 정립된 경험주의적인 바로 그 실상과 더불어 비로소 표식하는 단어를 공동으로 소유하기 때문이다. 따라서 여기서 이러한 결론은 원리상 서로 대립되는 이질적 범주들의 해체 불가능한 결합이 자신의 역설적 성격을 잃게 하기 위해 논구되어야 한다.

사회적 존재의 복합성은 결코 사회적 존재의 지절들의 결여를 의미하지 않는다. 다만 이 지절들은 전통적인 철학적 방식으로 이해되어서는 안 된다. 철학이 체계를 만들고자 했을 때 이 체계들은 —직접적으로— 정적인 방식이건 동적인 방식이건 간에 언제나 순수하게 동질화된 질서들이었다. 물론 이 질서 안에서는 정확하게 측정되어 배치된 위계가 지배하곤 했다. 이런 엄격한 질서는 대부분의 경우 스스로 모순되는데, 왜냐하면 그 질서의 원리들은 —항상 그런 것도 아니고 완전히 의식되는 것도 아니지만— 이질적 원리들의 암묵적 동질화로부터 발생하기 때문이다. 우리는 헤겔

---

24) 하르트만은 가치가 배제된 중립적 존재를 현존재(Dasein)로, 가치를 머금고 있는 존재를 실상(Sosein)으로 표시한다. (역주)

의 서술 속에 체계구축의 논리적 원리들이 존재론적 원리들과 교차하고 섞여 있다는 사실, 잘못 동질화된 이런 이질성으로 인해 종종 존재론적으로 옳게 파악된 것이 논리주의적인 위계에 강제 편입되어 이상한 형태를 낳고 말았다는 사실을 보여주고자 했었다. 고유한 의도들을 그런 식으로 왜곡하는 현상이 물론 모든 철학에서도 제시될 수 있었다. 우리의 통찰은 이들 철학의 출발점과 방법을 마르크스주의에서 구별하고자 한다. 마르크스주의는 현실을 유물-변증법적으로, 존재론적-사상적으로 반영하는 이론이다. 존재론에서 유물론은 논리적-인식이론적 범주를 통해 흐려진 것들을 단순히 청소한다는 것만을 의미하지 않는다. 그것은 또한, 그리고 무엇보다도 존재론적 관점과 가치정립적 관점을 분명하게 분리한다는 것을 의미한다. 과거의 존재론은 고대 후기의 존재론에서 그러하듯 몰락하는 종교를 철학적으로 대체하고자 하거나, 아니면 스콜라철학에서 그러하듯 신학적 전제들로부터 직접 전개되었다. 이런 존재론은 필연적으로 존재의 형태들을 위계적으로 서열화한다. 여기서 최고의 존재(신)는 가장 참된 존재로서 동시에 가치위계의 정점을 형성한다. 존재론적 신 존재 증명에서 존재와 완전성을 연결하는 것만 생각해봐도 이런 사실은 명확해진다.[25] 당연히 유물론적 존재론 역시 현실의 본질에 상응하는 존재등급을 인정하지 않으면 안 된다. 이를 위해 우선 다음과 같은 사실이 질문되어야 한다. 즉 어떤

---

25) 존재론적 신 존재 증명: 이 증명은 안셀무스가 제시한 깃으로, 그 이후 서양에서 가장 중요한 신 존재 증명으로 나타난다. 데카르트 역시 이 방식으로 신을 증명한다. 그 증명을 간단히 하지면 다음과 같다. 신은 완전하다.(대전제) 완전한 것은 존재한다.(소전제) 그러므로 신은 존재한다.(결론) 물론 이 방식은 많은 반론에 직면한다. 대표적으로 칸트는 이 신 존재 증명의 가장 큰 난점을, 존재를 속성 중 하나로 생각한다는 것에서 찾는다. 존재는 여러 속성을 자신 안에 간직한 실체이다. 따라서 '완전성'은 신의 속성일 수 있겠지만, '존재'가 신의 속성일 수는 없다는 것이다. (역주)

존재등급이 다른 존재등급 없이 하나의 존재를 소유할 수 있으며, 어떤 존재등급이 ―존재에 적합하게― 다른 등급의 존재를 전제하는가? 이렇게 질문될 때 그에 대한 대답들은 명확하고 쉽게 검토될 수 있다. 즉 비유기적 자연은 결코 생물학적, 혹은 사회적 존재를 전제하지 않는다. 생물학적 존재는 비유기체의 특수한 속성을 전제하고 이 비유기체와의 중단 없는 상호작용 없이는 한순간도 자신의 존재를 재생산할 수 없는 데 반해, 비유기적 자연은 완전히 자립적으로 실존할 수 있다. 이와 동일하게 사회적 존재는 유기적 자연과 비유기적 자연을 전제하며, 이 양자를 근본 토대로 갖지 않고서는 이 양자와는 구별되는 자신만의 고유한 범주들을 발전시킬 수가 없다. 그럼에도 불구하고 존재론적 우선성의 질문, 즉 존재론적 독립성과 의존성의 질문을 가치의 관점과 혼합하지 않고서도 존재등급의 질서는 가능하다.

둘째, 순수하게 존재론적인 그런 탐구에서 하나의 존재영역의 다른 존재영역에의 의존성은 질적으로 새로운 범주들이 이 범주들을 근거 짓는 범주들을 딛고서 출현한다는 사실에 기초한다. 이 새로운 범주들은 자신의 존재의 토대를 지배하는 앞선 범주들을 결코 완벽하게 지양할 수 없다. 오히려 그것들의 상호작용으로부터 새로운 존재영역을 근거 짓는 존재의 법칙적 연관을 보유하면서도 새로운 연관들로 편입시키는, 경우에 따라 새로운 규정들을 현실적으로 작용하게 하는 변형이 발생한다. 물론 이때 당연히 이러한 법칙성들을 그 본질에 있어서 변형시킬 수는 없다. 의존적 존재영역의 새로운 범주들이나 법칙들은 새롭고 자립적인 것으로서 근거 짓는 범주들이나 법칙들에 마주하여 등장하지만, 바로 그 새로움과 자립성 속에서 이전의 범주들과 법칙들을 언제나 자신의 존재의 근거로 전제한다. 이로부터 세 번째 사실이 따라 나온다. 이 세 번째에 대해서는 다른 곳에서 많이 이야기했다. 즉 의존적 영역이 갖는 범주적 고유성의 전개는 단번에 완성되거나 완전해지는 것이 아니라 그 자체로 역사적 과정의 결과를 형성한다는 것이다. 이러한 역사적 과정에서 새로운 존재형식의 항구적 재생산은 점점 더 발전되고 더 고유한 방식으로, 자신의 연관들 속에서 —상대적으로— 자기정립적인 방식으로 이 새로운 존재형식에 꼭 들어맞는 범주들이나 법칙들을 산출한다.[26] 역사적 과정의 추동적인 힘들은 복합체들 내부의, 그리고 복합체들 사이의 지고로 복잡한 상호작용이기 때문에, 그리고 그때그때 새로운 존재영역 내부에서 이질적 경향들이 서로 영향을 미칠 뿐 아니라 근거 짓는 존재의 자기관계 역시 이질적 경향들의 상호작용을 야기하기 때문에 이런 역사적 과정들은 필연적으로 모순적이고 불균등한 성격을 갖지 않을 수 없다. 이런 발전의 긴 여정을 충분히 고찰해보면 원리적으로 정확하게 확정할 수 있는 발전의 법칙적 경향들이 드러난다. 이런 경향들을 올바로 인식함에 있어서 철학은 언제나 커다란 어려움을 가졌었다. 무엇보다 그 이유는, 우리가 이미 말한 것처럼, 그런 경향들의 필연성, 방향, 속도 등이 사후에나 비로소 인식될 수 있다는 데 있다.

---

26) 여기서 우리는 존재영역의 그런 역사적 과정이 의존적 영역과의 연관, 즉 유기적 자연과 사회와의 연관에서만 존재한다고 말하고 있다. 왜냐하면 지금까지 과학은 단지 이 영역에서만 역사적 과정이 있었음을 의심의 여지없이 증명할 수 있었기 때문이다. 물론 우리는 비유기적 자연의 개별복합체들 역시 자신의 역사를 갖는다는 것을 알고 있다. 예컨대 우리 지구가 그런데, 지질학은 우리의 지구의 중요한 단계들에 대해 이미 많은 것을 발견했다. 그러나 비유기적 자연의 총체성에 대한 역사성을 어느 정도까지나 증명하고 드러낼 수 있는지에 대해 오늘날 과학은 구체적으로 석명할 수 없다. 오늘날 원자물리학을 천문학에 적용하는 것이 이러한 관점에서의 우리의 지식을 확대하고 심화시킬 것이라는 희망은 있다. 어쨌든 마르크스는 역사성을 존재론적인 원리로서 일반화하는 것에 대해 어떤 한계도 인정하지 않았다. "우리는 단 하나의 유일한 과학, 즉 역사학만을 알고 있다." *Werke* v, S. 567; MEW 3, S. 18.

하지만 마르크스의 제안대로 만약 인간의 해부에서 원숭이 해부의 열쇠를 추구하지 않는다면 논리적-인식이론적으로 과정 자체를 목적론적으로 나중의 것에 방향을 맞춰 파악하는 잘못된 추론이 나올 가능성이 많다. 그런데 과정 자체에서는 결코 목적론적으로 움직이는 힘이 발견될 수 없다. 모든 개별적 단계에서 다른 단계로 넘어가는 가운데 단지 인과적 연관들만이, 그리고 그로부터 현존하는 상호작용들만이 확실히 드러날 수 있다. 사람들에 의해 수행된 개별적 정립들이 갖는 목적론적 성격을 의심의 여지없이 잘 드러내는 사회적 존재에서조차 많은 그러한 개별 정립들의 연합작용의 결과 의도한 것과는 다른 부작용이 산출되기도 하고, 순수하게 인과적인 성격의 실제적인 상호작용이 나타나기도 한다. 그런 목적론적 정립의 본질은, 우리가 '노동'을 다룰 때 본 것처럼, 인과연쇄를 작동하게 하는 데 그 특징이 있다. 이때 ―인과적으로 규정된― 그 결과들은 목적론적 정립을 할 때 의도했던 것을 훨씬 넘어서 간다. 따라서 사회적 존재에서도 유기적 자연에서도 그러한 운동방향의 진화론적 경향들 속에 목적론이 실제로 작용하고 있다고 가정해서는 안 된다. 사후에나 확정할 수 있는 재생산 과정의 방향은 쉽게 목적론을 가정하도록 유인할 수 있지만, 참다운 사유는 그런 오류를 단호히 거부해야 한다. 여기에서 지배적인 구체적 법칙성들을 우리가 오랫동안 충분히 인식하지 못했다고 하더라도 그러한 발전방향을 갖는다는 사실은 의심의 여지없이 이 두 존재 단계 위에 확립되어 있다. 우리가 사회적 존재에서 '자연의 한계를 벗어남'이라고 반복해서 말했던 것, 즉 사회에 고유한 사회적 힘이나 관계, 그리고 범주들과 법칙들 등이 양적-질적으로 지속적으로 강화되는 것 등은 사회적 존재의 규정들을 점점 더 순수하게 사회화하고, 자연적 규정들에 묶여 있던 것에서 점점 더 강하게 벗어나는 과정으로 드러난다. 유기적 자연에서도 이와 유사한 과정이 드러나는데, 이 과정은 생물학적 규정들이 점점 더 순수하고, 점점 더 생물학적인 것으로 생성되어가는 과정이다. 유사성은 당연히 이러한 일반적 운동방향을 중지한다. 개별적인 규정들, 그들의 관계들과 그 성장 경향들은 결코 더 이상 유사성을 가지지 않는다.

그런데 그런 과정들은 사상적으로 가치를 부여하면서도 파악될 수 있다. 그런데 가치의 관점은 여기서 사물의 본성에서 발생하지 않으며, 그 관점은 자의적으로, 순수하게 사상적으로 선택되고 외부로부터 이질적 질료에 적용된다는 사실이 곧 드러난다. 바로 이 때문에 자연적인 것에 가치의 술어를 부여하고 사회의 사회적 생성을 부정적으로 평가하는 일이 사유의 역사에서 종종 있어왔으며, 오늘날도 그러하다. 이에 반해 이러한 과정을 순수하게 존재론적으로 고찰할 경우, 즉 그런 과정을 하나의 존재양식의 내적 발전 경향들로 파악할 경우, 사회적 존재의 현상태를 사상적으로 반영하는 데 좀 더 다가갈 수 있을 것이다. 그리고 순수하게 존재론적인 관점은, 위에서 말한 가치의 자의와 반대로, 여기서도 역시 비판적으로 근거 지어진 것임이 드러난다. 왜냐하면 우리는 노동을 존재론적으로 분석할 때 이미 다음의 사실을 확고히 할 수 있었기 때문이다. 즉 가치는 비록 사회적 존재의 내부에서 그 존재로부터 발생하는 통일적 의미를 소유하며, 사회적 존재의 특수한 규정들로부터 필연적으로 성장하여 이 규정들에 꼭 맞는 특수 기능들을 위해 필수적인 실천적 태도양식이지만, 그 가치는 유기적 자연뿐 아니라 비유기적 자연에 비추어볼 때 단순히 주관적인, 따라서 불가피하게 자의적인 정립작용으로 머물러야 한다는 것이다. 물론 그 상황은 더 이상 자연 그 자체에 대해서가 아니라 사회의 자연과의 신진대사(교호작용)에 대해 말하게 되는 순간 다른 상황으로 된다. 모든 복합적인 사회적 실천의 형식들뿐 아니라 노동 그 자체도 이러한 신진대사의 영역에 속하는 그런 자연 대상들에 대해서도 객관적으로 필수적인 목적론적 정립을 수행하며, 이로부터 존재에 필연적인 가치와 가치평가들이 생겨난다. 마르크스가 화폐문제와 연관하여 금과 은에 대해 언급할 때, 그는 다음과 같이 말한다. "금과 은은 자연에서부터 (본성상) 돈인 것은 아니다. 하지만 돈은 자연으로부터 (본성상) 금과 은이다." 하나의 자연 대상을 경제적으로 돈으로 기능하기에 적합하도록 만드는, 경제에 의해 규정된 구체적인 기준들이 사전에 제시되어 있다. 예컨대 "질의 동형성", 그리고 "상대적으로 많은 노동시간이라는 속성을 작은 크기로 포괄하는 것" 등이 그 기준이다. 금과 은의 자연적 속성은 이런 기준을 충족시키기 때문에 돈은 "자연으로부터 금과 은이다." 마르크스는 또한 사회와 자연의 이런 신진대사로부터 어떻게 금과 은의 심미적 가치 역시 이끌려 나올 수 있는지를 보인다.[27]

이러한 방법으로 사회적 존재의 내적 구조 분석에 대해 존재론적으로 진행해가야 한다. 다른 말로 하면 어떤 범주들, 혹은 어떤 범주 복합체가 다른 것의 범주나 복합체보다 더 존재론적 우선순위를 갖는지, 어떤 것이 바로 그 타자 없이 실존할 수 있으며, 이에 반해 어떤 존재가 그 타자의 존재를 존재론적으로 전제하는지 등을 탐구해야 한다. 우리가 이제 이러한 순수하게 존재론적인 의미에서 사회적 존재를 고찰할 경우 인간의 생물학적 재생산 없이는 어떤 사회적 존재도 가능하지 않다는 지각이 즉시 우리에게 떠오른다. 유기적 자연과 사회적 존재가 갖는 이런 연관 점은 동시에 이 존재 단계의 좀 더 복잡하고 좀 더 매개된 모든 범주를 위한 존재론적 토대이다. 인간은 무한히 긴 시간 동안 압도적으로 생물학적 재생산을 해

---

27) Marx: *Zur Kritik der politischen Ökonomie*, a. a. O., S. 156-157 und 159; MEW 13, S. 128-132.

왔다. 이런 재생산과정에서 고유하게 사회적인 대상의 형식들은 아직 산출되지 않았었다. 이에 반해 인간의 생물학적 재생산을 자신의 존재 근거로 받아들이지 않고서도 이런 사회적 대상의 형식들이 실존한다고 생각하는 것은 가능하지도 않다. 따라서 다른 존재 계기보다는 이 존재 계기(즉 생물학적 계기—역자)가 존재론적 우선성을 가지며, 이와 유사하게 보다 높은 수준의 발전단계에서 교환가치보다는 (경제적으로, 노동으로 적합하게 가공된 자연 대상의) 사용가치가 존재론적 우선성을 갖는다. 또한 사용가치의 실존과 그 기능은 교환 없이, 따라서 교환가치 없이 가능하며, 오랜 기간 동안 그런 교환가치 없이 현실을 이루었다. 이에 반해 교환가치는 사용가치 없이는 실존할 수 없다.

인간 삶의 생물학적 재생산의 이런 존재론적 우선성은 바로 그 때문에 인간의 다른 활동성, 모든 다른 실천에 비해 —동시에 존재론적— 우선성을 갖는다. 우리가 살펴본 것처럼, 사회적 존재의 존재론적 특성을 잘 표현하고 있는 노동은 당연히 아주 오랜 기간 동안 이러한 재생산에 직접적으로 기여하고 있다. 하지만 동시에 노동은 사회적 존재의 존재론적 기원이다. 사회적 존재에서 인간 삶의 생물학적 재생산의 전체 계기들은 점점 더 강하게 사회적 특성을 보유하게 되고, —바로 그런 존재에 적합하게— 더 이상 삶의 생물학적 재생산과 어떤 유비도 갖지 않는 규정들을 만들어낸다.(요리된 음식, 의복 등) 다른 한편 사회적 존재에서는 이런 것에 필요한 노동이나 노동분업 등의 변증법의 결과 생물학적 재생산과 별로 관계가 없는, 점점 더 순수한 사회적 속성을 소유하는 그런 활동들(언어, 교환 등)이 재생산과정에 편입해 들어온다.

따라서 마르크스가 역사적 유물론을 전개하는 데 있어서 방법론적으로 결정적으로 중요한 경제에 우선성을 부여할 때, 그는 바로 이런 존재론적 근본 사실을 말하고 있는 것이다. "우리는 무전제적인 독일인들에게서 우리가 모든 인간적 실존의, 또한 모든 역사의 첫 번째 전제를 확립하고 있다는 사실과 더불어 시작해야 한다. 이때 전제란 인간은 '역사 만들기'를 할 수 있기 위해 살아갈 수 있어야 한다는 것이다. 그런데 무엇보다 음식, 음료, 주거, 의복과 그 외 다른 몇 가지들은 삶에 속한다. 따라서 첫 번째 역사적 사실은 이러한 욕구의 만족을 위한 수단의 산출, 물질적 삶 자체의 생산이다. 게다가 이것은 하나의 역사적 사실이며, 수천 년 전처럼 오늘날도 날마다, 시간마다 인간의 삶을 유지할 수 있기 위해 충족되어야 하는 모든 역사의 근본 조건이다."[28]

여기서 중요한 것은 인식이론적-논리적, 그리고 과학이론적 추론이 아니라 존재론적 추론이라는 사실을 자세히 해명할 필요는 없다. 인간의 생물학적 재생산은 경제적 활동의 출발점으로서 존재우선성을 가지며, 경제적 활동은 점점 더 순수하게 되어가는 사회적 활동의 존재론적-발생적 토대이다. 이것이 바로 변증법적 유물론, 즉 보편적 마르크스주의 철학을 자신의 특수한 사회적-역사적 발전이론, 즉 역사적 유물론과 떼려야 뗄 수 없이 결합시키는 존재론적 근거이다. 이런 결합은 이를 통해 점점 더 강화되고, 더 잘 기초 지어진다. 왜냐하면 우리가 이미 보인 것처럼, 역사성 그 자체도 역시 마르크스주의 세계관의 근본적인 존재론적 원리이기 때문이다. 우리가 정당하게도 다른 모든 인식원리를 이러한 존재질문의 결정 앞에 놓게 될 경우, 이런 연관들은 한편으로 존재의 존재론적 우선성을 명확하게 드러낸다. 다른 한편 그런 연관들은 경제적 활동과 아주 별개의 것으로 현상하는 아주 복잡한 인간적 활동성들의 역사적 전개를 명확히 파악

28) *Marx Werke* v, S. 17; MEW 3, S. 28.

할 수 있게 하는 존재론적 기초를 부여한다. 역사적 유물론은 이를 통해 변증법적-유물론적 존재론의 토대 위에서야 비로소 자신의 내적 필연성과 과학적으로 확고한 자신의 정당성을 보유하게 된다.[29]

하지만 현저히 존재론적인 질문에 대해 비존재론적 대응을 하는 것은 이보다 훨씬 더한 철학적 혼란을 야기한다. 방법이 갖는 인식이론적 정향은 ―그 방법이 칸트의 영향에 있을 경우 더욱 그러한데― 다소 강압적으로 존재와 가치의 문제영역들을 허가되지 않은 방식으로 혼합하는 결과를 낳는다. 이때 비록 칸트 자신도 존재론적 신 존재 증명의 논리를 냉혹하게 거부함에도 불구하고 그의 계승자들에게서 존재우선성과 가치의 고귀함 사이의 융합이 점점 더 강력하게 형성되기 시작한다는 사실을 관찰하는 것은 흥미롭다. 그것도 두 가지 방향에서 전개되었다. 마르크스의 방법을 완전히 인식이론적으로 약화시키는 경우에도 역사적 유물론에 충실히 머물러 있으면서 경제적인 것의 우선성을 사회적 삶에서 포기하고자 하지 않는 사람들은 경제적인 것의 존재론적 우선성에 더 많은 가치를 부여하였으며, 전체 상부구조와 특히 모든 이데올로기적인 것들을 철학적으로 경

---

29) 제2인터내셔날의 이론가들은 이 모든 질문을 ―칸트주의와 실증주의의 영향 아래서― 순수하게 인식이론적으로 고찰했다. 그들은 역사적 유물론을 교조적으로 응고시키거나 관념론적으로 해체했다. 레닌과 더불어서야 비로소 마르크스주의 관점의 올바른 이해를 위한 운동이 다시 일어난다. 하지만 그가 비록 구체적으로는 언제나 유물변증법적 존재론으로부터 출발하고, 자신의 의도를 여기에 맞추기는 하지만, 그조차도 그의 언어 표현에서 인식이론적 형식에서 완전히 벗어나지는 못했다. 그래서 그의 마르크스주의 존재론의 재생은 종종 잘못 해석된다. 한편으로 스탈린 시기에 새로운 교조주의가 발생했으며, 또 다른 한편으로 교조주의에 대한 반대도 참된 마르크스주의 존재론을 위한 도정을 발견하지 못했고, 역사적 유물론을 변증법적 유물론과 독립해서, 존재론적으로 유물변증법적인 세계상과 독립해서 철학적으로 근거 짓고자 시도했다. 따라서 이런 노력은 파산에 직면했다. 나의 『역사와 계급의식』이 그렇고 사르트르의 『변증법적 이성비판』이 그렇다.

멸하며 다뤘다. 물론 때때로 그런 사실을 철저히 의식적으로 강조하는 것은 아니지만, 그들은 그런 상부구조와 이데올로기적인 것들이 마치 유일하게 효력을 발휘하는 중요한 경제에 비해 단지 부수적 현상에 불과하기라도 하듯이 다뤘다. 이에 반해 가치를 압도적으로 강조하는 경향이 있는 사람들은 바로 그런 이유에서 사회적 법칙들을, 동일하게 종종 무의식적으로, 경멸적으로 배제했으며, 마르크스가 존재론적으로 근거 지은 발전을 가치의 발전으로 만들어버렸다. 이때 칸트의 무한한 과정 혹은 헤겔의 양식에 따른 역사철학이 그것을 위한 모델이 되는지의 문제는 우리의 관점과 무관하다. 마르크스의 방법을 그런 식으로 왜곡하는 이 두 철학적 경향이 정치적으로 좌파에게서뿐 아니라 우파에게서도 발견될 수 있다는 사실은 흥미롭다.

이에 반해 마르크스 자신은 존재와 가치의 매우 정확한 구별을 수행했다. 우리의 앞선 논구에서 명확하게 드러나듯이, 그는 칸트주의자들이 존재와 당위를 분리한 것과 달리 존재와 가치를 단순히 인식이론적으로 결코 대조하지 않았으며, 반대로 사회적 존재의 존재론에서 가치, 가치정립, 가치실현 등에 그에 합당한 자리를 부여한다. 우리가 필연의 왕국과 자유의 왕국에 대한 그의 유명하고 결정적인 표현을 다시 한 번 상기해본다면 이런 사실은 쉽게 관찰될 수 있다. 마르크스는 이에 대해 다음과 같이 말한다. "야만인들이 자신의 욕구를 충족시키고 삶을 유지하고 재생산하기 위해 자연과 투쟁해야 하는 것처럼 문명인들도 그러해야 한다. 그런데 문명인은 사회적 형식에서만, 그리고 모든 가능한 생산방식 아래서만 그렇게 해야 한다. 문명의 발전과 더불어 이런 자연 필연성의 왕국은 확장된다. 왜냐하면 욕구가 확장되기 때문이다. 하지만 동시에 이런 욕구를 만족시키는 재생산력도 확장된다. 이 영역에서 자유가 존립할 수 있는 근거는 사회화된 인간, 사회에 동화된 생산자들이 자연과의 신진대사를 합리적으로 조절하고, 이런 신진대사를 사회적 통제 아래 가져온다는 데 있다. 이 말은 그런 신진대사가 맹목적 힘으로 작용하면서 인간을 더 이상 지배하지 않게 된다는 것을 의미한다. 그리고 그것은 인간이 가장 경미한 힘으로, 그리고 인간적 본성(자연)에 가장 적합하고 합당한 조건들 아래서 그것을 수행한다는 것을 의미한다. 그러나 여기에도 언제나 필연성의 왕국은 남아 있다. 자기목적으로 간주되는 인간적인 힘의 발전은 필연성의 왕국 저편에서만 참된 자유의 왕국을 수행한다. 그런데 이 자유의 왕국은 자신의 토대인 저 필연성의 왕국을 기초해서만 피어날 수 있다. 노동 일수의 축소는 근본 조건이다."[30]

우리는 사회와 인간을 이렇게 마주 세움으로써 드러나는 구체적인 결과들을 마지막 장에서야 비로소 다룰 수 있을 것이다. 여기서는 마르크스가 사회적 발전의 최고의 가치로, 가치들의 정상으로 간주하는 자유의 왕국이 경제적 성격을 갖지는 않지만, 이 왕국이, 마르크스가 여기서 결정적으로 주장하듯이, 언제나 필연성의 왕국으로 남아 있어야 하는 경제의 영역으로부터 출현한다는 것을 보는 것으로 충분하다. 경제적 실천이 극단적으로 발전하여 가장 훌륭한 인간화를 이룬 때조차도 ―"그것의 인간적 본성(자연)에 가장 적절하고 적합한 조건 아래서"― 경제적 실천의 이러한 존재론적 본질을 변경시킬 수 없다. 마르크스는 자유의 왕국을 다음과 같이 특징짓는다. 자유의 왕국은 필연성의 왕국 저편에서 시작하며, 자유의 왕국에서 인간의 힘의 전개는 경제적 구조와 대립해서 자기목적으로 서 있으며, 이로써 이 왕국에서 인간의 힘의 전개는 경제적 실천의 테두리에서는

30) *Kapital* III, II, S. 355; MEW 25, S. 828.

모순으로 서술되는 것을 자기목적으로 간주된다.(이런 실천을 주관적으로 인간의 자기목적의 실현으로 작용하게 하는 그런 개별적 경우들이 가능하다. 이러한 사실이 그 실천에 현존하는, 다른 구조를 가진 목적론적 정립이라는 객관적 속성을 지양할 수는 없다.) 자기목적으로서의 힘의 전개는 인간의 인격성의 완전한 전개라는 사회적 가치를 전제하며, 따라서 하나의 가치를 대표한다. 우리의 이후의 고찰들은 지금까지보다 더 정확하고 세세하게 다음과 같은 사실들을 드러낼 것이다. 즉 개별성이 그러하듯 전체 전개과정에서 드러나는 가치 역시 사회적 발전의 한 산물이며, 따라서 가치를 담지하는 모든 표현 속에서 ―이 표현들이 고차적이고 고유할수록 더욱더 그럴 것인데― 그때그때 특정한 정도의 생산이 존재론적으로 전제된다는 사실. 우리는 다른 문제를 다룬 곳에서 생산력의 객관적 발전이 인간의 능력의 발전과, 비록 불균등하고 모순투성이의 방식이긴 하지만, 어떤 필연적 동시성을 드러낸다는 사실을 이미 제시했었다. 여기서 자유의 왕국을 필연과 연관시키는 마르크스는 생산력의 발전을 통해서만 가능한, 사회적으로 필수적인 노동시간의 단축이 자유의 근본 조건임을 시사한다. 하지만 이와 더불어 최고의 인간적인 가치들이 존재론적으로 유도되면서 생겨난 특성은 존재론적으로 우선적인 경제적 실천으로부터, 즉 현실적 인간의 현실적 재생산으로부터 분명하게 제시된다. 여기서 명확히 드러나는 사실은 가치의 이런 존재론적 의존성이 인간적 실천의 체계에서 자신의 생성, 본질, 그리고 자신의 위치를 정확하게 규정한다는 것이며, 그럼에도 불구하고 가치로서의 자신의 특성을 결코 희석시키지 않으며, 그와 반대로 그러한 자신의 특성을 자신의 기원과 타당성의 존재 의존적 필연성에 대한 통찰을 통해 증가시킨다는 것이다.

가치중립적인 실제 경제적 발전과 객관적으로 타당한 가치들은 바로 이렇게 존재 적합하게 결코 분리될 수 없이 통일되어 있다. 이런 통일성은 사회적 존재의 사회성이 갖는 자기보존의 경향, 즉 다른 누구의 이의도 없이 확고하게 받아들여질 수 있는 이 일반적 경향에서 명확히 관찰될 수 있다. 즉 인류의 생성이 더 이상 (생물학적 종으로서의—역자) 유적 인간으로 드러나지 않는 곳에서 이런 사실은 잘 관찰된다. 이러한 현상의 일반적 윤곽에 대해서는 앞에서 이미 서술한 바 있다. 이때 근본적 사실은 세계시장이라는 형식 속에서 인류의 경제적 통합이다. 세계시장은 인류를 체현하고 있는 모든 인간 사이의 결합을 창출한다. 이 결합은 비록 다양하게 매개되어 있기는 하지만 개별적 의식을 위해서는 부정할 수 없는 실제적 결합이다. 이런 과정과 그 결과, 그리고 현실화된 유적 인간은 그 사회적 성격 때문에 침묵하지 않는다. 생물학적으로 고찰해서 유적 인간은 자신의 원시적 상태를 벗어나 객관적으로 하나의 고유한 유가 된 이래 계속 실존하고 있다. 그럼에도 불구하고 이런 유가 객관적인 생물학적 총체성 속에서만 고찰될 경우 그것은 자신을 발생시킨 것과 동일하게 침묵한다. 이 침묵(Stummheit)은 노동과 노동분업 등에서 수행되는 목적론적 정립의 객관적이고 주관적인 결과들에 따라 계통발생적 재생산의 토대가 더 이상 생물학적 차원에 머물지 않고 점점 더 강력하고 지배적으로 된 사회적 규정들에 의해 대체되고 변화될 때에야 비로소 그칠 수 있다. 그런데 노동과 노동분업 등은, 고립해서 고찰할 경우 —고립해서 고찰하는 것은 사실 오류이다— 유의 침묵을 단지 객관적으로만 지양할 것이다. 참된 지양은 더 이상 침묵이 아닌 유가 즉자적으로 존재할 뿐 아니라 자신의 고유한 대자존재를 요구할 때에야 생겨날 수 있다.(우리는 이런 과정이 현실 속에서 작동하며, 점점 더 커진 인간적 공동체가 그 구성원들에게 더 이상 침묵이 아닌 유의 체현으로 된다는 것을 알고 있다.)

하지만 이를 위해 사회적 존재에서는 사회적 재생산에서 발생한 즉자에 대한 의식이 필요하다. 이때 이 의식은 그때그때 체현된 인간 종을 자신의 고유한 ―개별적이기도 한― 존재에 속한 것으로 긍정하며, 따라서 가치정립을 통해 그렇게 발생한 가치로 인정한다. 그러한 사회적 조직들이 더 넓고 높고 깊게 전개될수록, 그것들 사이의 사회적 상호작용이 더 강할수록 인간의 의식은 인간 종의 사회적-계통발생적 통일체로서의 인간성의 정립에 ―처음에는 단순히 사변적으로 그렇겠지만― 그만큼 더 가까이 다가갈 수 있을 것이다. 세계시장의 발전이 이러한 통일의 참된 토대를 제공한다는 것은 명백하며, 여기에서 다양하게 논구되었다. 그런 한에서 지금까지 거쳐온 역사의 도정은 인간 종의 이런 통일을 현실화시키는 데 성큼 다가서게 된다. 하지만 그것은 잠정적으로 그 통일의 즉자존재에만 관계한다. 불균등한 발전의 모순성은 이 영역에서 이중의 형태로 표현된다. 한편 대체로, 그리고 사회적 실천에 있어서 아주 중요하게도 실제로 도달한 통합의 형식을 인간 종의 즉자에 방향을 맞춰 긍정적으로 평가하는 일이 발생한다. 그러나 개별자에게는 역사의 경향을 사변적으로 선취하고서 인간 종의 통일적 대자존재의 의도를 표현하는 일이 가능하다. 그런데 그런 일이 종종 사회적으로 중요한 결과를 가져오기도 한다. 다른 한편 이에 반해, 그것에 대해 이미 말한 바와 같이, 이런 고차적 발전에 저항하는 방어운동, 오늘의 이름으로 내일의 투쟁이 발생한다.

이 두 운동(이 두 운동은 역사적으로 특이하게도 서로 교차하며 나타나는 형식들이다.)에서 문제가 되는 것은 가치들의 긍정과 부정이며, 객관적 가치들 사이의 객관적 갈등이라는 것이다. 이 두 운동은 반드시 그때그때의 경제적-사회적 발전이 만들어놓은 토대로부터 성장한다. 많은 가치들이 자기의 현재와 날카롭게 모순관계에 있다고 하더라도 이것이, 칸트주의자들이 말하는 것과는 달리, 현실로부터의 가치의 선험적 독립성을 의미하지는 않는다. 반대로 그것은 일반적인 발전과정이 필연적으로 모순들을 자신의 —실제로 존재하는— 현상형식들 속에 포괄하고 있다는 것, 그리고 하나의 존재등급의 참다운 총체성을 적절하게 파악할 수 있기 위해서는 그런 모순성에 대한 이해가 불가피하다는 것을 보여주는 한 가지 예일 뿐이다. 세계시장은 대자적으로 존재하는 인간종의 통일성의 실현을 위한 필연적 토대이다. 하지만 세계시장은 그런 통일의 즉자만을 —그것도 필연적으로— 산출할 뿐이다. 이 즉자의 대자로의 변화와 고양은 인간 자신의 의식적 행위로서만 현실화될 수 있다. 올바른 가치정립을 통한 참된 가치의 실현은 이 과정의 불가피한 계기이다. 이때 인간의 이런 현실적 활동의 중요성, 그 참된 현실적 특성 등은 결코 평가절하되거나 희석되지 않는다. 왜냐하면 그러한 것은 일반적 과정의 실제적이고 객관적인 규정들로부터 그런 활동성으로 조형되고 그런 활동에 적합하게 되는 인간들 속에서만 현실화될 수 있기 때문이다. 그리고 바로 이 인간들에게서 이 과정은 실제적이고 객관적인 규정들에 대해 가치평가하는, 즉 가치를 발전시키거나 가치를 저해하는 답을 제시하는 그런 대안들을 만들어낸다.

2. 복합체들의 복합체

사회적 존재는 중단 없는 재생산 속에서만 존재한다. 그리고 존재로서의 자신의 실체는 본질상 중단 없이 자신을 변화시킨다. 그리고 이 실체가 존립하는 근거는 재생산과정에서 결코 중단 없는 변화를 통해 사회적 존재의 특수한 실체적 특성들이 언제나 양적-질적으로 상승하며 새롭게 산출된다는 데 있다. 사회적 존재는 유기적 자연으로부터 생겨나기 때문에 언제나 불가피하게 자신의 근원의 존재론적 표식을 보유한다. 생물학적 존재로서의 인간은 이 두 존재영역의 결합의 선율이다.(이때 이 결합의 선율은 실제 재생산과정에서 언제나 다시금 해체되었다가 다시 변화를 통해 재산출된다.) 인간의 —생물학적— 재생산은 사회적 존재의 불가피한 전제일 뿐 아니라 재생산과정에서 하나의 극점을 이룬다. 그리고 사회의 총체성은 그 다른 극점을 형성한다. 사회적 존재와 유기적 자연의 해체 불가능한 이런 유대성은 동시에 두 존재영역의 질적 차이를 보여준다. 왜냐하면 유기적 자연에서 생명체의 생물학적 재생산은 단적으로 자기 존재의 과정과 동일하기 때문이다. 당연히 모든 생명체는 자신의 존재를 특정한 구체적 —즉 유기적-비유기적— 환경에서 현실화된다. 이 환경이 동일하게 머물러 있거나 변화한다는 것은 개체발생적 의미에서뿐만 아니라 계통발생적 의미에서 생물학적 재생산에 결정적으로 작용한다. 그러나 생명체와 환경 사이에 언제나 현존하는 이런 상호작용에도 불구하고 여기에 환경이 생명체에 어떻게 영향을 미치는지, 환경이 어떻게 생명체의 재생산을 촉진하거나 허락하거나 방해하는지 등 포괄적 계기가 존재한다. 이를 통해 종들과 유들의 자기보존 혹은 멸망 등이 궁극적으로 규정된다. 이때 당연히 자신을 이런 변화에 생물학적으로 적응시킬 수 있는 생명체의 능력이 과소평가될 수 없는 중요한 역할을 수행한다. 하지만 결정적으로 중요한 추동력은 객관적 변화 그 자체이다. 유기적 세계의 역사성은 본질적인 발전국면에서 지구의 지질사와 떼려야 뗄 수 없다. 개별적 생명체는 자신을 재생산하는 과정에서 한편으로 유기적-비유기적 자연의 이런 총체성과 마주 서며, 다른 한편 이런 총체성의 개별적 —유기적이고 비유기적인— 부분 계기들과의 상호작용의 관계에 서 있다. 이때 이러한 계기들의 선택이 생명체의 유기적 조직의 특성에 의해 규정되기나 하는 듯한 가상이 생겨난다. 따라서 웍스퀼(Jakob Johann von Uexküll)[31]의 이론과 같은 생명체의 환경에 대한 이론들이 생겨난다. 사실 관련 생명체가 유기적으로 지각할 수 없는 실제 힘들과 대상들은 자신의 운명을 결정적으로 규정할 수 있다. 유기체에 의해 결정된 환경과의 상호작용의 범위는 실제 효력을 발휘하는 계기들의 조그만한 부분에 불과하다. 하지만 어쨌거나 ―이런 존재론적 상황을 상세히 서술하는 것이 우리의 의도일 수 없기 때문에― 생명체와 자기환경과의 상호작용의 특성은 이 상호작용이 생명체 안에서 포괄적인 계기를 제공해야한다는 데 있다. 하지만 그 생명체는 직접적으로 전체 환경의 내부에 서 있으며, 그것의 재생산과정은 자기 자신과 총체성 사이를 영구적으로 접목시키는 부분복합체들을 형성할 수 없다. 이렇듯 개별적 생명체와 그 환경사이에서 참된 상호작용은 소멸적 방식으로 존립한다. 유기적 자연에서 재생산은 언제나 계통발생적 재생산과 직접 연관이 있는 개별적 생명체의 재생산이다. 유의 침묵은 바로 이런 직접적 동일성에 근거한다.

　이에 반해 사회적 존재는 언제나 새롭게 재생산하는 가운데 스스로를 정립하면서 동시에 지양하는 두 역동적 복합체들의 분극을 근본구조로 제시한다. 그것은 개별 인간과 사회 자체이다. 인간과 관련해서 말하자면, 인간은 우선, 그리고 직접적으로, 하지만 궁극적으로 지양할 수 없는 생물학적 실존이다. 즉 인간은 유기적 자연의 한 부분이다. 이러한 그의 속성이 자신의 복합체를 이룬다. 이것이, 아무리 원시적이라 해도, 모든 생명체

---

31) 야콥 웍스퀼(1864~1944)은 에스토니아 출신의 독일 동물학자이자 비교심리학자이다. 동물과 환경의 관계에서 각 동물마다 주관적으로 성립되는 '환경세계'의 개념을 제창하여 이후 K. 로렌츠와 N. 틴베르겐 등에게 영향을 주었다. 주요 저서로 『이론생물학』(1920)이 있다. (역주)

의 근본구조이다. 전에 말한 것처럼, 이 경우 유기적 자연에서 발전은 외부세계가 유기체에 가하는 근원적으로 아직 단순한 물리적-화학적 충격이 생명체의 현상방식 속에 각인되는 방식으로 진행해간다. 이렇듯 근원적으로 그 자체 순수하게 물리적으로 작용하는 공기의 진동으로부터 목소리가 되며, 화학적 작용으로부터 냄새와 기호가 되고, 시각 기관에서 색깔들이 생겨난다. 인간의 인간됨은 그러한 경향들의 생물학적 고등발전을 전제하지만, 이 경우에 정체된 채 머물러 있는 것이 아니라 이러한 토대에서 출발하여 순수하게 사회적인 구성물들, 예를 들어 청각적 언어와 음악, 시각적 조형예술과 문자 등을 산출한다. 사회적 구성물의 이런 확립은 전에 영양과 성에 대해 상술했던 것을 보충한다. 인간은 불가피하게 생물학적으로 결정된 생명체로 남아 있으면서 생명체의 필연적인 과정(출생, 성장, 죽음)을 분유하고 있지만, 환경과의 상호작용을 근본적으로 변화시킨다. 그 방식은 노동에 내재한 목적론적 정립을 통해 환경에 실제적인 영향을 미치고, 이를 통해 환경이 의식적-의도적 방식으로 변화에 종속되는 형태를 취한다. 하지만 가장 원시적인 단계에서도, 이 단계를 구성하는 자연에 아직 결정적인 영향을 미치지는 못하지만, 자연환경과 인간의 재생산을 위해 영향을 미치는 변화의 여지 사이에서 사회적으로 효력이 있는 규정들의 복합체가 서서히 나타난다. 그리고 이때 이 복합체는 자연에서의 변화에 대한 인간의 반작용에서 결정적 역할을 한다. 우리는 유럽에서의 마지막 빙하기와 그 이후의 시간을 생각해볼 수 있다. 유기적 자연의 관점에서 볼 때 여기서 동물들의 사멸이나 변형, 식물들의 몰락과 새로운 성장 등을 확실히 볼 수 있다. 수집, 사냥, 어업 등을 하기에 적합한 특정한 사회들을 형성할 수 있는 아주 좋은 독특한 조건들에 따라 독특한 문화적 융성(남프랑스와 스페인에서의 동굴의 벽화 등)이 사회적으로 현상한다. 빙하기의 종언은 이러한 문화의 토대와 문화 그 자체를 무화시키지만, 작은 사회들 속에서 통합되었던 노동하는 인간들의 반작용은 단순히 변화된 환경들에 수동적-생물학적으로 적응하는 데 그치지 않는다. 오히려 그들의 반작용은 그들의 활동적-사회적 반작용의 새로운 길을 모색하는 것으로, 수집의 시기로부터 농업의 시기, 동물사육의 시기 등, 이러한 전환으로부터 생겨난 더 나아간 다른 모든 것으로의 이행으로 나타난다. 이러한 새로운 시작의 개별적 산물들은 이전의 행복했던 에피소드들의 산물들보다 수준이 낮지만, 그 이전 사람들이 사회-문화적으로 거부했던 보다 높은 발전의 가능성들을 자신 안에 간직하고 있다. 사회적 발전의 가장 보편적인 법칙성은 따라서 이미 바로 이 초기 진화의 위기 속에 표현되어 있다. 즉 여기서 말하는 가장 보편적인 법칙은 생산방식이 그 결과로 나타나는 보다 고등한 대상보다 우선하다는 것, 그리고 생산이 그 사회적 현상방식과 맺는 관계에서 발전이 불균등하게 일어난다는 것이 그것이다.

이 모든 것에서 사회적 존재의 근본적인 존재론적 사태는 분명히 드러난다. 즉 인간은 단순히 생물학적 존재로 머무는 것이 아니라 동시에 한 사회집단의 노동하는 일원으로서 그를 둘러싸고 있는 유기적-비유기적 자연과의 직접적 관계에 더 이상 서 있지 않다. 즉 인간은 한 번도 생물학적 생명체로서의 자신과 직접 관계를 맺지 않으며, 피할 수 없는 이 모든 상호작용은 사회라는 매개체를 통해 매개된다. 그것도, 인간의 사회성이란 자신의 전체 환경에 대한 활동적-실천적 태도를 뜻하기 때문에 다음의 방식으로 수행된다. 즉 환경과 그것의 변화를 단순히 받아들여 그에 적응하는 것이 아니라, 환경에 적극적으로 반응하여 외부세계의 변화에 자신의 고유한 실천으로 마주한다. 이런 그의 실천에서 지양 불가능한 객관적 현실에의 적응과 객관 현실에 상응하는 새로운 목표설정은 분리 불가능한 통일성을 이룬다. 인간 역시 자신을 둘러싸고 있는 자연과의 관계를 변화시킴으로써 당연히 변화한다. 그러나 이렇게 다르게 됨(타자로 됨)이 새로운 자연의 사실들에 대한 적응이라는 즉흥적-무의도적인 생물학적 과정인지, 아니면 고유한 사회적 실천의 결과인지에는 엄청난 차이가 있다. 물론 이 후자에게서 직접적인 개별적 행위만이 의도적이고 이로부터 나온 전체의 변화가 사회적으로 즉흥적인 필연성과 더불어 생겨난다는 사실은 일단 제쳐둘 필요가 있다. 왜냐하면 이 후자의 경우에서 모든 것이 직접적으로 이뤄지는 것이 아니라 사회적으로 제어된 방식으로 이뤄지기 때문이다. 새로운 노동의 형식들이 생겨나고, 이로부터 새로운 노동분업이 생겨난다. 이 노동분업은 인간들 사이의 실천적 관계에서 새로운 형식들을 가져오며, 그 다음, 우리가 이미 노동을 분석하는 가운데 본 것처럼, 인간의 특성 자체에 다시 영향을 미친다. 하지만 그렇게 수행된 인간 자체에서의 변화가 일차적인 사회적 특성을 갖는다는 사실을 명백히 보아야 한다. 변화된 인간이 스스로에게 생물학적으로 (그리고 이에 상응하여 심리적으로) 영향을 미치는 한 그런 변화들은 새롭게 된 사회적 조건에 대한 인간의 육체적 현존의 적응을 포함한다. 따라서 비유기적 자연의 변화가 그러한 변화의 근원적 자극이라고 하더라도(빙하기의 끝), 중요한 것은 인간이 아닌 생명체의 경우와 달리, 직접적인 영향이 아니라 사회적으로 매개된 영향이라는 것이다. 자주 상고되었던 '자연의 경계를 넘어섬'이라는 현상은 우리가 사회화된 인간의 재생산과정을 고찰할 경우 명백해진다. 사회는 여기서 인간과 자연 사이의 매개라는 차단 불가능한 매체로 된다.

존재론적으로 정말 중요한 이러한 사실의 전체 의미가 이해되어야 하며, 또한 우리는 몇몇 보충적 주석을 통해 이러한 사실을 구체화해야 한다. 첫째, 노동에서 가장 최초의, 가장 순구한 목적론적 정립과 더불어 하나의 과정이 시작되는데, 이 과정의 발전 운동 그 자체는 —그 과정에 의해 생겨난 사회가 극복할 수 없는 구조적 저항에 직면하지 않을 경우— 제약되어 있지 않다. 목적론적 정립은 이로부터 점점 더 포괄적이고 점점 더 배타적으로 사회화된 방식에 따라 인간과 자연 사이의 매개를 배려하는 복합적인 총체성들이 생겨날 때까지 언제나 새로운 것을 산출한다. 그럼에도 불구하고 방금 제시한 예에서 보는 것과 마찬가지로 그런 정립작용들의 원시적이고 결함 많은 상호작용도 —이러한 매개의 관점에서 볼 때— 그러한 유의 기능들을 어떤 방식으로든 충족시킬 수 있다. 노동, 노동분업 등의 꾸준한 재생산은 매개라는 이런 매체를 점점 더 얽히고설키게, 그리고 점점 더 응집되게 만들며, 인간의 전체 존재를 더 포괄적으로 만든다. 인간과 그의 행위, 그의 관계들 등의 특정한 변화는 사회와 자연의 신진대사 속에서 자신의 존재에 적합한 근원을 가지게 되는데, 이러한 사실이 개별 경우들에서는 더 이상 직접적으로 관찰되지 않고, 오로지 분석을 통해서만 발견될 수 있다. 둘째, 그러한 과정에서 인간 자체의 변화에 눈을 돌려보는 것도 유익하다. 왜냐하면 이 경우 의식적으로 의도된 것과 발전에 의해 인간 안에서 즉흥적으로 불려 나온 것의 변증법이 가시화되기 때문이다. 사람들은 이러한 상황을 두 가지 대립적 관점에서 오류로 판단하곤 한다. 첫째, 사람들은 이러한 과정에서 나타나는 인간의 활동적 역할을 인간의 실천을 실제로 촉발한 현실의 사태뿐 아니라 이러한 행위들의 주체에 미치는 객관적 작용과 반작용으로부터 고립시키며, 그것들로부터 인간의 실천의 대안적 구조를 떼어낸다. 이를 통해 그들은 설명이 불가능한, 근거 지어지지 않은 자율을 인간의 존재와 생성의 기초로 구성한다. 다른 한편 사람들은 "환경"을 저항 불가능한 기계적 힘으로 규정함으로써 변화를 수수께끼와 같은 것으로 만들어버린다. 하지만 사실대로 말하자면 대안들은 구체적으로 사회와 자연의 신진대사로부터 제시된다. 인간은 몰락의 형벌이 주어질 때 자연에 대해 대안들을 활동적으로 결정함으로써, 새로운 목적론적 정립을 함으로써 반응해야 한다. 실천적인 수행을 하는 가운데 인간 안에 (고대 아리스토텔레스의 '뒤나미스[Dynamis]의 의미에서의) 가능성들이 열리고 현실화된다. 올바르게 제시되고 응답된 대안들(이 대안들이 "시대의 요구"에 부응한다는 점에서 올바르다고 한 것이다.)이 사회적으로 수용되어 인간의 사회적 재생산으로 편입해 들어옴으로써 그것들은 개별 인간과 사회를 연속적으로 재생산하기 위한 구성요소로 되며, 동시에 사회 전체의 생존능력을 성장시키고 개별 인간의 개인적 능력을 확장하고 심화시킨다.

사회적 존재의 연속성이 갖는 특수한 성질이 재생산의 과정에서 표현되기 때문에 재생산의 이런 특성은 이미 사회적 존재의 고유한 특징을 아주 잘 보여준다. 연속성은 본성상 모든 존재의 본질적 표식이다. 그럼에도 불구하고 유기적 자연에서 연속성은 순수하게 객관적으로 실존하며, 단순히 그 자체로는 계통발생적 재생산의 형식으로만 실존한다. 이때 이 계통발생적 재생산은 직접적으로 개체발생적 재생산에서 표현되긴 하지만, 개체발생을 현실화시키는 개별존재들에게는 완전히 초월적인 방식으로 표현된다. 유기적 생명체의 영역에서 우리가 다양한 방식으로 다뤘던 유의 침묵은 지고로 복잡한 이러한 사태를 단순히 요약해주는 개념이다. 이에 반해 우리가 사회적 존재에서 유에 적합한 것의 재생산을 더 이상 필연적 침묵으로 고찰하지 않는다면 우리는 이런 중요한 진리를 허위로 변화시킬 것이며, 그것들 사이의 대조를 의식되지 않는 것, 의식될 수 없는 것, 그리고 이미 의식된 것들 사이의 대조로 형식화할 것이다. 유기적 자연의 유적합성이 갖는 침묵의 즉자로부터 사회적 존재에서 더 이상 침묵하지 않는 대자로 이행하는 참된 존재론적 변형은 의식되는 것과 의식되지 않는 것 사이의 순수한 심리학적-인식이론적 대립보다 훨씬 더 광범위하고 포괄적인 것이다. 사회성의 "원현상"은 노동이라고 한다. 노동 속에서 양 존재영역의 질적 분리가 즉각 아주 명료하게 표현된다. 그럼에도 불구하고 노동의 목적론적 정립이 ―유의 관점으로부터― 의식되는가? 의심의 여지없이 그렇지 않다.(그런데 산물과 과정이 언제나 무언인 것은 아니다.) 그런데 노동은 의식성 없이는 불가능하다. 그러나 이 의식성은 우선 노동의 개별적 작용 이외에 어떤 것도 밝혀주지 않는다. 노동 속에서 인간의 유적합성은 구체화되는데, 그것도 존재론적으로 결코 현존하지 않았던 방식으로 그렇게 한다. 이러한 사실이 개별적인 노동 작용 속에서 필연적으로 실제 연관들에 대한 의식이 끌려 나온다는 것을 말하는 것은 아니다. 개별적 인간의 행위로서의 노동은 그 본질상 사회적이며, 노동하는 인간에게서 인간의 사회적 자기일반화가 수행되며, 특수한 인간이 유에 적합하게 객관적인 고양을 이뤄낸다.

따라서 그렇게 말해도 된다면 그것은 역설적 상황을 역설적으로 묘사하고 있다. 즉 그것은 더 이상 침묵이 아닌 인간 종을 여전히 침묵의 현상방식으로 현존하는 것으로, 단순한 즉자존재의 단계에서 유의 대자존재로 현존하는 것으로 묘사될 수 있다. 이러한 표현들은 본질에 따라 운동하는 역동적인 발전과정을 범주들과 더불어 파악하고자 하기 때문에 역설적으로 작용하지 않으면 안 된다. 이때 이 범주들의 의미는 발전단계들을 목표로 하지 발전과정 자체를 목표로 하지는 않는다. 우리는 인간 종의 고유한 대자존재, 완전히 지양된 인간 종의 침묵이 지금까지 완전하게 현실화되지 않았다는 것을 안다. 다른 한편 노동이라는 단순한 활동이 인간의 자기정립, 인간의 인간됨을 의미하고, 이와 더불어 유에 적합한 침묵의 동물성으로부터의 완벽한 도약을 의미한다는 사실도 확립된다. 처음과 끝의 연결은 인간의 세계사, 즉 인간 유의 대자존재의 완전한 전개를 형성한다. 인간 유의 대자존재는 의식적 형식에서만 아주 적절하게 현실화될 수 있다. 더 이상 침묵하지 않는 인간 유는 그 자체로 인간의 의식 속에 현재해야 한다. 이러한 의식은 그때까지의 지속적인 도정에서 예외적인 경우들에서만 적절하게 현실화될 수 있는데, 처음에는 단순히 가치를 정립하고, 가상적 주체의 방식으로 그렇게 될 뿐, 이런 형식들을 보다 고차적으로 구축하는, 충분히 성과를 이루고 가치를 실현하는 존재의 의식으로서 그렇게 하는 것은 아니다. 따라서 우리가 앞에서 형식화한 역설은 인간 유의 발전이 하나의 존재자의 전개과정이며, 하나의 존재형태에서 다른 존재형태로의 도약이 아니라는 사실로 환원된다. 도약은 오히려 인간의 인간됨과 더불어 수행되었다. 그 이래 비록 퇴행도 있었고, 혁명적-반혁명적 흔들림도 있었지만, 전체적으로는 엄격한 존재론적 의미에서의 진화적 과정이 수행된다. 따라서 인간 종의 대자존재는 인간의 인간됨 그 자체에 이미 현존하며, 가장 원시적인 노동도 이미 개별자와 종 사이의 이러한 새로운 관계를 —즉자적으로— 구현하고 있다고 말할 수 있을 것이다. 이런 과정 내부에도 도약적 이행이 현존할 수 있고, —심지어 자유의 왕국의 형성에서 그렇듯이— 현존해야 한다는 사실은 이런 존재론적 사태를 본질상 바꿀 수 없다. 최초의 도약기에서 중요한 것은 사회적 존재로서의 인간 유의 형성과 자기구성이었던 데 반해, 그 이후 진화의 과정에서 중요한 문제는 사회적 존재 내부에 있는 이행의 형식들이다.

필요한 이런 부언설명 때문에 우리는 우리가 지금 다루고 있는 문제, 즉 사회적 존재의 연속성의 새로운 형식들의 문제가 유기적 자연의 새로운 형식들과 대립하기라도 하는 듯한 가상을 갖게 된다. 우리는 그것이 외견상으로만 그렇다고 생각한다. 왜냐하면 정말로 중요한 이런 중간문제를 다루고서야 비로소 우리의 문제가 무엇인지 명확하게 드러날 것이기 때문이다. 우리는 한편으로 사회적 존재에서 연속성의 새로운 형식이 의식 없이 발생할 수 없다는 것을 보았다. 새로운 존재형태가 의식으로 고양됨을 통해서야 비로소 이 존재형태는 새로운 대자존재에 이른다. 그러나 우리는 동시에 사람들이 이런 의식성 역시 점차적으로, 과정의 형식으로, 연속적으로 발생한 어떤 것으로서가 아니라 처음부터 완성되어 현존하는 것으로 파악할 경우 과정의 과정성을, 따라서 새로운 연속성의 적절한 형식을 사변적으로 억압한다는 것도 보았다. 그런 도정이 오류에 떨어지는 근거는 의식 자체에 놓여 있는 것이 아니라 대상 속에, 객관적 과정 속에 놓여 있다. 이 객관적 과정의 산물이 곧 의식이며, 그 도정을 수행하는 과정의 표현이 곧 의식이다. 즉 그 과정은 자신의 연속성을 통해 의식의 형식과 내용을 이끌어가고 조정하지만 의식으로의 변환 없이는 본질에 합당한 그런 형식과 내용으로 현실화될 수 없다. 따라서 과정의 연속성 속에서 의식은 연속적으로 발전해야 하며, 이미 도달된 것을 다가올 것의 토대로, 보다 높은 것을 위한 도약대로 자기 안에 보존해야 하며, 그때그때 도달한 단계를 언제나 의식으로 고양해야 한다. 그러나 이때 그 방식은 가능하면 미래를 향한 연속성의 도정을 차단하지 않도록 열려 있어야 한다. 의식은 연속성의 그런 기관으로서 언제나 존재의 특정한 발전단계를 대표하며, 따라서 그 존재의 한계를 자신의 한계로 받아들여야 한다. 물론 의식은 —본질상— 궁극적으로 이 단계에 상응해서만 구체화될 수 있다. 의식의 이런 현재성, 현재와의 연관성이 동시에 과거와 미래를 결합함으로써 의식의 한계, 불완전성, 제약성 등은 사회적 존재에서 발생한 새로운 연속성의 불가피한, 중요한 계기들이다.

지금까지 서술한 것은 다음의 상황을 잘 밝혀준다. 즉 의식을 사회적 발전의 실제 계기로서 존재론적으로 파악하고자 하지 않고 오히려 이 의식에 인식이론적, 혹은 심리학적 해석을 그 본질로 부여할 경우, 객관적인 연속성을 띠는 일반적 과정과 그 연속성의 실재를 궁극적으로 확고히 하는 의식 사이의 올바른 관계는 적절히 파악될 수 없다는 것이다. 이 두 경우에 현실 속에서 실제로 기능하는 의식의 개별적 계기들은 그 작용의 총체성에서 떨어져 오로지 인위적으로 구성된 고립성 속에서 고찰될 것이다. 의식의 내용이 올바른지를 묻는 —그 자체로는 정말로 중요한— 문제가 그런 방식으로 탐구되고 절대자와 상대적인 것의 변증법이 올바르게 인정될 경우 그런 문젯거리에 대한 참된 답변에 결코 이르지 못할 것이다. 왜냐하면 의식의 내용의 인식적 올바름이나 그름도, 그리고 그것의 심리학적 옳음이나 허위도 여기서 본질적인 것이 무엇인지 밝혀내지 못하며, 사회적 과정의 연속성 속에서 의식이 현실적으로 어떤 역할을 하는지 드러내지 못하기 때문이다. 의식의 그러한 속성들은 이런 역할이 분명하게 규정될 경우에만 비로소 과소평가될 수 없는 그 중요성에 이르게 된다. 현재를 반영함으로써, 그리고 구체적 대안들과 자신의 경험들에 대한 실천적 입장을 취함으로써 과거를 미래와, 그리고 언젠가 제시되었지만 여전히 알려지지 않은 과업과 결합시키기 위해 의식은 자신이 촉진하는 것이 삶의 과업 그 자체가 되는 그런 개별적 삶의 최상의 재생산을 위한 자발적 의도를 소유해야 한다. 지금 우리가 다루고 있는 의식은 일상적 인간의 의식, 일상적 삶의 의식이다. 내가 다른 곳에서 상세히 다룬 것처럼,[32] 이 영역에서 이론과 실천의 직접적 연관성이 가장 중심이 되는 본질적 특성으로 나타난다. 따라

---

32) G. Lukacs: *Eigenart des Ästhetischen*, Neuwied 1963, I, S. 44 ff.; GLW II, S. 44 f.

서 그때그때의 개별적 삶이 간직하고 있는 재생산의 조건들의 연속성은 그 자체로 현실에 대한 관심을 위해, 현실에 붙들려 있는 자의 선택을 위해 아주 중요한 계기들로 된다. 하지만 이 경우 특수한 개별 인간의 재생산이 주관적으로, 의식적으로 지배권을 소유하기는 하지만, 그러나 압도적 다수에 의해 수행되는 인간의 실천적 행위는 —이러한 의식이 개별자의 의식으로 고양되는지의 문제와 상관없이— 객관적으로 유의 영역에 속한다는 사실을 잊어서는 안 된다.(우리는 노동에 대해 상술한 것을 생각해보면 된다.) 이를 통해 일상적 삶의 근저에 놓인 객관적인 전체과정에서뿐만 아니라 일상적 삶의 의식적 표현에서도 역시 특수한 개별자와 사회적 유 사이에 분리할 수 없고 떼어낼 수 없는 통일이 형성된다. 이런 통일이 이미 개인의 행위에 필연적으로 현존한다면, 인간의 연합활동(예컨대 노동분업)으로부터 불가피하게 생겨나는 그런 상호작용에는 훨씬 더 강하게 그런 통일이 존재한다는 것은 자명하다. 다만 여기서 주목할 만한 것은 그런 개별적 행위들을 사회적인 방향과 경향, 그리고 사회적 조류 등으로 종합하고 통합하는 가운데 사회적 계기들이 절대적 우위에 도달한다는 것, 그리고 이 사회적 계기들이 특수한 것들을 뒤로 물리거나 종종 사라지게 한다는 것, 따라서 개인이 일상의 삶에서 그런 경향에 마주칠 경우, —그 사회적 계기들에 대한 개별자의 반응이 긍정적이든 부정적이든 아무런 상관이 없이— 이런 경향들이 당연히 사회적 힘으로서 그 개별자에게도 작용하며, 사회적-유적인 계기들을 그 개별자 안에서 강화시킨다는 사실이다. 이런 통합과 종합은 사회적인 것의 연속성을 아주 의미 있게 만들며, 효력이 충만하게 만든다. 이런 통합과 종합은 일종의 사회의 기억을 체화한다. 이때 사회의 기억은 과거와 현재의 성과들을 보존하여 이 성과들을 미래의 보다 고차적 발전을 위한 전제이자 담지자, 그리고 기준점으로 만든다.

그런 연속적 운동의 매체가 인간의 의식이라는 사실은 명확하다. 하지만 그와 동시에 이런 의식이 사회적 존재의 실제적 구성요소로 고찰되어야 하며, 이 의식은 결코 인식이론적인 추상적 척도로는 적절하게 측정될 수 없다는 사실도 명확하다. 따라서 우리가 묘사한 운동의 테두리에서 의식은 모든 다른 존재형태와 대비되는 사회적 존재의 특수성을 명백하게 드러내는 존재 적합한 역동적 기능을 가진다. 즉 의식이 연속성의 매체이자 담지자이자 보존자로 등장함으로써 이 연속성은 그렇지 않으면 존재하지 않는 대자존재이다. 연속성은 유기적 자연과 비유기적 자연에서 당연히 대자적으로 존재하는 자신의 고유한 형식들을 가진다. 하지만 예를 들어 출생과 죽음은 객관적 연속성 속에서 나타나는 생성과 소멸의 현상방식으로서 유기적 자연의 본질적 기호이다. 그런데 사회적 존재의 연속성에서 의식의 활동적 역할은, 그러한 과정에 참여한 자들에 의해 수용된 것과는 상관없이, 객관적으로 등장하고 소멸하는 것을 단순히 기록하는 것보다 훨씬 더 중요하다. 의식이 연속성의 전달매체로 나타남으로써 이 의식은 이 연속성을 질적으로 변화시키는 작용을 다시 행사한다. 과거의 사실은 사회적 기억 속에 보존되는데, 이런 보존은 모든 이후의 사건에 끊임없이 영향을 미친다. 이를 통해 과정의 객관적 법칙성은 결코 지양되지 않으며, 심지어 때때로 결정적으로 현재의 모습을 결정한다. 왜냐하면 의식적으로 보존된, 그리고 새로운 상황에 실천적으로 적용된 의식적인 과거의 경험들이 객관적으로 산출되고 객관적으로 효력을 미치는 진보의 전제들에 보충적으로 첨부되기 때문이다. 따라서 의식 속에 확립된 연속성은 이런 요소가 없는 연속성보다 훨씬 더 다양하고 규정성이 풍부하다. 이를 통해 과정의 불균등성 역시 훨씬 더 증가한다. 왜냐하면 여기서는 인간적 실천이라는 대안의 특성이 중요한 역할을 수행하기 때문이다. 다른 말로 하면 과거의 의식적 보존으로부터 그 적용이 기계적으로 자신에 유리한 상황으로 귀결하지 않는다. 적용은 언제나 사회적 대안에 대한 단순한 긍정이나 부정 이상이다. 적용의 방식이나 그 양 역시 언제나 대안적 성격을 갖는다.(여러 나라들에서 로마법의 수용이 어떻게 다른 방식으로 이뤄졌는지를 생각해보면 된다.) 따라서 작용하는 의식은 이런 근거들로부터 볼 때 인식이론적으로 고찰되어서는 안 된다. 왜냐하면 의식의 내용의 올바름이나 그름은 여기서 독특한 사회적-역사적 변증법 속에서 현상하기 때문이다. 한편으로 사회적으로 효력을 발휘하는 의식은 주어진 시대에 중요한 참된, 특정한 계기들을 올바로 반영해야 하며, 인간의 실천으로 전환시켜서 역사적 요인으로 관철될 수 있게 해야 한다. 다른 한편 의식의 이런 내용들이 구체적으로 사회적-역사적인 뿌리를 가지며, 구체적인 사회적-역사적 상황에서 선택적 결정의 대상들로 된다. 이 때문에 이 내용들은 사회의 기억을 통한 발생과 보존에서 오는, 그리고 그 적용 가능성에서 오는 오류와 한계 등에서 자유로울 수 없다. 이런 의미에서 현실에 대한 전체적인 혹은 부분적인 잘못된 모사 역시 역사적 발전의 아주 의미 있는 요소들이 될 수 있다. 모사가 갖는 바로 이러한 효력과 이로부터 발생하는 문제들은 종종 현실에 대한 적절한 인식을 가능하게 하는 보다 높은 단계로 이끌어간다.

사회적 존재에서의 연속성에 대한 이런 분석은 필연적으로 사회적 존재의 이런 복합성 내부에 있는 중요한 복합체인 언어에 이른다. 우리가 걸어온 길은 아마도 방법론적으로 오해를 불러일으킬 수 있다. 즉 우리의 서술이 언어를 어떻게든 철학적으로 "연역하기"나 하는 것과 같은 가상을 불러일으킬 수 있다. 사실 여기서 추구되는 것은 연역과는 정반대이다. 사회적 존재의 특이한 연속성을 파악하고자 한다면 우리는 그것 없이는 연속성이 현실화될 수 없는 그런 매체의 가장 보편적 특성을 말할 수 있기 위해 연속성을 가능하게 하는 그런 전제들을 발견해야 할 것이다. 이 분석에서 우리는 전체 사회적 현실을 고찰했으며, 여기서도 결과들은 사후에야 비로소 파악될 수 있다는 마르크스의 방법에 따라 우리가 사회의 실제 운동으로부터 필연적인 존재론적 결과들을 이끌어냈다. 이를 통해 언어 역시 당연히 우리의 탐구 주제인 사회적 사실에 귀속되었다. 우리가 이런 분석을 언어와의 직접적 연관 없이, 언어의 특수한 문제영역과의 직접적 연관 없이 수행했다고 하는 것은 결과적으로 다음과 같은 장점을 갖는다. 즉 언어를 다루기 이전에 이미 언어가 만족시켜야 하는 몇몇 사회적 욕구들, 언어가 이런 욕구를 충족시킬 수 있도록 도움을 주는 몇몇 사회적 기능들이 무엇이 있는지를 추상적인 수준에서나마 우리에게 알려준다는 것이다.

따라서 언어를 사회적 존재에서 연속성의 매체이자 기관으로 간주할 경우 우리는 이런 문제복합체의 중심에서 우리의 탐구를 시작할 수 있다. 이것은 아주 중요한데, 왜냐하면 그와 더불어 언어의 존재론적 기원이 그 중심지점으로부터 밝게 드러나기 때문이다. 인간의 사회적 삶의 수많은 중요한 계기들에서처럼 만약 사회적 인간을 고찰할 때 고등동물들에 현존하는 생물학적 발전의 성과들에 주목하지 않을 경우 이러한 사실은 발생적으로 이해되지 않을 것이다. 물론 이때 발생적 연관을 확고히 함과 더불어 인간의 인간됨 속에서, 그리고 인간의 사회화됨 속에서 유지되는 질적으로 새로운 것 역시 인식되어야 한다. 우리가 동물의 왕국에서 이른바 언어의 맹아를 고찰해보면 고등동물에게 의사소통, 그것도 아주 정교한 의사소통이 있다는 것은 의심의 여지가 없다. 동물들이 음식을 찾고, 성생활을 해가며, 적으로부터 자신을 보호하는 과정 등에서 기호가 발행하는데, 그것은 대부분 청각적 양식을 갖는다.(나는 여기서 '대부분'이라고 말하고 있는데, 왜냐하면 예를 들어 벌들이 추는 춤은 시각적 기호로서 아주 정교한 전달매체이기 때문이다.) 동물들은 이러한 기호의 도움으로 생물학적 재생산을 위해 결정적으로 중요한 순간에 재생산에 필요한 요구들을 충족시킬 수 있게 된다. 동물들 가운데 나타나는 이런 종류의 의사소통은 특별히 부각되어야 하는데, 왜냐하면 그것은 성장하는 인간에 의해 본질적으로 변경되지 않고 수용될 뿐 아니라 사회적 발전의 최고 단계에서도 기능하기 때문이다. 더 나아가 아주 분명한 시각적 혹은 청각적 기호를 통해 전개되는 이러한 유의 의사소통은 고차적인 사회성의 전개와 더불어, 즉 인간들 사이의 상호교통이 확산되고 강화됨과 더불어 경감되거나 소멸되지 않으며, 그와 반대로 점점 더 확대된다는 사실을 관찰하는 것은 흥미롭다. 철로와 큰 도시의 교차로에 있는 푸른색, 빨간색 신호등, 도로 위에서 교통을 제어하는 신호들, 배의 기신호 등등에 대해 생각해보자. 이 모든 경우에서 —동물뿐 아니라 인간에게서도— 중요한 것은 혼동될 수 없는 특정한 기호가 이 기호에 대한 특정한 반응의 무조건적 필연성을 규정하고 있다는 점이다. 이때 그 반응은 자동적으로 따라야 하는 무조건적 반응이어야 한다. 빨간 등이 켜진 상황에서는 어떤 경우에도 도로를 가로질러 가서는 안 된다는 사실은, 어미 닭이 맹금이 나타났다는 신호를 보낼 때 병아리들이 스스로 몸을 숨기는 것과 마찬가지로, 추후적 사고나 결단의 기회가 주어지지 않는다는 것이다. 그러한 기호들의 특성을 좀 더 자세히 고찰해보지 않고서도 이 두 경우에 기호들은 언제나 삶의 특정한 개별적이고 고립된 계기들을 기호화하며, 어떤 유의 연속성도 형성하지 않는 그런 연관에 서 있다는 것을 확인할 수 있다. 헉슬리는 동물의 이러한 기호에 대해 이런 기호는 간격을 두고서만 표현된다고 올바로 확인해주었다.[33] 그리고 확실히 누구도 아주

---

33) Julian Huxley und Ludwig Koch: *Animal language*, New York, 1964, S. 9.

체계적으로 고안된 운전자를 위한 도로표지가 간격 속에서 등장하는 것과는 다르게 현실에서 등장한다고 주장하지 못할 것이다.

기호의 이런 간헐적 성격은 동물의 경우 그들의 삶의 대부분이 생물학적으로 즉흥적인 필연성으로 진행되며, 따라서 의사소통의 욕구가 특수한 기호들을 통해 일깨워지지 않는다는 사실과 연관되어 있다. 사회적 삶의 어떤 활동에서는 정상적으로 구조화된 과정에서 벗어나 있지만 빈번히 반복되는 계기들이 특수한 기호를 통해 표시되는데, 발전된 사회에서 그러한 유의 활동의 특화된 영역을 위한 기호가 생겨난다.(도로교통에서 일방통행로) 기호의 이런 기능으로 인해 당연히 기호는 간격 속에서만 등장하지 서로 결코 연속성으로 연결될 수 없다는 사실이 따라 나온다. 따라서 기호는 이 두 경우에 종종 반복되는, 하지만 특정한 반응을 요구하는 일회적 상황과 연결되어 있으며, 따라서 정확하고 성공적인 기호의 사용이 그 상황의 실제 구성요소에 대한 참된 파악을 전제하는 것은 아니며, 그 요소들에 대한 다른 반응을 전제하지도 않는다. 동물의 경우 이런 "자동성"은 환경에 대한 생물학적 적응에서 생겨난다. 그리고 사회에서 사용되는 기호의 경우 중요한 것은 특정한 반응양식들이 상호교통을 단순화시켜 규정하려는 관심 속에서 단번에 정확하게 고착시킨다는 사실이다.(기호와 이 기호에 대한 반응 사이의 연관의 이러한 고착화는 여기서 더 이상 생물학적 특성에서 기인하는 것이 아니라 사회적 당위이다. 사회적 당위는 일반적으로 고정되고 제약된 반사작용을 통해 "자동적으로" 기능하며, 그렇지 않을 경우 필요하다면 습속이나 법 등과 같은 강제적 수단으로 관철된다.) 이 두 경우에 중요한 것은 확고하게 고정된, 제약된 (혹은 제약되지 않은) 반사작용들의 형성이다. 그러한 기호전달의 형식들은 동물들의 상호교통의 가장 발전된, 유일한 방식이기 때문에 이 형식들의 제약은 동물적 삶에서 정확하게 관찰될 수 있다. 이러한 제약의 본질은 기호들이 가장 정확하게 기능하게 하기 위해 이 기호들에 의해 표시된 대상에 대한 이해가 필요한 것은 아니라는 것이다. 헉슬리는 침팬지가 기호를 통해 자신의 배고픔을 표현할 수 있으며(이것 역시 아마도 울타리에 갇혀서 인간에게 그런 사실을 전달하고자 할 때 비로소 가능한 것 같다.), 바나나를 직접 가리킬 수 있지만, 바나나가 현재하지 않을 경우 '나는 바나나를 원해.'라고 표현할 수 없다고 올바로 말한다.[34] 기호와 말 사이에는 또한 도약을 통해서만 도달할 수 있는 심연이 존재한다. 기호와 말 사이에 둘을 매개하고 연결하는 전달체가 존립하지 않는다. 기호는 알려진 세계를 전제한다. 그렇지 않을 경우 기호는 행위의 길잡이일 수 없을 것이다.

헤겔은 올바르게도 다음과 같이 말한다. "익숙한 것 일반은 그것이 **익숙하다**(bekannt)는 이유 때문에 **인식되지**(erkannt) 않는다."[35] 그는 여기서 말한 도약의 의미를 정확하게 표시하고 있다. 즉 노동으로부터 출발하여 이 노동을 계속 발전시켜가는 인간의 모든 실천이 익숙하지 않은 것을 인식하기 위해 익숙하지 않은 것으로 돌진해간다.(익숙하지 않은 것은 일단 인식되고 나서야 비로소 인간의 일상적 삶에 익숙한 어떤 것으로 될 수 있다.) 이때 모든 인식행위는 외연적-내포적 확장을 가져온다. 이와 마찬가지로 언어는 이런 실천의, 이 실천으로부터 발생하는 모든 인식의 중요한 기관이다. 이에 반해 동물의 삶은 단순히 익숙한 것의 테두리 내에서 이뤄진다. 익숙하지 않은 것은 당연히 객관적으로 현존하지만 지각되지 않는다. 즉 삶에 본질적인 것이 무엇인지 알려주는 현재 현실에의 적응이 어떻게 생명체와 환

---

34) Ebd., S. 24.

35) Hegel: *Phänomenologie des Geistes, Werke* II, Leipzig 1909, S. 25; HWA, S. 35.

경 사이의 상호작용을 통해 제어되는지를 우리는 정확하게 알지 못한다. 정상적인 생물학적 재생산이 그런 토대 위에서 수행되곤 한다는 사실은 우리 목적을 위해 충분하다. 노동은 그 가장 원시적인 상태에서도 주관적으로뿐 아니라 객관적으로 언제나 새로운 것을 산출한다. 이를 통해 사회적 존재를 위한 전혀 새로운 재생산조건들이 생겨난다. 우리는 방금 이러한 재생산과정에서 의식의 역할을 그 가장 일반적인 특성에서나마 시사했었다. 언어에서야 비로소 아주 급격히 변화된 환경에서 재생산이 수행될 수 있도록 돕는 하나의 기관(주관적인 의미에서)이, 하나의 매체, 하나의 복합체(객관적인 의미)가 생겨난다는 것은 분명하다. 즉 여기서 재생산의 모든 주관적이고 객관적인 계기들의 중단 없는 변화 내부에서 유의 연속성이 보존된다. 우리는 이를 위해 이런 변화를 의식으로 전환시키는 것이 반드시 필요하다는 것을 보았다. 그것도 보존과 계속된 형성이라는 두 가지 관점에서 그렇다. 이때 이 두 계기는 재생산과정에서 필연적으로 서로 연합하며, 종종 서로 아주 모순적이라 하더라도 서로를 보충한다. 보존은 일단 습득된 것을 궁극적으로 고정하려는 경향을 형성할 수 있으며, 종종 역사의 과정에서 그런 일을 행한다. 하지만 그 기능의 주된 방향은 과거에 습득된 것을 사회에 의해 제기된 새로운 질문의 계속된 발전의 토대로, 그런 질문의 해결을 위한 토대로 삼는 데 있다. 그런데 보존의 기능이 갖는 이런 이중성은 일차적으로 의식적인 어떤 것이 아니다. 사회의 구성원들을 새로운 대안의 선택 앞에 세우거나 이미 도달했을 때 그들의 지평을 차단하는 것은 사회의 객관적인 사회-경제적 발전이다. 이러한 과정에서 의식의 기능은 무엇보다 의식이 이 두 과업을 충족시킬 수 있다는 데 있다. 이때 그때그때의 사회 상태에 자신을 기계적으로 접합시키는 그런 상황을 생각해서는 안 된다. 대안들은 직접적으로 의식 속에서 결단을 내리도록 압축되기 때문에 그 동기가 궁극적으로 중요하게 되는 이러한 구조는 보존의 사회적 기능 속에서도 관철되어야 한다. 즉 의식은 경우에 따라 사회적으로 실제 필요한 것의 뒤에 보수적으로 머무르면서 계속된 진행을 방해하기도 하고, 그 구체적 실현이 사회적으로 아직 포착되지 않은 혁명적인 새로운 발걸음을 요청하기도 한다.

의식의 이런 속성은 다음 장에서 좀 더 자세히 다뤄질 것이다. 의식은 경제적-사회적 발전의 객관적 도정에 의존해 있으며, 동시에 그런 도정에 대해 상대적으로, 많은 경우 아주 많이 독립해 있다. 의식의 이런 의존성과 독립성이 언어의 이해를 위해 불가피하기 때문에 여기서는 의식의 이런 속성을 최소한이나마 논구해야 했다. 엥겔스는 정당하게도 언어의 발생을 노동의 발생에 연결시켰으며, 인간이 뭔가를 말해야 할 경우 언어가 발생하지 않으면 안 된다는 사실을 올바르게 확립했다.[36] 이러한 '뭔가를 말해야 함'에는 이중의 변증법이 숨어 있다. 첫째, 그 안에는 원리적으로 결코 완벽하게 알려지지 않은 환경이 전제되어 있다. 동물의 경우에서처럼, 알려진 것에만 유에 적합한 재생산의 매체를 형성하게 하는 것에서 개별적 실례들 사이의 교통은 대체로 그러한 유의 특수한 전달형식들을 형성하지 않고서 진행된다. 우리가 이미 분석한 기호는 특수한 한계상황을 위해 생성된다. 노동과정에서, 그리고 노동의 산물을 사용하는 데서 나타나는 새로운 것, 혹은 그때까지 알려지지 않은 것을 발견하고 산출함으로써 비로소 의식 속에 영역적으로 의사소통을 요구하는 새로운 다양한 내용들이 생겨난다. 그런데 의식은 그 자체 즉자적으로 철저히 개별 존재에 묶여 있

---

36) Engels: *Anteil der Arbeit an der Menschwerdung des Affen*, in: MEGA, *Anti-Dühring, Dialektik der Natur*, a. a. O., S. 696; MEW 20, S. 444 f.

다. 이 개별 존재의 뇌수에서 의식이 생겨난다. 동물의 경우 유의 무언성은 뇌의 생산물을 개별자에 묶어주는 이런 구속성이 생물학적 재생산의 과정에 ―이미 다룬 과도적 경우들은 제외하고― 마찰 없이 삽입된다는 바로 그 사실에서 표현된다. 인간은 스스로 산출한 새로운 것, 새로운 생산 절차 방식, 그리고 그러한 활동에서의 협동 등을 위해 언어에 이르게 된다. 이를 통해 인간은 새로운 유적합성의 수준에서 인간적 교류의 매체를 만든다. 우리는 노동을 다루면서 노동이 이 노동을 동반하는 의식 상태가 어떠한지와 상관없이 유에 적합한 특성을 가지며, 객관적으로 직접적 개별 존재의 단순한 특수성을 넘어 스스로 고양시킨다는 것을 이미 보았다. 이런 객관적인 경향은 언어에서 좀 더 고차적으로 진행된다. 즉 인간의 의식의 직접적 관심이 개별 대상들에 의해 규정되고, 그런 대상들에 방향을 맞춘다면 언어에서는 처음부터 주체의 합법칙성에 대한 객관적 의도가 효력을 발휘한다. 가장 단순하고 일상적인 모든 말조차도 언제나 대상의 보편성, 즉 유나 종을 표현하지 개별 사례를 표현하는 것은 아니며, 따라서 어떤 대상의 개별성을 위해 이 개별성을 있는 그대로 명료하게 규정하는 말을 찾는 것은 언어적으로 불가능하다는 사실을 잊어서는 안 된다. 당연히 제스처를 쓰면서 감각적으로 현재하는 객체를 사념된 것으로 지시하는 일이 가능하다. 그럼에도 불구하고 부재하는 것으로서의 이 사념된 것에 대해 언어적 진술이 이뤄지자마자 말은 그것을 할 수 없는 것으로 드러난다. 발전된 구문론만이 비로소 감각적 지시를 언어적으로 재생산하는 가운데 개별성을 표시할 수 있다. 즉 그런 구문론만이 현재하는 것의 감각적 모습을 언어적으로 변형하여 서술할 수 있다.(예로 말하자면, 우리 엄마의 방에 있는 옛 책상.) 그렇지 않으면 언어는 기껏해야 근접해갈 수 있을 뿐이며, 종 등에 대한 가능한 한 구체화된 기호에 속하며, 철학적으로 표현하자면, 유의 내부에서 관련 대상의 구체적 표현에 속한다. 개별성에 접근한다는 의미에서의 특수성은 그러한 경우들에서 언어적 표현의 전방으로 진입한다.

우리가 가장 기초적인 요소들을 서술할 때 보편성과 특수성, 그리고 개별성 등과 같은 철학적 범주들을 끌어들인 것은 의도가 없지 않다. 이와 더불어 우리는 노골적인 예를 통해 현실 인식을 위한 가장 중요한 범주들이 얼마나 일찍이, 그리고 얼마나 원시적인 단계에서 이미 실천적으로 등장하지 않을 수 없다는 것을 보이고자 했다. 물론 이때 여기에는 가장 원시적인 발견물들이 현실 속에 은연중에 함유하고 있는 것의 이론적 영향에 대한 최소한의 의식도 결여되어 있다. 마르크스는 "현존형식들", "실존규정들" 등과 같은 범주들이 존재하며, 따라서 이 범주들이 그것으로 인식되기 훨씬 이전에 이 범주들은 실천적으로 등장하고 사용될 수 있다고 올바르게 말한다. 우리는 노동을 다루면서 이미 마르크스의 심오한 인식을 확증해주는 이와 유사한 연관을 시사한 바 있다. 마르크스에 따르면 실천은 그 이론적 의미에 대한 어떤 감도 의식하지 않은 채 많은 이론적인 것들을 정립하고 적용한다. 마르크스는 "그들은 그들이 자신하는 것을 알지 못한다."고 말한다.[37] 그리고 엥겔스는 자신이 행하는 것이 무엇인지 모른 채 일생 동안 산문을 말했던 몰리에르적 희극의 영웅을 반복적으로 지시한다. 인간적 실천과 이론의 관계에 내재한 이런 특성 속에 두 가지 사실이 표현된다. 외부세계의 관점에서 볼 때 그것은 '우리가 우리 이론에서 사용한 범주들은 객관적으로 실재하는 세계의 대상성에 대한 모사이다.'라는 사실이다. 인식의 미메시스적 특성을 약화시키고자 하고 객관적 현실에 질료적-내용적 즉자존재를 부여하지만 그것의 형식들을 정신의 산물로만 파

---

37) *Kapital* I, S. 40; MEW 23, S. 88.

악하는 이론들과는 반대로 마르크스는 모든 객체의 대상성이 자신의 질료적 존재와 분리될 수 없다는 점을 강조한다.[38] 즉자적으로 존재하는 세계에 대한 이러한 파악은 이론적으로 다음의 사실을 통해, 즉 '존재하는 전체 객체들과 관계들의 대상성은 규정들의 외연적-내포적 무한성을 소유한다.'는 사실을 통해 완성된다. 여기서부터야 비로소 현실에 대한 이론적-실천적 지배과정의 주관적 측면 역시 적절하게 파악될 수 있다. 즉 참된 대상성은 언제나 실천에서 파악된다.(그리고 여기서 자명한 사실은 이런 파악에 앞서 행위하는 주체 속에 하나의 모상, 하나의 사변적 재생산이 수행되지 않는다면 그런 대상성이 실천적으로 파악될 수 없다는 것이다.) 동시에 모든 실천에 대해 실천은 결코 —원리상 결코— 규정들의 총체성을 자신의 인식의 토대로 소유하지 않는다는 사실이 확고히 되어야 한다. 모든 실천, 그리고 이 실천과 결합되어 있는 모든 이론은 객관적으로 다음의 딜레마 앞에 서 있다. 즉 규정들의 총체성에 대한 —불가능한— 파악에 의지하고 그것에 방향을 맞추고 있지만, 필연적으로 부분적으로는 그러한 요구의 충족을 무시할 수밖에 없다는 딜레마. 레닌은 실천과 연결된 이론의 인식이론적 비판의 관점으로부터 여기서 말한 상황에 대해 아주 구상적으로 묘사해준다. "하나의 대상을 현실적으로 알기 위해 그 대상의 모든 측면, 모든 연관과 '매개' 등을 파악하고 탐구해야 한다. 우리는 이것에 결코 완벽하게 도달할 수는 없지만, 모든 측면을 고려해야 한다는 요청은 우리로 하여금 오류와 고집에서 벗어날 수 있게 해준다."[39]

인간의 모든 실천처럼 인간의 언어창조, 사회적 실천 내부에서 인간의

---

38) *Marx Werke* III, S. 161; MEW EB I, S. 579.
39) Lenin: *Sämtliche Werke*, a. a. O., XXVI, S. 160-161; LW 32, S. 85.

중단 없는 재생산, 모든 개별적 계기들의 "죽어서 이루라.(stirb und werde)"라는 원리, 총체성으로서의 복합체적 존재의 자기보존 등, 이것들은 모두 이런 딜레마의 지배 아래 있었고, 지배 아래 있다. 모든 언어적 표현은 그 것이 의식되든 그렇지 않든, 그리고 어느 정도나 의식되든, 자신 안에 이런 딜레마를 낙관적으로 해결하려는 시도를 내포한다. 사회를 자연과 상호 교류하게 하는 노동과 달리 인간들 상호 간의 교통의 도구로 간주되는 언어에서 문제는 완전히 다르게 설정된다. 그 이유는 다음과 같다. 노동에서는 유적인 것이 우선성을 갖는다. 이런 우선성은 노동의 객체에서 보편적으로 반복되는 그 객체의 특징들을 중심에 세우며, 개별적 특징에 대한 고려는 주어진 사건에서 오류의 원천들을 가능한 한 효력을 발휘하지 못하게 하는 기획 아래 종속된다. 또한 주관적인 측면에서도 특수한 개별적 방법에 비해 객관적으로 낙관적인 것, 따라서 유적인 것에 지배권을 보장하는 경향이 노동에 내재해 있다는 것도 그 이유이다. 낙관적인 것은 통상 우선 개별적 업적으로 생겨나는데, 이러한 사실은 방금 말한 문제 상황과 모순되지 않는다. 이 낙관적인 것은 그 본질적 내용에 따르면 유에 적합하고, 일반화될 수 있으며, 단순히 특수한 것으로 머물지 않는데, 바로 이런 이유 때문에 낙관적인 것은 지속적으로 관철된다.

이러한 질문은 언어에서는 전혀 다르게 나타난다. 언어는 근원적으로 목적론적 정립을 유효하게 하는 사회적 도구이다. 여기서 목적론적 정립이란 다른 사람들을 특정한 목적론적 정립으로 이끌려는 목적을 가진다. 이 때도 역시 노동의 유적합적 행위는 객관적인 모든 규정과 더불어 궁극적 목적으로 남는다. 그런데 이 목적에 이르는 길은 다른 사람들의 의식을 넘어간다. 왜냐하면 이들에게서 이런 유적합성, 자신의 특수성을 넘어가는 이런 추월 등은 아주 다양한 수단들을 가지고서야 비로소 아주 상이한 방식으로 일깨워지기 때문이다. 여기에서 우리에게 이미 알려진 말들이 갖는 보편적 성격의 필연성이 더 분명하고 체계적으로 등장한다. 인간에 대한 개인적 호소는 노동에서 이미 명확하게 드러난 경향들로 나아간다. 이런 호소는 직접적으로는 개별적 인간에게 향하며, 종종 현실에서도 일어난다. 하지만 주목할 만한 것은 이 경우에도 개별 인간은 —언어적으로— 보편성의 영역에서, 유에 적합한 영역에서 움직인다는 사실이다. 순수하게 개인적인, 아주 감정적인 책망, 칭찬, 욕설 등이 언어적 행위의 내용을 이룰 때조차 이런 언어 행위에 연관된 개인이 특정한 태도를 취함으로써 어떤 인간집단에 편입되어 있다는 사실이 타자에게 전달된다. 한 인간을 영웅으로 표시할 것인지 불량배로 표시할 것인지를 언어는 그 개인을 그런 태도 양식을 취하는 집단에 이런 방식으로 정렬시킴으로써만 표현할 수 있다. 그런데 그것은 사회적으로 적지 않은 의미를 가진다. 왜냐하면 개별 인간에게는 자신의 동료 인간들이 그 자신을, 자신의 행위를, 그리고 자신의 태도 방식을 어떻게 평가하는지, 그리고 그들이 그를 그때그때의 사회에 어떻게 정렬시키는지가 정말로 중요하기 때문이다. 삶에 아주 밀착되어 있는 그리스의 윤리학에서 칭찬과 책망, 그리고 이런 것에 대한 반응이 아주 큰 역할을 했다는 것은 우연이 아니다. 당연히 이러한 과정은 사회의 발전과 병행하여 점점 더 복잡해지고, 정교해지고 "개인화"되어간다. 그러나 잊어서는 안 되는 것은 모든 것에도 불구하고 사용된 언어들은 기껏해야 개별적인 경우에 더 강력하게 접근해가는 첨예화된 뉘앙스(함축)를 함유할 수 있으며, 그런 과정에서도 여기서 언어의 근본구조에 관한 한 결정적인 어떤 것도 변화시킬 수 없다는 사실이다. "너 또 잘했다."라는 표현이 책망을 표현할 수 있듯이 "너는 불량배야."라는 표현은 경우에 따라 어떤 인정을 표현할 수도 있다. 그런데 이 모든 함축적 음영(뉘앙스)과 유보 등에도 불구하고 그 근본구조, 즉 특수한 행위와 행위자들을 특정한 부류의 태도 양식에 편입하여 질서 짓는 근본구조는 변화하지 않고 계속 존립한다.

언어의 발전이 이런 정교화로 납득될 수 없다는 사실은 자명하다. 사회적 발전과정에서 타자를 목적론적 정립으로 이끄는 이런 통로가 더 매개적일수록, 그리고 파편적 개인들의 단순한 집합체였던 원래의 공동체가 (타자를 전제하고, 그들과의 연관에서만 의미를 가질 수 있는—역자) 개별성의 공동체로, 인격성의 공동체로 발전할수록 언어적 표현 역시 한편으로는 그만큼 더 그런 개별화에 방향을 맞춰야 한다.(즉 언어가 미세한 부분을 표현하도록 발전한다—역자) 이를 위해 우리가 여기서 분석하기는커녕 단번에 열거할 수도 없는 그런 전체 언어적 표현형식들이 생겨난다. 하지만 이때에 엄격한 의미에서 비언어적 표현수단의 성장이 중요하고 실제적인 역할을 한다는 사실을 도외시해서는 안 된다. 예컨대 언표된 언어에서 목소리를 통한 강조의 차이, 언어적 표현을 동반하는 제스처, 얼굴표정 등이 그것이다. 말하고 듣는 데에서도 내가 미학이론에서 인간인식(개별적 파트너에 대한 올바른 인식)의 영역으로 묘사한, 그리고 그것의 기관으로 내가 '기호체계 I'로 표시한 점증하는 함축화(즉 세세한 부분을 표시하는 뉘앙스의 발전—역자)가 생긴다.[40] 이것은 개별적이고 일회적인 것을 좀 더 근접하게 표현하기 위해 언어 내부에서 언어의 유적 보편성과의 내적인 투쟁을 불러일으킨다. 이 투쟁, 이 투쟁의 단계, 그리고 투쟁의 수단 등을 묘사하는 것이 우리의 과업일 수는 없다. 여기서 중요한 것은 언어 발전에서 방향이 전혀 대립적인 다른 투쟁도 진행된다는 것을 보는 것이다. 방금 설명한 것은, 언어는 내적으로 무한한 대상들을 확고한 형식으로 반영하고 고정하고자 하

---

40) G. Lukács: *Eigenart des Ästhetischen*, a. a. O., II, S. 11 ff.; GLW 12, S. 11 ff.

는 시도로 간주되고 있는데, 이 언어에서 말의 의미와 그 적용에 있어서 필연적으로 다의미성이 발생할 수밖에 없다는 사실을 전제로 가지고 있었다. 이런 다의미성은 언어가 개별화의 방향으로 발전해간다는 위에 묘사한 경향들을 가능하게 하는 한 요소가 된다. 이에 반해 —인간의 사회적 교류의 적어도 동등하게 중요한 욕구인 바— 보편적 규정의 확고한 유지가 언어의 가장 중요한 사회적 기능으로 형성되어야 한다면, 말들의 의미의 다의성은 언어의 극복되어야 할 약점으로 고찰되어야 한다. 노동으로 인해 과학이 사회적 삶의 요소로 전개되자마자, 그리고 사회적 교류의 사법적 규칙이 사회의 실존의 중요한 구성요소로 되자마자, 말이나 진술의 의미의 다의미성을 없애거나 순화시키려는 이런 욕구가 점점 더 깨인 강력함 힘을 보유한다는 사실을 상론할 필요는 없다. 진술의 의미를 단 하나로 결정하는 것인 정의는 언어의 이러한 다의성을 적어도 과학에서는 제거하려는 시도에서 온 것이다. 여기서 발생하는 방향이나 논쟁점들을 다루고 그 결과들을 비판적으로 검토하는 것도 여기서 우리의 과업일 수 없다. 우리는 한편으로 과학적 언어사용의 —상대적으로만 도달 가능한— 일의성이 과학의 작용과 존립을 위한 결정적인 질문이라는 것을 확인하지만, 다른 한편 언어의 다의성을 완벽하게 제거하고자 하는 시도는 언어적 전달그 자체와 언어로서의 언어의 실존을 단념하게 된다는 사실을 확인할 수 있다. 신실증주의적 "극단주의자"들이 있는데, 이들에게서 언어적인 것은 앞에서 특징지은 "기호"로 환원되며, 이를 통해 현실적으로 언어적인 것은 조작의 순수 대상으로 된다. 삶에 아주 낯선 법학 "언어"가 생겨나는 것에서 보이듯이, 언어가 순수사유를 위해 "부적합"하다는 이유로 "언어비판적" 회의가 전개된다.

이제 우리에게 중요한 문제는 언어가 사회적 욕구의 충족임을 확증하는 것이다. 이때 사회적 욕구는 인간이 자연과 맺는 관계에 따라서 존재 적합하게 생겨나며, 대립적 요구들의 바로 이런 이중화에서, 바로 이런 변증법적 모순성에서 실천적으로 현실화되어야 하고 현실화될 수 있다. 따라서 대립적 방향에서 나타나는 이중의 운동은 살아 있는 모든 언어의 전개를 특징짓는다. 한편으로 일상적 삶의 표현들은 중단 없이 더 나아간 보편화의 영역으로 밀려들어 가며, 일상언어의 말들은 중단 없이 지고로 보편화된 의미를 함유한다.(말을 생각해보는 것으로 충분하다. 하지만 지고의 보편화를 이룬 라틴-그리스의 술어들도 언젠가는 생동적인 언어로 일상적 현상들을 표현하는 것이었다.) 다른 한편, 그리고 동시에 새로운 말들의 생성, 혹은 이미 사용되는 말들의 의미의 뉘앙스의 변화 등과 같이 규정들이 점점 개별화되어가는 방향으로 대립적 운동이 진행된다. 그런데 이러한 경향들은 전체 발전의 역동적 총체성 속에서 압도적으로 효력을 발휘한다. 언어의 모든 개별화된 사용은 —이런 측면에서건 저런 측면에서건— 여기서 시사되고 있는 문제를 보여주며, 어떤 개별적 삶의 경우에도 문제가 전혀 없는 답이 주어질 수는 없다. 모순들을 극복하고자 하는 시도는 언어의 본질적 속성, 즉 언어의 현존, 언어의 운동 등을 그 총체성 속에서 비로소 드러낸다. 그것도 언어가 두 욕구를 충족하기 위한 더 적합한 —그러나 결코 완벽하지는 않은— 수단으로 재산출되는 그런 방식으로 수행된다. 두 방향의 모순성은 인간의 사회적 존재에서 발생한다. 그 방향의 모순적 운동은 이를 통해 언어의 고유한 특징의 토대, 언어의 고갈되지 않는 생산성의 토대가 된다.

이때 언제나 강조되어야 하는 사실은 다음과 같다. 즉 사회적 실천을 하는 가운데 유적 본질로의 인간의 자기실현에서 발생하는 보편성은 이러한 상호작용에서 포괄적 계기이고, 그런 계기로 남는다는 사실. 왜냐하면 사회적 존재를 특징짓는 새로운 연속성은 이러한 진보에, 유적합성의 이런 객관적 상승에 기여하는 모든 실천의 계기들이 주관적으로, 즉 인간의 의식에 보존되는 경우에만, 그리고 그런 계기가 즉자적으로만 현존하는 것이 아니라 의식에 의해 확고히 붙잡힌 즉자존재에서도 유적합성의 대자존재로 움직여가는 과정에 놓여 있을 경우에만 유지될 수 있기 때문이다. 하지만 연속성은 일회적 습득물을 단순히 계속 유지하는 것이 아니다. 그것은 오히려 이런 고착화를 포기하지 않고서 동시에 중단 없이 그것을 넘어섬이다. 이때 그 모든 단계에서 지양의 변증법, 즉 보존함과 계속 진행함이라는 모순투성이의 통일은 효력을 발휘한다. 따라서 언어를 사회적 존재의 맥락에서 파악하고자 한다면 언어 속에서 그것이 없으면 그런 연속성이 현실화될 수 없는 매체적 속성을 보아야 한다. 그럼에도 불구하고 자신의 이러한 사회적 기능을 충족시킬 수 있기 위해 언어는 —상대적으로— 폐쇄적인 복합체를 형성해야 한다. 언어는 움직이면서 진보하는 전체 사회적 재생산과정의 의식성을 인간들 사이의 생동적 관계의 담지자로 변형시킬 수 있을 뿐 아니라, 인간의 전체 삶의 표현들을 받아들여 이 표현들에 전달 가능한 형태를 부여한다. 그리고 또한 언어는 사회적 현실 그 자체가 그러하듯이 (언어는 이 현실을 반영하며 이 현실을 의사소통 가능하게 만든다.) 모든 것을 포괄하고 유지하는, 언제나 움직이는 총체적 복합체를 형성한다. 바로 이런 이유들 때문에 언어는 이런 사회적 욕구를 만족시킬 수 있다. 따라서 그 이유는 궁극적으로 언어는 언어에 의해 모사된 현실 그 자체와 동일하게 총체적이고 역동적인 복합체를 형성한다는 데 있다.

다른 존재형식들과 마찬가지로 우리는 언어 내부에서 언어의 존재양식의 독특성을 점점 더 순수하게 표현하는 하나의 운동을 관찰할 수 있다. 의식이 더 이상 생물학적 존재의 부수현상이 아닐 때, 즉 의식이 사회적 존재라는 특수한 존재양식을 형성하는 데 참여할 때 유의 침묵(Stummheit der Gattung)은 지양된다. 이러한 재생산과정에서 언어는 확실히 중요하고 적극적인 역할을 수행한다. 사회와 자연의 신진대사를 통해 새로운 활동양식이 생겨나고, 더 나아가 이 새로운 활동양식은 의식 적합하게 고착되기도 한다. 그런데 일단 한번 습득된 새로운 활동양식이 의식 적합하게 고착되고 나면, 변화하고 발전하는 이런 재생산과정은 자연적 성장보다 훨씬 더 복잡한 과정을 갖게 된다. 즉 여기서는 새로운 행위양식을 기획하고 수행함에 있어서 자연 성장보다는 더 강력한 견고함과 유연성을 가지며, 규정을 내림에 있어서 경향적으로 보다 정확한 의미가 나타나고, 단계가 보다 세분화된 그런 변이 가능성이 나타난다. 언어는 사회적 존재에서 연속성의 그런 재생산을 위해 부여된 기관이다. 언어가 아직 구어로서만 기능하여 구전으로 전승을 유지해갈 때에도 언어는 이미 그런 역할을 했다. 하지만 이미 습득된 것의 이런 구어적 고착화가 문자언어로 고착될 때 이런 과정이 훨씬 더 발전하게 될 것이라는 사실은 언어의 본질에 이미 내재한다. ―본질상 언어는 사회적 존재의 참된 현상양식이다. 고착화와 계속된 비판적 발전이 문자언어를 통해 훨씬 더 안정화된다는 사실은 상세한 해명을 필요로 하지 않을 만큼 확실하다. 그리고 이러한 경향이 기술적 개선, 문자언어의 확산과 더불어 상승해간다는 사실도 그러하다. 인간은 이를 통해 ―비록 오랜 기간 동안 현실화되지는 않았지만, 객관적-원리적으로― 모든 사람으로 하여금 인류의 지금까지의 도정을 자신의 의식 속에서 재생산하며, 성취와 문제를 동시에 가지고 있는 현재와 자신이 맺는 관계를 비판적으로, 즉 긍정적이거나 부정적으로 취할 수 있게 하는 단계에 도달했다. 또한 유(類)의 발전의 무언성은 이미 원시적 단계에서 언어를 통해 보편적-질적으로 극복되었고, 이런 극복은 문자언어의 발생과 확산으로 인해 광범위하게, 그리고 집중적으로 꾸준히 이뤄졌다.

　이런 경향은 또한 이를 통해 보다 특정한 존재론적 무게를 보유하게 된다. 왜냐하면 이런 경향은 전체적으로 고찰해볼 때 본질적으로 우연적(자발적-즉흥적) 특성을 가지기 때문이다. 즉 언어는 그 본질상 유가 자신을 현실화하는 가운데 그때그때 도달한 것의 모사이면서 표현이다. 이런 자발성의 확립으로 인해 개별적 언어 창조자들의 역할은 결코 부인되지 않는다. 우리는 모든 사회적 자발성이 개별적인 목적론적 정립들의 종합이자, 개별적인 선택적 결정(alternative Entscheidung)들의 종합임을 알고 있다. 그리고 이런 종합의 동력과 매체가 우연적(자발적-즉흥적) 특성을 갖는다는 사실로 인해 그 토대에 놓인 개별정립들의 의도적인, 다소간 의식적인 특성이 지양되지는 않는다. 이런 자발성의 확립은 또한 이런 정립들의 실제 의미가 극단적으로 불균형적일 수밖에 없다는 것을 포함하지도 않는다. 이런 정립들은 개별적 작용들 속에 내재한 창조적이거나 수동적인 것, 혹은 긍정적이거나 부정적인 것을 통해 사라지는 전체과정의 부분들일 수 있지만, 경우에 따라서는 언어의 발전에 운명적으로 영향을 미칠 수도 있다.(루터의 성경 번역을 상기하는 것으로도 충분하다.) 그러나 전체과정은 우연적(spontan, 자발적-자연발생적)으로 남는다. 왜냐하면 이 과정의 운동방향, 이 과정의 그때그때의 단계들 등은 궁극적으로 사회적 발전에 의해 규정되기 때문이다. 그런데 이때 이 사회적 발전의 모사, 이 발전의 의식 적합한 고착화가 곧 언어이다. 이런 통찰은 언어의 유적합성을 다시금 강화한다. 즉 개별적 언어창조와 이런 언어창조의 거부들 등으로부터 유적합한 현상태에서 등장한 것만이, 혹은 단순한 전 언어적 감각 속에 머물러 있는 유의 침묵이 유적합성의 광휘로 밀려들어 간 것만이 언어라는 역동적 복합체로 진입한다. 새로 등장한 말들이나 이 말들의 사용이 언어발전의 익명적 산물들로 우리에게 등장한다면 이와 더불어 그것들의 발생은 개인의 (혹은 동시에 다수의) 창조로서 객관적으로 무화될 수 없다. 또한 말들이 소멸하고 더 이상 사용하지 않게 된다는 사실은 그 말들이 현재의 생활감에 더 이상 상응하지 않아서 사람들이 더 이상 사용하고자 하지 않는다는 것을 의미할 뿐이다. 언어는 이렇듯 우연적(자발적-즉흥적)이고 또 개인의 작용들을 통합하는 본질특성을 갖는데, 이런 특성은 현재 실제로 현존하는 인간의 유 의식에 상응하는 언어의 다양성 속에서 분명하게 드러난다. 그리고 이런 다양성은 지역의 방언들의 통합으로부터, 다양한 언어의 상호결합으로부터, 하나의 방언의 전개로부터 자립적 언어 등으로 형성되고 발전해가는데, 이런 형성과 발전에 대한 연구는 민족의 생성의 모사이면서 동시에 민족의 생성의 아주 중요한 요소이다.

언어는 이와 같이 참으로 역동적인 사회적 복합체이다. 이 복합체는 한편으로 고유한 법칙성을 가진다. 이 법칙성은 당연히 변화하는 사회적-역사적 특성을 갖는다. 그 요소들(단어들 등)만이 생겨나고 사라지는 것이 아니라 이 요소들의 구조를 결정하는 법칙들도 그런 변화에 종속된다. 이런 자기만의 법칙성은, 우리가 보게 될 것처럼, 사회적 존재라는 복합체 내부의 모든 참된 복합체의 특성을 규정한다. 이러한 사실은, 우리가 이미 본 것처럼, 그 재생산이 본질적으로 우연적(자발적)인 언어에서 훨씬 더 눈에 띈다. 즉 언어의 재생산은 인간의 일상에서의 언어의 역할의 결과로 사회적 존재의 아주 낮은 흔들림과만이 아니라 극단적으로는 큰 동요와도 중단 없이 결합되어 있을 뿐 아니라 또한 직접적으로 결합되어 있으며, 따라서 이런 재생산은 이런 결합과 직접적으로, 직접적 표현활동에 반응한다. 따라서 언어는 사회적 삶의 모든 변화에 의존해 있으며, 동시에 자기 자신의 고유한 법칙에 의해 결정적으로 규정되는 발전을 관통해간다. 이러한 모순 역시 이율배반적인 이것이냐 저것이냐의 문제를 포함하는 것이 아니라 변증법적 상호작용 속에서 얽히고설킨 내적 대립성을 포함한다. 언어의 발전은 고유한 법칙에 따라, 하지만 그 내용과 형식과 관련하여 말하자면, 사회와의 끝없는 얽힘 속에서 전개된다. 이때 이 사회의 의식기관이 곧 언어이다. 자신의 내적 법칙에 상응하지 않는 언어에서의 변화는 오랫동안 등장할 수 없다. 하지만 인간의 기쁨과 슬픔, 행위와 재난을 산출하는 사회복합체, 따라서 언어의 내적 법칙성에 적극적 혹은 소극적으로 타당성을 부여하는 실제 공간을 형식적-내용적으로 창조하는 사회복합체는 언어 변화의 동기와 내용, 그리고 그 형식을 제공한다. 그런데 처음에는 법칙의 일탈로 보였던 것이 나중에 새로운 법칙의 맹아 혹은 이전 것의 변형태로 드러날 수도 있다. 따라서 모순은 현상의 인식적 통찰 영역에서 아주 첨예한 형식을 보유하게 된다. 이런 현상들은 존재의 영역에서는 서로 다른 다양한 이질적 삶의 영역으로 인해 이중적 규정을 갖게 된다. 그런데 이런 다양한 삶의 영역의 상호작용은 언어에서 자신의 존재와 생성의 실제 토대를 형성한다.

　이러한 사실은 살아 있는 언어와 우리가 죽어 있는 언어라고 말하곤 하는 그런 언어와의 차이에서 분명하게 드러난다. 살아 있는 언어는 이런 모순 내부에서, 이런 모순에 의해 이끌리고 인도되며, 중단 없이 새로워진다는 바로 그 이유에서 살아 있다. 살아 있는 언어는 지금까지의 자신의 고유성을 포기하지 않으며, 반대로 이런 고유성을 유기적으로 발전시켜간다. 이런 언어는 삶인데, 왜냐하면 이런 언어는 살아 있는 자의 직관이나 감정, 사상과 노력 등의 세계를 모사하여 즉시 효력이 있는 표현으로 만들어내기 때문이다. 죽은 언어는 궁극적으로 기념비로 고착된다. 바로 그 때문에 그런 언어는 침몰한 사회에서 살았던 이미 오래전에 죽은 자들의 감정 등에는 머물러 있지만, 그 이후에 태어난 자들의 감정 등을 표현할 수는 없다. 당연히 죽은 언어가 그 응고된 형식으로도 사회적 임무를 수행할 수 있게 하는 역사적인 상황이 있을 수 있다. 예를 들어 중세시대의 라틴어가 그런 것이다. 라틴어는 당시 유럽 문명을 통일하는 문제에 있어서 다양하게 형성되고 있던 살아 있는 민족 언어들보다 더 적합한 매체로 등장했다. 이 시기에 민족 언어의 형식들은 당시 유럽문명을 유적합한 보편성의 문제로 표현할 준비가 아직 되어 있지 않았었다. 하지만 주목할 만한 사실은 이 시대의 위대한 시가 민족 언어로 표현되었다는 것, 그리고 그때와 그 이후에 등장한 라틴어로 된 시들과 달리 이 시들은 발터 폰 데어 포겔바이데(Walter von der Vogelweide, ca. 1170~ca. 1230, 오스트리아 출신의 중세 시인―역자)에서 단테의 『신곡(Divina Commedia)』에 이르기까지 언어와 문학의 역사적 재생산과정을 고양시켰다는 사실이다.

여기에서 이와 연결된 심미적-언어학적 문제로 파고들 필요 없이 삶과 죽음의 의미에 대해 사회적 관점에서 몇 가지 주목할 필요는 있다. 우리가 나중에 보다 상세히 말할 기회가 있겠지만, (생물학적 존재와 사회적 존재 사이의―역자) 매우 본질적인 차이들에도 불구하고 이들 사이에는 존재론적으로 고유한 어떤 유사점이 있다. 무엇보다도 비유기적 존재의 영역에서 기원하는 모든 것이 가공된 질료로서만, 이용만 당하는 힘으로서만 드러나는 데 반해 (사회적 존재와 생물학적 존재라는―역자) 이 두 영역에서 삶은 고유한 영역들의 재생산, 즉 자기보존과 자기갱신을 의미한다. 하지만 여기에는 이미 중요한 차이가 등장한다. 즉 사회적 존재에서 복합체들의 고유한 삶은, 자신의 내적 구조와 역동성에 따라 움직이는 유기적 자연과 비교하여 말하자면, 개체발생적 재생산보다는 계통발생적 재생산에 훨씬 더 가깝다는 점이다. 이러한 사실은 한편으로 삶의 지속이 개별 생명체의 재생산(물론 당연히 생명체로서의 인간의 재생산)에서와 달리 결코 그 "자연적" 한계를 알지 못한다는 사실에서, 그리고 유기적 자연에서 나타나는 종이나 유의 계통발생적 재생산에서보다 훨씬 더 질적 변화나 어떤 다른 종류에로의 성장 가능성이 크다는 사실에서 드러난다. 하지만 다른 한편 죽음이 유나 종들의 소멸의 경우에는 말 그대로 '중지'를 의미하는 반면, 여기서는 그렇지 않다. 우리가 다루는 문제와 관련해서 말하자면, 언어는 그 자체 중지될 수 있지만, 그 언어는 새로운 언어의 형성요소로서 다른 언어들을 융합하는 과정에서 새로운 생동적 언어를 위한 중요한 요소를 형성한다. 많은 현대 유럽 언어는 그렇게 발생했다. 이것은 다시금 사회적 복합체의 존재론에서 새로운 측면들을 제시한다. 사회적 복합체들은 유기적 자연의 자기재생산적 단일체들과 동일하게 규정되지만, 사회적 존재는 이 복합체들의 존재의 한계를 정확하게 규정하지 않고서도 정확하게 규정된 이 복합체들을 산출한다. 규정들은 압도적으로 기능적이다. 즉 언어는 자립적으로 실존하면서 스스로를 재산출하는 그런 복합체로 진행해갈 뿐 아니라 또한 사회적 존재에는 언어의 매개 없이 스스로를 계속 형성해가는 어떤 복합체도 없다는 점에서 사회적 보편성과 범존성(Ubiquität)을 갖는다. 이러한 사실은 비록 언어에서 특히 잘 드러나며, 따라서 언어를 다른 사회적 복합체들과 본질적으로 구별시키지만, 모든 사회적 복합체의 경우에도 이러한 상황의 몇몇 계기들이 동일하게 관찰될 수 있다.

이처럼 특정한 한계를 갖지 않는 규정된 존재는 사회적 존재를 생물학적 존재와 비교하는 것을 금한다. 즉 사회적 존재의 노동분업과 생물학적 존재의 조직형성을 비교하는 것은 잘못이다. 양자를 비교하는 해석이 언젠가 유행하기는 했지만, 이런 해석은 시간이 지나면서 그 타당성을 상실했다. 하지만 이 두 영역의 비교 불가능성이 한 측면에 의해서도 분명하게 드러나기 때문에 그런 해석이 타당하지 않다는 것을 암시하는 것이 전혀 무용하지만은 않을 것이다. 하지만 어쨌거나 이 두 영역을 유보 없이 서로 비교할 경우 우리는 비록 본질적인 것을 건드리지 않은 채 삶이라는 술어를 약간 주의하면서 사회적 존재에 사용할 수는 있지만, 죽음이라는 술어는 삶의 그침으로, 유기체를 비유기적 자연법칙에 귀속되는 것으로 아주 쉽게 오해될 수 있다. 정신적 삶에서 (또한 언어에서) 나타나는 '낡음'과 같은 범주들을 생각해보자. 외관상 최종적인 것, 혹은 주관적 확신에 따라 사회적인 의미에서 종종 "죽은 것"으로 표시되곤 하는 그런 몰락한 것 등은 전혀 기대하지 않았는데도 사회적 욕구의 대상으로 되며, 이런 조우로부터 "삶"의, 재생산과정의 생동적 요소로 되기도 한다. 우리는 역사에서 이와 연관된 많은 예들을 본다. 언어의 역사 역시 이와 유사한 많은 예들을 보여준다. 간단히 말하자면 이러한 비교는 노동 분석에서뿐 아니라 언어 분석에서도 중요한 역할을 했던 다음과 같은 근본문제를 알려준다. 즉 아주 넓은 의미에서 유적합성은 사회적 존재에서 유기적 자연과는 질적으로 다른 존재론적 역할을 수행한다는 사실, 그리고 사회적 존재를 해석함에 있어서 유와 개체의 대립을 유기적 존재로부터 사회적 존재로 무비판적으로 이식하게 되면 많은 왜곡이 발생한다는 사실 등이 그런 문제에 속한다. 이러한 토대에서 인격적 개별성(Persönlichkeit)으로의 개체(Einzelne)의 고양은 왜곡을 훨씬 더 확대하지 않을 수 없다. 이런 왜곡은 인격적 개별성을 유적합성과의 대립하는 것으로 해석할 경우 오늘날에도 강력하게 나타날 것이다. 왜냐하면 이런 해석을 통해 사람들은 중요한 문제, 즉 인격적 개별성이란 독특한 특수성으로부터 유적합성으로의 자기고양이라는 사실, 그리고 유적합성은 사회적 존재의 테두리 내에서 파편성들의 평균과 등치될 수 없다는 사실을 놓치게 되기 때문이다.

복합체 내부의 복합체, 즉 사회적 존재로서의 언어는, 첫째로 우리가 본 것처럼 하나의 보편적 특성을 갖는데, 이 특성은 언어는 사회적 존재의 모든 영역과 복합체에서 발전의 연속성을 위한, 즉 보존과 넘어섬을 위한 기관이자 매체임이 분명하다는 사실에 표현된다. 우리는 나중에 이것이 사회적 복합체로서의 언어의 특수한 특성이지 다른 사회적 복합체들의 특성은 아니라는 사실을 보게 될 것이다. 둘째로 —그리고 이 둘째 특성은 언어의 이런 보편성과 밀접한 연관이 있다— 언어는 사회와 자연의 신진대사뿐 아니라 순수하게 사회 내적인 인간 상호 간의 교통을 매개한다. 이에 반해 수많은 다른 복합체들은 자신의 작용토대를 바로 이 언어 영역에 두고 있다. 노동과 같은 그러한 보편적 활동양식조차, 그 본래적 의미에서 자연과의 신진대사와 연관된다. 기술의 고차적 발전 역시 노동의 이런 존재론적 특성을 지양하지 않는다. 왜냐하면 노동이 수동적이건 기계적이건(또한 자동화되었건), 그리고 노동의 의도가 직접 구체적 자연현상에 방향을 맞추고 있건 자연법칙의 이용 가능성에 방향을 맞추고 있건 간에, 이것들은 모두 노동의 이런 존재론적 특성에 기반을 두고 있기 때문이다. 셋째, 언어의 재생산과정은, 이미 본 것처럼 압도적으로 우연적(자발적) 특성을 갖는다. 즉 언어의 재생산과정이 수행되는 방식은 사회적 노동분업이 어떤 인간집단을 배제하는 것과 관련이 없다. 하지만 이때 이 집단의 사회적 실존은 이 영역(언어—역자)의 기능과 재생산에 의존하며, 이 집단의 지위는 사회적 노동분업을 통해 어떤 제도화를 경험한다. 특정한 제도들, 예컨대 학교제도와 같은 것이 언어발전에 특정한 영향을 미치고 때때로 그러는 가운데 어떤 결과를 산출할 수도 있다. 그럼에도 불구하고 언어의 재생산의 전체과정을 고찰해보면 이런 발전은 극히 미미한 수준에 머문다. 즉 언어는 일상의 삶에서 우연적(자발적)으로 새로워지며, 일상의 삶을 지배하는 아주 다양한 실제 욕구들에 의해 조정된다. 이렇듯 언어의 재생산은 다른 사회적 복합체들과 달리 특정한 인간집단을 자신의 담지자로 갖지 않는다. 사회 내 구성원 각자는 살아가면서 특정한 태도를 취함으로써 언어의 운명에 서로 영향을 미친다.

언어는 사회적 존재를 복합체로 구축하여 이 복합체로 하여금 기능을 발휘하고 재생산할 수 있도록 만드는 복합체들의 계열에 속해 있지만, 언어가 갖는 이런 보편적-자발적(우연적) 특성으로 인해 질적으로 다른, 종종 서로 대립되는 복합체들이 용이하게 분석될 수 있게 된다. 그런데 이런 복합체들은 역사적으로도 고찰되어야 한다. 왜냐하면 이 복합체들에 자신의 고유한 구조와 역동성을 각인시키는 고도의 사회적-역사적 발전이 그런 복합체들의 변화와 정반대의 관계를 취할 수도 있다는 사실이 종종 드러나기 때문이다. 이러한 사실은 우리가 사회적 활동을 법적으로 통제하는 기능을 하는 복합체를 자세히 살펴보면 금방 드러난다. 사회적 노동분업이 상대적으로 낮은 단계에서 이미 이런 욕구가 발생한다. 아주 단순한 협업(예를 들어 사냥)에서도 참여한 개별자들의 의무는 구체적 노동과정과 이에서 성장한 노동분업의 토대 위에서 비교적 정확하게 규정된다.(사냥에서 모는 자와 잡는 자의 분업) 하지만 여기서 계속 반복하여 드러나는 것, 즉 규칙의 본질은 협업의 전체 계획 아래 자신에게 부가된 목적론적 정립을 수행하도록 참여자들에게 영향을 미치는 데 있다는 사실을 잊어서는 안 된다. 하지만 우리가 알고 있듯이 이런 목적론적 정립은 필연적으로 안건의 결정이기 때문에 이 정립은 구체적인 경우에 좋은 결과로 이행될 수도 있고 나쁜 결과로 이행될 수도 있으며, 전혀 수행이 안 되거나 그 반대일 수도 있다. 원시적 상태에서 개별 인간들은 삶의 중요한 상황에서 후대의 사람들보다 평균적으로 서로 더 유사한 결정을 한다. 그리고 당시에는 관심들이 아직 비슷하여서 다른 결정을 내릴 객관적 근거가 별로 없었다. 그럼에도 불구하고 의심의 여지없이 공동체가 스스로를 보호하기 위해 취해야 하는 것과 반대되는 개인의 결정이 있었다. 이렇듯 사회적으로 필요한 질서를 위한 일종의 사법 혹은 재판제도가 그런 협업에서 이미 나타나고 있었으며, 무장된 사투에서 비로소 분명하게 발생했다. 하지만 이를 위해 고유한 의미의 사회적 노동분업을 불러오는 것이 아직은 불필요한 일이었다. 수장들, 경험 있는 사냥꾼과 전사들, 그리고 나이 든 사람들은 사회적 노동의 내용과 형식을 오랜 시간 동안 축적된 경험으로부터 전통에 적합하게 제시하는 그런 기능 역시 충족할 수 있었다. 노예제가 최초의 계급분할로 사회에 도입되고, 주인과 노예의 관계 외에 상품의 유통과 상업, 그리고 고리대금 등이 다른 사회적 대립(예컨대 채권자와 채무자)을 낳게 되었을 때에야 비로소 여기서 발생하는 갈등을 사회적으로 제어할 필요가 생겨났으며, 이런 욕구를 충족시키는 가운데 점차 더 이상 단순히 전통에 의지하지 않는, 의식적으로 정립된 사법제도가 등장했다. 이런 역사를 통해 우리는 그러한 욕구가 상대적으로 늦게 사회적 노동분업 속에 자신의 고유한 형태를 각인한다는 것을 본다. 그 형태는 이러한 문제복합체의 규칙을 전문적으로 다루는 법률 전문가라는 특수한 층의 형식으로 나타난다.

이렇듯 이 경우에 특별한 인간 계층이 특수한 복합체의 사회적 담지자로, 이 경우의 사회적 분업에 적합한 사회적 담지자로 된다. 이때 사회적 삶에서 법 영역의 발생과 동시에 한 인간집단이 이 복합체의 목표설정을 강제로 관철시킬 수 있는 사회적 위임을 받게 된다는 사실을 주목해야 한다. 엥겔스는 "무장된 권력으로 조직된 주민과는 더 이상 어울리지 않는 그런 **공적 강제**(공권력)"를 다음과 같은 방식으로 묘사한다. "이 특수한 공적 강제는 계급분할 이래 스스로 활동하는 무장된 주민 조직이 더 이상 형성될 수 없게 되면서 그 필요성이 제기되었다. … 공적 강제는 모든 국가에 존재한다. 공적 강제는 무장을 한 사람들로 구성되어 있을 뿐 아니라 귀족 사회에는 알려지지 않았던 온갖 종류의 부속물들, 감옥 등의 강제시설들로 이뤄져 있다. 공적 강제는 아직 계급분화가 덜된 사회에서, 그리고 외딴 곳에서 중요하지 않을 수도 있고 사라져버릴 수도 있다. … 그러나 이 힘은 국가 내의 계급적대가 첨예화한 정도만큼, 그리고 국경을 맞댄 국가들이 더 커지고 인구가 더 많아지는 정도에 따라 강화된다. …"[41]

노예 소유자들과 노예들 사이의 적대와 더불어 엥겔스는 그런 구조들의 궁극적 토대를 올바로 특징짓는다. 그러나 우리는 이런 사실을 더 구체화시키는 것이 무엇인지 시사했다. 하지만 우리는 사회가 발전할수록 주인과 노예의 대립이 유일한 계급적대가 아님을 밝혔었다. 예를 들어 고대에는 채권자와 채무자 사이의 이해관계의 대립, 중세에는 도시거주자와 봉건적 토지소유자 사이의 대립 등이 아주 중요한 역할을 수행했음을 말했었다. 우선 잉여노동의 전유라는 근본형식에서 발생하는 계급투쟁이 전체 사회적 관점에서 볼 때 아주 강조될수록, 경제적 매개를 통해 이로부터 발생하는 다른 양식의 계급적대가 방기되어서는 안 된다. 특히 우리가 법영역을 사회적 복합체로 더 구체적으로 특화하여 규정하고자 할 때 더욱 그러하다.

왜냐하면 방금 말한 근본적 대립들만이 경우에 따라 직접적 폭력행사의 토대를 끝낼 수 있기 때문이다. 하지만 폭력을 통한 단순한 지배는 사회적 존재의 점증하는 사회화와 더불어, 비록 계급사회에서 완전히 사라지지는 않지만, 없어진다. 사회적 적대가 매개적 형식을 띠고 있음에도 불구

---

41) Engels: *Der Ursprung der Familie*, S. 168 ff.; MEW 21, S. 165 ff.

하고 사회적 행위의 규칙이 벌거벗은 폭력의 사용을 용인한다면 이는 필연적으로 사회의 파멸에로 나아갈 것이다. 여기에서 벌거벗은 폭력과 법률의 형식으로 은폐된, 법의 영역에서 잘 나타나는 옷 입은 폭력 사이의 복잡한 통일이 전면에 등장하지 않을 수 없다. 탈레랑(Charles-Maurice de Talleyrand)[42]은 '총검으로 가능한 모든 일을 할 수 있지만, 단지 그것에 의지하지 않을 뿐이다.'라고 냉소적이고도 명민한 표현을 남겼는데, 이 표현은 '만약 다수 구성원들의 목적론적 정립이 직, 간접적으로 단순히 폭력에 의해 강제받는다면 어느 정도 발전한 사회는 더 이상 기능할 수 없으며, 또 정상적으로 재생산될 수도 없다.'는 상황을 경구적으로 아주 잘 드러내준다. 고대의 역사에서 시민전쟁의 시기를 끝낸 입법자들이 신비적 영웅으로 순화되어간 것(뤼크루고스, 솔론)은 우연이 아니다. 그런데 고대 그리스의 도시국가와 로마공화국에서 법은 아주 특별한 의미를 가졌다. 그것은 인간 행위의 담지자이자 정신적 중심이었다. 나중에 도덕으로 또 윤리로 분화된 모든 것이 고전기 그리스 도시국가에서는 국가와 관련되었으며, 법과 완전히 일치했다. 소피스트들에게서야 비로소 법을 특수한 방식으로 사용하는 용법, 즉 안티폰(Antiphon)[43]이 말하듯 행위의 단순한 합법성이라는 특성이 나타난다. 만약 행위가 "형벌이라는 단점을 피하기 위해" 수행된다면, "거짓을 행하지 말아야 할 아무런 동기도 없는 경우에, 그리고 증인들도 없이 행동해야 하는 경우에는 법률을 따르는 것이 쉽지 않

---

42) 샤를모리스 탈레랑(1754~1838)은 프랑스 혁명시기의 정치가, 성직자이다. 교회재산을 국가에 귀속시켜야 한다는 논리로 인해 교회로부터 파문당하였고, 나폴레옹을 정계에 입문시키고 벨기에의 독립에 기여하기도 했다. (역주)
43) 안티폰(B. C. 480경~B. C. 411)은 아테네에서 활동한 웅변가이자 정치가로 법정연설문을 대신 써주는 일을 했다. 400인회의 반민주적 혁명을 이끈 주도자에 속했다. (역주)

다."[44] 우리는 특이한 개별적인 "역설들"로부터 널리 받아들여지는 견해로 사회적 발전이 진행해가는 방식을 여기서 상세히 다룰 필요는 없다. 마찬가지로 실제로 작용하는 현실적 법인 실정법 외에 인간의 사회적 의식에는 정립되지 않은, 사회적 작용으로부터 생겨나지 않은, 그러면서도 저 실정법의 이상으로 간주되어야 하는 그런 법의 이념인 자연법이 언제나 현재했다는 사실도 여기서 상세히 다룰 필요는 없다. 그런 당위의 사회적 의미는 다양한 시기만큼이나 다양하며, 이런 긴장은 통용되는 법 앞에서 아주 보수적 영향(중세 가톨릭의 자연법)으로부터, 혹은 혁명적 폭발력(프랑스 혁명)으로부터 종종 경건한 학자적-수사적 소망으로 가라앉는다.

개별적 인간들이 당시의 유효한 법 안에서 취하는 태도, 이 법이 일상에서 개별 인간들의 목적론적 정립에 미치는 영향 등, 이러한 태도와 영향은 사회적으로 필연적인 방식으로 이런 양극단 사이에서 움직인다. 이때 이 움직임은 어떤 인간집단은 이런 관점에, 다른 집단은 저런 관점에 서서 행해지는 것이 아니다. 오히려 그 움직임은 많은 사람들에게 목적론적 정립을 하도록 하는 일반적 상황과 특수한 상황에 따라 우왕좌왕하는 그런 움직임이다. 왜냐하면 계급의 현존의 결과로 생겨난 법은 그 본질상 필연적으로 계급법이기 때문이다. 즉 사회의 질서체계는 지배계급의 이익과 권력에 상응한다. 우리는 계급지배를 실정법의 체계로 변환시키는 데는 제약조건이 있다고 했다. 그리고 제약은 여러 관점에서 이 체계를 이해하는 데 중요하다. 첫째, 많은 계급사회는 다양한 이해를 가진 몇 개의 계급으로 분열한다. 이때 지배계급이 자신의 이익을 법률형태로 무한정하게 관철시킬 수 있는 상황이 항상 등장하는 것은 아니다. 지배계급은 효과적으로 지배

---

44) Werner Jäger: *Paideia*, Berlin 1959, I, S. 415.

할 수 있기 위해 그때그때의 내적-외적 상황을 고려해야 하며, 법을 정립하는 가운데 다양한 타협을 이뤄내야 한다. 타협의 범위와 크기가 적극적이든 소극적이든 이에 참여하는 계급의 태도에 본질적 영향을 미친다는 것은 명확하다. 둘째, 개별 계급들에 나타나는 계급의 이익은 역사적 관점에서 보자면 상대적으로 통일되어 있다. 하지만 많은 경우에 입법과 사법에의 반응이 동일한 계급 내에서조차 무조건적으로 동일하지만은 않다. 이러한 사실은 계급이익을 직접 현실화하는 데 있어서 참여한 개별자들의 관점에 따라 계급이익이 종종 다양한 가능성을 드러내며, 또 다양한 판단도 존재한다는 것을 보여준다. 셋째, 이러한 사실은 지배계급이 억압된 계급에 대해 작동시킨 척도와 관련이 있을 뿐 아니라 지배계급 자신에도 관련이 있다.(여기서 다수의 계급들, 예를 들어 명예혁명 이후 영국에서 대토지소유자와 자본가들이 지배에 참여하게 된 상황을 말하는 것은 아니다.) 일상의 직접적 이익들 사이에는 차이가 있으며 또 관점에서도 차이가 있다는 사실을 도외시하더라도, 계급의 전체 이익은 이 계급을 포괄하는 구성원들이나 다양한 층들, 그리고 그에 속한 집단들의 개별적 이익들을 단순히 총합한 것이 아니다. 지배계급이 자기 계급 전체의 이익을 무자비하게 관철시킬 경우 이 계급에 속한 사람들의 많은 이익에 반할 수도 있다.

여기는 이렇게 생성된 아주 복잡한 상황이 법이 발생할 때도 적용된다는 것을 말하고자 하는 자리가 아니다. 여기서 말하고자 하는 것은 우리가 법의 계급적 성격으로부터 단순하고 도식적인 어떤 성급한 결론도 이끌어내지 않기 위해 토대의 이런 복합성을 의식하고 있어야 한다는 것이다. 그런데 법의 내용이 그 발생과 타당성에서 분리될 수 있지만, 역사가 진행되는 과정에서 법 형식은 동등한 형식을 취하는 방향으로 발전한다. 사회적 삶이 더 순수하게 사회화될수록 사회적 삶은 더 강하고 더 순수해진다. 이런 법 형식을 순수하게 형식적으로 고찰할 경우 이 법 형식에서도 참된 모순성을 지각할 수 있다. 즉 한편으로 이 형식은 아주 엄격한 보편적 형식이다. 왜냐하면 그런 사회적 명령에 귀속될 수 있는 모든 경우는 언제나, 통일적으로, 단번에 동일한 범주(즉 법의 보편적 형식—역자)에 포섭되기 때문이다. 많은 경우에 다양한 수정이 필요한데, 이런 사실이 이런 구조의 본질적 측면을 바꾸지는 않는다. 왜냐하면 분류하고 배열하고 보충하고 하는 것 등도 동일한 —포섭하는 보편적— 속성을 갖기 때문이다. 다른 한편 이런 보편적 타당성의 경향과 동시에 아주 특징적인 —심지어 모순적인— 사실이 생겨난다. 즉 자신의 목적론적 행위들로 인해 법질서의 형성에 영향을 미치는 개별 인간들이 여기 드러난 법을 무조건 준수해야 한다는 사실이 생겨난다.(합법성의 문제) 한편으로 명령은 대개 순수하게 부정적이다. 즉 특정한 행위들은 수행되어서는 안 된다고 규정한다. 그런 금지된 행위들이 일상적으로 행해지지 않을 경우 그 행위들의 내적-외적 원인들에 대해 관심을 가질 필요가 없다. 이는 결과적으로 법적 올바름이 극단적 위선과 연결되게 된다. 이로부터 발생한, 도덕과 윤리의 이해를 위해 아주 중요할 수 있는 서로 다른 다양한 행위 양식들과 갈등 등은 윤리에서만 적절하게 다뤄질 수 있다.

그럼에도 불구하고 이런 긴장은 개별 인간의 목적론적 정립이 법을 통해 영향받는다는 사실 내에서 법 그 자체에 대해서도 더 나아간 결과를 갖는다. 왜냐하면 위에서 제시한 무차별성은 법체계가 말하는 금지가 사회에서, 개인의 행위에서 실제로 마찰 없이 기능하는 경우에만 나타나기 때문이다. 이 금지가 위반되자마자 개별행위에서 그 위반의 정도와 이유 등이 관심을 받게 된다. 이러한 유형의 법적 반응도 사회적-역사적 발전의 결과이다. 아주 원시적 상황에서 이런 대립은 거의 아무런 역할도 수행하지 않는다. 왜냐하면 한편으로 사회적 계율들은 낮은 정도의 추상성을 가질 뿐이었기 때문이며, 다른 한편 소규모의 최초 사회에서 사람들은 서로 직접 잘 알고 있으며, 따라서 그들의 행위의 동기가 서로 잘 이해되었기 때문이다. 점점 더 사회화된 더 큰 사회가 등장하면서 비로소, 그리고 재판과 법집행이 특수한 인간집단의 특화된 사회적 과업으로 되면서 비로소 ―이런 문제들은 상품유통의 발전과 밀접히 연관되어 있는데― 그런 문제들이 등장한다. 입법과 판결은 특정한 행위들을 단순히 금지하는 것에 만족할 수 없다. 위반의 동기들은 점차 법적 상관성을 갖게 되고, 법률적 형식으로 고착된다. 그런데 사회의 실존을 의심하는 많은 경우에 이런 문제가 숙고되지 않는데, 그 이유를 주목할 필요가 있다. 그런 경우는 맨 먼저 사법(私法)에서 이끌려 나온다. ―여기에서 법이 상품유통과 맺는 결합이 곧 드러난다. ―당연히 그 발전은 여기서도 불균등하게 이뤄진다. 중세시대에 국가의 힘은 탈중심적이었으며, 개인들은 무기뿐 아니라 크고 작은 무장부대를 마음대로 처분할 수 있었다. 이로 인해 이 시대에 국가가 국가적-법적 힘을 관철시키고자 할 때 종종 중앙권력과 이에 반항하는 저항 사이에 공개적 투쟁이 나타나기도 했다. 그런 저항이 어떤 경우에 법에 적합한 것으로 평가될 수 있는지의 문제가 때때로 법의 내용이 되기도 하는데, 여기서 사회의 사회화는 그런 역설적 이행형식들을 관철시킨다.[45] 여기서는 그런 이론들의 모순을 논박하는 자리가 아니다. 그런 모순들은 주로 봉건주의에서 자본주의로의 모순투성이의 이행의 문제에서 생겨난다. 자본주의는 필연적으로 모든 사회적 행위를 보편적이고 법적으로 제어하고자 할 뿐 아니라 동시에 모든 다른 제어장치보다 중앙의 제어장치에 우선성과

---

45) Kurt Wolzendorff: *Staatsrecht und Naturrecht*, Breslau 1916.

권위를 부여하며, 이 문제를 사회적 삶의 중심문제로 삼는다. 이로부터 한 편으로 다양한 형태의 "혁명권(Recht auf Revolution)"이론들이 생겨난다. 이런 이론은 심지어 라살레(Lassalle)에게서도 발견되는 것으로, 법체계의 변혁을 인정하는 사회질서의 급격한 변혁을 사회질서의 체계 안에 이론적으로, 그리고 법적-도덕적으로 정착시키려는 모호한 열망의 표현이라 할 수 있다. 다른 한편 칸트에 따르면 다음의 요구로 나타나는 이에 못지않게 모호한 과부하도 생겨난다. 즉 혁명 이후 "모든 사람이 자신의 행위에 합당한 것을 겪게 하기 위해, 그리고 피를 흘린 죄가 이런 형벌을 끝까지 주장하지는 않는 민중들에게 고착되지 않게 하기 위해(왜냐하면 이 경우 민중은 정의를 공개적으로 상해하는 데 참여한 자로서 고찰될 수 있기 때문이다.) 감옥에 있는 마지막 살인자는 미리 교수형에 처해져야 한다."[46]는 요구.

이 마지막 인용구는 법 개념의 과부하가 어떤 물신화로 나아갈 수 있는지를 명료하게 보여준다. 고대 그리스의 도시국가에서는 삶과 밀접한 연관이 있는 것이 국가와 법으로 구체화되고 강화되었다. 그래서 몇몇 이데올로그들이 소멸해가는 도시국가를 사상적으로 구출하고 유토피아적으로 재생시키고자 했던 몰락의 시기에도 법과 국가는 결코 그러한 유의 물신화로 이끌리지 않았다.(자신에게 부당하게 내려진 사형판결에 대한 소크라테스의 태도를 생각해보라.) 근대 법은 점점 더 추상적으로 모든 것을 포괄하고자 한다. 또한 근대에는 삶에 중요한 활동들을 가능한 한 모두 법적으로 제어하고자 하는 투쟁이 있었다. 이러한 사실은 사회의 사회화의 객관적 증상이라 할 수 있다. 이런 사실과 더불어 비로소 법 영역의 존재론적

---

46) Kant: *Metaphysik der Sitten*, phil. Bibl., Band 42, Leipzig 1907, S. 161; KW 7, S. 455.

본질은 오인되기 시작했고, 이를 통해 물신화하는 과부하가 생겨났다.[47] 완성도 높은 법치국가가 생겨난 19세기에 이런 물신화가 점점 더 희미해지긴 하지만 하나의 새로운 사실이 생겨난다. 법이 일상의 정상적이고 건조한 규제자가 될수록 발생기에 획득된 이 법의 파토스는 점점 더 소멸해가며, 조작에 적합한 실증주의의 요소들은 더 강력해진다. 행위의 결과들, 성공의 기회, 상실의 위험부담 등은 경제적 세계에서와 유사하게 계산 가능한 것으로 파악되며, 이러한 사실이 곧 사회적 삶의 영역으로 된다. 그런데 여기에는 물론 차이가 있다. 첫째, 법적으로 허용된 것, 갈등의 상황에서 과정상 개연적인 것 등이 경제적 목적하에 특수한 계산의 대상이 됨으로써 그런 행위들이 대개 경제적 행위의 ―물론 상대적으로 자율적인― 부속물에 다름 아니게 된다. 둘째, 경제적 계산 외에 이런 부수적 전망 역시 정확하게 계산하기 위해 특수한 전문가들이 필요하다. 이러한 사실은 강력한 경제 집단이 법을 변경시키고 자신들의 법적 이익을 관철시키고자 하는 경우에도 관련이 있다. 이렇듯 실증주의에서 그때그때의 실정법은 실제적으로 아주 중요한 영역으로 된다. 이때 이 영역의 사회적 기원이나 사회적 발전 조건 등은 그 실제적 이용 가능성 외에 이론적으로 점점 더 관심을 받지 못한다. 그런데 새로운 물신화는 법이 ―물론 언제나 '사정은 변경(rebus sic stantibus)'된다― 확고한, 연관이 있는, "논리적으로" 분명하게 규정된 영역으로 다뤄진다는 데 있다. 그것도 실천적으로 순수한 조작의 대상으로서뿐 아니라 이론 내적으로 완결된, 법률적 "논리"로만 올바르게 다뤄질 수 있는, 자족적인, 자기 내 폐쇄적인 그런 복합체로 다뤄진다

---

47) 결혼에 대한 칸트의 정의는, 다른 측면에서 보면, 과부하를 통한 그런 물신화의 전형적인 예가 될 것이다. Ebd., S. 91.

는 데 있다. 그런데 이런 내적 완결성과 더불어 이론적으로는 아니지만 실질적인 조작 가능성은 도외시된다. 예를 들어 켈젠(Hans Kelsen)[48]은 칸트적-실증주의적 "순수 법론"의 입장에서 법의 발생을 "신비"로 고찰했다.[49] 하지만 모든 이익대표는 새로운 법률의 실제적 발생, 과거 법의 보충과 변경 등이 어떻게 조작되어야 하는지를 정확히 알았다. 그리고 이미 옐리네크(Georg Jellinek)[50]는 정당하게도 전체 사회적 실천이 법 규정의 실제적 효력과 중단 없는 상호작용에 있다는 사실을 말했었다. 이러한 사실은 그가 실제적인 것의 규범적 힘을 말하는 것에 드러난다.[51] 여기서도 역시 여기에 등장하는 모든 문제를 다 다루는 것이 우리의 과제일 수 없다. 이 복합체의 기능의 원리를 파악할 수 있을 만큼의 가장 일반적 윤곽만이 제시될 수 있을 뿐이다.

현재 효력을 발휘하는 실정법의 체계와 일상생활에 나타나는 경제적-사회적 사실의 이런 병존과 상호 얽힘으로 인해 양자의 관계에서 필연적으로 아주 다양한 형태의 잘못된 해석이 나타난다. 마르크스는 프루동

---

48) 한스 켈젠(1881~1973)은 프라하 출신의 오스트리아 법철학자로서 독일 빈 대학과 쾰른 대학에서 강의했으나 나치의 박해로 스위스로 망명하였다. 신칸트학파의 입장에서 순수법학을 제창하고 법 단계설을 수립함으로써 빈학파의 지도자가 되었다. 1920년 오스트리아 헌법을 기초한 학자로 유명하다. 주요 저서로 『순수법학(*Reine Rechtslehre*)』(1934)이 있다. (역주)

49) Hans Kelsen: *Hauptprobleme der Staatsrechtslehre*(국가법 이론의 주요 문제들), S. 411; 2. Auflage, Tübingen 1923(Mohr).

50) 게오르크 옐리네크(1851~1911)는 19세기 독일 라이프치히 출신의 대표적 공법학자로서 형이상학적 법이론에서 벗어나 실증주의에 입각한 법학적 국가론을 체계화하였다. 신칸트주의의 영향을 받은 그의 국가 3요소설과 국가법인설 등은 근대 각국의 정치학·헌법학 이론에 큰 영향을 끼쳤다. 주요 저서로 『일반국가학(*Allgemeine Staatslehre*)』(1900)이 있다. (역주)

51) G. Jellinek: *Allgemeine Staatslehre*(국가론), Berlin 1922, S. 334 und S. 339.

(Proudhon)이 제시한 그러한 유의 잘못된 이론을 논박하는 가운데 경제적 과정에 상응하여 존재의 우선성과 고유의 법칙성을 확고히 하면서 다음의 규정을 제안했다. "법은 사실(Tatsache)에 대한 공식적 인정일 뿐이다."[52] 즉 그는 경제적인 것의 확고한 우선성을 말한다. 거의 격언 형식을 취한 이 규정은 참으로 풍부한 내용을 담고 있다. 이 규정은 이미 우리가 마르크스를 다루는 장에서 말한 바 있듯이 법과 경제-사회적 현실 사이의 필연적 불일치라는 가장 일반적인 원리를 포함하고 있다. 그 규정은 다음과 같다. 사실과 이 사실의 인정은 경제적인 것의 존재론적 우선성의 관계를 정확하게 표현한다. 법은 경제적 삶에서 실제로 실행되는 것의 의식적 재생산, 반영의 특수한 형식이다. 인정이라는 표현은 이런 재생산의 특수한 양식을 계속 더 분화시킨다. 즉 인정이라는 표현은 재생산이 순수하지 않은 이론적, 순수하지 않은 사변적 성격을 갖는 것이 아니라 우선적으로 실천적 성격을 갖는다는 것을 의미한다. 왜냐하면 순수 이론적 연관에서 이 표현은 예컨대, "나는 '2×2=4'임을 인정한다."와 같이 단순히 동어반복에 지나지 않기 때문이다. 인정은 실천적 연관에서야 비로소 실제적이고 합리적인 의미를 보유할 수 있다. 즉 인정은 그 속에 인정된 사실에 대해 어떻게 반응해야 하는지가 언표되어 있을 경우, 그 속에 이로부터 인간의 목적론적 정립이 성공을 거두기 위해 무엇이 있어야 하는지, 내지 관련 사실이 어떻게 과거의 목적론적 정립의 결과로 평가되어야 하는지 등에 대한 안내가 있을 경우에야 실제적이고 합리적인 의미를 보유하게 된다. 이 원리는 형용사를 통해 공식적으로 필요한 만큼 구체화된다. 이를 통해 그 당위의 성격은 사회적으로 정확하게 규정된 주체, 즉 국가를 유지한다. 이때 내용

---

52) Marx, *Das Elend der Philosophie*(철학의 빈곤), S. 66; MEW 4, S. 112.

적으로 계급구조에 의해 규정된 국가권력의 본질은 여기서 인간의 실천의 다양한 결과들이 어떻게 판단되어야 하는지의 문제에서 독점을 소유한다는 데 있다. 즉 국가는 그 결과들을 허용된 것이나 금지된 것으로, 혹은 형벌을 받을 만한 것으로 판단할 독점권을 가지며, 나아가 사회적 삶의 어떤 사실이 법적으로 허용된 것으로 고찰되는지, 그리고 어떤 방식으로 허용되는지 등을 결정할 독점권을 갖는다. 따라서 국가는, 막스 베버에 따르면, **"합법적인 물리적 폭력을 독점"**[53]한다. 이와 더불어 경향적으로 봤을 때 진술들의 연관체계, 사실 규정들(인정)의 연관체계가 생겨나는데, 이 규정들의 과제는 독점적 국가라는 의미에서 인간의 사회적 교류를 규칙에 종속시키는 것이다.

이 체계를 내적 연관의 분리 불가능한 통일체로, 동시에 인간의 목적론적 정립에 영향을 주려고 생겨난 명령들(대개는 금지의 형태로 되어 있음)의 집합으로 고찰할 경우 '그런 체계는 실제 경제적 연관을 적절한 방식으로 반영할 수 없다.'는 마르크스의 확립이 분명하게 드러난다. 그 이유는 첫째, 주어진 것이 언제, 그리고 어떻게 사실로 고찰되어야 하는지를 확립하는 것은 이미 사회적 과정의 객관적 즉자존재의 인식을 재생산하는 것이 아니라 오히려 국가의 의지, 즉 어떤 주어진 경우에 무엇이 어떻게 발생해야 하고, 이 연관에서 무엇이 어떻게 나타나서는 안 되는지를 재생산하기 때문이다. 이와 더불어 사상적 재생산은 자신의 원본에서 원리상 벗어나지 않으면 안 된다. '사실은 무엇이어야 한다.'는 그러한 확립은 공식적인, 즉 국가적인 특성을 가진다. 이로써 사회적 과정에 관심이 있는 참여자, 즉 하나의 계급이 (계급타협의 토대와 상관없이) 국가라는 매개를 통해 온갖

---

53) Max Weber, *Gesammelte politische Schriften*, München 1921, S. 397.

실제적 결과들과 더불어 이런 규정의 힘을 탈취한다. 이런 사실 자체만을 놓고 보면 이것은 사회적 과정의 부적합한 반영에 지나지 않을 것이다. 하지만 우리는 —둘째로— 법적 반영이 현실적 법체계일 수 있기 위해 순수하게 이론적인 성격이 아니라 오히려 직접적으로, 그리고 현저하게 실천적 성격을 가져야 한다는 것을 알고 있다. 따라서 모든 법적 사실의 확립은 이중적 성격을 갖는다. 한편으로 그것은 하나의 정황(구속요건)을 유의미하게 하는 유일한 사상적 고착화로서 이 정황을 가능한 한 정확하게, 규정에 적합하게 사상적으로 서술해야 한다. 그리고 개별적으로 확립된 이것들은 그 자체로 모순들을 배제하는, 서로를 연관 짓고 논리 정연한 그런 체계를 형성해야 한다. 이때 우리에게는 이런 체계화가 철저히 이뤄질수록 이 체계화는 실재와 더 멀어질 수밖에 없다는 사실이 다시금 아주 분명하게 드러난다. 개별적 사실을 확립할 때 상대적으로 작은 일탈이 일어날 수도 있다. 하지만 체계의 의미에서 해석할 때, 이것은 그런 체계의 구성요소로서 실재의 토대를 아주 멀리 떠나 있을 수밖에 없다. 왜냐하면 체계는 현실의 반영에서 성장하는 것이 아니라 현실을 추상적-사상적으로 동질화하는 조작일 수밖에 없기 때문이다. 다른 한편 그때그때의 실정법체계의 완결성, 공식적으로 결정된 이 체계의 무모순성 등은 하나의 가상에 불과하다. 그런데 체계의 관점에서 볼 때, 사회적 존재의 존재론의 관점에서 볼 때 그런 규칙의 모든 형식은, 그것이 아무리 정열적으로 조작되었다 하더라도, 그때의 구체적-사회적 필연성의 형식이다. 즉 그 형식은 이 형식을 기능하게 하는 바로 그 사회의 현상태(Geradesosein)에 속한다. 그러나 바로 그 때문에 체계적 연관, 이것의 논리주의적 추론과 논증, 그리고 적용 등은 단지 가상과 환상일 뿐이다. 왜냐하면 사실의 확립, 이 사실의 하나의 체계로의 배열 등은 사회적 실재에 정박되는 것이 아니라 사회적 실천을 자신의 의도에 맞게 질서 지으려는 그때의 지배적 계급의 의지에 정박된다. 헤겔은 이러한 관점에서, 비록 여러 환상을 가지고는 있었지만, 이 문제를 자기 선행자들(예컨대 칸트와 피히테)보다 훨씬 더 현실적으로 고찰했다. 그는 이미 법 규정들에서 중요한 범주들을 정립하는 것이 불가피하게 자의적으로 머무를 수밖에 없다는 사실을 알고 있었다. 그래서 그는 예를 들어 형벌규정에 대해 다음과 같이 말한다. "형벌의 양은, 예를 들어 어떤 개념 규정에도 적합할 수 없다. 그리고 결정된 것 역시 이러한 측면에 따르면 언제나 자의일 뿐이다. 그러나 이런 우연성은 그 자체로 필연적이다. …"[54] 그러나 그는 전체로서의 법을 위한 방법론적 필연성도 본다. 즉 그는 위에 소개된 사유과정을 진척시켜 여기서는 어떤 논리적 완성에도 도달할 수 없고, 따라서 사태는 "그것이 놓여 있는 그대로 받아들여져야 한다."고 한다. ―법률 내재적으로― 체계의 논리적 전제나 결과들인 것처럼 보이는 것이 실제로는 역사적으로 구체적인 계급의 입장을 사회적으로 필연적인 방식으로 정립한 것이다. 켈젠은 최근 여기에 지배적인 논리주의적 가상을 명확하게 통찰했으며, 방법론적으로, 하지만 단지 방법론적으로만 그 가상을 파괴시켰다. 그는 "개별 규범"(개별 사건에 하나의 법률을 적용함)은 "일반 규범"으로부터 "논리적으로" 따라온다는 사실을 논박한다. 그는 정당하게도 이런 논리주의적 연관을 단순한 비유로, "모순으로 마주해 있는 두 일반 진술의 진리와 비진리 사이의" 차이, 그리고 "갈등 관계에 있는 두 일반 규범의 준수와 위반 사이의" 차이를 유비적으로 희석하는 것으로 고찰했다.[55] 이런 방법론적 이의제기를 사회적 존재의 존재론의 언어로 번

---

54) Hegel: *Rechtsphilosophie*, § 214 Zusatz, HWA 7, S. 367.
55) H. Kelsen: *Recht und Logik*, Forum 1965, Nr. 142, Oktober 1965, S. 421 und Nr. 143,

역할 경우 ―물론 당연히 켈젠은 이에 반대할 것이다― 이중적 의도를 가진 법체계에서 모든 일반적 확립은 한편으로 사회의 모든 구성원에게 특정한 방향에서 목적론적 정립을 하도록 영향을 미치고, 다른 한편 법 실천 속에서 법률규정들을 관철하도록 사회적 위임을 받은 집단에게 목적론적 정립들을 자신의 입장에서 특정한 방식으로 수행하도록 유도했다는 것을 보게 된다. 이것이 두 번째 경우에서 수행되지 않는다면 우리는 구체적인 사회적 모순들과 관련이 있지 잘못된 논리적 조작과 관련이 있는 것은 아니다. 사회적 실천에서는 이 경우에 대한 무수한 예들, 관련 사회에서 특정 계급대립의 증상들로 간주되는 무수한 예들이 나타난다. 바이마르 시기의 수많은 사법적 판단, 히틀러 시기의 범죄자들에 대한 연방공화국에서의 몇몇 소송에서 드러난 사법적 판단 등을 생각해보면 된다. 실제적인 것의 규범적 힘에 대한, 앞에 인용한 옐리네크의 진술은 ―물론 구체적인 변증법적 적용에서만― 올바르다. 즉 사태(사실)뿐 아니라 이 사실에 대한 공식적 인정도 그 당시 구체적 사회 내에서의 계급투쟁의 사회적-역사적 결과로서, 그리고 법적 사실로 고찰되는 것의, 그리고 법적 사실이 공식적으로 인정되는 방식의 꾸준한 역동적-사회적 변화로 드러난다.

개별 사건들이 일반적 법률에 포섭되는 것을 고려해보면 법체계 내에서의 논리적 연관이라는 가상은 아주 터무니없는 것으로 밝혀진다. 이런 안티노미는 당연히 발전된 법 단계에서만 명료하게 드러난다. 원시적 사회들은 사회적 규칙을 개별 사건들로부터 출발하여 만들고, 오랜 기간 동안 이전의 판단들로부터의 유비추론으로 작업할 수 있었다. 상품교환의 일반적 발달과 더불어 비로소 통상 앞에서 말했던 추상적-보편적 체계화가 가능

November 1965, S. 495.

해졌다. 하나의 행위의 법적 귀결은 마치 경제적 상호작용이 그러하듯 사전에 계산 가능한 것이어야 한다는 사회적 욕구가 점점 더 강하게 발생한다. 이와 더불어 포섭의 문제가 생겨나며, 동시에 이 안에서 발생하는 특수한 불일치가 생겨난다. 왜냐하면 사회적 존재를 말하자마자 이 문제가 법률과 개별사건을 연관시키는 모든 관계에서 출현하지 않으면 안 된다는 사실이 분명하기 때문이다. 그러나 이 문제는 하나의 목적론적 정립(즉 법률)이 다른 목적론적 정립(즉 법률의 적용)을 불러일으켜야 한다는 사실로 인해 특이한 형태를 얻게 된다. 이러한 사실을 통해 앞서 고찰한 변증법이, 즉 이로부터 발생하는 계급이익의 갈등이 궁극적으로 규정하는 계기로 된다. 이때 이 계기에 논리적 포섭은 단지 현상형식으로서만 쌓인다.

여기에서 경제와 다른 사회적 복합체들 사이의 차이가 다시 나타난다. 경제에서는 우연한(자발적) 존재과정이 동종화를 만들어내며, 이로부터 발생하는 위계질서 내부에서 평등의 개념을 산출한다. 사회적으로 필요한 노동시간은 규칙의 원리로서 인간의 표상과 의지와 상관없이 생겨난다. 그것은 노동에 내재한 목적론적 정립의 인과적 결과들로부터 사회에 의해 우연히(자발적으로) 수행되는 집적의 산물이다. 그러나 법체계에서 규칙의 이런 원리들은 그 자체 정립작용으로서 사실성들을 규정해야 하는 그런 의식적 정립작용의 결과들이다. 따라서 이에 대한 사회적 반응 역시 질적으로 다르게 나타나지 않으면 안 된다. 따라서 일관되게 수행되는 법에 내재한 부정의에 대한 대중적 비판과 또한 문학적 비판이 개별 사건을 포섭하면서 생기는 이런 불일치에 집중된다는 사실은 쉽게 이해된다. '최고의 정의는 최고의 부정의이다.(summum jus summa injuria)'와 같은 표현들, 샤일록 재판(Shylock-Prozess)[56]과 같은 시적 형상들은 (이후에는 단편소설적 형식에서도 나타나는데) 모두 법률의 형식적-일관적 관철에 대항한 그러한 유의 분위기를 시사한다. 여기에 참된 사회적 문제가 포함되어 있다. 우리는 이미 앞에서 법은 비록 강제로 수행될 수밖에 없지만 가능한 한 법이 마찰 없이 기능하려면 여론으로 존재하는 법의 평결자들 사이에 어느 정도의 일치가 있어야 한다는 것을 말했었다. 이런 사회적 불일치를 이데올로기적으로 극복하기 위해 어떤 실제적 노력들이 때때로 있었는지를 논구하는 것은 이 작업의 테두리를 넘어간다. 도덕이 때때로 운명적인 것으로 보이는 이런 심연을 극복하기 위해, 대체적으로 부정의로 느껴지는 것을 내면성의 토대에서 화해시키기 위해 본질적으로 어떻게 발생하는지를 보이는 것은 윤리학의 과제일 것이다.

법에 대한 심사숙고는 법의 입장에서 보면 법과 정의에 대한 욕구를 매개하기 위해 자연법이라는 특유의 관점을 산출한다. 이 자연법은 사회적 당위의 체계인데, 이 체계의 정립을 통해 체계의 주체는 당대에 존재하는 구체적인 법 상태, 시대의 욕구에 따라, 신에 의해, 자연에 의해, 혹은 이성에 의해 규정된 것으로 생각되는 그런 구체적인 법 상태를 넘어가야 하며, 따라서 실정법의 한계를 넘어설 수 있어야 한다. 켈젠이 올바로 인식한 것처럼,[57] 이 두 경향은 평행하는 길을 간다. 즉 의도, 목표설정 등은 쉽게 서로서로 전이해간다. 왜냐하면 양자는 자기 자신에 대한 비판적 의식이 없을 경우 실정법에서 현실화될 수 있는 것보다 더 높은 단계의 유적합성을 동일하게 추구해야 하기 때문이다. 법을 도덕을 통해 보충한다고 해도, 그리고 자연법을 개혁한다고 해도 법이 도덕에 내재한 유적합성의 정도를 넘

---

56) 샤일록은 셰익스피어의 『베니스의 상인』에 나오는 유대인 악덕 고리대금업자로서 재판관으로 변장한 포샤의 기지로 재산은 몰수당하고 기독교로의 개종을 강제받는다. (역주)

57) H. Kelsen, *Aufsätze zur Ideologiekritik*, Neuwied 1964, S. 82.

어설 수 없는데, 그 이유는 윤리학에서야 비로소 해명될 수 있다. 여기에서는 그런 모든 요구에 내재한 정의의 꿈이, 이 꿈이 법적으로 파악되어야 하고 파악되는 한 —궁극적으로 경제적인— 평등의 관점을 넘어갈 수 없다는 점만을 말할 수 있다. 여기서 이 평등은 사회적으로 필요한 노동시간에 의해 사회적으로 필연적으로 규정되며, 상품 유통에서 현실화되고, 모든 법적 평등관과 정의관의 실제적인 토대로, 따라서 사변적으로 극복될 수 없는 토대로 남아 있어야 한다. 여기서 생겨난 정의라는 개념은 인간의 발전에서 아주 다의적으로 사용된다. 정의는 인간의 개인적 상이함과 독특함을 (사회적 생활과정의 변증법으로부터 산출된) 평등에 기초하여 그의 행위에 대한 판단과 사변적으로 혹은 더 나아가 제도적으로 조화시키고자 하는 해결할 수 없는 과업을 제시한다.

마르크스는 이 문제를 가장 극단적-사회적-역사적 결과에 이르기까지 주목하고 탐구했다. 사회주의로의 사회적 이행의 전망에 대한 초기 분석인 「고타 강령 비판」에서 그는 공산주의의 최초 단계(사회주의)에서 법과 평등의 이러한 관계에 도달한다고 한다. 이 단계에서 자본주의적 착취는 이미 종식되지만, 사회의 완벽한 변형은 아직 수행되지 않았다. 그는 법(권리)과 노동의 관계에 대해 다음과 같이 말한다. "이 **평등한** 법(권리)은 불평등한 노동에 대한 불평등한 법이다. 그것은 어떤 계급차도 인정하지 않는다. 왜냐하면 각자는 모든 다른 사람처럼 그저 노동자일 뿐이기 때문이다. 그러나 그것은 암묵적으로 불평등한 개별적 재능과 수행능력을 자연적 특권으로 인정한다. **따라서 이 평등한 법은 모든 법이 그러하듯 그 내용상 불평등의 법**(Recht der Ungleichheit)**이다.** 평등한 척도의 적용이라는 것이 법의 본성이다. 하지만 불평등한 개인들을 동일한 관점 아래로 가져와 **특정한** 측면에서만 파악하는 한, 예를 들어 그들을 **단지 노동자로서만** 고찰하는 한, 이들은 (그리고 이들이 불평등한 개인들이 아니라면 상이한 개인들도 아닐 것이다.) 동일한 척도로만 측정될 수 있다. 그리고 그들에게서 더 나아간 어떤 것도 볼 수 없으며, 다른 모든 것은 도외시된다." 여기서는 이와 관련한 전체 문제복합체를 다룰 수는 없다. 다만 마르크스가 법의 평등 개념과 인간 개별성의 불평등 사이의 이런 불일치를 이 단계에서는 지양할 수 없는 것으로 간주했다는 사실은 강조되어야 한다. 착취자가 없어진 이후에도 평등한 법은 본질상 그 자체 한계를 가진 부르주아적 법으로 남는다. 경제적으로 착취에 기초한 이전의 형태들에서야 이러한 한계를 넘어간다는 말이 가능할 것이다. 사회적 노동의 모든 객관적 조건과 관계들이 전복될 경우에야 비로소, "개별자들을 노동의 분업 아래서 예속시키는 그런 종속, 그리고 또한 정신적 노동과 육체적 노동의 대립이 사라진 이후에야, 노동이 삶의 수단일 뿐 아니라 그 자체 우선적인 삶의 욕구가 된 이후에야, 그리고 개인들의 전인적 발전과 더불어 생산력이 증가하고 단체의 부의 모든 원천이 풍족하게 흐르게 된 이후"에야[58] 그 재생산의 토대가 "각자는 자신의 능력에 따라, 각자에게는 자신의 욕구에 따라"라는 모토가 가능한 사회에서 이런 불일치는 끝난다. 물론 동시에 우리가 지금까지의 역사에서 알았던 법 영역은 불필요하게 된다.

이와 더불어 법 영역의 발생과 소멸의 사회적-역사적 한계는 원리상 시간적 한계로 규정된다. 그럼에도 불구하고 우리는 존재론적으로 말해서 그런 시작점과 끝점이 단순한 시기 규정들보다 훨씬 더 구체적인 것을 드러낸다는 사실을 안다. 사회적 존재의 존재론의 관점에서 볼 때, 시기의 변화는 언제나 사회의 구조와 역동성에서 언제나 질적인 변화이며, 따라서

---

58) Marx: *Kritik des Gothaer Programms*, Moskau-Leningrad 1933, S. 10-11; MEW 19, S 21.

이런 변화에서는 사회적 욕구와 사회적 위임 등의 변화도 언제나 발생하지 않을 수 없다. 그리고 모든 인간의 목적론적 정립이 —아무리 모순투성이이고 불균등하다 하더라도— 궁극적으로 사회적 욕구와 사회적 위임들 등으로부터 발생하기 때문에 사회적 반사, 그것들의 상호관계, 그것들의 역동적 기능들은 전체복합체에서 발생하는 변화에 종속되지 않으면 안 된다. 발생과 소멸은 지양하는 가운데 보존의 계기들을 함유하고 연속성 속에서 불연속성의 계기들을 함유하는 그런 과정의 질적으로 고유한, 고유하게 강조되는 두 변이이다. 우리는 이미 법 이전의 사회 상태가 법질서의 맹아들을 —물론 질적으로 상이한 맹아들을— 포함하고 있는 자신만의 규칙을 형성해간다고 말했었다. 그러나 이때 이런 연속성의 배후에 불연속성이 은닉되어 있다는 사실을 잊어서는 안 된다. 즉 고유한 의미에서의 법질서는 개별 경우들마다 엄청나게 다른 다양한 관심들을 법이라는 공통분모로 통합하여 법률적으로 동질화할 때에야 비로소 발생한다. 이 복합체가 사회적으로 중요하게 된다는 사실이 법의 발생을 가능하게 하며, 이와 마찬가지로 그것이 사회적으로 실제 불필요하게 됨으로써 법은 소멸하게 될 것이다. 이러한 통찰은 이 문제에서도 —유토피아적 방식으로— 마르크스에 의해 명백하게 인식된, 이 연관의 확정의 보편적-존재론적 성격을 넘어갈 의도를 갖지 않는다. 이러한 사실은 이러한 통찰의 순수 존재론적 성격에 상응한다. 그것을 현실화하고자 강조되는 모든 방식은 구체적으로 예견할 수 없는 미래의 발전의 문제이다.

　법의 발생과 소멸을 통찰함에 있어서 변증법적인 중심문제가 아주 분명하게 드러난다. 이 문제는 동시에 복합체로서의 법 영역의 특수성을 물신화하는 모든 이론적-철학적 해석을 해독하는 열쇠가 된다. 우리는 마르크스에 의해 올바로 파악된 중심문제, 즉 사회의 계급과 특수한 법 영역의 필연성 사이의 분리 불가능한 연관을 우리의 앞선 확장된 해석에서 출발점으로 삼았다. 그렇다면 우리는 법질서의 근본원리가 서로 마주하고 있는 전적으로 이질적인 다음과 같은 열망들을 종합하고 있다고 지각해야 한다. 첫째, 한 계급의 지배는 당연한 것으로 되어버린, 그 자체로 인정된 사회 상태로서 모든 구성원의 활동을 규정하며, 따라서 그들은 행위할 때 그 상황의 계율에 "자발적으로" 복종하며, 그들의 이론적 비판도 ─좁게든 넓게든─ 여기에서 인출된 한계 내에서만 허용되어야 한다. 모든 계급이 한 계급의 지배에 복종하도록 ─당연히 종종 계급 타협의 토대 위에서─ 제시하고 있는 이런 체계는 전체적으로도 부분적으로도 한 사회를 위한 통일적 당위를 자신의 필연적 현상형식으로 가진다. 여기서 당위란 많은 개별적인 것들에서는 기술적-조작적일 수도 있지만, 내적으로뿐 아니라 외적으로 그것들의 삶의 의지, 삶의 능력을 총체성으로 표현해야 한다.

여기에 우리가 이미 알고 있는 모순의 이중성이 다시 나타난다. 한편으로 이러한 실존과 통일의 궁극적 보증자로서의 폭력(Gewalt), 그리고 다른 한편 법에 의해 보증되고 통제된 사회적 실천의 이러한 통일성을 폭력 위에만 세울 수는 없음.(법, 도덕, 윤리, 종교 등을 위해 여기에서 발생한 복잡한 상호작용은 윤리에서야 비로소 적절하게 다뤄질 수 있다.) 또한 보편성과 개별성, 평등과 불평등, 법체계의 내재성, 폐쇄성과 사회적 삶이라는 사실성을 통한 법체계의 부단한 교정, 경제의 필연적-합리적 질서와 경제적 현실의 표현 형식으로서의 법적 범주들의 부적합성 등, 이미 다뤄진 이들 양자 사이의 모순들도 이 모순들에 이어 따라 나온다. 법체계는 모든 모순을 원리적으로 배제하는 합리적-통일적 성격을 가지며, 법의 모든 내용, 그리고 이들 내용이 그 형식과 그 형성원리들과 맺는 관계들은 모순적 이질성을 갖는다. 따라서 법체계의 이런 성격과 내용과 형식의 그런 모순적 이질성 사이에는 하나의 역설적 관계가 형성되는데, 이 관계가 정확하게 고찰될 경우 인간의 실천을 규제하는 데 있어서 여기서 도대체 어떻게 실질적-통일적 체계가 발생할 수 있었는지에 대해 의아해하지 않을 수 없을 것이다.(다음의 사실을 잘 주목하자. 여기서는 당연히 실정법이라는 실질적으로 기능하는 체계를 말하고 있다. 모든 학문에서와 마찬가지로 법학에서도 한편으로 이질적 현실을 당연한 것으로 하려는 이론적 동질화가 나타나며, 다른 한편 여기에서 자신의 방법론적 통일성을 조금도 훼손하지 않고서도 모순들, 적대적인 것들, 비일관성들이 발견될 수 있다.) 그러나 법체계는 이론적 명제들로 이뤄진 통일체가 아니라, 이미 살펴본 것처럼 실천적 행위를 위한 긍정적-부정적 안내로 이뤄진 통일적 체계이며, 따라서 사회적-실천적으로 고려해봤을 때 모든 모순을 배제하는 통일체를 형성하지 않으면 안 된다. 따라서 법 실천을 위해 다듬어지고 이 안에 적용된 이론적 논구들은 무엇보다 현재 유효한 실정법의 무모순성을 보편적-이론적으로 증명하는 기능을 갖는 것이 아니라, 실천하는 가운데 등장할 수 있는 모든 모순을 세상으로부터 실질적으로 산출하는 기능을 갖는다. 그런데 이러한 사실이 실정법의 해석의 형식에서 개별 규정들의 변화로 발생하는지, 새로운 파악으로 발생하는지는 이 입장에서 볼 때 중요하지 않다.

따라서 실정법의 기능은 다음의 방법에 의존한다. 즉 한편으로 그것은 모순으로부터 통일적 체계가 생겨나도록 모순의 소용돌이를 다루는 방법이다. 다른 한편 그것은 모순투성이의 역사적 사건을 실제적-낙관적으로 제어할 수 있는 것을 이율배반적 극단들 사이에서 —예컨대 순수한 권력과 도덕적인 설득 의지 사이에서— 그때그때 유연하게 움직일 수 있게 하는 방법이다. 이 방법을 통해 천천히 혹은 급작스럽게 이뤄지는 지배계급의 변화 내부에 자리 잡은 현재하는 균형의 변화과정에서 이 사회에 그때

그때 필요한 사회적 실천의 결정과 영향들이 도출될 수 있다. 이를 위해 전적으로 고유한 조작기술이 필요하다는 것은 분명하다. 이것은 사회가 스스로를 재생산하기 위해 필요한 (판사와 변호사들로부터 경찰관과 사형집행인에 이르는) "전문가들"을 지속적으로 새롭게 생산해낼 경우에만 이 복합체가 재생산될 수 있다는 사실을 설명하기에 충분하다. 하지만 사회적 위임은 더 나아간다. 사회가 더 발전하고 사회적 범주들이 사회에서 더 강력하게 지배하게 될수록 상이한 사회적 복합체들의 상호작용 내부에서 전체로서의 법 영역은 더 큰 자율성을 가지게 된다.(권력분할론) 이것은 이 복합체의 특징에 중요한 결과를 갖는다. 우선 그것은 법 영역이 비록, 폭넓은 노선에서 고찰해볼 때, 경제적 발전, 계급구성, 그리고 계급투쟁 등의 결과이긴 하지만 ―이 큰 노선의 보다 특수한 측면에 상응하여― 현재 지배적인 체제에 마주하여 아주 진전된 상대적 자립성을 획득할 수 있다는 사실을 드러낸다.(우리는 그것의 배후에 계급의 문제가 여전히 작용하고 있다는 것을 보았다.) 그렇게 발생한 자율공간이 다시금 계급들의 실제 힘의 관계에 의존한다는 것이 국가 안의 일종의 국가라는 이런 관계를 지양하지 않으며, 자신의 존재양식과 한계를 구체적으로 규정해준다. 이 현상은 자신의 고유한 양식에 따라 머물러 있으며, 바이마르 공화국의 상황보다 더 정상적인 상황에서도 한편으로 그때그때 지배적인 일반노선으로부터의 재판의 상대적 자율성으로 나타나며, 다른 한편 특정한 법 현상의 구체적 내용이 전체 사회에 거의 중요하지 않을 때조차 이 법 현상에 마주하여 때때로 폭발적으로 표현되는 여론의 감수성으로 드러난다.

둘째, ―그리고 이것은 여기서 추구되는 존재론적 통찰방식에 더 중요한데― 종종 외관상 서로 배치되는 이 모든 해석으로부터 법 영역의 대리자들이라는 언제나 요청되는 전문가집단의 배후에 사회적 존재의 재생산이라는 중요한 문제가 숨겨져 있다. 사회적 노동분업은 양적-질적으로 확장되는 가운데 개별 사회복합체들 사이의 특수한 매개형식들, 특수한 과제들을 만들어내는데, 이 복합체들은 바로 이 특수한 기능들 때문에 전체복합체의 재생산과정 내에 독특한 내적인 구조를 보유하게 된다. 이때 전체과정의 내적 필연성은 자신의 존재론적 우선성을 보유하며, 따라서 매개하는 존재복합체들의 기능에 있어서의 양식, 본질, 방향, 질 등을 규정한다. 그런데 올바르게 기능함은 전체복합체라는 높은 수준에서 매개하는 부분복합체들에게 특수한 부분 기능을 수여하는 것이기 때문에 이 부분 복합체 내에는 —객관적 필연성으로부터— 바로 이 특수성 속에 전체의 재생산을 위해 불가피한 반응과 행동이라는 어떤 고유한 양식, 혹은 어떤 자율적 특성이 생겨난다. 우리는 이 문제를 의도적으로 첨예화하는 가운데 법 영역의 이런 성격을 드러내고자 했다. 즉 법 영역은 존재 적합하게 그 기원과 기능으로부터 이해하고자 하지 않고, 또 평준화하는 논리와 인식이론의 범주와 체계요청으로 다뤄질수록 그만큼 더 모순적이고 역설적이게 현상한다. 이로부터 그런 복합체들을 사변적으로 파악하고자 하는 시도에는 적합한 이해를 위한 만성적 무능력이 드러난다. 관념론적-철학적 설명이 법을 가치의 체계로 구축하고자 한다면, 언제나 법, 도덕, 그리고 윤리 사이의 이율배반적-해결 불가능한 혼합물, 해결 불가능한 경계 갈등 등이 생겨날 것이다. 이에 반해 법의 고유성이 실증주의적으로 고립될 경우 이것은 서술적으로 표현된 무이념성에 이르고 말 것이다. 그리고 마르크스가 비록 이 문제를 존재론적으로 올바르게 파악했다 하더라도 그의 계승자는 경제발전의 전체과정에의 의존성을 도식적으로 고립시켰고, 또 기계적으로 속류화했다.

　다른 곳에서와 마찬가지로 여기서도 역시 법 영역의 체계적-사회적 존재론을 단지 실험적으로 스케치하는 것이 이 연구의 과제는 아니다. 그럼에도 불구하고 넉넉지 않은, 단편적인 이런 암시들로부터 사회적 부분 복합체들의 기능과 재생산을 위한 중요한 결과가 이끌려 나올 수 있다. 즉 그러한 유의 부분복합체들은 논리적으로 예견할 수 없고 적절하게 파악할 수 없는, 그럼에도 불구하고 사회-존재론적으로 합리적인 상대적 자립성과 발전된 고유양식을 갖는데, 이런 자립성과 고유양식의 존재론적 필연성이 그런 암시들로부터 이끌려 나올 수 있다. 따라서 이 부분복합체들이 자신만의 특수성을 더 정열적으로, 더 고유한 방식으로 특화시킬수록 이것들은 자신의 기능을 전체과정의 내부에서 그만큼 더 잘 충족시킬 수 있게 된다. 이러한 사실은 법 영역의 경우에는 아주 명백하다. 물론 이러한 상황은 사회적 발전을 야기하는 모든 복합체와 조직에도 해당된다. 하지만 사회적 발전은 이로부터 어떤 절대적 자율성도 따라 나오지 않는다는 사실을 자동적으로 보여주는 것이 아니라 그때그때 해결될 수 있는 과제의 형식으로, 이 과제로부터 생겨나는 인간의 반응과 활동 등의 형식으로 보여준다. 이때 사회적 발전이 이런 문제를 다소간 의식하게 되고 또 아주 폭넓게 매개되고 아주 불균등하게 관철된다는 것은 우리의 주제에 있어서 큰 역할을 하지는 못한다. 그런데 속류 마르크스주의는 여기서 경제적 하부구조에의 기계적-평균적 의존성을 선언하는 것 이상으로 나아가지 못했다.(개량주의 시기에 등장한 신칸트주의와 실증주의는 이런 속류화에 대한 역사의 정당한 형벌이었다.) 스탈린 시기는 이런 기계주의적 이해를 새롭게 확장했으며, 이런 관점을 사회적 실천에 강제로 적용했다. 그 결과는 모두에게 잘 알려져 있다.

우리는 사회를 복합체들의 복합체로 특징지었다. 이때 우리는 모든 개별 복합체들에 대해, 그리고 이 복합체가 다른 복합체들과 맺는 역동적 연관에 대해 전체 사회의 총체적 복합체 내부에서 상세하게 분석하려는 의도가 불가능하다고 했다. 이를 위해서는 사회의 일반적 구조에 대한 상세한 이론적 취급이 필요할 텐데, 이것은 일반적 토대와 방법에 정향된 우리의 서론적 탐구보다 훨씬 더 포괄적인 시도이다. 우리가 여기서 ―서로 극도로 다른― 두 개의 복합체를 다소 서론적으로 고찰했었다. 이때 이것은 무엇보다 드러난 문제영역과 방식을 존재론적 관점으로부터 다소간이나마 명확히 하기 위한 것이었고, 그런 복합체들이 구조적으로 얼마나 서로 다른가에 대해, 그리고 그런 복합체를 현실적으로 인식할 수 있기 위해 모두는 복합체의 발생과 작용에 대한 특별한 분석을 필요로 하며, 또 필요한 경우 그것의 소멸의 전망을 필요로 한다는 것에 대해 주의를 주기 위해서였다. 우리는 이런 방법론적 문제를 첨예하게 드러내기 위해 극단적으로 서로 대립되는 두 개의 복합체를 자의적으로 선택했다. 이와 더불어 긴급하게 필요한 이 문제를 현실적-포괄적, 그리고 체계적으로 다루는 것보다 더 앞선 것은 없다. 우리의 통찰의 범위를 불가피하게 이렇게 한정한다 하더라도 적어도 다른 복합체들에 대한 대체적인 지정학적 조망을 하지 않고서는 전체복합체의 연관의 윤곽을 그리기 위한 발걸음을 한 발도 내디딜 수 없어 보인다. 이미 앞서 선택한 예들에서 우리는 두 개의 극단을 본다. 한 극단은 우연히(자발적으로) 발생한 역동적 조직체이다. 모든 인간은 대부분의 일상적 실천에서 이 조직체의 재생산을 위해 무의식적으로, 무의지적으로 수행하며, 이 조직체는 전체적인, 즉 내적-외적인 인간의 활동에서 의사소통의 불가피한 매체로 현재한다. 다른 극단은 인간의 행위의 특수영역이다. 이 영역은 사회적 노동분업이 이를 위해 특화된 인간집단을 대표로 가질 경우에만 실존하고, 기능하며 재생산된다. 이때 이러한 전문성에 방향을 맞추고 있는 이 인간집단의 사유와 행위는 여기서 필요한 노동을 의식적으로 구축해낸다.(이런 의식이 특정한 의미에서 필연적으로 어느 정도까지 잘못된 의식일 수밖에 없는지는 여기서 중요하지 않다.) 그러나 사회적 보편성이 이 엄격한 특수영역과 분리되어 있지 않으며, 또 이 특수영역이 그런 보편성에 귀속된다고 하는 사실을 잊어서는 안 된다. 그 결과 전체 사회의 운동은 보편성의 이런 요청을 궁극적으로 정당화하고 중단 없이 규정할 뿐 아니라 다른 복합체의 활동을 통해 매개됨으로써 그런 요청에 끊임없이 한계 지우기도 한다. 복합체의 삶의 우연성(자발성)과 이 삶에의 의식적-의도적 참여 사이의 상호관계, 보편성과 다른 복합체들에 의한, 혹은 직접적으로 총체성 자체에 의한 이 보편성의 한계 사이의 그런 상호관계를 우리는 모든 사회적 복합체에서 발견할 수 있다. 다만 이런 연관관계는 (다른 많은 관계들과 마찬가지로) 모든 복합체에서, 모든 구체적 상호작용에서 원칙상 질적으로 서로 다르다는 점은 강조되어야 한다.

이런 사실은 사회적 복합체의 존재론을 위한 더 나아간 공동의 속성을 드러내준다. 즉 이 복합체들은 그 본질과 기능과 그 기원, 그리고 경우에 따라서는 소멸이나 항구적인 사회적 효력 등을 구체적으로 분석할 경우 정확하게 규정될 수 있고, 또한 사변적-방법론적으로 다른 모든 복합체와 정확히 경계 지어질 수 있다. 동시에 그 복합체들은, 바로 그 존재론적 의미에서, 정확하게 규정될 수 있는 어떤 한계도 가지지 않는다. 즉 예컨대 언어는 자신의 자립성과 고유한 법칙성을 상실하지 않고서 사회적 존재의 전체복합체 내에서 매개의 매체이자 담지자로 존재로 형상화되어야 한다. 그리고 이러한 사실이 다른 복합체들에게서 그렇게 명확하게 현상하지는 않는다 하더라도 언제나 다시금 중첩이 생겨나며, 하나의 복합체와 다른 복합체의 상호적 침투가 생겨난다. 물론 이때 개별복합체의 —물론 상대적인— 자립성과 고유한 법칙성, 그리고 그것의 정확한 규정 가능성은 결코 의심될 수 없다.

이런 변증법을 대충 다룰 경우 사회적 존재의 상이 아주 빈번히 왜곡되고 잘못된 반영 속에서 현상하게 된다. 그래서 우리는 이 변증법을 지시했었다. 복합체의 자립성과 이 복합체 자신의 존재 토대에의 의존성의 문제에서 우리는 이미 자주 발생하는 다양한 잘못된 해석을 지시했었다. 이런 긴장이 동시에 부당하게도 절대적 자립성을 가진 것으로 과장된 복합체의 물신화로 이끌 수 있다는 것을 통찰하는 것은 어렵지 않다. 우연히 (자발적으로) 발생하고 기능하는 복합체들 역시, 이 복합체가 인식의 대상으로 되는 한, 이 문제에 전문적인 인간집단에 의해 통제된다. 따라서 인식의 영역에 대한 이들의 관심으로부터 그런 물신화는 쉽게 생겨날 수 있다. 더 중요한 문제는 우리가 묘사한 복합체들의 상호관계가 사회에서 행위하는 개별 인간들의 의식에 의해 언제나 매개된다는 사실이며, ─이 의식이 주어진 상황에서 올바른 의식인지 그른 의식인지 상관없이, 그리고 또 얼마나 올바르고 그른지 상관없이─ 모든 개별적 매개에서 개별 인간의 의식이 그런 상호관계의 불가피한 직접적 매체가 된다는 사실이다. 따라서 실제로 한 인간의 삶의 과정에서 수많은 복합체들과의 다양한 접촉에 떨어지지 않는 인간은 거의 없다. 그리고 사회가 발전할수록 그런 인간은 더 적어진다. 그런데 우리는 모든 복합체가 이 복합체에서 자신의 목적론적 정립을 수행하는 사람들에게 특수화된, 행위에 적합한 반응을 요구한다는 사실을 안다. 여기서 당연한 사실은 법 영역과 적극적으로 혹은 소극적으로 접촉하는 사람이 모두 다 법률가로 될 수도 없고 그래서도 안 된다는 것이다. 그러나 또 당연한 사실은 자신에게 중요한 삶의 상황에서 사회적 복합체와 다소간 지속적으로, 다소간 집중적으로 실제 접촉을 하는 사람은 이러한 사실을 특정한 변화 없이 자기의 의식 속에서 행할 수 없다는 것이다. 그러나 모든 사회적-인간적 관계가 그러하듯, 대안적 성격이 있다. 한편, 관련된 사람들의 의식이 상이한 복합체에서 완전히 상이하게 형성되며, 따라서 그의 개성은 특정한 "분할(Parzellierung)"을 겪게 된다는 것이 가능하다.(예컨대 굴종적 공무원이 독재적 가장으로 될 수 있다.) 이때 매우 자주 소외 현상과 매우 유사한 인간 개성의 기형이 등장할 수 있으며, 이 현상을 자주 순 엉터리로 서술할 수 있다. 현재의 문명은 그런 기형을 대량으로 산출한다. 그래서 실존주의와 같은 추상적 반대 운동들은 모든 그러한 유의 왜곡된 구속에서 풀려난, 순수하게 자기 자신에 방향을 맞춘 개성 속에서 자신의 이상을 발견할 수 있다고 말하는데, 그 의미를 우리는 쉽게 이해할 수 있다. 우리는 이 문제를 이 책의 마지막 장에서 상세히 다룰 것이다. 여기서는 이 현상의 한 측면에 대해 몇몇 주석을 하고자 한다. 즉 일반적 모델은 말할 것도 없고, 자기 안에서 스스로를 완성하는 순수한 개성이 가능한 것이라고 표상하는 것은 동일하게 물신화에서 생겨난 실존주의라는 환영이 만들어낸 것이다. 개성의 실제 규정들은 오히려 사회적 환경과의, 동료 인간들과의, 자연과의, 그리고 전체 사회의 구체적 분화체인 다른 복합체들과의 실제적 (그리고 이론적으로뿐 아니라 감정적으로 일반화된) 관계로부터 생겨난다. 인간은 의식내용의 풍부함을 이런 관계가 아닌 것에서 획득할 수 없다. 인간의 실천은 여기서 당연히, 인간의 삶의 모든 곳에서처럼, 대안적 속성을 갖는다. 상호작용이 그의 개성을 내적인 풍부함으로 완성시켜 나가 확고히 하든지, 아니면 상호작용이 개성의 통일성을 "분할"로 파편화시키든지 상관없이 개성은 여기서 상호작용으로부터 생겨난다. 어쨌거나 소외는 바로 여기서 자신의 사회적 원천들 중 하나를 갖는다. 물론 어떤 가능한 악 속에는 동시에 이 악을 극복하기 위한 수단을 간직할 가능성이 있다. 사회적 존재의 객관성과 모든 개별적 행위에 내포되어 있는 대안 결단의 불가피성 사이의 그런 변증법 없이는 소외현상을 설명하는 데로 들어가지도 못할 것이다.

3. 존재론적 우선성의 문제들

복합체로서의 사회는 여러 복합체들의 총체성으로 이뤄져 있는데, 이 복합체들을 분석하고 다양하게 분리되고 또 종종 폭넓게 매개되어 있는 이 복합체들 간의 상호작용을 상세히 서술하는 것은 쉽지 않다. 그리고 그런 분석과 서술이 가능하다고 할 때조차 그것들의 참된 기능과 그 재생산의 역학을 드러내는 결정적 규정이 파악되었다고 할 수 없다. 헤겔은 정당하게도 우리가 상호작용을 파악할 때 우리는 단순히 "개념의 문턱"에 서 있으며, 이러한 사실을 아는 것에 자기만족하는 것은 "철저히 무개념적 태도"[59]라고 말한다. 헤겔에게서 존재론적 연관은 언제나 논리주의적으로 표현되었다고 하는 우리에게 알려진 근거에서 볼 때 그는 그렇게 형성된 상황에 대해 올바로, 하지만 단지 부정적으로만 확립하였다. 우리는 헤겔이 올바로 생각했던 것을 그가 단순히 염두에 두었던 존재론적 언어로 번역할 경우 (왜냐하면 개념은 헤겔에게서 논리적이며 존재론적이기 때문이다.) 그 의도된 핵심은 다음과 같이 표현될 수 있을 것이다. 즉 단순한 상호작용은 정지된, 궁극적으로 정적인 상태로 이끌 것이다. 존재의 생동적 역학이 자신의 발전을 사변적으로 표현해야 한다면 관련된 상호작용에서 포괄적 계기가 발견될 수 있는 장소가 제시되지 않으면 안 될 것이다. 왜냐하면 이

---

59) Hegel: *Enzyklopädie*, § 156 Zusatz; HWA 8, S. 301 f.

계기야말로 비로소 ―이 계기의 단순한 작용만이 아니라 동시에 이 작용에 대항하고 이 작용을 촉발시키는 저항까지 포함하여― 이 모든 부분적 운동에 나타나는 정적인 상호작용에 하나의 방향, 하나의 발전노선을 제공하기 때문이다. 단순한 상호작용으로부터는 복합체 내부에서 균형을 이루는 안정화가 나타날 수 있을 뿐이다. 하나의 존재영역에서 다른 존재영역으로의 이행을 말할 때 이런 연관을 명료하게 하는 것은 특히 중요하다. 왜냐하면 그런 새로운 것이 생겨날 때 일시적 특성을 가진 현상들, 새로운 존재영역의 생성과 공고화로, 그리고 그것의 자기 구성으로 나아가지 못하는 그런 현상들이 명료하게 발생할 수 있는데, 이 경우 새로운 존재양식의 힘들은 과거 존재양식의 힘들과의 ―지양될 수 없는― 상호작용 속에서 포괄적 계기로서의 역할을 수행하지 못하기 때문이다. 우리는 이 경우 노동을 분석하는 가운데 이미 서론적으로 고찰했던 바와 같이 사회적 존재가 자연과 맺는 관계에서 출현하는 문제들을 알고 있다. 이 존재영역이 보다 폭넓은 토대와 맺는 관계, 즉 사회적인 것의 총체성과 맺는 관계를 통찰하고자 할 경우 우리는 다시금 사회성의 원리가 상이한 존재형식들의 상호작용에서 보다 포괄적인 계기임을 알게 된다.

따라서 유기적 자연과 사회적 존재 사이의 본질적-존재론적 관계는 다음과 같이 간략하게 언표될 수 있다. 즉 이 두 존재의 경우 개체발생적 의미에서뿐 아니라 계통발생적 의미에서 재생산은 비유기적 자연과 ―항구적으로― 상호작용하는 가운데 모든 유기적 존재의 무엇임(본질)과 어떻게(양태)를 규정하는 결정적-포괄적 계기이다. 이러한 방식으로 가장 원시적인 복합체들로부터 지고의 복잡한 복합체에 이르는 상승적 발전이 유기적 자연에서 ―새로운 종과 유의 형태로― 발생한다. 이러한 발전에서 객관적-존재론적으로 파악 가능한 사실은 이러한 상호작용에서 생물학적 계기들이 광범위하고 심오하게 작용하고 있다는 것, 그런 계기들이 꾸준히 힘을 행사한다는 것이다. 사회적 존재는 유기적 자연으로부터 고양된다. 따라서 특정한 생명체의 양식, 즉 인간에게서 비록 한편으로 자신의 재생산의 생물학적 계기들이 물리적-화학적 구성요소들과의 관계에서 여전히 보존되지 않을 수 없지만, 다른 한편 그 계기들의 기능과 재생산은 점점 더 강력하게 사회적 특성을 갖게 된다. 사회적 존재는 자신의 생물학적 (그리고 이를 통해 매개되어 있는 자신의 물리적-화학적) 토대를 넘어 보다 고차원의 차원으로 발전해가고, 또 이런 사회적 존재가 점점 더 지배적이 되어간다. 이런 발전과 지배력의 강화는, 유기적 자연에서와는 달리, 형태의 변형을 통해 표현되는 것이 아니라 동일한 형태 내부에서 기능의 변형에 집중된다. 생물학적 생명체로서의 인간의 육체적 재생산은 모든 사회적 존재의 존재론적 토대이며, 그런 토대로 남는다. 그런데 자신의 실존양식을 점점 더 순수하게 사회적인 것으로 꾸준히 변형해가는 것은 그런 토대이다. 따라서 이 토대는 한편으로 이런 변화를 현실화하고 현실 속에서 역동적으로 기능하도록 닻을 내리도록 하기 위한 매개체계들(복합체들)의 창조이며, 다른 한편 자기 산출된 ―즉 인류에 의해 산출된― 이런 환경이 이 환경의 산출자에게 역으로 작용하게 하는 그런 것이다. 물론 여기서는 ―순수하게 존재론적으로― 모든 개별 인간에게 변화 가능한 방식으로 역작용한다. 이때 이 개별자들은 자신의 활동으로 인해 자신의 객체들에 의해 변화되고 또 자신의 생물학적 존재에서 사회화되는 그런 존재이다.

여기에서 이미 유기적 자연과 사회적 존재 사이의 매우 본질적인 구조적-역동적 차이가 드러난다. 개체발생적 재생산과 계통발생적 재생산 사이의 연관은 유기적 자연과 사회적 존재 사이의 차이에서 훨씬 더 복잡하고, 더 매개적이며, 더 간접적이긴 하지만, 동시에 ―아마도 바로 그 때문에―

그 재생산의 메커니즘을 더 공개적이고 더 조망 가능하게 드러내기도 한다. 우리는 이미 노동을 분석하는 가운데 노동 안에 유적합성의 계기가 있음을 지시했다. 자연을 재생산하는 가운데 그 어떤 유사한 것도 찾아볼 수 없는 근본적으로 새로운 것을 창조하는 행위(왜냐하면 이 새로운 것은 "맹목적" 힘들에 의해 우연히 생겨나는 것이 아니라 말 그대로 의식적인 목적론적 정립을 통해 산출되기 때문이다.)와 분리 불가능하게 연결되어 있는 보편화는 노동과정과 노동의 생산물을, 비록 직접적으로는 개별행위로 발생한다 하더라도, 유에 적합한 것으로 변화시킨다. 바로 이 유에 적합한 것은 가장 원시적인 노동과정과 노동생산물에 아직 맹아적이고 함축적으로만 포함되어 있기 때문에 노동으로부터 불가피하게 노동분업과 협업으로 나아가는 다소간 자발적(우연적)인 그런 역동성이 발생할 수 있다. 그러나 이와 더불어 사회적으로 효력이 있는 적합한 형태의 유가 발생한다. 이 형태는 일단 발생하면 부단히 다시 노동에 영향을 미친다. 그것도 다음과 같은 방식으로 이뤄진다. 즉 한편으로 이 형태는 성장하는 구체적 의미의 노동분업에 상응하여 변형되면서, 그리고 유적합성을 증가시키면서 모든 노동 작용에 관철되며, 다른 한편으로, 이 형태는 모든 노동하는 자를 점증하는 사회성의 환경에 몰아넣는다. 이때 이 환경은 모든 개별자의 노동 적합한 목적론적 정립에 점점 더 강한 영향을 미친다. 이런 발전이 오늘날의 자본주의 이전에 오랫동안 유지되었던 상대적으로 발전된 형식에서 취해질 때, 우리는 유적합성의 중단 없는 외적-내적인 성장을 객관적으로 본다. 물론 이때 그 상황은 다음과 같다. 즉 개별적으로 노동하는 자에게서 유에 적합한 요소들이 —객관적으로— 성장할 뿐 아니라, 이 요소들은 실제 대상들, 관계들, 운동들 등이 갖는 역동적인, 그리고 역동적으로 연관시키는, 주관적으로는 그의 의식에 독립해 있는 객관적 현실로 체험되지 않을 수 없는 그런 현실로 그에게 마주한다.(이것이 바로 우리가 말한, 복합체들로 이뤄진 복합체이다.)

이 세계는 인간에게 제2의 자연(본성)으로, 사유와 의지와는 철저히 독립적으로 실존하는 존재로 현상한다. 일상적 실천의 관점에서 볼 때, 그리고 일상적 실천을 일반화하는 인식이론에서 볼 때 그러한 이해는 정당하다. 그러나 우리가 이 문제를 존재론적으로 다룰 때, 즉각 총체적인 제2의 자연은 인간 종에 의해 수행된 제1의 자연의 변형이며, 이러한 제2의 자연 내부에서 사는 인간에게 이 제2의 자연은 자신의 고유한 유적합성의 생산으로 마주하게 된다는 사실이 드러난다. 마르크스는 이러한 사실을, 비코의 천재적인 직관에 의지하여, 다음과 같이 표현한다. 즉 "인간의 역사는, 우리가 인간의 역사는 만들었지만 자연의 역사는 만들지 않았다는 사실에 의해 나타나듯이, 자연사와 구별된다."[60] 이를 통해 당연히 제2의 자연이라는 의식에 독립적인 실존은 지양되지 않는다. 이 제2의 자연은 이러한 유적합성의 실현이다. 마찬가지로 유적합성의 실현은 단순한 가상이 아니라 현실적 존재이다. 개별 과학적 통찰에게는 여기서 만들어진 구별이 별로 중요하지 않다는 가상이 생겨난다. 하지만 이런 가상은 다루는 영역의 총체성으로부터 어떤 지식도 취하고자 하지 않거나 취할 수 없는 그런 통찰에서, 따라서 그 대상이 실제적으로 총체성에 의존해 있거나 더 나아가 철학적으로 일반화되자마자 현실에 대한 단순한 오류와 왜곡에 떨어지지 않을 수 없는 그런 통찰에서나 참인 것으로 확증된다.

또한 제2의 자연 내부에서 현상세계를 실존하는 것으로, 존재론적 의미에서 존재하는 것으로 파악하는 것은 존재론적으로 불가피하며, 동시에

---

60) *Kapital* I, S. 336, Anmerkung; MEW 23, S. 393.

—사회적 존재 내부에서— 본질과 현상을 서로 분리하고, 이 양자를 날카롭게 서로 모순되는 것으로 마주 세우는 중요한 구별들에 주목하는 것도 존재론적으로 불가피하다. 엥겔스가 포이어바흐에 대해 행한 비판을 생각해보라. 포이어바흐는 본질과 존재의 관계에 대해 다음과 같이 말했다. "존재는 본질의 지위이다. **나의 본질이라는 것은 나의 존재이다.** 물고기는 물속에 있다. 하지만 너는 이 존재(물이라는 존재—역자)로부터 그것(물고기—역자)의 본질을 분리할 수 없다. … 인간의 삶에서만, 하지만 **또한 비정상적인, 불행한 경우들에서만** 존재는 본질로부터 분리된다. …" 포이어바흐가 유물론자로서 현상의 존재성격을 의심하지는 않았다 하더라도, 그가 사회적 삶에서 본질과 현상의 아주 중요한 구별에 대해 부주의하게 지나가버렸다는 것은 분명하다. 엥겔스는 이에 대해 아주 정당하게 반박한다. "존립하는 것에 대한 아름다운 찬양. 자연에 반하는 경우들, 비정상적인 소수의 경우들을 도외시한 채, 7살인 당신은 탄갱의 문지기이며, 14시간 동안 홀로 어둠 속에 놓여 있다. 그리고 당신의 존재가 그렇기 때문에 당신의 본질도 그렇다. … 노동부문으로 흡수되는 것이 당신의 '본질'이다."[61] 우리는 이러한 구분의 중요성을 이미 다른 연관에서 제기했으며, 그 중요성을 앞으로 더 강조해야 할 것이다. 여기서 이런 모순이 드러났어야 했는데, 왜냐하면 그렇지 않을 경우 인간 자신에 의해 산출된 사회적 세계의 특성, 이 세계의 본질이 유적합성의 실현으로 잘못 이해될 수밖에 없을 것이기 때문이다. 이때 결과는, 사실에 대한 오인이 주관주의적으로 진행되건 객관주의적으로 진행되건 상관없이, 현실과의 동일한 낯섦을 이끌어올 뿐이다.

모든 계통발생적 재생산은 개체발생적 재생산을 존재의 토대로 갖는다.

---

61) *Marx-Engels Werke* V, S. 540; MEW 3, S. 543.

아주 일반적인 이런 관점에서 볼 때 유기적 자연과 사회적 존재 사이의 원리상 아주 중요한 대립의 문제는 나타나지 않는다. 계통발생적 재생산이 종들과 범주들의 지속과 변화로 유지되고, 이러한 재생산이 유지되기 위해 복합체들의 복합체의 환경을 산출한다고 하더라도, 직접적인 의미에서 존재자를 체현하고 있는 개별사례들의 개체발생적 재생산이 없다면 어떤 종류의 계통발생적 재생산도 일어날 수 없다. 이러한 사실은 그것의 실존 조건이 관련 존재영역의 여타의 모든 표현보다 개체발생적 우선성을 가져야 함을 의미한다. 이러한 사실은 유기적 자연에서는 아주 자명하다. 방금 시사한 사회적 존재의 독특한 특성에 따르면 여기서 상황은 더 복잡한 것 같다. 그럼에도 불구하고 우리가 우선 개체발생적 재생산이라는 순수한 사실을 그 필연적 결과에 대한 고찰 없이 숙고해본다면 이런 가상은 사라지지 않을 수 없다. 그런 다음 이런 재생산과정이 불가피하게 순수하게 생물학적인 토대를 갖는다는 사실이 명백해진다. 자신의 전체 속에서 사회적 존재를 이루고 있는 지고로 복잡한 저 모든 삶의 표현이 현실로 되어야 한다고 할 경우 생명체인 인간은 우선 자신의 생물학적 현존을 생물학적으로 재생산할 수 있어야 한다. 우리는 이미 앞에서 재생산의 양식이 점점 더 사회화되어간다는 사실을 이야기했지만, 동시에 우리는 그런 지속적인 사회화가 생물학적 토대를 결코 소멸시키지 않는다는 사실을 확고히 해야만 한다. 음식을 준비하고 섭취하는 문화는 사회적으로 아주 깊이 영향을 받는다. 그리고 음식 섭취는 생물학적 존재로서의 인간의 필연성에 따라 진행되는 생물학적 과정으로 남는다. 이런 이유로 인해 마르크스는, 우리가 이미 제시한 것처럼, 이런 재생산과정을 반복하여 사회적 존재의 지양할 수 없는 토대로 고찰했다. 이런 사실을 다시 한 번 반복하는 것이 불필요할지도 모르겠다. 하지만 이 영역에 대한 광범위하게 유포된 완고한 선입

견 때문에 하나의 존재영역이 다른 존재영역에 비해 존재론적으로 우선한
다는 사실로부터 긍정적인 의미에서건 부정적인 의미에서건 간에 가치에
위계를 정해야 한다는 사실이 따라 나오지 않는다는 사실을 지적해야겠
다. 여기서 중요한 것은 삶의 생물학적 재생산이 전체 삶의 표현들의 존재
적합한 토대를 이룬다는 사실, 여타의 삶의 표현들이 없는 생물학적 재생
산은 가능하지만 그 역은 불가능하다는 사실을 순수하게 확고히 하는 것
이다.

그러나 이런 단순한 사실에 대한 실제적 저항은 이 단순한 사실 자체에
서 나오는 것이 아니라 사회적 존재 내부에서의 그것의 독특한 특성에서,
부단히 진행되어가는 생물학적-인간적 실존의 사회화에서 기인한다. 이
를 통해 시간이 지나면서 진행되는 존재론적 재생산으로부터 사회적 존재
의 내부에 전체적인 복합체가 생겨난다. 즉 경제의 영역이 생겨난다. 궁극
적으로 인간의 생물학적-개체발생적 재생산이 요구하는 바를 충족시키기
위해 있는 인간의 활동이 더 사회화되면 될수록 다른 영역보다 경제적 영
역에서 존재론적 우선성을 인식하려는 것에 대한 사상적 저항은 더 강해
진다. 그런데 사실 이때 결코 진지한 논증이 등장하지는 않는다. 왜냐하면
대부분의 경우 문제가 되는 것은 여기서 확립된 존재론적 우선성과는 아
무런 관련이 없는 가치위계에 대한 논구이기 때문이다. 그런데 여기에는
속류 마르크스주의도 공동의 책임이 있다. 속류 마르크스주의의 통찰이
종종 과거의 유물론의 테제들(예컨대 "인간은 자신이 먹는 것과 같다.")을 의
식적이건 무의식적이건 유포시킬 경우, 이런 통찰은 부지중에 존재론적 우
선성을 가치위계로 변화시키며, 이로써 문제의 본질을 주의 없이 지나쳐가
고 만다. 이런 문제를 설명하기 위해 심리적 동기들을 끌어들이는 것은 더
문제가 있다. 왜냐하면 모든 개별 인간은 사회조직을 통해 자신의 개체발

생적 재생산에 적합한 그런 생산과 소비를 수행하는데, 이 사회조직이 더 복잡하고 더 매개적일수록 이런 재생산, 그리고 다른 모든 삶의 표현에 대한 이러한 존재유형의 우선성이 꾸준히 덜 의식되기 때문이다. 존재론적으로 우선적인 사실의 이런 심리학적 은폐를 명백히 하기 위해 이 문제에 아무런 혐의가 없는 증인, 예컨대 레닌을 불러서 그에게 호소해볼 수 있다. 1917년 7월 봉기 이후 그는 페테르부르크의 한 노동자 집에 은닉해야 했다. 언젠가 한번 음식이 들어왔을 때 그는 다음과 같이 말했다. "이 훌륭한 빵을 보십시오. '그들은' 이제 감히 안 좋은 빵을 주지 못합니다. 우리는 페트로그라드에도 좋은 빵이 있을 수 있다는 사실을 거의 잊어버렸습니다." 우리는 다음의 사실을 본다. 즉 노동자의 이런 반성 역시 빵과 생물학적 재생산의 직접적 연관과 관련이 없다. 그가 계급투쟁과 빵의 질의 연관에 몰두할 때, 비록 나중에 그 참된 존재론적 관계가 드러남에도 불구하고, 여기에는 이미 사회적으로 매개된 관계가 있다. 이에 대한 레닌의 숙고는 다음과 같다. "결코 궁핍을 알지 못했던 한 인간으로서 나는 빵에 대해 결코 생각하지 않았었다. 빵은 나에게 문필 작업의 부산물과 마찬가지로 어떻게든 그렇게 있는 것이었다. 사유는 엄청나게 복잡하고 착종된 도정에 대한 정치적 분석을 통해 모든 것의 근저에 놓인 것, 즉 빵을 위한 계급투쟁에 도달한다."[62] 여기서 우리는 "심리학적으로" 레닌이 음식을 섭취한다는 것, 그리고 그가 음식을 섭취하는 방법이 인간의 존재와 행위에 일차적으로 중요한 것은 아니라는 사실을 위한 증인으로 레닌을 끌어들일 수 있다는 것을 보게 된다.

인간의 존재론적 재생산에 기여하는 인간 활동의 공동작업은 여기서 두

---

62) *Lenin Werke* XXI, S. 346; LW 26, S. 104.

가지 방향으로 분화된다. 한편으로 이런 재생산은 실천적으로 수행되어야 하며, 다른 한편 인간의 실존이 충분한 보호를 갖기 위해 안전이 보장되어야 한다. 야생동물의 공격으로부터 인간을 방어하는 것이 중요한 역할을 수행하는 것인 한 협력의 최초의 형태인 사냥이 양방향에서 발생적 재생산에 기여하는 활동이었다는 사실은 분명하다.(헤라클레스 신화는 사냥과 전쟁의 생동적 통일의 이러한 시기를 반영한다.) 다른 인간 공동체의 위협으로부터의 생명의 보호가 일차적으로 중요한 문제로 되고서야 비로소, 그리고 특히 노예제가 사회적 현상을 유지하는 데 아주 필수적으로 되었을 뿐 아니라 전쟁이 노예획득이나 노예화라는 딜레마를 제기한 이래로 목표설정과 방법에 있어서 날카로운 분화가 생겨난다.

권력(폭력)과 경제를 서로 날카롭게 대립하는 것으로 물신화하여 서로를 대립시키는 것은 역사서술에서 중요한 역할을 수행한다. 물론 이것은 압도적으로 모든 연관을 무익하게 착종시키는 결과를 갖는다. 왜냐하면 무엇보다 관념론적-이데올로기적 착상은 경제에 포괄적 계기의 역할을 부여함으로써 이 권력과 경제의 참된 변증법적 모순성, 해소 안 된 그것들의 착종, 그리고 그것들의 부단한 상호작용 등을 파악할 수 없게 하기 때문이다. 바로 이것에 반대하는 열띤 저항이 제기된다. 이미 엥겔스는 뒤링에 대해서 로빈슨과 금요일의 관계를 익살스럽게 비유함으로써 그를 우습게 만들어버렸다.[63] 형이상학적으로 (권력과 경제를—역자) 그렇게 완고하게 대립시키는 것은 무엇보다 우리가 이미 법 영역에서 제기했던 결정적 사실을 간과하게 된다. 즉 상이한 복합체들이 인간의 삶의 일차적 재생산인 경제에 궁극적으로 의존한다고 하더라도, 만약 어떤 복합체가 자신에게 특

---

63) Engels: *Anti-Düring*, a. a. O., 170 ff.; MEW 20, S. 154 ff.

수하게 적용되는 행위나 조직의 원리와 방법들 등을 스스로 발전시켜 나가지 않을 경우 결코 존립할 수 없을 것이라는 사실을 우리는 이미 지적했었다. 예를 들어 전쟁수행과 그 이론들의 영역에서 특히 두드러지게 나타나듯이, 모든 사회적 부분복합체의 이런 자립성이 그럼에도 불구하고 그때그때의 사회단계의 구조와 발전역학으로부터의 독립을 의미할 수는 없다. 사태는 그 반대이다. 즉 전장의 지도자들이나 전쟁이론가들의 천재성은 이들이 경제와 사회-역사적 발전으로부터 전략과 전술 등으로 변환시켜 전쟁에서도 근본적인 새로움을 이끌어내기에 적합한 그런 새로운 계기들을 파악할 수 있는가에서 표현된다. 참된 역사 연구자는 새로움의 이런 참된 계기들을 올바르게 파악할 수 있다. 이에 반해 천재의 "시대초월성(Zeitlosigkeit)"을 추구하는, 사태들에 대한 주관주의적 위조들 외에도 기술에 대한 객관주의적 물신화가 다양하게 생겨난다. 앞에 든 전쟁의 경우에 이런 물신화는 다음과 같이 일어난다. 즉 산업에서뿐 아니라 전쟁에서도 기술은 경제적 발전의 부분 계기로 파악되는 것이 아니라, 특히 오늘날 그러하듯 근대의 자립적인, 난공불락의 운명으로 파악된다. 이는 대충 말하자면 황금시기의 폴리스 시민들이 인간의 힘과 독립해 있는 운명적인 자연의 권력을 경이적으로 바라본 것과 같다.

마르크스조차 여기에서 생겨난 존재론적 존재연관을 명료하고 구분지어 파악했다. 그는 인간의 삶의 재생산의 존재론적 우선성에서 출발했다. 이 때문에 그 앞에는 여기에 존재하는 특수한 연관을 구체적이고 올바르게 바라볼 수 없게 하는 어떤 사상적 방해물도 서 있지 않다. 그가 법 영역의 특수성을 다음과 같이 기술한 사실을 기억해보라. 즉 법 영역에는 경제적 연관들이 필연적으로 정합적으로 반영되어 있지는 않지만, 바로 이런 부정합성 때문에 법률적으로 질서 지어져야 하는 인간의 실천의 부분을 사회적으로 이익이 되는 방식으로 규제하도록 방법론적 출발점이 형성된다는 것이다. 여기서 명백히 드러나는 것은 인간의 삶의 재생산에서 전쟁과 경제가 공동으로 뿌리박고 있다는 사실이 그의 출발점을 이룬다는 것이다. 이로부터 노동과 노동분업 등의 결과들이 중단 없이 공동으로 적용된다는 결론이 따라 나온다. 물론 마르크스는 특정한 조건 아래서 이 결과들의 대상화, 전개, 그리고 확산 등이 좁은 의미에서의 경제의 영역보다 전쟁 조직의 영역에서 더 진전되고 생산성 있는 형태를 보유할 수 있다고 단호하게 말한다. 이런 의미에서 그는 소위 『초안(Rohentwurf)』의 서론에서 여기서 등장한 문제를 상세한 작업을 해야 할 과제로 다음과 같이 고착시킨다. "**전쟁**은 평화와 마찬가지로 시민사회 내부에서 더 먼저 발전했다. 임금노동이나 기계화 등과 같은 특정한 경제적 관계들은 전쟁을 통해, 그리고 군대에서 발전하는데, 이것은 시민사회 내부에서 훨씬 더 앞선 것이다. 생산력과 교환관계의 관계 역시 군대에서 특히 잘 드러난다."[64] 1857년 엥겔스에게 보낸 한 편지에서, 따라서 위의 『초안』이 나온 바로 그 시기에 그는 이 작품이 다룰 내용을 좀 더 상세하게 그려준다. "**군대**의 역사는 생산력과 사회적 관계에 대한 우리의 견해의 올바름을 보다 더 직관적으로 부각시켜줍니다. 군대는 경제발전에 아주 중요합니다. 예를 들어 봉급은 고대인들의 경우 군대에서 완전하게 발전했습니다. 로마인들에게서도 병영특유재산(peculium castrense)은 첫 번째 법 형식이었습니다. 여기에서 가부장이 아닌 자들의 유동재산(동산)이 인정되었지요. 공장 협동체의 경우 도제제도 역시 마찬가지입니다. 여기에서 또한 최초의 기계도입이 광범위하게 이뤄졌습니다. 금속과 그것의 사용이 금보다 더 가치를 가지게 되는데, 이

---

64) *Rohentwurf*, 29; MEW 42, S. 43.

것은 근본적으로 ⋯ 전쟁과의 연관에서 이해될 수 있을 것입니다. 한 분야 **내부에서의** 노동의 분업 역시 근대에 도입됩니다. 시민사회 형성의 전체 역사는 여기에 아주 분명하게 집약됩니다."[65] 이 자리는 물론 이런 조사 프로그램을 상세하게 다루는 장소가 아니다. 단지 중요한 관점만이 언급되어야 할 것이다. 즉 특정한 경제적 현상과 일차적으로 경제적으로 조건 지어지는 현상들은 경제적 삶 그 자체에서보다는 전쟁 영역에서 더 진전된 형식으로 드러난다는 사실. 이것은 당연히 "기적"도 아니고, 경제에 대한 전쟁 영역의 절대적 자립성이나 우선성을 나타내는 표식도 아니다. 이 현상을 올바로 보기 위해 고대의 군대에서 기계의 응용을 생각해보는 것으로 충분하다. 마르크스 스스로는 노예제가 어느 정도 복잡하게 된 기계의 응용에 부응할 수 없었다는 것을 고대적 생산의 한계로 부각시켰다. 군대는 고대의 사회적 총체성에 노예의 노동이 어떤 근본적 역할도 수행할 수 없는 유일한 지절이다. 군대는 본질적으로 자유인으로 이뤄져 있었고, 따라서 노예노동을 통해 설립된 고대의 경제의 한계를 벗어버렸다.[66] 경제 안에 (따라서 공식적 과학과 철학에도) 이유 없이 머물러 있어야 하는 역학은 전쟁기계의 건설에 있어서 중요한 역할을 보유했다. 그리고 마르크스가 설명한 다른 현상들은 경제적 발전 내부의 특이한 현상으로 남김없이 파악될 수 있었다. 이 현상들의 독특한 점은 다음 사실에 있다. 즉 고유한 경제적 삶과 이로부터 발생하는 계급의 층이 이 현상들에게 전개될 수 있는 어

---

65) "마르크스와 엥겔스의 서신교환", MEGA, Dritte Abteilung II, S. 228-229; MEW 29, S. 192 f.

66) 이 부분에 다음과 같은 글이 쓰여 있다. '전함의 노 젓는 종들은 노예였다.'는 사실은 여기서 아무것도 말해주지 않는다. 근대의 초기에도 전함은 갈레선(Galeere, 11~18세기에 사용한 전함으로 노예나 죄인이 저었음—역자) 노동 형을 받은 다수의 범죄자들을 받아들였다.

떤 정상적인 운신의 폭도 제공할 수 없는 곳에서 이 현상들도 파괴에 이를 수 있다는 것이다. 하지만 이 현상들은 그럼에도 불구하고 그때그때의 경제발전의 상태에 편입되어 있으며, 이 현상들이 경제발전의 평균적 가능성을 넘어서 있을 때에도 이것들은 독립적으로 뭔가를 할 수 없으며, 경제의 근본적 경향에 의해 규정되지 않을 수 없다. 우리가 이미 고대 전쟁기계의 예에서 볼 수 있었던 것처럼, 이것은 결코 기계적 의존성을 의미하지 않는다. 또한 이 현상의 구체적 속성은 완전히 다른 특성을 가질 수 있다. 양차 세계대전에서 비행기 발전의 경우에 보이듯 자본주의에서 정상적인 수익성의 한계를 벗어나는 것은 그 예이다.

이 모든 경우에서 일반적으로 중요한 문제는 —전체적인 경제적-사회적 구조를 규정하는 특정한 한계 내부에서— 실존의 방어, 경제적으로 요구되는 확장의 경향 등이 정상적인 재생산과정에서 단순히 가능성으로만 머물러 있을 그런 가능성들을 현실로 되게 한다는 것이다. 바로 여기에서 기술의 물신화에 빠지는 것은 지고로 위험할 것이다. 경제에서 기술은 중요한, 하지만 언제나 생산력발전, 인간(노동), 인간 상호 간의 관계(노동분업, 계층 등) 등을 뒤따르는 부분이다. 이와 마찬가지로 전술과 전략과 같은 특수하게 군사적인 범주들 역시 기술로부터가 아니라 근본적인 경제적-사회적-인간적 관계의 변혁에서 발생한다. 우리는 이미 "시민적" 전쟁기술에 대한 고대의 전쟁 기술의 우월성이 노예제 경제에 기초해 있다는 것을 보았다. 이때 차이들은 이 형태가 갖는 노예제 경제의 경제적-사회적 규정들에 기초하며, 군대 세계의 영역에서 예외적인 경우가 나타난다고 해서 근본적인 것에 변화가 있지는 않다는 사실을 쉽게 볼 수 있다. 이와 마찬가지로 다른 형태들에서 그런 불균등한 발전은 비슷한 특성을 갖는다. 기술의 물신화를 역사적으로 불러내곤 하며, 또 이 기술에 대중성을 선사하는

"범례적 사례(Paradigmafall)", 예컨대 폭약의 발견과 적용으로 봉건적 전쟁수행이 소멸해갔다는 일상적으로 받아들여지는 사실조차도 역사적으로 유지될 수 없다. 델브뤽(Hans Delbrück)[67]은 이에 대해 다음과 같이 올바르게 서술한다. "나는 가장 중요한 부분인 대포의 기원을 다음 권으로 미룬다. 이 연구는 역사적으로 중세에 속한다. 그러나 이 무기는 거의 150여 년간 사용되었음에도 불구하고 1477년까지, 우리가 이미 본 것처럼, 중요한 의미를 획득하지 못했다. 즉 기사제도는, 많은 사람들이 말하듯이, 이 발견물에 의해 극복되지 않는다. 그뿐 아니라 그 반대로 이 제도는 대포의 도입으로 스스로를 더 강화시키고자 시도했지만, 번쩍이는 무기를 지닌 보병들에 의해 극복된다."[68] 자본주의의 발전, 자본주의를 저돌적으로 밀어붙여 나타난 사회의 변화, 그리고 군사 조직과 기술과 전략 등에서의 그 결과들은 대포를 아주 중요한 것으로 만들었다. 마르크스가 이런 연관에 대한 올바른 인식을 얼마나 중요한 것으로 여겼는지는 『자본론』의 작품을 쓰던 시기에 엥겔스에게 보낸 편지에 잘 드러난다. **"노동조직이 생산수단을 통해** 규정된다는 우리의 이론, 이 이론이 인간 학살의 산업에서보다 더 잘 드러나는 곳이 있습니까?"[69] 바로 이어서 그는 엥겔스에게 그렇게 발생한 것이 특별 부분으로 자신의 주저에 편입될 수 있도록 이 연관을 잘 밝혀볼 것을 요구한다.

존재론적으로 고찰해보면, 우리는 또한 이때 사회적 현실에서 헤겔이

---

67) 한스 델브뤽(1848~1929)은 독일 최초의 군사학 역사가이다. 서로 다른 시기의 인구구성, 경제상황 등을 비교함으로써 군사제도의 진화를 추적하였다. 대표작으로는 『정치사의 테두리에서 본 전쟁 기술의 역사(Geschichte der Kriegkunst im Rahmen der politischen Geschichte)』(1920)가 있다. (역주)

68) Hans Delbrück: Geschichte der Kriegkunst, Berlin 1923, III, S. 668.

69) "마르크스와 엥겔스의 서신교환", MEGA, a. a. O., III, S. 345; MEW 29, S. 365.

동일성과 비동일성의 동일성이라고 표현한 그런 변증법적 연관의 전형적인 경우와 관계하고 있다. 바로 여기에서 우리는 헤겔의 가장 중요한 변증법적 발견이 일차적으로 논리적 성격을 거의 갖지 않는다는 것을 쉽게 볼 수 있다. 오히려 그것은 존재복합체들을 아주 명민하게 일반화하여 확고히 하는, 그리고 —여기서 특히 명백한 방식으로— 사회적 존재의 특수한 구조를 벗겨내는 그러한 것임을 우리는 쉽게 볼 수 있다. 왜냐하면 유기적 자연과는 반대로 사회적 존재에는 다음의 사실이 특히 특징적이기 때문이다. 즉 궁극적인 통일적 욕구는 자신의 통일성을 포기하지 않고서도 자기만의 만족을 위해 아주 다양한 "기관들(Organe)"을 형성하는데, 이 기관들은 근원적 통일을 지양하면서 보존하고, 따라서 자신의 내적 구조 속에서 동일성과 비동일성의 이런 동일성을 아주 다양한 구체적 형식으로 구체화한다. 다양한 기능을 위해 개별 기관들의 용도를 다양하게 분화하는 고등동물의 예를 유비로 끌어들임으로써 이렇게 생겨난 존재론적 상황의 특수성을 은폐하고자 해서는 안 된다. 인간의 경우에는 기관들의 이런 다양한 기능분화가 더 많이 일어난다. 하지만 이런 사실은 여기서 다루는 문제와 하등 상관이 없다. 직접적으로 —그리고 동물들에게서는 심지어 즉자적으로— 이런 분화는 고유한 삶의 영역 내부에 머무른다. 생물학적 단계에서의 삶은 이런 통일성에서 걸어 나올 수 없다. 분화는 단순히 통일적으로 머무는 삶의 과정 내부의 상이한 국면에서 다양한 접근에 관계한다.(기어가고 대상들을 붙잡는 원숭이의 손을 보라.) 순수하게 생물학적으로 고찰해서 인간도 유사한 과정을 수행하는 것 같다. 그러나 그것은 단지 외관상으로만 그렇다. 왜냐하면 생물학적인 것은 여기서 완전히 다른 것을 구축하는 토대만을 형성하기 때문이다. 앞에 예를 든 손과 관련해서 글쓰기, 바이올린 연주 등을 생각해보자. 이런 활동도 생물학적으로 기초 지어져 있기는 하지만, 이 활동의 특수성은 이런 생물학적인 것을 넘어가는 데 있다는 것은 분명하다. 바이올린 연주를 할 때 당연히 근육의 유연성이나 신경의 급격한 반응 등은 불가피한 심리물리학적 조건을 형성한다. 근육의 이완, 신경의 급격한 반응 등은 당연히 바이올린 연주를 위한 불가피한 정신물리학적 조건에 속한다. 그러나 이 연주에서 본질적인 것은 다음과 같다. 즉 이 연주는 근육의 세계의 연관을 적절히 매개하기는 하지만, 그 성공과 실패는 단지 연주라는 영역의 내적인 법칙을 통해서만 제약되지, 더 이상 생물학적 기관 분화로 환원될 수 없다.

우리는 이런 문제들을 이미 반복적으로 접했다. 문제는 사회적 존재의 특수성이다. 즉 인간과 인간 유의 재생산을 위해 중요한 목적론적 정립은 처음에는 우연히, 나중에는 의식적으로 점차 확산되고 또 촉진되며, 이런 정립을 그런 매개를 통해 점점 더 효과적으로 만드는 역동적인 자기법칙적 사태연관이 형성되어간다. 우리는 이미 사회적 복합체들의 발생과 결과로 나아가는 이런 발생적 도정을 알고 있다. 지금 우리는 —사회적으로 매개된— 인간의 개체발생적 재생산에 다양한 방식의 영향을 탐구하고 있는데, 이 영향의 특별한 점은 다음의 사실에 그 본질이 있다. 즉 비록 발전 상황들이 지속적인, 때때로 극단적으로 첨예화된 분화를 관철하지만, 이런 분화 이후, 그리고 이런 분화 내에 근원적인 통일의 어떤 것을 언제나 보존한다는 것이다. 이러한 상호이행과 상호대립은 동시에 역동적 성격을 갖는다. 비록 분리와 통합이 언제나 서로서로 이행해가지만, 궁극적 분리와 궁극적 통합은 결코 일어나지 않는다. 그런데 이로부터 전쟁이 당대의 경제와 사회구조와 맺는 관계에서 추구해볼 수 있는 아주 다양하고 풍부한 분리와 통합의 역사가 발생한다. 사회적 존재에서 특히나 더 사회적인 범주들이 지배하게 될수록 이러한 유의 연관들은 그 연관에서뿐 아니라 그 구별에서도 더 내적으로 되고 또 더 분화하게 된다.

우리는 처음에 인간의 개체발생적 재생산이라는 출발점을 특수하게 사회적인 규정요소를 상기함으로써 흐리게 하지 않기 위해 이러한 통일과 상이함에 대한 더 나아간 항구적 규정을 고찰하지 않고 남겨두었다. 이제 앞의 저 사실을 더 부각시키기 위해 더 나아간 그 항구적 규정을 생각해 보자. 계급으로 이뤄진 사회의 사회적 분화는 경제적 발전에 의존해 있고, 또한 이런 분화가 경제적 발전에 다시금 영향을 미치는데, 우리가 말하고자 하는 것은 그런 의존성과 반작용 내에서 계급사회의 사회적 분화의 관계이다. 개체발생적 재생산과의 연관은 의심의 여지없이 분명하다. 이미 노동에서 새로운 것의 생산은 사회적 존재를 자연으로부터 끌어낸다. 이 것이 자연과의 신진대사에 있어서 질적으로 새로운 형식을 나타낸다는 사실은 그 형식에서의 특별한 새로움을 강조한다. 그런데 노동의 발전과 또한 이로부터 발생하는 노동분업의 발전이 보다 높은 단계에서 다시금 질적으로 새로운 것을 산출한다면, 즉 인간이 자신의 고유한 재생산을 위해 필요한 것보다 더 많은 것을 산출할 수 있게 되었을 때, 새롭게 발생한 이런 경제적 현상은 사회에서 전혀 새로운 구조를 불러오지 않으면 안 된다. 즉 계급구조와 이에서 연유하는 모든 것을 다음과 같은 경제적 질문, 즉 '삶의 재생산에 필요한 것을 넘어서서 생산된 것은 누구에게 귀속되어야 하느냐?'는 질문에 대한 사회적 답변은 사회적 계급층을 산출하며, 이러한 층이 일단 생겨난 이래 적어도 오늘날까지 이 계층구조는 인류의 사회적 발전을 지배했다. 마르크스와 엥겔스는 『공산주의자 선언』에서 이러한 사실을 최초로, 여전히 아주 유명하게 남아 있는 공식으로 말한다. "자유인과 노예, 세습귀족과 평민, 남작과 농노, 장인과 도제 등, 간단히 말하자면 억압하는 자와 억압받는 자들이 서로 간의 항구적 대립 속에 서 있었으며, 때로는 은연중에, 또 때로는 공개적으로 중단 없이 투쟁했고, 이 투쟁은 매번 전체 사회의 혁명적 변혁으로 마무리되거나 투쟁하는 계급의 공동의 몰락으로 끝났다."[70] 우리가 방금 다뤘던 문제로 되돌아오자. 자기재생산을 초과하는 노동의 전유의 최초의 형식은 당연히 순수한 폭력이다. 이 형식은 조직화되어 인간의 자연적 재생산의 여지를 방어하고 확장하는데 기여했는데, 형식의 이런 조직화는 이제 새로운 기능, 즉 자기재생산을 넘어서는 다른 사람들의 노동의 전유를 안정시키는 기능을 보유하게 되었다. 인간의 노예화가 단지 전쟁의 단순한 부산물로 고찰될 경우(비록 이것 역시 드물지 않게 그 전쟁의 목적에 속하기는 하지만), 노예노동의 조직화와 확고화는 우리가 법 영역으로 다뤘던 복합체를 포괄해버린다. 처음에 도입했던 엥겔스의 설명을 상기해보자. 중요한 것은 무장된 인간, 이들의 "실제적 부속물, 감옥, 그리고 모든 종류의 강제수용소" 등이다. 간단히 말하자면 문제는 폭력에 기초한 노예의 잉여노동의 전유이다.

이와 더불어 유기적 자연에서는 알려지지 않은 새로운 범주가 인간 현존재에 출현한다. 즉 실존의 방어는 더 이상 그때그때의 인간 공동체의 방어와 이 공동체 내의 개별 인간의 방어에 맞춰지지 않는다.(여기에서 여전히 사회적으로 형성된 자연규정들을 볼 수 있다.) 오히려 실존의 방어는 "내부"로 향하며, 자기 "내부"에서 자기의 실존의 기본적 이유로 인해 이런 구조에, 이 구조의 기능에 동의할 수 없는, 따라서 항구적으로 자신의 잠재적 적으로 간주하지 않을 수 없는 사람들에 대항하여 그때그때의 경제적 형태의 방어로 된다. 이러한 사실은 사회적 존재와 그 내적 발전의 존재론의 관점에서 볼 때 두 가지 중요한 결과를 갖는다. 첫째, 자신의 고유한 실존

---

70) Marx-Engels: *Das Kommunistische Manifest*, Werke MEGA VI, S. 526; MEW 4, S. 462 f.

과 재생산의 가능성을 단순히 생물학적으로 유지하던 것이 경제적-사회적 상황을 유지하는 것으로 (그리고 더 나아가 그 상황을 개선하는 것으로) 변화한다. 객관적으로 이 양자는 정확하게 분리되며, 삶에서는 그런 분리가 실제로 관통하고 있음을 보여주는 수많은 사례들이 나타난다. 이 양 존재방식은 그 자체로는 해결할 수 없는 것처럼 나타나는데, 행위하는 개별자들에게서는 이 양 존재방식이 점점 더 강하게 서로 융합하며, ─사회적 존재의 존재론의 관점에서 지고로 중요한 문제로서─ 개별자가 구체적인 목적론적 정립을 수행함에 있어서 사회적 상황이 단순히 생물학적 삶보다 점증적으로 더 우세하게 된다. 둘째, 사회적 존재의 점증하는 사회화는 다음의 사실에서 드러난다. 즉 일상생활에서 지배자에 의해서건 피지배자에 의해서건 간에 직접적 폭력(권력)은 점점 더 후퇴하고, 그 자리에 그때그때의 경제적-사회적 현 상황에 적응하는 방식으로 목적론적 정립을 수해하게 하는 법적 규칙이 들어서게 된다. 이것은, 우리가 앞으로 보게 될 것처럼, 아주 긴 시간 동안 불균등하게 이뤄지는 과정이다. 물론 이 과정의 최초의 현상방식은 매우 초기 단계에서 등장한다.(예컨대 가사노예와의 관계에서 전통의 역할 등) 하지만 이때 "완벽한 법치국가"에서도 폭력(권력)이 사라지는 것이 아니라 명백한 현실에서 지배적인 잠복상태로 변화한다는 사실을 잊어서는 안 된다. 엥겔스적으로 무장한 사람들은 막스 베버식의 운명에 의해 해체된다. 즉 사람들은 갈등상황에서 끝이 뾰족한 가죽 모자(경찰─역자)를 가지고 나타난다. 분명한 사실은 결코 중요하지 않은 모든 변화에도 불구하고 여기서 암시된 (폭력의─역자) 구조는 역사의 연속성에 있어서 본질상 변화하지 않고 재생산된다.

당연히 이런 일상 외에도 잉여노동의 그런 전유방식을 계속 유지하거나 지양하고자 하는 투쟁, 혹은 그런 노동을 다르게 분배하거나 이 노동의 향유자의 층을 변화시키고자 하는 투쟁이 있을 경우 발전의 매듭 점 내지 운명의 순간들이 있다. 마르크스는 정당하게도 이러한 전유의 근본 형식을 언제나 경제적-사회적으로 결정적인 한 시대의 특징으로, 즉 다른 시대의 형식과는 구별되는 결정적 표식으로 고찰한다. 하지만 그가 이것에 부여하는 이런 결정적 역할은 그가 계급구조와 계급투쟁의 문제를 오로지 그것에 한정시켰다는 것을 결코 의미하지 않는다. 사정은 그 반대이다. 예를 들어 『공산주의자 선언』에 나타나는 정치적-선전적 설명은 고대에 주인과 노예의 대립 외에 귀족과 평민의 대립이 있었다고 말하고 있으며, 마르크스는 다른 곳에서 이것과 밀접한 연관이 있는 채권자와 채무자의 관계에 대해, 그리고 이런 발전과정에서 나타나는 상업자본, 화폐자본의 역할에 대해서 반복적으로 말한다. 이러한 종류의 통찰은 당연히 모든 형태에 타당하다. 왜냐하면 이 통찰은 그때그때의 사회적 존재의 참된 역동적 구조를 반영하고 있기 때문이다. 시민전쟁에서는 이런 사정을 넘어서는 법질서의 과도한 성장이 나타나기도 하는데, 이것은 특별히 복잡한 하나의 현상이다. 물론 이 법질서는 일단 현실화되면 언제나 ―적어도 잠정적으로 그 급한 위기의 시기 동안은― 다양한 대립들을 특정한 문제복합체로 집중하여 단순화시키는 경향이 있기는 하다. 여기서 그렇게 발생한 정세와 그 유형의 무한한 변이를 단지 암시하는 것만도 불가능하다. 중요한 것은 다만 점진적으로 혹은 폭발적으로, 공개적으로 혹은 은밀하게 이뤄지는 사회구조의 이런 강력한 변화에서 이 잉여노동을 어떻게 다루는가 하는 문제가 결정적인 역할을 수행한다는 점이다. 로마의 귀족이 평민들을 용인한 것, 혹은 1848년 프랑스에서 모든 자본가 계층이 인민의 도움으로 상업자본의 독점을 부순 것, 혹은 영국에서 하루 10시간 노동이 허락된 것 등은 모두 이런 중심문제와 관련하여 볼 때 동시대의 평균을 넘어선 것이다. 그러나 이런 "평균적인 것"이 유일한 변화이자 중단 없이 다른 것으로 되는 것이다. 왜냐하면 경제적 발전은 언제나 다시금 잉여노동의 새로운 형식, 그 전유와 (그리고 이 전유의 법적 보장의) 새로운 형식들, 전유자들의 다양한 집단과 층들 아래서의 그 분배의 새로운 형식들을 산출하기 때문이다. 불균등하고 모순투성이의 이런 발전에서 연속적 변화 중에도 여전히 이 발전의 실체로서 유지되는 것은 전유라는 사실로 환원되며 또한 —생산력의 발달의 결과— 전유되는 것의 점증하는 양과 질로 환원된다. 사회주의에서는 사회 그 자체, 즉 총체성으로서의 사회가 이런 전유의 유일한 주체로 된다는 점에서, 따라서 이 사회는 개별 인간들 사이를 구별하고 개별적 사회 집단들을 구별하는 원리를 중지한다는 점에서 사회주의는 다른 사회형태들과 "단순히" 구별된다.

여기에서, 그리고 바로 여기에서만 경제적 존재의 성격, 포괄적 계기로서의 경제적 활동의 성격이 다른 사회적 복합체들과 비교되며 표현된다. 그런데 이와 더불어 우리가 앞서 제시했던 다양한 복합체들의 자립성과 고유성은 지양되지 않는다. 그러나 그런 자립성은 경제적 발전의 구체적 역학 내에서만 자신의 고유한 특성을 발견할 수 있으며, 스스로를 참된 자립성으로 밀고 나갈 수 있다. 이때 사회의 각 복합체가 자신의 자립성을 획득하는 방식은 이런 경제적 발전에 반응하고, 이것에 의해 요구되는 것을 수행하며, 그리고 경제적 발전의 구체적 경향들에 —구체적인 주관적-객관적 조건 아래서— 스스로를 대립시키면서 이뤄진다. 역사학과 사회과학에서 아주 자주 등장하는, 개별복합체들의 절대적 독립성이라는 관념론적-물신적 표상은 한편으로는 협소화되고 물화된 경제적인 것의 표상에서 출발한다. 현존하는 경제는 현실적으로 아주 엄격한 법칙성 아래 움직이는 것으로 드러난다. 그런데 이런 물화는 경제적인 것이 우리의 실존에 무차별한, 순수하게 (비유기적 자연에서 나타나는 그런) 객관적인 현실이 아니라, 우리들 각자가 살아가면서 중단 없이 수행하는, 그리고 ―육체적 몰락이라는 형벌의 경우에는― 중단 없이 수행해야 하는 그런 목적론적 행위의 합법칙적 종합이라는 사실을 망각하게 한다. 따라서 여기서 중요한 것은 순수한 (법칙적) 객체의 세계와 "순수한" 주관성의 세계 사이의 대립이 아니다. 여기서 순수한 주관적 세계란 순수하게 개인적인 결단과 행위의 세계를 말한다. 오히려 여기서 중요한 것은 개인의 목적론적 정립이 ―경제적 삶의 외부와 내부에서― 그 실제적 토대를 형성하는 사회적 존재의 역동적 복합체이다. 이때 하나의 특정한 양식이 다른 양식에 대해 갖는 존재론적 우선성은 가치문제와 관련이 없다는 사실이 충분히 자주 반복될 수 없다. 다른 한편 자본주의적 물화에 대립하여 추상적으로 반박함으로써 그와 동일하게 물화된 새로운 표상이 생겨난다. 즉 이 표상은 개별자를 사회적 환경과 점진적-사상적으로 고립시키며, 개별성을 풍부하게 하고 강력하게 하기 위해 사회적 존재로부터의 (상상적) 독립을 시키고자 한다. 이런 표상과 더불어 개별자의 고립성과 독립성이 전면에 등장하게 된다. 개별성이 풍부하고 강력해질수록 삶에 대한 이 표상의 답변은 개별자가 살고 있는 사회적 현상태(Geradesosein)와 그만큼 더 얽히게 되고, 이 대답이 ―시대의 흐름에 대해 부정적으로 드러나게 될 때조차― 시대의 질문에 대해 그만큼 더 참되게 삶을 얻게 된다. 나폴레옹의 전략과 전술, 전쟁 영역에서의 클라우제비츠(Carl von Clausewitz)[71]의 이론, 법의 영역에서

---

71) 카를 폰 크라우제비츠(1780~1831)는 프로이센이 예나 전투에서 나폴레옹에 패하자 러시아로 망명해 해방전쟁을 수행했다. 프랑스로부터 해방 후 프로이센에 귀국해 군대 개혁에 주력하였다. 그의 주저인 『전쟁론(Vom Kriege)』은 전쟁철학의 고전으로 꼽힌다. 그는 '전쟁은 정치적 수단과는 다른 수단으로 계속되는 정치이다.'라는 유명한 말로 군사에 대한 정치의

의 나폴레옹 법전 등은 시대의 위대한 구체적 질문에 대한 그들의 구체적 답변이라는 성격에 그 원본적 특성이 있다. 그런데 개별자에 대해 유효한 것은 사회적 복합체 내부에서의 개별자의 정립들의 종합에도, 그리고 관련 복합체의 진실한 자립성에도 아주 높은 정도로 유효하다. 모든 영역에서 생산적이고 아주 효력이 있는 방법에서의 혁명이 앞서가는 경제적-사회적 목표설정의 선구자 혹은 완성자로 생성된다. 따라서 청년 마르크스가 『독일 이데올로기』[72]에서 이데올로기적 현상의 자립적 역사성을 박탈했을 때, 이것은 이데올로기가 경제적 발전에 기계적으로 의존하고 있으며, 따라서 경제적 발전으로부터 도식적으로 연역될 수 있다는 것을 선언한 것이 아니라, 역사과정의 모순성과 그 필연적인 불균등에도 불구하고 (우리가 이미 여러 번 이야기한 것처럼) 역사의 과정이 존재론적 연속성으로서 통일되어 있다는 사실을 확증하는 것이다.

하지만 개별복합체들의 자립성에 대해 묻는 이런 문제에서는 또한 결코 어떤 사변적 등가도 일어나서는 안 된다. 왜냐하면 상호작용에 놓인 복합체들의 영향이 그때그때 어느 정도나 효력을 미치는지는 당연히 아주 다를 뿐만 아니라 포괄적 계기의 구체적 역할이 언제나, 그리고 도처에서 동등하게 나타나지도 않기 때문이다. 여기서는 경제적 발전에서 나타나는 계급과 계급투쟁이 이 복합체의 성격을 어떤 다른 복합체와의 상호작용보다도 언제나 더 강력하게 규정한다는 사실을 간단히 언급하는 것 외에 더 이상 가능하지 않다. 비록 계급들의 힘의 관계와 이와 더불어 계급투쟁의 출구를 궁극적으로 규정하는 것은 경제적 발전이라는 사실이 자명하긴 하

우위성을 설파하였으며, 이런 그의 가르침은 레닌 등에게 많은 영향을 주었다. (역주)
72) *Marx Werke* V, S. 16; MEW 3, S. 18.

지만, 단지 궁극적으로만 그렇다. 왜냐하면 —우리가 나중에 자세히 보게 되겠지만— 계급들이 사회적 의미에서 더 발전하면 할수록, 그리고 계급의 사회적 존재가 자연의 한계를 밀쳐내면 낼수록 계급투쟁에서 주관적인 요소, 즉 즉자계급에서 대자계급으로의 변화가 더 큰 역할을 하기 때문이다. 이때 계급의 변화는 계급의 일반적 발전단계에서뿐 아니라 그때그때의 지도적 인물에 이르는 상세한 부분에 의해서도 영향을 받는다. 그리고 마르크스는 이러한 지도적 인물의 출현 등이 언제나 우연의 문제라고 말한다.[73] 그런데 경제적 발전 그 자체에 의해 인도된 혁명적 위기상황에서 이 계급이 승리할지 혹은 저 계급이 승리할지, 그리고 사회조직(경제적으로 효력이 있는 특정한 경향을 촉진하거나 방해하는 것)이 이렇게 재편될지 저렇게 재편될지 등은 한 나라의 경제적 발전과 무관하지 않다. 서유럽에서 자본주의의 발전은 —독일을 프랑스와 영국과 비교해볼 때— 여기서 생성된, 아주 다른 발전방향들을 매우 분명하게 밝혀준다. 하지만 이와 더불어 이러한 역사경향은 랑케(Ranke) 이래 독일의 역사학이 하는 것과 같은 그런 비합리적 "일회성"으로 강등되어서는 안 될 것이다. 봉건적 사회의 해체로부터 자본주의의 생성은 불변의 필연성이고 불변의 필연성으로 남아 있다. 그러나 이렇게 생성된 불균등성에서 법칙을 충족할 때 나타나는 아주 작은 것, 비본질적 변이 등에 주목하는 것은 이와 정반대에 있는 랑케의 후계자들에게 나타나듯, "일회성" 강조를 통한 역사의 본질과 진리의 왜곡보다 더 적은 왜곡이 아니다.

전쟁수행의 영역과 경제적 발전의 영역 사이의 상호작용은 대체로 유사

---

73) 쿠겔만에게 보낸 마르크스의 편지 17, IV, 1871. Marx-Engels: *Ausgewählte Briefe*, Moskau-Leningrad 1934, S. 254; MEW 33, S. 209.

하게 ―물론 구체적으로는 아주 상이하게― 진행된다. 경제적 발전은 여기서 이미 포괄적 계기를 형성한다. 왜냐하면 경제적 발전은 전체조직을 기초 지으며, 이를 매개로 무기와 전술 등을 기초 짓기 때문이다. 이때 당연히 강력한 변이가 형성될 수 있다. 다만 여기서는 이 변이가, 구체적 탐구과정에서 발견될 수 있듯이, 어느 정도나, 우리가 이미 본 것처럼, '발전의 중요한 불균등성은 동일한 형태 내부에서 가능하다.'는 사실에 의존하는지가 문제가 된다. 이 복합체가 외부를 향해 영향을 미치는 한 ―시민전쟁의 군사적 행위는 비록 의심의 여지없이 현존하는 상호작용에도 불구하고 궁극적으로 계급의 층에 의해, 계급투쟁의 형식에 의해 결정된다― 이 복합체의 토대는 매번 경제적으로 규정되는 그때그때의 사회구조, 전체로서의 사회구조이다. 이 총체성의 발전의 높이와 발전의 역학은 개별 민족들 사이의 무장된 생명투쟁의 운명을 결정한다. 그러나 여기서도 역시 궁극적으로만 그렇다. 왜냐하면 구체적인 전투에서, 심지어 일련의 구체적 전투에서 보다 낮은 단계의 형태가 승리를 구가하는 경우도 있지만, 궁극적으로는 보다 높은 단계의 사회조직의 형태에 밀리는 현상이 역사에서 자주 등장하기 때문이다. 갈리아와 로마 공화국,[74] 그리고 타타르인과 봉건제도[75] 등을 생각해보면 된다.(오랜 기간이 걸린 러시아의 몰락은 다시금 보다

74) B. C. 58~B. C. 51년 로마의 장군 카이사르가 갈리아를 정복한 전쟁. 갈리아인들이 부족 간의 내분에 카이사르의 개입을 요청한 데서 시작되었다. 이 전쟁으로 갈리아 전 지역은 로마 영토로 되었고, 적은 인원 손실로 막대한 부를 차지하게 된 카이사르는 정치적·경제적 실력을 강화하게 되었다. 그리고 유럽의 내륙이 처음으로 그리스·로마 문화의 영향을 받게 되어 서유럽 문화권 성립의 기초가 되었다. (역주)
75) 13세기 이래 타타르인으로 이뤄진 킵차크한국의 지배를 받던 유럽·러시아의 제후국은 14세기에 모스크바 공국의 주도로 킵차크한국으로부터의 독립을 시도한다. 킵차크한국의 칸은 친히 대군을 인솔하고 소위 쿨리코보전투(Battle of Kulikovo)를 수행하는데, 모스크바 측의 교묘한 용병술로 크게 패하고 만다. 이것은 타타르에 대한 모스크바의 최초의 승리였

원시적인 사회구조와 연관이 있다.) 다른 경우들에서도 유사한 상이 드러난다. 터키인들은 봉건 군대에 비해 종종 우세하였다. 절대군주제는 봉건 군대에 결정적 승리를 거둘 수 있었다. 이렇듯 전쟁은 —긴 안목으로 봐서— 일반적인 경제적-사회적 발전을 관통시키고 촉진시키는 (하지만 때때로 제지하기도 하는) 그런 기관이다. 사회적 총체성의 테두리 내에서, 경제적 발전과의 상호작용 속에서 이 복합체의 적극적 역할은 승리나 패배의 결과들이 상대적으로 짧거나 긴 시간 동안 일반적 경제의 도정을 규정하는 데 영향을 미칠 수 있다는 사실에서 드러난다. 하지만 포괄적 계기로서의 경제의 특징은 계급투쟁에서보다 여기에서 훨씬 더 결정적으로 드러난다.

우리는 여기서 상이한 다른 복합체들에서 나타나는 상이한 반응들을 고찰할 수는 없다. 짤막한 이런 암시는 계급의 층과 —보다 덜 각인된— 전쟁영역이라는 특수한 상황을 경제에 대비하여 보여주기 위해서만 필요했다. 이런 강함과 성질의 상호작용을 우리는 다른 복합체에서 발견하기 쉽지 않은데, 구체적인 개별영역들이 더 정신적이고 이 영역의 경제와의 매개가 더 복잡하고 더 진척되어 있을수록 그만큼 더 발견되기 쉽지 않다. 하지만 이로부터 '이 영역이 경제 세계와 맺는 관계가 생동적인 상호작용 없이 이 경제에 의해서 단순히 규정될 수 있으며, 그 영역의 현상방식이나 발전 등이 경제적인 것으로부터 단순히 연역될 수 있다.'고 추론한다면 이것은 잘못일 것이다. 우리는 이미 모든 복합체는 경제 안에서 이뤄지는 사회적 존재의 일반적 운동이 만들어내는 자극들에 대해 필연적으로 자기만의 고유한 방식으로만 반응할 수 있다고 하는 복합체의 특성을 말한 바 있는데, 이런 특성은 이런 반응의 필연적 특수성을 지시한다. 이로부터 불균

으며 100년 후의 타타르로부터의 해방의 제1보가 되었다. (역주)

등한 발전의 고유한 형식들이 발생할 수 있다. 자본주의가 생성되는 과정에서 로마법은 몇몇 개별 국가에서는 수용되었지만 다른 국가들에서는 수용되지 않았다는 것이 그 예이다. 하지만 불균등성은 훨씬 더 깊게 진행해갈 수 있다. 독일에서 스스로 붕괴해가는, 방금 말한 봉건주의의 위기를 생각해보라. 혁명적 계급투쟁은 개혁에 의해 시작되어 농민전쟁으로 끝나면서 좌절되었다. 어떤 근대 국가도, 어떤 참된 절대 군주제도 봉건적 와해를 대체하지 못했다. 크고 작은 봉건적 단일체들은 절대적 군주제라는 미니어처 풍자화로 서서히 변화해가는데, 이런 변화는 국가적 균열을 상승시켰다. 역사적으로 눈에 두드러진 독일민족의 국가화는 이렇듯 수치스럽게 좌절된다. 그럼에도 불구하고 여전히 혁명적인 개혁운동의 최초의 이데올로기적 생산물, 즉 루터의 성경 번역과 이로부터 나타나는 문학 등은 자본주의가 민족의 통일을 가져올 수 있었던 것보다 훨씬 앞서 공동의 민족 언어를 만들어냈다.

역사는 법칙적인 일반 노선에서 벗어난 그런 다채로운 사건들로 가득차 있다. 현실에 대한 모든 사변적 모사에서, 심지어 가장 추상적인 모사에서도 언제나 사회적 존재의 참된 존재론적 성격을 명확하게 드러내는 참된 유물론적 변증법만이 그런 역사의 적합한 인식을 가능하게 한다. 따라서 변증법은 합리주의적인 법칙물신화에 대해서뿐 아니라 경험론적인 즉물적 이해에 대해, 혹은 비합리주의적인 심연에 대해 거리를 두는 제3의 길이다. 이 제3의 길에서 무엇보다 중요한 것은 사회적 법칙성을 부인하는 것뿐 아니라 이 법칙성을 물화하여 절대화하는 것도 동시에 거부하는 이중의 부정을 수행한다는 점이다. 모든 불균등성과 모순성을 동시에 간직하는 현상태는 존재일반, 특히 사회적 존재를 그 운동성 속에서 존재론적으로 파악하고자 하는 모든 시도의 출발점이자 끝이다. 출발점은 자명한 것처럼 보인다. 즉 인간과 닿아 있는 모든 것, 따라서 사회적 존재는 인간에게 현상태로 직접적으로 주어져 있다. 그런데 주체가 이 현상태와 관계맺으면서 나타나는 주체와 객체의 이 최초의 직접적 접촉에서 중요한 점은 주체가 이 존재 안에서 구체적-존재론적으로 해결할 수 있는 문제를 보는지, 주체가 현상태를 단순한 현상으로 (혹은 심지어 단순한 가상으로) 고찰하는지, 혹은 주체가 궁극적 지혜로서의 직접성에 머물러 있고자 하는지 등이다.

일반적으로 말해서 우리에게 이 문제는 결코 새로운 문제가 아니다. 이제 중요한 것은 이 문제를 아주 구체화하는 것이다. 우리는 다른 연관에서 법칙성, 필연성 등을 "만약 ～라면, ～이다."(가정-결론)라는 성격연관으로 규정했다. 여기에서 중요하게 된 현실의 현상태의 존재론적 우선성은 이미 그 안에 포함되어 있다. 다만 사회적 존재에서 우리가 언제나 그것의 존재론적 우선성을 강조했던 바로 그 복합체는 경제의 세계이며, 동시에 이 복합체는 사건의 법칙성을 가장 분명하게 보여주는 영역이라는 사실을 강조할 필요가 있다. 요점은 바로 여기에서 인간의 삶의 자기재생산과 (유기적-비유기적) 자연이 필연적인 상호관계로 돌입하며, 인간에게 이런 매개를 통해 자연의 법칙성을 자연의 대상으로 체험하게 하고, 그뿐 아니라 또한 이런 법칙성을 인식하고 그런 인식을 통해 고유한 삶의 요소로, 담지자로 만들 수 있는 가능성이 제공된다는 것이다. 따라서 인간의 삶에 그렇게 운명적인 이런 요소가 자신의 고유한 운동 형식을 확대할수록 이 요소는 그만큼 더 스스로 합법칙성의 체계로 드러나게 될 텐데, 이런 사실은 결코 이상한 일이 아니다. 그리고 또한 그런 법칙 체계의 확대가, 인식이론적으로 혹은 논리주의적으로 고찰해볼 때, 자기 완결적 체계로 될 수 있으며, 이 체계의 합리성은 이와 연관된 합법칙성에 의해 이끌린다. 이를 통해 인간을 통한 세계의 사변적 지배의 역사에 전형적이며, 역사에서 언제나 반복하여 출현하는 하나의 존재론적 전회가 발생한다. 아주 일반적으로 말해서 이런 전도는 다음과 같이 표현될 수 있다. 즉 즉자적으로, 그리고 정확한 존재론적 의미에서 하나의 과정의 합법칙성, 필연성, 그리고 이에 사상적으로 의존하는 합리성 등은 사람들로 하여금 그 과정의 토대에로 돌아가 그 규칙적 진행을 예견할 수 있게 한다는 것을 의미한다. 그런 과정들에 대한 사상적 지배는 순수하게 사상적인 가능성의 형식들을 갈고 닦도록 강제하는데, 이런 형식들은 인간의 사유에서 사태연관을 모사하고 파악할 수 있게 하는 뛰어난 도구가 될 수도 있다. 그런 형식의 존재양식이 합리적인 것의 개념을 규정한다는 사실은 자명해 보인다. 그런 사상 형식들의 도움으로 적절하게 파악될 수 있는 과정은 합리적(이런 의미에서 필연적)이다. 이를 보기 위해 자연과학의 역사를 생각해보면 된다. 천체는 "가장 완벽하고", "가장 합리적인" 형태인 원형으로 움직인다는 사실은 아주 오랫동안 "필연적인 것"으로 고찰되었고, 지리학은 물리학의 합법칙성의 열쇠로 오랫동안 제시되었었다. 하지만 오늘날 그런 경향은 오래전에 극복되었다. 그러나 실제 현상에 대한 실제적 분석이 수학적 공식에 의해 얼마나 자주 은폐되고 또 왜곡되는지를 생각해봐라. 그러면 "합리적" 형식을 존재의 궁극적 본질로 간주하고, "합리성(Ratio)"에 의해 현상들을 배열하고자 하는 잘못된 착상이 이 현상들을 구체적 현실 속에서 파악하고자 하는 열망보다 언제나 더 우세하게 나타난다는 사실을 쉽게 볼 수 있다.

우리는 여기서 무엇보다도 사회적 존재(그리고 지금 그것 중에서도 경제)를 다루고 있다. 이 영역에서는 눈에 띄는 합리적-합법칙적 연관의 지양할 수 없는 이종성이 자연에서보다 훨씬 더 명료하게 현재한다. 왜냐하면 경제의 원현상, 즉 노동은 —존재 적합하게 고찰하자면— 자연의 법칙성과 사회의 법칙성의 교차점이기 때문이다. 모든 노동은 자연법칙에 대한 인식을 전제하는데, 이 법칙은 노동이라는 목적론적 정립을 통해 사회적-인간적 목적에 알맞도록 가공되는 그런 대상과 과정을 지배한다. 하지만 우리는 노동에서 현실화되는 사회와 자연의 신진대사가 동시에 이 과정을 위해 통찰되는 것을 특수한 사회적 형식으로 정립한다는 것을 보았다. 이때 이 사회적 형식은 법칙성의 형식인데, 그것은 ―즉자적으로는― 자연법칙과 아무런 관계도 없으며, 이 자연법칙에 대해 전혀 이종적인 것으로 머물러 있지 않으면 안 된다. 이런 이종성을 해결할 수 없는 연관 내에서 명료하게 보기 위해 노동시간을 노동생산성의 척도로서 생각해볼 필요가 있다. 이때 당연히 언제나 새롭고 점점 더 얽히고설킨 상호작용이 발생한다. 노동생산력의 전개는 언제나 다시금 새로운 자연법칙성의 발견으로, 이미 알려진 법칙들의 새로운 적용으로 나아간다. 그러나 이러한 사실이 발전된 노동에서 기술적 요소와 경제적 요소라는 이원성으로 표현되는 그런 구성요소들의 이종성을 지양하지는 않는다. 그런데 그 구성요소들은 꾸준히 상호작용하며, 서로 상호적으로 작용을 미치면서 노동과정뿐 아니라 노동의 산물의 존재 적합한 참된 통일을 형성할 수 있다. 따라서 자연의 법칙뿐 아니라 경제의 법칙도 모든 노동과정을 규정한다. 하지만 노동과정(그리고 노동의 산물)은 이런 종합으로부터, 이런 동종화로부터 단순히 이해될 수 있는 것이 아니라 이것들의 특별한 상호작용으로부터, 이것들의 특별한 연관과 관련성 속에서 발생하는 그런 현상태로서만 이해될 수 있다. 존재론적으로 이런 현상태는 일차적인 것이며, 작용하는 법칙들은 그런 특별한 종합의 담지자로서 비로소 구체적으로 효력을 미치고 사회적으로 존재하는 것으로 된다.

노동이라는 단순한 사실에 유효한 것은 사회적 전개에도 그 정도만큼 유효하다. 이것은 두 요소의 꾸준한 경화 속에서 드러난다. 경제적 생산을 위해 운용될 수 있고 운용되어야 하는 법칙들의 수는 꾸준히 증가해왔다. 하지만 동시에 노동과정은 사회적 힘들과 그 법칙들 사이의, 외연적-내포적으로 계속 성장하는 그런 연관으로 떨어진다. 두 요소의 이런 성장이 눈에 두드러질수록, 따라서 사회적 조직이나 과정의 특성이 더 복잡해질수록 그것의 현상태의 존재론적 우선성은 이 현상태를 실존하게 하는 데 도움을 주는 그런 개별 법칙들에 비해 그만큼 더 눈에 두드러진다. 예를 들어 우리가 이미 말했던 것, 그리고 앞으로 더 자세히 다뤄야 할 것이 가능해진다. 즉 다양한 연관들에서 —고립해서 고찰할 경우— 아주 유사한 과정과 관계들 등이 정반대의 결과를 가질 수 있으며, 따라서 그런 과정과 관계의 합법칙적 진행이 그 내적인 필연적 속성에 의존하기보다는 그 과정과 관계가 그때그때의 현실적 복합체 속에서 충족시킬 수 있고 충족시켜야 하는 그런 기능에 의존할 수 있다. 마르크스는 로마에서 보다 이후의 근원적 축적과 아주 유사한 토지국유화 과정이 실행된 것을 묘사한다. 그런데 여기서 그 과정은 노예경제를 촉진시켰고, 도시의 룸펜 프롤레타리아트의 생성을 야기했다. 마르크스는 그것에 대해 다음과 같이 요약해준다. "아주 유사하지만 상이한 역사적 환경에서 드러나는, 따라서 완전히 다른 사건으로 이끄는 그런 시선들이 있다." 그리고 그는 "순수한 역사철학적 이론의 보편적 열쇠", "이 이론의 초역사성"을 경고하기 위해 이 예를 이용한다.[76]

이런 존재론적 특성이 좁은 의미에서의 경제영역에만 타당한 것이 아니

---

76) Marx: *An die Redaktion der "Otjetschestwennyje Sapiski"*, ebd., S. 292; MEW 19, S. 112.

라 사회의 총체성을 이루는 모든 복합체에도 타당하다는 것은 명확하다. 그런 복합체들이 고유의 경제와 맺는 관계가 매개되어 있을수록 현상태의 이런 우선성은 더 분명하게 드러난다. 당연히 여기서 이중의 존재론적 오류의 가능성과 우리의 제3의 길의 필연성 역시 방법론의 중심으로 나타난다. 나라(민족, 국가[Nation])라는 일반개념을 생각해보자. 이 개념을 계급투쟁의 단순한 결과적 현상으로 파악하는 것은 매우 쉽다. 하지만 이처럼 너무 일직선적인 포섭을 할 경우 나라가 갖는 아주 특징적인 존재의 특성들이 지어진다. 그리고 이때 구체적이고 실제적인 현상에서 형성된 일반개념은 어떤 것도 설명할 수 없는 추상적 일반성이라는 막다른 지점에 이끌리지 않을 수 없다는 것을 잊어서는 안 된다. 나라(국가)는 상이한 단계에서 지극히 상이한 실상을 갖는데, 그때그때의 이런 실상으로부터의 출발만이, 법률들(이 법률들의 합이 곧 나라이다.)의 그때그때의 상호작용으로부터의 출발만이 사회적-역사적 변화에로 계속 나아갈 수 있으며, 현실에 상응하는 인식으로 나아갈 수 있다. 이때 나라(국가)는 경제적 구조의 변화를 포괄적 계기로 가지는 사회적 총체성의 변화의 과정에서 저런 사회-역사적 변화에 종속된다.

이때 동시에 사회적 복합체들의 현상태에 대한 이런 존재론적 의도는 항구적으로 바뀌면서 스스로 변화하는 본질을 안전하게 보존하는 실체성의 역동적-역사적인 존재론적 이해(이에 대해서는 우리가 이미 다뤘다.)와 분리 불가적으로 연결되어 있다는 사실이 이해된다. 이런 실체 개념을 올바로 이해하고자 한다면 사회적 존재의 존재론적으로 일차적인 역사적 특성은 이 개념과 함께 사려되어야 한다. 실체에 대한 잘못되고 협소한 과거의 이해는 순수한 비역사적 세계이해와 밀접히 연관되어 있다. 기독교 신학에서 역사성과 무시간성이라는 이원성으로 드러나고 여전히 그 이후에도 영향을 미치고 있듯이, 아주 중요한 개별적 역사에 대해 추상적으로 인정한다고 해도 여기서 변화되는 것은 아무것도 없다. 역사에 대한 존재론적 파악은 현실적이고 생산적인 결과를 가질 수 있기 위해 모든 것을 관통하는 이해여야 한다. 엥겔스는 말년에 지속적으로 (하지만 헛되게) 경제적인 것의 우선성에 대한 기계적-속물적-잘못된-인식이론적 파악을 마르크스주의의 토대로서 변증법적으로 올바로 이끌고자 했을 때, 그리고 무엇보다 모든 사회적 현상이 경제로부터 "논리적-필연적으로 추론된다."는 것을 저지하고자 했다. 이때 그는 예컨대 다음과 같이 썼다. "프로이센 국가는 또한 역사적 원인에 의해, 궁극적 심급에서는 경제적 원인에 의해 발생하고 발전했다. 하지만 현학적이지 않고서는 '북독일의 많은 소국가들 중에서 바로 브란덴부르크가 다른 계기들이 아니라 경제적 필연성을 통해 … 권력자가 되었는데, 이때 이 권력에는 북부지역이 남부지역과 보이는 경제적-언어적 차이, 그리고 종교개혁 이후에는 종교적 차이가 체현되어 있었다.'는 사실이 거의 주장될 수 없다."[77]

4. 사회에서 인간의 재생산

그러한 문제를 해명함으로써 비로소 우리는 전체과정으로서의 사회적 재생산을 올바르게 파악할 수 있게 된다. 이때 우리는 우리의 출발점으로 되돌아와야 한다. 우리의 출발점은 사회적 존재는 복합체들로 이뤄진 복합체이며, 그 재생산이 상대적으로 자립적인 부분복합체들의 재생산과정

77) *Engels an Bloch*, 21, IX, 1890, ebd. S. 375; MEW 37, S. 462 f.

과 다양하고 다층적인 상호작용의 관계에 놓여 있는 그런 복합체라는 것이었다. 물론 이러한 재생산과정에서 총체성은 언제나 이러한 상호작용의 내부에서 포괄적 영향을 행사하는 것으로 평가되었다. 그러나 이러한 사실을 확고히 한다고 해도 이제 서술될 지고의 복잡한 과정이 아직 그 충분한 모습을 드러낸 것은 아니다. 지금까지 상술한 것을 철폐하지 않고서 우리는 전체복합체의 결정적으로 중요한 지고의 특성을 주목해야 한다. 자신의 재생산의 운동을 한계 짓고, 이 운동을 긍정적이고 부정적인 의미에서, 과거의 한계를 파괴하고 새로운 한계를 정립하는 의미에서 규정하는 두 극단은 한편으로 자신의 외적-내적 총체성에서의 재생산과정이고, 다른 한편으로 개별자로서의 자신의 재생산이 전체 재생산의 존재 토대를 형성하는 개별적 인간이다. 여기서도 역시 마르크스를 계승하는 속류 기계주의적 선입견들은 제거되어야 한다. 그 다수의 계승자들은 경제의 객관적 법칙성으로부터 일종의 특수한 자연과학을 만들었으며, 경제법칙을 그러한 유로 물화시키고 물신화하여 개별 인간을 그 영향 면에서 아무런 영향도 미치지 못하는 단순한 객체로 만들어버렸다. 당연히 마르크스주의에서는 개별자의 이니셔티브에 대한 과도한 평가를 부르주아-자유주의적 세계관으로 비판한다. 이런 논박은 아주 정당했다. 그런데 여기서 이 논박은 하나의 캐리커처로 변했으며, 이 논박을 ―아마도 칸트적으로― 교정하고자 한 곳에서 순수이성과 실천이성의 이원적 "세계"라는 마르크스주의적 모방이 생겨났다. 여기서도 역시 엥겔스는 말년에 이런 속류화를 제지하고자 시도했다. 우리가 앞에서 인용했던 동일한 편지에서 그는 다음과 같이 쓴다. "하지만 개별의지들은 자기 스스로 원하는 것에 도달하는 것이 아니라 전체의 평균으로, 공동의 벡터 양으로 녹아들어 가는데, 이러한 사실로부터 '그 의지 = 0'으로 정립될 수 있다고 추론되어서는 안 된다. ―모두는 몸 상태 및 궁극적으로는 경제적인 외적 환경들(그것이 그 자신의 개인적 환경이든 일반적-사회적 환경이든)이 자신을 몰아가는 것을 자신의 바로 그 개별의지에 의해 도달하고자 한다. —반대로 모두는 결과에 기여하며, 그런 한에서 그 결과 속에 포괄된다."[78]

이 질문에서 전체과정에 대한 개별 연구의 방법론과 존재론적 통찰의 방법론을 정확하게 분리해야 한다. 물론 당연히 사회적 존재 내부에서도 개별 인간을 추상적 인간으로 만드는, 따라서 여기에 필요한 인식을 위해서만 고찰되어야 하는 통계적 탐구가 있어야 한다. 그러나 현실사회에 대한 참된 인식이 그런 탐구로부터 단순하게 이뤄질 수 있다고 보는 것은 수준 낮은 오해에 불과할 것이다. 특정한 개별 질문들을 해명하는 데 있어서 이런 탐구가 유용할 수도 있다. 하지만 그런 탐구가 사회의 참된, 실제적 연관에 방향을 맞추고 있을 때에만, 사회의 참되고 실제적인 본질에 부합할 때에만 사회에 대한 적절한 진술이 생겨날 수 있다. 그러나 인간은 단순한 개별성과는 다른, 그 이상의 본질을 가지고 있기에 그에 속한다. 인간이 단순한 개체성(Einzelheit, 유의 개별 사례)으로부터 어떻게 현실적 인간으로, 인격성으로, 개별성(Individualität)으로 발전해갔는가는 역사의 중심 내용을 형성한다. 더 나아가 인간 공동체가 사회적 성격을 보유하면 할수록, 그리고 이런 사회적 성격이 더 진행되면 될수록 인간은 그만큼 더 많은 경우에 그런 추상적 개체성 속에서도 나타날 수 있는데, 이런 사실은 앞에 말한 발전에 특징적이다. 사회적 발전의 과정에서 나타나는 존재론적으로 올바른 인간상 또한 추상적이고 잘못된 두 극단들 사이에 존재하는 제3의 길이다. (물리학의 법칙을 모델로 하는) 경제적 법칙성의 단순한 대

78) Ebd.

상에 불과한 것으로서의 인간은 존재론적 사실을 왜곡한다. 여기서는 예컨대 다음과 같은 가정을 갖는다. 즉 인간의 본질 규정은 사회라는 실존과 존재론적으로 독립적인 궁극적 원천을 가지고 있으며, 따라서 주어진 경우에 존재론적으로 자립적인 두 실체(즉 개별성과 사회) 사이의 상호작용이 탐구되어야 한다고 한다. 고대철학은 해체되어가던 마지막 시기를 제외하면 이런 문제를 알지 못했다. 폴리스가 정상적으로 진행되었을 때 인간과 사회가 존재론적으로 동시적이고 분리 불가능하게 소여되어 있다는 생각은 자명한 것이었다. 폴리스가 문제를 가지게 되면서 생겨난 다양한 모순들에도 인간과 폴리스의 시민 사이의 존재론적인 분리 불가능성은 흔들리지 않았다. 따라서 아리스토텔레스는 그 중심문제에서는 오늘날에도 여전히 유효한 방식으로 인간과 사회의 이런 관계를 존재론적으로 파악할 수 있었다. 그런데 이때 다만 아주 추상적인 방식에서만 그런 유효성이 인정된다. 왜냐하면 주관적 결과들을 모두 안에 간직하고 있는 오늘날의 객관적 상황은 그때와 질적으로 완전히 달라졌기 때문이다. 여기서는 현재로 이끌려온 변화과정을 간단하게라도 스케치하는 장소도 아니며, 하물며 경제적 발전에서 이와 연관된 문제와 관련하여 나타나는 구조변화의 측면을 말하는 자리도 아니다. 우리는 단지 사회적으로 객관적인 새로운 상황(이 상황은 우연히 발생한 여타의 사상적 환영과 환상을 간직하고 있다.)이 비로소 인간과 사회를 순수하게 사회적인 관계로 집어넣으며, 따라서 그 상황은 자본주의의 생성과 지배화의 필연적 결과이고, 동일한 근거에서 그것이 위대한 프랑스 혁명에 의해 현실화되었다는 것을 부각해야만 한다. 새로운 관계는 복잡하게 된, "자연스럽게" 얽힌 과거의 형태들을 단순화한다. 그럼에도 불구하고 동시에 그런 관계는 이중의 방식으로 인간의 새로운 의식 구조에 나타난다. 즉 새로운 사회의 모든 구성원에게 공민(citoyen)과

인간(homme, 부르주아)이라는 이중성으로.[79)]

청년 마르크스도 이미 이런 정황을 인식했다. 그는 브루노 바우어의 관념론을 겨냥한 『유대인 문제』라는 글에서 이에 대해 다음과 같이 서술한다. "정치적 해방은 동시에 국민에 낯선 국가와 지배 권력이 의존하던 과거 사회의 **해체**이다. 정치적 혁명은 부르주아 사회의 혁명이다. 과거사회의 특성은 어떤 것이었던가? 그것은 한마디로 말할 수 있다. **봉건성**이 그것이다. 과거의 시민사회는 **직접적으로** 정치적 성격을 가졌다. 소유나 가족이나 노동의 방식 등과 같은 시민적 삶의 요소들은 영주권의 형식, 신분과 협동체의 형식을 입은 채 국가의 삶으로 고양되었다. 이것들은 이러한 형식으로 개체적 개인이 국가 전체와 맺는 관계, 즉 그의 정치적 관계를 규

---

79) 전근대 사회에서 인간은 그 자체로 다뤄지기보다 언제나 국가 공동체의 구성원으로, 즉 공민 혹은 시민(citoyen)으로 다뤄졌다. 근대에 이르러서야 국가공동체와 구별되는 '인간'이 등장한다. 소위 부르주아로 불리는 이 인간상은 국가의 일원인 공민 혹은 시민으로서가 아니라 국가로부터 간섭받지 않는 인간을 그려준다. 즉 인간으로서의 인간을 그려준다. 예를 들어 헤겔은 이러한 '사적 인간의 출현'을 "근대의 분열"이라고 부른다. 따라서 근대는 공민으로서의 인간과 사적 인간으로서의 인간 사이에 갈등이 형성되며, 국가의 형태는 이 양자를 어떻게 조절할 것인지에 따라 결정되곤 한다. 예컨대 루소와 같은 근대의 공화주의자들은 공민으로서의 인간을 강조(그래서 '평등'을 강조하는 경향이 있다.)하며, 자유주의자들은 사적 인간을 강조(그래서 '자유'를 강조하는 경향이 있다.)하는 경향을 갖는다.
루카치의 이 글은 바로 이런 현상을 표현한다. 그는 여기서 '공민'과 '인간(homme)'의 이중성을 말하고 있는데, 이때 후자의 인간은 국가공동체에서 벗어난 인간을 의미하는 것으로 '부르주아'를 의미한다. 일반적으로 '공민'이나 '시민'은 인간을 국가공동체의 일원으로 지칭할 때 쓰는 개념이다. 따라서 '부르주아'를 '시민'으로 번역하는 것은 문제가 있어 보인다. 따라서 bürgerliche Gesellschaft를 '시민사회'로 번역하는 것 역시 적어도 이 문맥에서는 문제가 있어 보인다. 하지만 본 번역서에서는 전체적으로 상례를 따를 수밖에 없었다. 그에 대한 적절한 용어를 발견하지 못했을 뿐 아니라 그런 번역이 이제는 일상이 되어버려 다른 것으로 대체하는 것 자체가 새로운 혼란을 야기할 수 있겠기 때문이다. 하지만 본문에서만은 그 차별성이 드러나야 하기에 그 개념을 '부르주아 사회'로 번역하였다. 그 개념은 예컨대 '봉건사회'와 구별된다. (역주)

344

정했다. 즉 사회의 다른 모든 요소와의 분리와 배제라는 정치적 관계를 규정했다. 왜냐하면 그 조직체는 소유나 노동을 사회적 요소들로 고양한 것이 아니라 국가 전체와의 분리로 간주했고, 그런 것들을 사회 속에 존재하는 **특이한** 사회들로 구성했다. 이렇듯 시민사회의 삶의 기능과 삶의 조건은 언제나 정치적이었다. 비록 여기서 정치적이란 '봉건성'의 의미에서이긴 하지만. 즉 과거의 시민사회는 국가와의 관계에서 개인을 인정하지 않았으며, 그의 협동체가 국가 전체와 갖는 특수한 관계를 국민의 삶이라는 일반적 관계로 변화시켰다. 즉 특수한 시민적 활동과 상황을 일반적 활동과 상황으로 변화시켰다. 이런 조직체의 결과로 필연적으로 국가통일체가 등장한다. 즉 국가통일체의 의식, 의지, 그리고 그 활동 등 일반적 국가권력은 국민과 단절된 지배자와 시종이라는 **보다 특수한** 업무로 현상하게 된다."[80] 이런 의미에서 마르크스는『헤겔의 법철학 비판』에서 봉건사회를 "부자유의 민주주의"[81]라고 불렀다.

그런데 프랑스 혁명은 사회적으로 자본주의 경제를 필요로 하고 모든 힘을 해방시켰다. 이로써 프랑스 혁명은 인간의 ─이론적-실천적으로 이미 존재하는─ "경제적 인간"으로의 통일을 선언한다. 마르크스는 다음과 같이 말한다. "소위 인간의 권리들 중 어느 것도 자본주의 사회의 합법칙적 근거 지움이라는 관점에서 볼 때 논리적으로 일관적인 이기적 인간을 넘어가지 못한다. 그리고 마르크스는 바우어의 관념론을 다음과 같이 비웃는다. 즉 바우어는 이러한 정치적 상황의 사상적-정신적 귀결현상들, 사회적-도덕적 귀결현상들을 "수수께끼"와 같은 것으로 특징짓는다고 한다.

---

80) *Marx Werke* I, I, S. 596-597; MEW I, S. 567 f.
81) Ebd., S. 437; MEW I, S. 233.

"국가시민, **정치적 공동체**가 정치적 해방자들에 의해 소위 인간의 이런 권리들(인권)을 보존하기 위한 단순한 **수단**으로 강등되고, 따라서 공민이 이기적 인간의 시종으로 설명되는 것을 볼 때, 즉 인간을 그 자체 공동체로 보게 하는 영역을 인간을 부분존재로 처신하게 하는 영역으로 강등시키는 것을 볼 때, 따라서 결과적으로 공민으로서의 인간이 아니라 부르주아로서의 인간이 **고유하고 참된** 인간으로 취해지는 것을 볼 때 이런 사실은 훨씬 더 수수께끼 같다."[82] 이런 "수수께끼"는 평균적인 사회적 실천에서 어렵지 않게 해결된다. 모든 사회는 행위하는 개별자에 대립의 형식으로 마주서 있으며, 심지어 종종 개인의 행위에 토대로서 자신의 삶과 실천을 선택하기 위한 공간으로 주어지고 또 포기되는 안티노미의 형식으로 마주서 있다. 이러한 유의 갈등들 중 어떤 갈등이 출현하고 그런 갈등이 어떻게 다뤄지는지가 한 시대의 특징에 속한다.

우리는 이미 여기서 사회적으로 발생한 가치평가의 추론과 판단에 대해 말하고 있는 것이 아니라, 오히려 구조와 과정 등에 대한 단순히 존재론적인 확인의 단계에 대해 말하고 있다. 따라서 우리에게 부정적 가치나 가치를 담지한 부정성의 경우들도 그 대립물과 동일하게 특징적인 재료들이다. 마르크스는 『독일 이데올로기』에서 모든 이기적인 것을 부르주아의 존재영역에 정당하게 정박시키면서 그에 대한 모든 도덕적 가치판단을 공민이라는 공중의 영역으로 지시해주는 이런 이원론이 어떻게 평균적 부르주아의 태도에 영향을 미치는지에 대해 아주 재미있는 예를 통해 보여준다. "부르주아는 자기 정권의 제도들에 대해 유대인들이 율법에 대해 처신하듯 처신한다. 모든 개별 경우들이 행해질 때마다 부르주아는 그 제도를 빠

---

82) Ebd., S. 595; MEW I, S. 566.

져 나간다. 하지만 그는 모든 다른 사람이 그 제도를 유지해야 한다고 한다. … 부르주아가 그의 실존 조건에 대해 갖는 이런 태도는 부르주아적 도덕성 안에 있는 그의 일반적 형식들 중 하나이다."[83] 어떤 과장도 없이 다음과 같이 말할 수 있을 것이다. 즉 여기에서 우리는 평균적 부르주아의 실천에서 현상하는 칸트의 정언명령을 보게 된다. 왜냐하면 이때 자신의 고유한 법칙에 대한 개인의 위반은 동시에 사회적 척도에서 그 법칙의 제약되지 않은 재생산을 위한 생동적-실천적 염려를 포괄하기 때문이다.

하지만 동일한 실제 삶의 토대 역시 인간, 사회, 그리고 이들 간의 관계에 대한 특수한 이론을 산출한다. 이때 우리에게는 그 이론적 오류가 중요한 것이 아니라 그러한 이론이 단지 그런 토대에서만 성장한다는 사실이다. 마르크스는 『신성가족』에서 '개별자는 사회적 원자로 파악되어야 하고, 국가는 이 원자들을 유지해야 할 과제를 갖는다.'고 하는 브루노 바우어 이론에 논박을 가한다.[84] 이 논박에서 가장 중요한 것은 국가가 소위 이런 인간원자들을 유지하는 것이 아니라 자기 안에 이미 전체 원자이론에 대한 반박이 함유되어 있는 사회가 그렇다는 것이다. 왜냐하면 사회 내에서 능동적으로 활동하면서 자신을 재생산하는 인간은 자신만의 독특함을 가진 구체적인 것에 대해 반응하는 복합적-통일적 존재이기 때문이다. 이 존재는 상상 속에서만 원자적 속성을 가질 수 있으며, 이 존재의 구체적 복합성은 자신의 재생산의 전제이자 결과이고, 자신의 구체적 환경과의 구체적 상호작용의 전제이자 결과이다. 반면 국가와의 관계에서 사상이 구성될 수 있으며, 또한 이 사유구성물은 구체적인 법적 개념을 형성하고 실천의

83) *Marx Werke* V, S. 162; MEW 3, S. 163 f.
84) *Marx Werke* III. S. 296; MEW 2, S. 119.

특수한 형식을 판단하기에 유용할 수 있다. 이때 이런 형식들은 "고독한" 원자적 양심이나 의식 등을 일반적인 국가성과 직접 비교할 수 있게 한다. 그러나 그런 사유구성물은 구체적 상호작용에 놓여 있는 개별 인간이 그가 의존하고 있는 사회적 존재와 맺는 현실적 관계에 들어맞지는 않는다. 이와 연관된 문제복합체들은 윤리에서야 비로소 적절하게 다뤄질 수 있다. 여기에서 우리는 다만 사회적 존재의 영향권이 많은 경우 개별자가 직접 접촉하는 사회적 현실보다 훨씬 더 클 수 있다고는 언급해야 한다. 우리는 단순히 소멸하는 존재양식이나 경향 등의 부수효과(이 효과는 아주 퇴색되었지만 특정한 경우에 매우 영향을 미치는 그런 것이다.), 혹은 아직 여전히 맹아적으로 나타나는 미래의 관점을 지시하고 있다.

그런데 여기에서 이미 확인해야 할 바의 것을 확인할 수 있다. 즉 사회적 존재가 모든 인격적 개인의 가장 사적이고 개인적인 사유형식, 감정의 형식, 행위형식, 그리고 반응형식 등에 미치는, 물화될 수 없고 구체적으로 작용하는 영향이 그것이다. 이 질문 역시 보편적으로 지배되는 잘못된 안티노미로 인해 사상적 곤경에 빠진다. 왜냐하면 삶의 환경에 의해 오로지 외양적으로만 규정될 수 있는 그런 인간의 개별성의 무공간적-무시간적 실체가 있다고 하는 것은 오류이기 때문이다. 이것은 마치 개별자가 자기 환경의 단순한 산물로 파악되는 것이 오류인 것과 같다. 오늘날 이와 같은 관점은 당연히 게오르그 학파(Gundolf: "원체험")나 그 반대 극인 텐(Taine)에게 나타나듯 그렇게 무뚝뚝한 형식으로 나타나지 않는다. 그러나 약화된 형식이긴 하지만 그런 파악은 자주 등장한다. 그것은 침전된 존재론적 문제를 왜곡하는데, 한편으로 인간적 실체를 추상적으로 고착된 단일체, 즉 세계와, 그리고 고유한 활동과 기계적으로 분리된 단일체로 물신화하며(실존주의자들에게 다양하게 나타난다.), 다른 한편 임의적 조작에 대해 아무런 저항이 없는 객체로 만든다.(신실증주의의 궁극적 결론이 그렇다.) 이에 반해 우리는 존재론적 제3의 길을 제시한다. 이때 우리의 보편적이면서 역사적인 실체 개념이 새로운 측면에서 드러난다. 우리는 사회적-역사적 사건의 직접적 "요소", 즉 그 내적 복합성에도 불구하고 사회적 복합체의 구성요소로서 더 이상 분해될 수 없고, 그렇게 존재하듯 바로 그 현상태(Geradesosein)에서 "요소"로 다뤄져야 하는 그런 요소가 구체적 인간의 선택들과 다른 것일 수 없다는 것을 보았다. 사회적 존재가 다양하게 교차하는 그런 선택들의 연쇄로 구축되듯이 개별 인간의 삶도 그런 선택들의 병렬과 분리로 구축된다. 가장 섬세한 영적-정신적 해명에 이르기까지 인간의 인간됨의 기원으로서의 최초의 노동으로부터 인간은 자신의 환경을 형성하며, 환경을 구축하고 폐지하는 데 도움을 주고, 동시에 이와 동일한 작용으로 스스로를 자연적 개체성(Einzelheit)으로부터 사회 내의 개인성(Individualität)으로 형성해간다.

그러한 작용을 존재론적으로 고찰해볼 때 이 작용은 언제나 구체적 사회의 구체적 부분 내에서 이뤄지는 구체적 인간의 구체적 작용이다. 이미 청년 마르크스는 다음과 같이 말한다. "보다 특수한 것이 아닌 어떤 목적도 목적이 아니다."[85] 이 모든 계기가 사회 전체의 효과적인 부분이기 위해 일반화를 경험할 수 있고, 경험해야 한다는 사실이 그것의 근원적 소여의 구체성을 지양할 수 없다. 물론 결코 과장을 말하는 것이 아니다. 이러한 계기들의 구체적 피정립태는 그러한 유의 구체적 현상태를 존재론적으로 지양할 수 없는 근원적 속성으로 소유한다. 바로 그 이유 때문에, 그리고 오직 그 이유 때문에 무엇보다도 우선적으로 이 계기들은 사회적 실천

---

85) *Marx Werke* I, I, S. 440; MEW I, S. 236.

의 흐름에 의해 일반화된다. 모든 현실적 대안은 구체적이다. 따라서 구체적 결단을 위한 인식이나 원리, 그리고 다른 보편화들이 결정적 역할을 수행할 때조차 이 결단은 주관적으로, 그리고 객관적으로 자신의 구체적 현상태를 보존하며, 그 자체로 객관적 현실에 영향을 미치고, 무엇보다 여기서부터 주체의 발전에 무게를 부여하며, 자신의 영향을 강조한다. 우리가 한 사람의 인격성이라 부르는 것은 그의 결단으로 나타나는 그런 현상태이다. 헤벨이 「게노베바(Genoveva)」에서 쓴 한 시구에서 골로에게 "어떤 자가 장차 될 수 있는 것, 그것이 바로 그라오."라고 말하게 하는데,[86] 이때 그는 자기 영웅의 비극적 필연성을 아주 심오하게 정당화하고자 함으로써 이러한 사실을 추상적으로나마 거론했다. 왜냐하면 모든 인간에게는 ―우리가 종종 분석한 아리스토텔레스적 의미에서― 엄청난 수의 가능성이 잠재적으로 작용하고 있기 때문이다. 그런데 그의 참된 성품은 그의 현상태 안에서, 어떤 가능성으로부터 하나의 사실이 생성되는가라는 바로 그 사실 안에서, 바로 그 사실을 통해 현실화된다. 당연히 가능성 역시 그의 전체 상에 속한다. 왜냐하면 그것의 극복도 그의 결단의 대상이기 때문이다. 그런데 이때 결정적인 것이 남아 있다. 그 결단이 긍정되거나 부정될 경우 이로부터 하나의 행위가 생겨나거나, 아니면 궁극적으로 아무런 효력을 발

---

86) 「게노베바」는 헤벨(Friedrich Hebbel)이 중세의 성녀 게노베바의 전설을 소재로 한 5막 비극 작품(1843)이다. 영주인 지크프리트가 십자군 원정에 참가하면서 그의 아내인 게노베바와 이별하는데, 이때 그의 신하인 골로(Golo)에게 성과 아내를 지켜줄 것을 당부한다. 하지만 평소 연정을 품고 있던 골로는 주인이 떠난 이후 게노베바를 유혹하지만 사랑을 얻지 못한다. 여러 술책으로 게노베바를 간통녀로 만들어 사형을 언도받게 하지만, 게노베바가 죽은 줄 안 골로는 자책으로 자살한다. 하지만 게노베바는 하인의 도움으로 숲으로 도망하여 생명을 유지한다. 에필로그에서 지크프리트는 7년 뒤 사냥 도중 게노베바와 그의 아들을 오두막집에서 만난다. (역주)

휘하지 못하는 단순한 가능성으로 남는다. 한 인간의 실체란 따라서 자신의 삶의 과정에서 이러한 결단의 중단 없는 연쇄의 연속으로, 방향으로, 질로 조합된 것이다. 인간을 존재론적으로 올바로 이해하고자 한다면 이런 결단이 그의 본질을 중단 없이 규정하며, 위로 아래로 조정한다는 사실을 잊어서는 안 된다. 한 화가에게 그가 이 그림을 그려야 하는지, 저 그림을 그려야 하는지는 단순히 하나의 선택이 아니다. 모든 붓 터치는 하나의 선택이다. 그리고 이때 비판적으로 습득되어 다음 터치를 위해 이용되는 것은 예술가로서의 그의 인격이 무엇인지를 가장 명료하게 드러낸다. 하지만 이것은, 아주 일반적인 존재론의 관점에서 말하자면, 모든 인간 활동에 해당하며, 인간들 사이의 모든 관계에 해당한다.

이런 의미에서 우리가 이미 노동의 역할에서 인간의 인간됨을 위해 수행된 것이 무엇인지 생각해볼 수 있다. 즉 인간은 그 자신의 실천의 결과임을 생각해볼 수 있다. 그러나 개별 인간의 존재론적 재생산에서 마르크스가 역사에서 수행되는 계통발생적 재생산이라고 확인해준 것이 참인 것으로 유지된다. "인간은 자기 자신의 역사를 만든다. 하지만 인간은 그 역사를 자유로운 파편으로부터, 스스로 선택한 환경 아래서 만드는 것이 아니라 직접 주어져 있고 소여된, 그리고 전승된 환경 아래서 만든다."[87] 스스로 선택하지 않은 환경(출생지, 출생시간, 가족 등)은 비록 존재론적 신비와 전설로, 그리고 심지어 무지로 간헐적으로 은폐되어 있고 왜곡되어 있다고는 하지만 다른 말이 필요 없을 만큼 자명하다. 이 환경을 순수하게 내적으로 사려된, 활동을 위한 단순한 동기들로 본다거나 결정적인 인과 법칙적 상수로 볼 때 이 환경에 대한 잘못된 해명이나 가치평가가 나타난다.

87) Marx: *Der achtzehnte Brumaire*, 21; MEW 8, S. 115.

이 환경은 —존재론적으로 올바로 고찰할 경우— 그때그때의 개인에게 지양할 수 없는 객체이고, 객관적 인과성을 갖는 사회적 대상에 종속되지만, 이 환경 안으로 태어나거나 들어온 인간에게는 구체적 선택의 재료로 주어진다. 이것은 한편으로 다음의 결과를 갖는다. 즉 이러한 유의 환경은 필연적으로 삶에서 제기된 질문의 종류와 성질 등을 결정하는데, 이 질문들은 모든 인간의 선택을 통해 실천적으로 (그리고 여기에서 발전한 일반화로) 대답된다. 그런 상황을 평가할 때 인간이 비록 자신의 내적 필연성의 충동으로부터 행동한다고 생각할 때조차 그는 자신의 행위와 이 행위를 준비하고, 동반하고 인정하고 비판하는 사상, 그리고 감정 등에서 삶의 행위의 질곡들에 대해 실천적 대답을 제시한다는 사실을 잊어서는 안 된다. 이때 이 질곡들은 특정한 사회(직접적으로 말하자면 계급, 계층 등으로부터 아래로는 가족에 이르기까지)에 의해 그에게는 그 안에 살고 있는 사람들로 제시된다. 요람에서 무덤까지 —대답을 위한 질문에 의해 정립된 공간인— 이런 규정성은 작용하기를 결코 그치지 않는다.

다른 한편 또한 (사회가 자연과 갖는 신진대사를 포함하는) 사회적 환경 안에 있는 인간의 모든 그런 반응이 언제나 선택의 성격을 가지며, 사회에 의해 제기된 문제에 대해 불가피하게 자기 안에서 긍정이나 부정을 파악한다는 사실을 잊어서도 안 된다. 이때 우리는 부정을 일반적인 존재론적 요소로 파악해야 한다고 말한 이전의 숙고를 상기할 필요가 있다. 비유기적 자연은 '다르게 됨(Anderswerden)'만을 안다. 이때 극단적으로 비교되는 요소들, 대상들, 과정들 등은 아주 자의적으로 긍정적인 것이나 부정적인 것으로 표식될 수 있다. 순수하게 객관적으로, 순수하게 자연과정으로부터 고찰해보면, 비유기적 자연에는 삶과 죽음이 현존한다. 이때 후자는 존재론적으로 이미 전자의 부정으로 해석될 수 있다. 하지만 이와 더불어 양자를 동등한 필연성으로 산출하는 자연과정의 "무언의" 순수한 객관성을 여기에 현존하지 않는 범주들의 잠입을 통해 은폐하고자 하지 않을 경우에만 그렇다. 우리는 또한 노동을 통해서야 비로소 긍정과 부정이 존재론적 실존규정들로 된다는 것을 보았다. 이때 이 규정들의 중단 없는 현상이 없다면 인간의 어떤 행위도, 사회적 과정도, 사회적 재생산도 없을 것이다. 우리는 또한 노동의 존재론적 근본구조가 인간 행위의 모델을 형성한다는 사실을 보았다. 이때 노동이란 현실의 실재 단면에 대한 인식에 기초하여 이 현실을 변화시키기 위해 행해지는 일종의 목적론적 정립작용이다.(보유함은 변화함이라는 범주의 단순한 계기일 뿐이다.) 현실적 정립을 통해 변화하는 존재는 주체와 독립해서 인과적으로 영향을 미치며, 이런 모든 과정으로부터 습득된 경험이 주체에 다시금 영향을 미치고, 이런 경험이 이후의 목적론적 정립에 어느 정도 영향을 미치게 되는데, 바로 이런 일련의 과정이 인간 행위의 모델인 노동의 근본구조를 이룬다. 그런데 노동과정 자체도 그 산물의 사용도 이 둘에 결정적으로 영향을 미치는 긍정이나 부정이 없이는 가능하지 않다. 노동을 수행할 다른 가능성들이 목적에 반하는 것으로서 혹은 덜 합목적적인 것으로서 부정되지 않을 경우 어떤 노동도 일어날 수 없다.

그러나 이런 부정은 구체적 부정이다. 이 부정은 언제나 구체적으로 현존하고 구체적으로 규정된 영역 내에서 구체적으로 규정된 가능성들과 관계를 맺는다. 일반적으로 부정은 전체영역과는 관계 맺을 수 없다. 하지만 전체영역의 객관적 실존, 긍정되건 부정되건 상관없이 존재하는 이 영역의 독립성은 오히려 모든 구체적 동의나 거부 속에서도 아무런 말 없이, 하지만 흔들림 없이 유지된다. 심지어 근본적 변혁을 통해 이 영역에 영향을 미칠 때에도 이 객관성은 무화되지 않는다. 가장 결정적인 혁명적 행위도 그 내용에서, 그 형식에서, 그 성질에서 다양하게 객관적-역사적 연속성과 연관되어 있으며, 자신의 객관적 가능성들로부터 출발한다. 당연히 ―이것도 역시 이전에 말했었다― 노동의 모델적 성격은 기계적으로 일반화되고, 또 이를 통해 물신화되어서는 안 된다. 우리는 목적론적 정립이 자연의 변화를 목적으로 하는지, 혹은 의식의 변화를 목적으로 하는지, 아니면 다른 사람의 목적론적 정립의 변화를 목적으로 하는지는 큰 차이가 있음을 보였었다. 이로부터 노동 모델에 대한 중요한 구분이 생겨난다. 물론 우리가 위에서 시사했던 노동의 존재론적 특성들이 이를 통해 변하는 것은 아니다. 목적론적 정립의 모든 구체성은 여전히 유지된다. 결단의 영역이 사회-역사적인, 따라서 상황에 따라 보다 크고 급격한 변화에 종속될 수 있다(반드시 종속되는 것은 아니다.)는 사실, 그리고 이 영역이 그 자체로 유연한 속성을 드러낸다는 사실이 객체 그 자체에서도, 객관적인 주체-객체 관계에서도 아무런 질적 변화를 가져오지는 않는다. 이 정립들 중 많은 것들(여기서 '모든 것'이 아니다.)이 인간의 전체 인격성에 다시 강력하게 영향을 미친다는 사실조차 여기서 완전히 새로운 유형의 관계를 확립해야 한다는 사실로 나아가지는 않는다. 왜냐하면 그 차이들은 부분적으로 단순히 양적인 것이고, 또 부분적으로는 사태와 전체 관계의 구조와 역동성에 본질적인 변화를 불러오지 않는 그런 직간접적인 작용들을 만들어내기 때문이다. 그때그때의 결정은 그때그때의 일회적인 구체적 성격을 보유한다. 그뿐 아니라 직접적으로는 사회적 존재의 한 단면만을 드러내는 이 결정의 영역이 객관적으로 수많은 매개를 통해 자신의 총체성과 연결되어 있다고 하더라도 이 영역은 개별적 결단에 마주하여 자연과도 유사한, 그리고 사회가 자연과 노동을 통해 맺는 신진대사와도 유사한 객관성을 보유한다.

인간은 자신의 본질, 자기 자신과의 동일성을 자신의 행위를 통해 현실화한다는 것, 자신의 사상, 감정, 체험 등은 이것들이 어떤 형태로든 자신의 행위 속에서 표현될 수 있는 한에서만 참으로 자신의 본질을, 자신의 자기를 표현한다는 것 등은 마르크스주의의 발견물이 아니다. 현실과 밀접한 연관이 있는 모든 철학은 바로 이 점으로부터 출발해야 했다. 마르크스 이론의 탁월한 점은 다만 인간의 삶에서 실천의 이런 존재론적 우선성을 그 참된 존재론적 토대로, 사회적 존재로 되돌렸으며, 이 토대 위에, 이 토대 속에 근거 지었다는 것이다. 아리스토텔레스의 윤리학은 오늘날에도 여전히 생동적 현실성을 갖는데, 이런 현실성은 주로 그가 마르크스 이전의 모든 사상가 중 이런 연관을 가장 의식적으로, 가장 분명하게 파악했다는 데 있다. 존재론적으로 말해서 여기서 중요한 점은 인간의 인격성을 구축하고, 유지하고 재생산하는 궁극적 원리는 인격성 그 자체에 내재하며, 따라서 근본적으로 현세적이라는 것이다. 그러나 이러한 사실이 가능하려면 인간의 인격성을 결정적으로 움직이는 힘들이 인간을 현실화시키고 인간을 인격으로 형성시키는 현실과 분리 불가적으로 연결되어 있어야 하고, 또 이 힘들이 현실과의 중단 없는 상호작용 속에서 실제로 관철될 수 있어야 한다. 노동은 인간의 인간됨의 기원으로 현상한다. 노동은 자연존재와 사회적 존재의 중단 없는 상호작용이며, 이런 상호작용을 참된 운동을 가져오는 이런 목적론적 정립이며, 이와 더불어 의식의 주도적 역할을 그런 역동적 연관으로 현실화시키는 작용이다. 따라서 이런 복합 요소들은 인간의 존재에도 결정적 영향을 미쳐야 한다. 그런데 이제 이러한 과정이 활동적 주체의 관점에서 다뤄지는 데 반해 노동과정에서 주-객 관계가 형성된다는 중요한 변양이 생겨난다. 관점의 이런 변화는 과정 자체의 새로운 계기들을 인식할 수 있게 해준다. 하지만 이때 언제나 ―객관적-존재론적으로 보면— 궁극적으로 문제가 되는 것은 그것이 동일한 과정이라는 것, 다만 우리의 관심이 이제 행위하는 주체 안에서 그 과정의 결과에 방향 맞추고 있으며, 이 과정 자체는 주체 안에서 규정들을 불러오기 위한 수단으로 고찰된다는 것을 잊어서는 안 된다. 이에 반해 우리는 이전에 주체를 무엇보다 사회가 자연과 맺는 신진대사를 직접적으로 수행하는 기관으로 주목했었다. 그러므로 이제 분명하게 된 이 새로운 규정들이 전체 상을 구체화하고 풍부하게 할 수 있는 한 그것은 그 상을 변화시킬 수 있다.

동시에 주체가 노동과정과 맺는 관계에 대한 우리의 확인을 상기해보자. 우리가 확인한 것은 인간 안에서 "정신적인 것"과 "물질적인 것"이 분리 가능하다고 하는 것은 하나의 환상이라는 것이었다. 그런 환상은 목적론적 정립에 나타나는 직접성을 절대화한 데서 생겨난다. 그런데 이때 목적론적 정립은 의식 속에서 수행된 목표설정이 물질적 실현보다 우선성을 가진다는 데 그 본질이 있다. '직접성의 절대화'라는 표현은 행위 작용 자체에는, 이 행위 작용이 역동적 총체성 속에서 고찰될 경우, 존재론적 분리의 흔적이, "정신적인 것"과 "물질적인 것"의 대립의 흔적이 함유되어 있지 않다는 사실을 주목하게 한다. 목적론적 정립을 수행하는 의식은 참된 사회적 존재의 의식인데, 이 의식은 그 자체로 필연적으로 동시에 분리 불가능하게 생물학적 의미에서 생명체이기도 하다. 이때 이 의식의 내용은, 그리고 대상들과 이 대상들의 연관을 올바로 파악하고 자신의 경험을 일반화하여 실천에 적용할 수 있는 이 의식의 능력은 필연적으로 생물학적-사회적 인간과 분리되지 않은 채 결합되어 있다. 이 의식은 출생과 더불어 잠재적으로 형성되며, 성장, 교육, 경험 등을 통해 현실화되고 죽음과 함께 사라지는데, 이러한 사실은 생명체로서의 인간과 이렇듯 분리될 수 없음을 드러낸다. 그러나 태어날 때 단순히 잠재성으로 있던 그러한 의식이 교육과 같은 특별한 사회적 범주들과 결합하여야 등장한다는 사실은 인간이 자신의 노동을 통해 인간으로 된 이래 인간은 자연의 범주와 사회의 범주를 분리 불가능하게 서로 통일한다는 것을 지시한다. 인간 의식의 존재론의 특수한 문제들에 대해서는 다음 장에서 상세히 다룰 것이다. 여기서는 단지 인간의 의식은 유기적 존재로서의 인간과 사회적 존재로서의 인간이 분리 불가능하게 이중적 결합으로 이뤄졌다는 것을 확인하여야 했다. 그런데 이런 이중적 결합은 결코 정적인 결합이 아니며, 역동성의 계기, 발전 가능성의 계기는 여기에서 사회적 존재를 드러낸다. 왜냐하면 고등동물들에게서 의식을 박탈하는 것은 완전히 오류일 것이기 때문이다. 그러나 고등동물에게서는 유기적 삶과의 결합만이 효력을 발휘할 수 있기 때문에 의식의 활동은 유기적 삶의 재생산을 위해 규정된 방식으로 반응하며, 일반적으로 오랜 시간 동안 외부세계에 동일한 방식으로 반응한다. 따라서 우리는 존재론적인 의미에서 동물의 의식을 부수현상으로 표시할 수 있었다. 이에 반해 인간의 의식은 생명체의 생물학적 현존을 넘어서는 목적정립에 의해 움직인다. 물론 이 목적정립은 무엇보다 직접적으로 매개체계를 산출함으로써 삶의 재생산에 기여한다는 것을 잊어서는 안 된다. 이때 이 매개체계는 형식적으로뿐 아니라 내용적으로 정립들 그 자체에 점증적으로 다시 영향을 미치며, 이런 우회로 위에서야 비로소 유기적 삶을 재생산하는 가운데 다시금 점점 더 진전된 매개를 만들어낸다.

우리는 노동을 분석할 때 —노동의 관점 그 자체로부터— 이러한 과정을 묘사했다. 이제 우리에게 주된 문제는 이러한 발전이 어떻게 사회에서 활동하는 인간에게 영향을 미치는지를 보는 것이다. 이때 중요한 문제는 그 결과가 주체에게 수렴하며 종합되는 그런 이중적 영향이다. 첫째, 노동(그리고 궁극적으로 노동에서 출발하여 이 노동으로 수렴되는 모든 사회적 활동)

은 모든 인간에게 그 과업을 수행하는 가운데 인간 안에 새로운 능력들을 일깨우는 새로운 과제를 부여한다. 둘째, 노동생산물은 인간의 욕구를 생물학적 욕구만족을 무화시키지는 않지만 그런 만족과 점점 더 거리가 있는 새로운 방식으로 충족한다. 물론 노동과 노동의 산물은 언제나 그때까지 알려지지 않은 새로운 욕구들과 이 욕구의 만족을 위한 새로운 방법을 도입한다. 한마디로 말하자면, 노동과 노동의 산물은 삶의 재생산을 점점 더 다양하고 복잡하게 만들며, 단순한 생물학적 재생산과 거리를 취하게 된다. 이렇게 함으로써 그것들은 동시에 실천을 수행하는 인간을 변형시키며, 인간을 단순한 생물학적 재생산에서 멀어지게 한다. 우리는 다른 연관에서 이미 노동을 통한 삶의 방식의 이러한 변화가 어떻게 두드러진 생물학적 삶의 표현들, 예컨대 음식섭취나 성생활 등과 같은 삶의 표현들에 영향을 미치는지 살펴보았다. 그런데 이때 생물학적 토대가 지양되는 것이 아니라 단순히 사회화된다는 사실이 아주 결정적으로 강조될 수는 없었다. 이런 사회화를 통해 인간 안에는 인간 존재의 질적이고 구조적으로 새로운 속성과 능력이 형성된다.

이때 가장 중요한 것은 외부세계에 대한 반응에서 목적론적 정립이 점차 더 우세해진다는 사실이다. 즉 이미 살펴보았듯이, 이런 정립의 특징이 점차 고정된 제약된 반성의 형식 속에서 효력을 발휘한다는 사실은 이러한 요건에 아무런 변화를 불러일으키지 않는다. 왜냐하면 제약된 반성의 고착화와 소멸은, 그런 방식에 확고하게 굳지 않은 행위가 그러하듯이, 목적론적 정립에 의지하기 때문이다. 목적론적 정립은 의식의 피정립태를 전제한다. 그뿐 아니라 이 목적론적 정립은 또한 옛것과 새것, 기대된 것과 갑자기 등장한 것 등을 중단 없는 변화 속에서 보유하는 사회적 환경을 만들어내는 데 기여하기 때문에 이 정립은 공개적으로 규정된 새로운 현상들을 마주칠 때, 다른 것들을 처음부터 거부하는 것에 마주하여 의식의 연속성, 경험의 비판적 축적-긍정과 부정의 잠재적 상념 등을 전제한다. 하지만 목적론적 정립, 선택적 결정은 인간 주체에 의해서만 수행될 수 있기 때문에 —하나의 명령을 수행할 때에도 존재론적으로 적어도 그 명령을 따르지 않고 그 결과들을 수용할 수 있는 추상적 가능성이 주어진다— 그렇게 형성된 의식의 연속성은 필연적으로 모든 인간의 자아에 집중된다. 그런데 이것은 인간에게 있어서 삶과 의식의 관계에서 질적 전환을 의미한다. 당연히 모든 생명체는 자신의 종의 견본이라는 사실과 더불어 동시에 하나의 개체이며, 구체적 종의 구체적-개별적 견본이다. 하지만 이러한 관계는, 마르크스가 포이어바흐에 대한 비판에서 제기한 것처럼, 필연적으로 무언의 관계이다. 그것은 단지 즉자적으로만 현존한다. 위에서 우리는 필연적으로 인간의 의식은 사회적 실천에서, 그리고 이러한 실천을 통해 의식적으로 확고히 된 보다 고귀한 연속성을 자신 안에서 형성할 뿐 아니라 이런 연속성 역시 부단히 이 의식의 질료적-정신물리학적 담지자들에 집중한다고 시사했다. 그런데 이런 필연성의 결과 존재론적으로 종의 견본에 내재한 개체성(Einzelheit)의 자연적 즉자존재는 대자존재로 발전해가며, 인간을 점차 개별성(Individualität)의 존재로 변화시킨다.

이런 대자존재의 생성은 이미 대자존재가 자연이 아니라 사회로부터, 인간의 "본성"으로부터 발생한다는 것을 암시한다. 이러한 사실은 잘못 해석된 직접성에서 생겨난 선입견들을 극복하는 데 타당하다. 왜냐하면 그러한 상황의 직접적 체험은 의심의 여지없이 대부분의 인간에게 마치 인간이 아주 다양하게 반응하는 아주 상이한 요청들을 인간에게 제기하고, 이 요청들을 인식을 위해 취하며, 이 요청들에 복종하고, 이 요청들을 긍정하거나 부정하는 그런 사회적 환경에서 살거나 하는 듯한 상을 제시하기 때문이다. 그러나 인간은 이것을 단지 자신의 고유한 "본성"에 맞게 행할 뿐이다. 이러한 직접성의 배후에 확실히 참된 사태의 계기들이 은닉되어 있는데, 단지 "본성(Natur, 자연)"이라는 표현이 어느 정도까지나 문자적으로 취해져도 되는지, 그 안에는 세속화된 "불사의 영혼"의 중요한 흔적이 어느 정도까지나 은폐되어 있는지가 문제가 된다. 그런데 이 불사의 영혼은 인간의 사회적 존재와, 또한 그의 질료적-육체적 실존과 지양할 수 없는 대립을 형성한다고 한다. 우리가 말한 것처럼, 부당하게 일반화된 "본성"에서 비록 유기적-육체적 존재와의 대립이 지양되기는 하지만, 반대로 이 유기적-육체적 존재는 소멸하고 사라져가는 "낮의 요구들"에 대해 가치를 강조하는 초시간성의 성격을 보유한다. 여기서 낮의 요구들이란 사회적 존재가 언제나 인간에게 다음과 같은 답변을 제기하는, 즉 그것의 옳고 그름이 이런 "본성"과의 일치 속에서 그 적절한 척도를 보유해야 하는 그런 답변을 제기하는 것들이다. 이런 이론은, 비록 고대에도 그 맹아들이 보이기는 하지만, 르네상스 이래의 시기에 가장 확산되었고, 가장 큰 영향력을 행사한다. 그 시기는 현세적-과학적 사유의 부흥이 일어난 시기로 이 시기에는 물질을 넘어서는 "불사의 영혼"에 대한 믿음이 크게 흔들렸으며, 이러한 방향의 전사들은 신의 자리에 신격화된 자연을 대치시켰다. 그 이후의 발전은 범신론과 함께 이러한 이해를 넘어섰으며, 괴테에게서 우리는 그 후방전투를 목격한다. 우리 시대에는 마지막 파고의 잔영만을 감지할 수 있다.

여기서 등장하는 모순들은 명백하다. 즉 인간의 "본성(자연)"이 이런 기능을 넘겨받는다면 이 본성은 무의식적 양식화(Stilisierung)에 종속되지 않을 수 없다. 가장 단순한 양식화는 (퀘이커교의 학교인—역자) 조지학교(George-Schule)에서 확산되었던 육체의 "신격화"이다. 여기서는 한편으로 인간을 인간으로 만드는 모든 것은 육체의 자연 소여성으로 투사되지 않으면 안 된다. 왜냐하면 전체 문화과정은 수수께끼처럼 주어진 유기적 질료의 자발적(즉흥적) 결과로 현상하며, 이런 삶에 비해 이차적인 것으로 현상하기 때문이다. 다른 한편 이로부터 귀족적 세계관이 생성되는데, 왜냐하면 이 고귀한 속성을 그 육체에 귀속시키기는 어렵기 때문이다. 하지만 모든 귀족주의는 사회적이다. 비목적론적 자연법칙이 "대중"과 질적으로 구분되는 일단의 "선택된 자들"을 산출할 수 있다는 생각은 이러한 이해방식의 이원론적-초월적인 종교적 근원을 명백히 드러낸다. 이러한 이해방식은 르네상스철학의 후방검투에서 때때로 효력을 발휘했는데, 재미있게도 괴테에게서도 자연에 내재한 "위대한 현실"의 불사를 귀족적으로 파악하는 것이었고, 인간 활동의 결과로 간주되었다. 이때 이러한 이해가 충분히 의미 있으려면, 자연은 인간의 활동에 마주하여 "현존의 다른 형태를 지시해야 할 … 의무를 지닌다."[88] 헬레나가 하데스로 사라진 후 그 수행원들이 나눈 대화에서도 인간에 대한 이러한 시각의 시적 여운이 드러난다. 이 시각은 비록 괴테의 일반적 인간관의 결정적 경향들과 모순이 되긴 하지만, 르네상스 우주론의 지울 수 없는 잔영이 그 안에서도 여전히 어떤 식으로든 살아 있다. 따라서 모순은 이러한 상론에서 아주 도드라지게 드러난다. 사회적 삶의 고유함과 고유한 법칙성은 완전히 사라진다. 전형적으로 사회적이며 자연에서는 출현하지 않는 그런 행위들과 같은 범주들은 결정적인 우주적-자연적 의미를 보유하며, "현실태"의 현존재에서 동일하게 우주적-자연적 방식으로 질적-위계적 역할을 결정한다. 비록 그런 효력이 자연

---

88) Goethe: *Gespräche mit Eckermann*, in: *Goethes Gespräche, Gesamtausgabe* IV, Leipzig 1910, 163, I, IX, 1829 und 62-63, 4, II, 1829.

의 인과적-법칙적 세계에서는 나타날 수 없고, 기껏해야 종교적으로 (선택된 것으로서) 생각될 수 있다고 하더라도.

그럼에도 불구하고 세계관적 이행기로 각인된 괴테의 이러한 생각은 현실적인 존재론적 사실을 다양하게 지시해준다. 그 모든 내적 모순에도 불구하고 그런 범신론적 관점은 육체와 영혼의 잘못된 대립을 제거하며, 인간의 삶을 이 양자의 분리 불가능한 통일체로 고려한다. 중요한 것은 다만 이러한 통일의 현실적 특성을 올바르게 파악하는 것이다. 괴테가 "너를 이렇게 있게 한 한 법칙은 …"이라고 말할 때, 이것은 하나의 큰 진리를 표현한다. 여기서 의문스러운 점은 다음과 같은 질문이다. 즉 "있게 한"이라는 표현이 단적으로 출생을 의미하는가? 모든 인간의 행위 속에서 실제로 증명될 수 있는 "법칙"은 출생과 더불어 인간에게 반드시 주어지는 것인가? 나는 이런 질문들 중 어느 것도 유보 없이는 긍정될 수 없다고 생각한다. 현대의 생물학은 전에는 자연에서 발견되지 않았던 인간의 느릿한 생물학적 발전을 확인하고 있다. 이렇게 확인된 것은 그 자체로 옳다. 단지 대부분의 생물학자들에 의해 이런 템포가 그 최초의 형식에서조차 인간의 인간됨의 결과이며, 사회의 생성의 결과라는 사실이 점점 더 망각되고 있다. 하지만 진전된 사회에 대해 말하자면 인간을 사회적-인간적 성장으로 이끄는 시간 간격은 단순한 생물학적 성장보다 훨씬 더 긴 시간을 필요로 한다는 사실이 덧붙여져야 한다. 예를 들어 인간은 오랜 기간이 지나서야 성적 성숙에 도달하며, 처음에는 인간적-사회적으로 단지 미성숙한 아이로 간주될 뿐이다. 이렇듯, 이미 서술한 것처럼, 교육은 순수하게 사회적 과정이며, 순수하게 사회적인 형식들이자 그렇게 형성된 것이다. 괴테의 말 "너를 이렇게 있게 한 한 법칙"의 심오한 이중의 의미는 이 법칙의 출발점이 원리상 확인될 수 없다는 사실에 있다. 한편으로 어떤 교육도 인간에게 완전히 새로운 속성을 접붙일 수 없으며, 다른 한편 우리가 이미 본 것처럼, 속성들 그 자체도 단번에 고정된 어떤 확고한 규정들이 아니라 다음과 같은 가능성들이다. 즉 이 가능성들의 현실화의 특수한 양식은 그 발전과정과 독립적으로, 사회적으로 수행된 개별 인간의 인간됨과 독립적으로는 생각될 수 없다.

이러한 과정이 단순한 생물학적 성장이 아니라 사회적 과정이라는 사실은 이런 과정도 대안선택의 연쇄로, 그런 선택의 역동적 연속성으로 이루어져 있다는 사실에서 읽어낼 수 있다. 그것도 이중적 의미에서 그렇다. 한편으로 인간의 교육은 특정하게 유형화된 대안선택을 하도록 그 안에 구비시키는 것이다. 이때 교육은 의식적 교육활동이라는 협소한 의미에서가 아니라 인간 스스로를 새롭게 형성하도록 영향을 미치는 전체로서의 교육을 의미한다. 다른 한편 가장 어린아이조차도 이 포괄적 의미에서의 교육에 대해 대안선택을 가지고 반응하며, 그의 교육, 그의 성품의 형성은 이 두 복합체 사이에서 연속성으로 드러나는 상호작용의 과정이다. 긍정적 영향만을 교육의 결과로 고찰하는 습관은 그런 과정을 판단하는 가장 큰 오류이다. 그러나 귀족의 자손에서 혁명가가, 장교의 후손에서 반군대주의자가 나온다면, 교육이 매춘의 성향을 "덕"으로 규정한다면, 이것들은 존재론적 의미에서 교육의 결과이다. 그리고 그들 안에서 교육자는 자신의 목표설정을 현실화한다. 왜냐하면 그 두 경우에 실천하는 가운데, 실천에서 보다 강력한 인간으로 증명된 형성적 인간의 특성, 상호작용 속에서 그때그때 포괄적 계기의 역할을 수행하는 형성적 인간의 특성들이 전개되기 때문이다. 하지만 여기서 중요한 것은 상호작용인데, 이 상호작용에서는 구체적인 경우에 어떤 요소가 이 기능을 하게 되는지를 이론적으로 미리 규정하는 것이 원리적으로 불가능하다. 어쨌거나 무엇보다도 괴테가 말한

"너를 이렇게 있게 한 한 법칙"은 인간의 생물학적 소여의 법칙이 아니라 상호작용의 복잡한 과정의 결과임이 드러난다. 상호작용 속에서, 상호작용을 통해 개별 인간 안에 육체적-영적 규정과 사회적 규정 사이의 통일, 종종 모순투성이의 통일이기는 하지만 분리 불가능한 그런 통일이 생겨난다. 그리고 그런 통일은 인간의 가장 심오한 특성을 이룬다. 하지만 이와 더불어 종교들과 이 종교들의 범신론적 세속화가 사회적 존재의 존재론으로 도입하고자 한 그런 이원성이 쓸모없는 것으로 드러난다고 하더라도 이로부터 결코 이 영역의 일원적 파악으로 나아가지는 않는다. 과거의 자연과학적 유물론과 속류 마르크스주의는 그런 방식으로 파악하는 습속을 가지고 있었다. 이제 중요한 문제는 다만 이 새로운 존재 매체를 통해 인간 안에서 새로운 종합이 어떻게 생성되는가를 이해하는 것이다. 이 새로운 종합을 이전에 우리는 개체의 대자존재라고 불렀다. 이 대자존재는 존재론적 의미에서 현상태를 지양하지는 않는다. 하지만 대자존재는 이 현상태에 새로운 내용, 새로운 구조형식을 부여한다. 이때 새로운 유형의 모순투성이의 다층성이 현상태에 생겨날 때 이 다층성은 과거의, 허구의, 이원론적 형식들과 더 이상 아무런 관련이 없다. 생물학적 현상태가 보다 높은 사회적 형식들의 지양할 수 없는 토대로 머문다는 것은 자명하다. 심지어 사실이 그러하듯이 사회적 연관에서 특징적인 실천적 의미에 이를 수 있다. 이를 보기 위해 개별 인간의 지문을 생각해보면 된다. 여기서는 인간 종에 속한 모든 개별자의 생물학적 유일성이 법 영역이나 행정관청에서 중요한 역할을 수행한다. 이러한 사실은 그 자체로 '완전히 동일한 두 잎을 발견하는 것은 불가능하다.'고 한 라이프니츠의 확신과 그렇게 구별되지 않는다. 이러한 유일성은 직접적으로 생물학적 사실로 남아 있다. 하지만 그런 개체성으로부터 직접적 유일성의 사회적 현상형식으로 나아갈 수 있는 매우 다양하고 복잡한 상호작용이 나온다. 개별 인간의 글씨를 생각해 보라. 만약 필적학이 인간의 인격성의 "심층심리적" 질문들을 풀고자 한다면 그것은 문제가 있고 또 의미도 없다. 이렇듯 이미 사회적인, 하지만 육체적 활동과 연결되어 있는 글쓰기에는 철저히 생물학적으로 규정된 지문에서 명백히 드러나는 것과 유사한 모든 개별 인간의 직접적 유일성이 현상한다.

이러한 과정은 인간 활동의 최고의 표현들에까지 계속될 수 있다. 누구도 그림이나 음악과 같은 그런 예술의 생물학적 토대를 무시할 수 없다. 시각성(봄)과 청각성(들음)은 의심의 여지없이 생물학적 존재의 도구이며, 유기적 존재로서의 인간의 생물학적 재생산의 도구이다. (인간을 자연적 존재에 국한시킴으로써—역자) 인간의 창조적 문제에 이의를 제기할 수 있는데, 하지만 생각할 수 있는 가장 멀리까지 나아간 인간의 자연스런 발달과 정도 회화적 봄에로, 음악적 들음에로 이끌 수 없다는 것도 부인할 수 없다. 여기에서 순수하게 생물학적인 봄과 사회적으로 변형된 봄을 —그 공동의 생물학적 토대에도 불구하고— 서로 구별시키는 도약은 당연히 시각적 예술의 발생보다 훨씬 이전의 단계에 놓여 있지 않으면 안 된다. 엥겔스는 다음과 같이 말한다. "독수리는 인간보다 훨씬 더 멀리 본다. 하지만 인간의 눈은 독수리의 눈보다 사물들을 훨씬 더 잘 본다."[89] 이때 이러한 확립은 인간의 시초단계와 연관되어 있다. 청년 마르크스는 『경제학-철학 수고』에서 음악과 음악성의 문제를 더 깊이 있게 다룬다. 여기서 그는 가장 중요한 결론에 이른다. "오감의 형성(Bildung)은 지금까지의 전체

---

89) Engels: *Anteil der Arbeit an der Menschwerdung des Affen*, a. a. O., S. 697; MEW 20, S. 447 f.

세계사의 작업이다."[90] 감각의 사회화가 이 감각의 현상태를 지양하는 것이 아니라 반대로 더 정교하고 심오하게 만든다고 하는 이런 추론적 확립은 더 나아간 정당화를 필요로 하지 않는다. 우리는 처음에 인간의 실상(Geradesosein)이 인간의 전체 발전을 이끌어간다고 말했으며, 이제 우리는 생물학적 시초뿐 아니라 사회화된 끝에도 인간의 현상태가 서 있음을, 인간 종의 계통발생에서처럼 인간 개별자의 개체발생에서도 하나의 도정이 직접적으로 소여된 현상태로부터 인간 개체성의 대자존재의 현상태로 이끌린다는 것을 본다. 즉 하나의 연속적 발전을 여기서 목격하게 된다. 물론 이 발전은 완전히 불균등하게 이뤄지고 모순투성이어서, 그 결과가 시초를 만들어내고 형성할 뿐 아니라 동시에 이 시초와 날카롭게 대립해 있을 수 있지만, 다시금 동일성과 비동일성의 동일성이라는 구조와 현실적 연관을 맺는다.

지금까지 서술한 바에 따라 방금 제시된 형식적 규정들의 내용을 고쳐 쓰는 것은 더 이상 그렇게 어렵지 않다. 우리는 이미 여기에서 발생한 비동일성이 물질적인 것과 이상적인 것의 대립과 관련이 없음을 제시했다. 이러한 대립이 어떤 형식으로 파악되건 이 대립은 인간이라는 복합체 내에 있는 사회적 요소들의 중단 없는 점증적 성장을 존재론적 토대로 갖는다. 이러한 정황을 분명하게 보기 위해 우리는 앞에 서술했던 것을 생각해보는 것으로 충분하다. 우리는 앞의 서술에서 인간의 유적합성이 사회의 구성원으로서의 자신의 현존재와 어떻게 연관되는지, 이러한 도정에서 —다시금 아주 불균등하고 모순적인 방식으로— 유의 무언성이 어떻게 사회-역사적으로 극복되는지, 그리고 기나긴, 그러나 지금까지도 아직 완성

---

90) *Marx Werke* III, S. 120; MEW EB I, S. 541 f.

에 훨씬 못 미치는 발전의 과정에서 인간의 유(종)가 어떻게 자신의 본래적인 적절한 형식으로 형성되기 시작하는지를 보여주었다. 지금까지 인간의 개체성의 대자존재에 대한 잘못된 표상을 거부하는 비판적 측면에 대해서만 많은 것이 상술되었는데, 이렇게 상술된 것은 구체적인 형태를 그렇게 이해된 유적합성과의 연관에서만 획득할 수 있다. 첫째, 이것은 사회적으로 규정된 자발적(즉흥적)-근본적 과정이다. 왜냐하면 노동에 내재한 목적론적 정립은 단순한 욕구만족을 직접적으로 지향하기 때문이다. 객관적으로 사회화된 맥락에서야 비로소 노동과정과 노동생산물은 개별 인간을 넘어가는, 물론 실천과 연결되고 이를 통해 인간의 존재와 연결되는 그런 일반화, 즉 유적합성을 보유한다. 왜냐하면 공동의 노동에 의해, 노동분업과 그 결과에 의해 유지되는 인간 공동체에서야 비로소 유(종)의 자연적 무언성은 퇴각하기 시작하기 때문이다. 즉 개체는 자신의 실천의 의식을 통해서도 유(종)의 (단순한 견본이 아니라) 구성원이 된다. 물론 이 유는 처음에는 그때그때 현존하는 공동체와 직접, 그리고 완전히 동일한 것으로 정립되어 있었다. 이때 결정적으로 새로운 것은, 유(종)에의 귀속성이 비록 법칙상 자연적으로 —즉 출생과 더불어— 형성된다고는 하지만, 이 귀속성은 의식적으로 사회화된 실천을 통해, (아주 넓은 의미에서의) 교육을 통해 형성되고 의식된다는 것이며, 또한 이 귀속성은 공동의 언어 속에서 사회적으로 창조된 고유한 기관을 형성한다는 것이다. 이미 낯선 자가 공동체로 들어옴과 더불어 귀속성이 자연적 성격에서 형성된다는 사실은 사라지고 만다. 사회가 발전할수록 사회에의 귀속성이 단순한 자연적 토대에 더 의존하지 않게 된다는 사실을 보기 위해 더 이상의 논구는 필요치 않을 것이다. 이때 우리는 다만 상대적으로 안정된, 서서히 변하는 사회에 뿌리박은 습속들이, 비록 이것들이 궁극적으로 사회적 기원과 성격을 갖는다고는 해도, 그 직접적 유효성에 있어서 자연적 현상형식들을 보유하고 있는 것처럼 보인다는 사실을 망각해서는 안 된다. 원시사회에서 고대인들의 권위가 그러했다. 고대인들의 권위는 —본질적으로 경험주의적인 경험축적과 이 경험을 전통에 적합하게 고착하고 재생산함에도 불구하고— 객관적으로 사회적인 근원을 가지지만, 직접적으로 그 의식에 있어서는 "자연"에서 생성된 형식을 수용한다. 그리고 확실히 보다 발전된 단계에서 나타나는 젊고 능력 있는 젊은이의 권위는 보다 순수하게 사회적이다. 하지만 이러한 차이가 —사회성 내에서 발생하는— 진화를 어둡게 해서는 안 된다.

둘째, 인간의 상호작용과 더불어 사회성은 점점 더 발전하게 된다. 이와 함께 특정한 종류의 실천, 즉 대안을 추구하는 목적론적 정립을 향한 사회적 충동과 반충동(Impulse und Gegenimpulse)은 점점 더 강력하게 행위해야만 하는 개별 인간의 자아의식에 집중되는 결과를 가져온다. 우리는 여기서 다음과 같이 말할 수 있다. 즉 사회가 더 발전하고 사회화될수록, 그리고 사회 내에서 더 강력하게 자연의 한계의 테두리가 실제적으로 더 후퇴하게 될수록 결단을 동반하는 행위의 문제에서 자아에의 이런 집중화는 그만큼 더 인상적이고 다양하게, 그리고 더 결정적으로 드러나게 된다. 이러한 발전은 그 과정과 수행에 있어서 오늘날 일반적으로 인정되고 있다. 결단은 이렇게 개별 인간에 집중되는데, 이때 이런 집중화가 개별 인간의 내적 발전에 그 실제 뿌리와 동력을 갖는 것이 아니라 사회의 점차적인 사회화에 뿌리박고 있다는 사실을 간과하는 경향이 있다. 개별 인간이 결단을 더 많이 내려야 할수록, 결단이 더 다양해질수록, 결단이 그 직접적 목표와 더 멀어질수록, 그리고 바로 이 목표와의 결합이 복잡해진 매개들의 연관에 의존할수록 개별 인간이 점점 더 많아지고 다양해진 의무들로 이뤄진 이런 복합체에서 스스로를 유지하고자 한다면, 그만큼 더 그는 자기에게도 종종 이질적인 이런 다양한 반작용의 가능성들을 준비하는 일종의 체계를 형성해야 한다. 이런 발전을 위한 여지는 따라서 사회적으로 규정된다. 물론 이때 이러한 여지 내에서 다양한 개별 인간들은 "유사한" 상황에서 다양한 대안의 결정에 마주할 수 있다. 하지만 그 결단의 결과가 더 이상 그 개별 인간들에게만 의존하는 것이 아니기 때문에 그들에게는 서로 간에 다양한 태도양식들을 조정하고, 자기들만의 욕구들과 예견 가능한 이 욕구들의 사회적 결과들 등을 조정해야 할 필요성이 점점 더 강하게 제기된다. 이러한 사실은 또한 복잡하게 매개된 일상의 작용뿐 아니라 계속 반복되는 일상의 작용에도 해당한다. 마르크스는 이렇게 형성된 태도양식들의 극단적인 경우에 대해 다음과 같이 말한다. "인간은 말 그대로 '정치적 동물(zoon politikon)'이다. 즉 인간은 사교적 동물일 뿐 아니라 사회 속에서만 개별화될 수 있는 동물이다."[91]

셋째, 우리의 분석이 보여준 것처럼, 실천적인 모든 개별적 결단은 그 자체로 단순한 특수성(단순히 존재하는 개체성)의 요소와 경향들이자 동시에 유적합성의 요소와 경향들이다. 인간은 예컨대 완전히 특수한 욕구의 영역(예컨대 배고픔 등)을 만족시키기 위해 노동을 하지만, 그의 노동은, 우리가 본 것처럼, 그 수행뿐 아니라 그 결과에 있어서도 유적합성의 요소와 경향을 갖는다. 이 양자 사이의 분리가 경우에 따라 개별 의식에 어떻게 반영되는가에 상관없이 이 분리는 언제나 객관적으로 현존한다. 왜냐하면 이 두 경우에 결단은 사회적 환경에 의해 촉발되고, 동시에 결단을 하는 자아와 관계한다. 이것들의 분리, 그리고 심지어 이것들의 대립이 의식되는 방식은 이런 분리와 대립이 서로 갈등에 빠지며, 개별 인간은 이것

---

91) *Robentwurf*, S. 6; MEW 42, S. 20.

들 사이에서 선택을 강요받는다는 사실에 놓여 있다. 그런 갈등은 사회적 발전을 중단 없이, 하지만 언제나 새로운 형식으로, 언제나 새로운 내용들로부터 출발하면서 기획 투사한다. 즉자적으로 단순하게 존재하는 인간의 개체성이 대자존재로 움직여간다고 한 이전에 묘사한 운동은 이런 발전과 분리 불가적으로 연결되어 있다. 인간의 유적합성이 인간의 개별성의 전개보다 훨씬 이전에 한 인간을 조형하는 기능을 담당했다고 하는 역사적 사실로부터 유와 개별자의 관계에 대한 어떤 성급하고 단순한 결과도 추론되어서는 안 된다. 여기서 실제 기능하는 문제복합체를 현실적으로 적절하게 다루는 영역은 윤리학일 것이다. 왜냐하면 여기서는 부단히 가치문제가 불가피하게 제기되기 때문이며, 사회적 존재 내부에서 존재론적 연관을 확인하고자 하는 문제에 국한된 여기에서 가치들의 구체적 변증법은 우리가 지금 다루는 주제 밖의 문제이기 때문이다. 존재론적으로는 다음의 사실을 지적하는 것으로 족하다. 즉 두 운동, 말하자면 개체성(Einzelheit)의 즉자존재로부터 대자적으로 존재하는 개별성(Individualität)으로의 운동과 인간의 특수성으로부터 유적합성으로의 운동은 비록 서로 불균등하고 모순 투성이기긴 하지만 서로 깊이 착종된 과정이다. 만약 우리가 궁극적으로 포괄적 계기들, 예컨대 대자존재나 유적합성에 기계적-보편적 우월성(혹은 열등성)을 부여한다거나 혹은 이 계기들을 완전히 자립적인 힘을 가지고서 스스로를 전개해가는 힘들이라고 상상한다면 이 과정들의 본질을 철저히 왜곡하는 꼴이 되고 말 것이다. 이 계기들 내에서 효력을 발휘하고 있는 가치들을 추상하여 고립시키고, 이와 더불어 이 가치들에 사회적-역사적 발전과 독립해 있는 존재(혹은 유효함)를 부여하며, 동시에 가치와 가치 현실화의 영역을 자립적 영역으로 물신화한다면 처음에는 옳은 것으로 보일 수도 있다.

인간의 대자존재와 유적합성 사이에는 반복적으로 등장하는, 그리고 현실 역사에서 원리상 종종 해결할 수 없는 그런 갈등들이 생겨나는데, 이런 갈등 없이 인류의 역사는 불가능하다. 하지만 이 모든 갈등에서, 비록 이런 갈등이 현실적으로 해결될 수 없다고 하더라도, 이 갈등들 사이의 궁극적인 심오한 역사적 수렴을 인식하지 못한다면 가장 본질적인 문제를 지나치고 마는 것이다. 이런 수렴은 인간의 대자존재와 유적합성 사이의 본질적 연관을 표현한다. 하지만 이런 연관은 이 두 계기들 중 어떤 것에서도 초역사적 실체성을 보지 않고 오히려 이 두 계기를 ―그 참된 실체성 속에서― 역사의 산물이자 공동의 산출물로 이해할 경우에만 파악될 수 있다. 인간 유의 무언성은 사회가 시작하는 바로 그 순간에 이미 고지되었었다. 그럼에도 불구하고 이 무언성은 점차적으로, 불균등하게, 그리고 모순투성이의 방식으로만 현실화된다. 왜냐하면 이전에도 말한 것처럼, 이런 무언성은 사회가 보다 크고 보다 발전된 (보다 사회화된) 통일형식으로 통합되는 과정에서야 비로소 객관적으로뿐 아니라 주관적으로 자신의 참된 규정을 전개할 수 있다는 사실이 여기서는 중요하기 때문이다. 이런 도정이 진행하는 가운데 사회에는 종종 유적합성의 상이한 단계들이 동시적으로 현존한다. 지배적인 단계는 그 존재에서 방금 도달한 단계이다. 하지만 동시에 그 안에는 많은 사람들이 실천을 통해 다양한 방식으로 지향했었던 극복된 단계들의 흔적도 현존한다. 미래의 형태들이 유적합성의 완벽한 실현을 전망으로 제시되는 적지 않은 경우들이 있다.(고대 후기의 철학을 생각해보라.) 그러한 경우들에서도 이러한 가능성들이 인간의 선택적 결정을 위한 부분적인 여지가 된다는 것은 확실하다.

　여기에서 이와 연관된 사회적 가치문제에 대해 말할 수는 없다. 다만 유적합성을 향한 의도가 많은 경우에 인간의 특수성의 측면에서뿐 아니라 대자존재의 측면에서 출발할 수 있다는 사실이 언급되어야 한다. 특히 이미 추월된 단계에 대한 열망에서 특수성은 중요한 역할을 수행할 수 있다. 곧이어 일반적으로 개별 인간의 특수성의 극복과 유적합성이라는 보다 고차적인 형식에 대한 추구는 인간이라는 사회적 실체의 운동에서 세계사적으로 하나의 수렴을 지시한다고 말할 수 있을 것이다. 하지만 이런 세계사적 경향으로부터 모든 개별 사건을 판별할 추상적-보편적 원칙을 만들고자 한다면 이것은 이런 과정의 실제 존재론적 본질을 왜곡하는 것일 것이다. 하지만 이런 필연적 예외도 방금 암시한 세계사적 경향을 무화시킬 수 없다. 왜냐하면 단순히 즉자적으로 존재하는 개체성으로부터 의식적 개체성으로의 사회적으로 촉발된 운동, 자신의 실천을 의식적으로 수행하는 대자존재, 그리고 인간 유의 무언성에 대한 주관적이고 객관적인, 그리고 의식적이고 존재 적합한 극복 등은 서로를 지지하는 수렴하는 운동이기 때문이다. 의미 있는 불균등성과 심오한 모순성이 전체과정의 도정과 국면을 함께 규정한다는 것은 사실이다. 하지만 또한 동시에 만약 개체인간이 대자존재로 향하는 과정에서 나타나는 어떤 병렬적 경향도 사회적으로 필연적으로 진행하는 것이 아니라면, '인간 유는 완벽하게 현실화될 수는 없지만, 자연스럽게 습득된 인간 유의 무언성은 떨쳐질 수 있다.'는 사실도 확실하다. 개체인간을 (더 이상 단순히 자신의 특수성 속에서 즉자적으로 구별된 개체존재로서가 아니라) 개별자로 의식하는 인간들만이 참된 유적합성을 자신의 의식을 통해, 이 의식에 의해 조정되는 자신의 행위를 통해 사회적-인간적 실천으로, 즉 사회적 존재로 변화시킬 수 있다. 모든 불균등성과 모순에도 불구하고 세계사적 척도에서 이뤄지는 사회적 발전은 그와 나란히 개체인간 내에서의 대자적으로 존재하는 개별성의 생성에로, 자기 자신을 실천 속에서 인간 유로 의식하는 한 인간의 구성으로 추동해간다.

5. 총체성으로서의 사회의 재생산

이와 더불어 사회적 발전의 한 축인 인간 자체는 그의 성장과정에서 자신만의 대자존재로, 의식적 유적합성으로 분명하게 되어간다. 존재론적으로 규정되는 이런 성장의 힘에 대한 분석은 이 힘들이 언제나 그때그때의 사회적 형태들과 인간의 행위 가능성과 행위 필연성들 사이의 상호작용의 결과들임을 보여준다. 이때 인간의 이런 행위 가능성과 필연성은 저 사회적 형태들에 의해 제공된 여지 내부에서, 그리고 이 형태들이 그것들에 제기하는 가능성과 과제 내부에서 구체적으로 현실화된다. 우리는 또한 이러한 발달을 이해하기 위해 "인간 본성"의 본질에 대한 어떤 선험적 가정도 필요하지 않다는 사실을 보았다. 역사는 참으로 순수한, 존재론적으로 근본적인 다음의 사실을 보여준다. 즉 노동은 인간에게 새로운 능력과 욕구를 일깨울 수 있으며, 노동의 결과는 이 결과물 안에 직접적으로, 그리고 의식적으로 정립되어 있는 것을 넘어서 새로운 욕구와 이 욕구충족의 능력을 세계 안으로 도입하며, ―특정한 형태의 객관적 가능성 내에서― "인간의 본성"에는 이런 성장의 어떤 선험적 한계도 미리 규정되어 있지 않다는 사실.(이카로스의 경우는 "인간 본성"의 한계를 지시하는 것이 아니라 고대 노예경제에서 생산력의 한계를 지시한다.)

바로 여기서 사회적 존재로서의 인간의 존재론에 결정적인 문제, 즉 자주 언급된 자연(본성)의 경계의 퇴각은 그 구체적 변증법과 역학 속에서 명료하게 된다. 모든 생명체와 마찬가지로 인간은 본성상 대답하는 존재이다. 즉 환경은 그의 실존과 그의 재생산에 조건과 과제 등을 제기하며, 자기보존과 종의 보존을 위한 생명체의 활동은 이 문제에 적절하게 (아주 넓은 의미에서 자신만의 삶의 욕구에 적합하게) 반응하는 데 집중된다. 노동하는 인간은 모든 생명체가 하듯 자신의 환경에 반응할 뿐 아니라 실천 속에서 이런 반응을 대답으로 구체화(분명하게)하는 한 그는 지금까지의 모든 생명체와 구분된다. 유기적 자연에서의 발달은 순수하게 즉흥적(자발적)인 물리적-화학적 반응으로부터 어느 정도 의식에 의해 동반되고 촉발되는 반응에 이르기까지 진행된다. 구체화는 언제나 의식에 의해 이끌린 목적론적 정립에 의지하며, 특히 그런 모든 정립에 함축되어 있는 원리적 새로움에 의지한다. 이를 통해 단순한 반응은 대답으로 구체화되고, 이를 통해서야 비로소 환경의 영향이 하나의 문제의 특성을 보유하게 된다고 말할 수 있다. 문제와 대답의 이런 변증법적 상호유희가 갖는 제약 없는 발전 가능성은 인간의 활동이 자연환경에 대한 대답을 함유할 뿐 아니라 이 활동이 새로운 것을 창출함으로써 필연적으로 새로운 문제를 제시한다는 데서 성립한다. 이때 이 새로운 문제는 더 이상 직접적 환경이나 자연 그 자체에서 직접적으로 발생하는 것이 아니라 스스로 창조한 환경, 즉 사회적 존재의 초석이 되는 그런 문제이다. 그러나 이와 더불어 문제와 대답의 구조가 없어지는 것이 아니며, 오히려 훨씬 더 복잡하고 사회화된 형식을 보유한다. 최초의 노동에서 이미 자연의 경계의 퇴각을 작동시킨 이런 최초의 발걸음은 자신의 필연적 동력으로 인해 더 나아간 발전을 수행한다. 무엇보다 노동은 점차 인간과 욕구만족 사이의, 노동하는 인간과 자연환경 사이의 매개의 영역으로 자리 잡아간다. 지금도 역시 인간에게 실천의 형식으로 대답을 요청하는 질문이 제기되지만, 질문 제기자는 점점 더 직접적 자연 그 자체가 아니라 점차 더 환산되고 깊어진 사회와 자연의 신진대사이다. 하지만 스스로 창조한 매개라는 새로 생겨난 이런 중간요소는 대답의 직접적 요소와 역학도 변화시킨다. 왜냐하면 대답은 점점 더 직접적 방식으로 생겨나는 것이 아니라 스스로를 어느 정도 자립적으로 만드는 질문을 통해 확산되고 촉발되고 더 효과적으로 되기 때문이다. 대답의 경향에서 발생한 질문들의 이런 자립화는 시간이 지나면서 과학의 형성으로 나아간다. 여기에서 질문의 직접적 자기 동력의 배후에는 매우 자주 이 질문을 폭넓게 매개하는 출발점, 그리고 인간의 실존과 재생산을 위해 사회적 존재를 요청하는 대답들의 예비 등이 직접적으로 지각될 수 있다. 하지만 여기서 또한 필연적으로 근원과의 질적 소원함이 분명하게 드러난다. 이는 이에 대해서 —궁극적으로— 인간의 존재의 재생산 역시 인간에게 다음의 요청을 제기한다는 것이 분명한 것과 같다. 즉 이제 인간이 노동과 더불어, 그리고 이제는 아주 복잡해진, 폭넓게 매개된 이 노동의 준비에 적합한 대답과 더불어 수여한 요청을 제기한다는 것이 분명한 것과 같다.

그리고 인간 종의 재생산의 또 다른 축, 즉 사회의 총체성을 그에 상응하게 파악할 수 있기 위해 무엇보다 인간의 활동성과 객관적인 경제적 발전 사이의 이런 연관을 언급하는 것은 불가피했다. 여기서도 참된 존재론적 사태는 잘못된 두 극단들에 대해 제3의 길로서만 제시될 수 있다. 우리는 신학적 역사철학에서 정신과학적, 혹은 현상학적 구조에 이르기까지 이 문제복합체에 대한 다양한 관념론적 직관들을 논박하는 데 관심이 있는 것은 아니다. 이 모든 관념론적 직관은 결과적으로 인간으로부터 자신의 문화의 신비적 조물주를 만들어내는 것들이다. 또한 이와 관련하여 인간과 인간의 활동을 동일하게 신비화된 객관적-경제적 "자연법칙성"의 기계적 산물로 보는 속류 마르크스주의를 상세히 다루는 것도 불필요하다. 여기에서 생산력과 기술을 동일한 것으로 간주할 경우 물신화하는 이런 신비화는 정점에 이르게 된다. (우리는 다음 장에서 속류 마르크스주의의 기계적 세계이해의 방법론적 오류에 대해 비교적 상세히 다룰 것이다.) 여기서는 방금 말한 역동적 구조, 즉 인간의 실존을 위해 사회에 의해, 혹은 사회의 자연과의 신진대사에 의해 인간에게 제기되는 질문에 대한 인간의 대답이, 우리가 전에 말한 바와 같이, 마르크스가 말한 것의 변곡이자 구체화에 불과하다는 것을 언급하는 것으로 그치겠다. 마르크스는 인간은 자신의 역사를 스스로 만들지만, 스스로 선택한 환경 아래서가 아니라 자신에게 객관적으로 주어진 환경 아래에서 그렇게 한다고 말한다. 이런 연관을 명료하게 함으로써 비로소 경제적 발전의 주된 노선은 이 노선의 근저에 놓인 존재론적 사태와 경향 아래서 적절하게 파악될 수 있게 된다.

여기서 구체적으로 등장하는 문제를 다루기 전에 우리는 추상적 차원에서나마 어떤 구조적-역동적 조건 아래서 이 두 축의 운동이 수행되는지에 대해 명료화해야 한다. 우리는 방금 하나의 축, 즉 인간을 움직이고 스스로 발전해가는 복합체로 알게 되었다. 총체성으로서의 사회가 다른 축을 형성한다는 것도 명료하다. 마르크스는 『철학의 빈곤』에서 프루동에 대항하여 다음과 같이 말한다. "모든 사회의 생산관계는 전체를 형성한다. … 정치경제학의 범주들로 이데올로기적 체계를 구축하자마자 사회적 체계의 지절들은 서로 탈구하고 만다. 사회의 상이한 부분들은 하나가 다른 하나에 이어서 따라 나오는 대자적인 많은 사회들로 변화한다."[92] 전제가 전체 복합체들의 부분에, 전체를 형성하는 개별복합체들에 앞선다는 이런 우선성은 무조건 유지되어야 한다. 왜냐하면 그렇지 않을 경우 ―의도했건 그렇지 않건 간에― 상황은 현실에서 단순히 부분복합체의 특수성을 총체성 내부에서 규정하는 그런 모든 힘을 특별히 윤색하여 자립화시키는 결과에 이르게 된다. 이런 힘들은 어떤 것에 의해서도 방해받지 않는 자립적인 고유한 힘들로 되며, 따라서 개별복합체들 상호 간의 역동적 상호관계

---

92) Marx: *Elend der Philosophie*, S. 91-92; MEW 4, S. 130 f.

로부터, 무엇보다 총체성 내부의 부분복합체의 자리로부터 발생하는 발전의 모순과 불균등성들을 파악할 수 없게 된다. 바로 이런 문제에서 부분복합체를 일관되게 인식이론적으로, 혹은 논리적으로 사상적 구축을 수행하는 방법론적 우선성이 현실에 대한 적절한 이해를 위해 얼마나 위험한지가 드러난다. 여기서 반복적으로 드러나듯이, 모두는 당연히 그것 없이는 자신의 본질을 파악할 수 없는 자신만의 특성을 갖는다. 하지만 이런 특성은 존재론적으로 부분복합체의 독자적 법칙성뿐 아니라 동시에, 그리고 무엇보다도 사회적 총체성 내에서의 부분복합체의 위치와 기능을 통해서도 규정된다.

이러한 규정은 자립적으로 —사상적으로— 끝으로 이끄는, 그런 다음 다른 힘들과의 상호작용에서야 비로소 고찰될 수 있는 단순히 형식적인 규정이 아니다. 그것은 오히려 심오하고 결정적으로 모든 부분복합체의 범주적 구성물로, 이 복합체의 역동적 전개로 이끌려 들어와 많은 경우에 바로 이 복합체의 중심 범주들을 변형시킨다. 우리가 이미 탐구한 개별 사례들을 살펴보자. 전쟁수행이라는 복합체는, 모든 복합체가 그러하듯이, 이 복합체를 현상으로 드러내는 사회의 경제적-사회적 가능성에 기초해 있다. 이런 토대 위에서 전술의 범주, 대형의 범주 등과 같이 이 복합체의 특수성을 그때그때 특수한 방식으로 표현하는 아주 중요한 중심적 범주들이 생겨난다. 하지만 그 군사적 상위개념인 전략을 위와 동일한 방식으로 규정할 경우 비판적 의미에서 잘못된 설명이 나올 수 있다. 클라우제비츠는 이 문제에 있어서 전략의 압도적인 정치적 특성, 단순히 군사기술적인 문제를 넘어서는 전략의 특성들을 명료하게 제시함으로써 참된 철학적 문제를 증명했다. 그리고 만약 전략이 인식이론적-혹은 논리적 방식을 띤 사상적 성장의 형식으로 전술로부터 내재적으로 발전한다면 이 영역의 이론뿐 아니라 실천도 이 영역의 필연적인 —그리고 또한 실천적인— 작용방식을 보여준다. 그런데 전술을 그렇게 구성된 전략 개념으로부터 기계적으로 유도해낼 경우 상황은 결코 좋아질 수 없다. 부분의 전체와의 관계에서 발생한 이 두 범주의 존재론적 이종성은 이러한 관계를 이론적으로뿐 아니라 실천적으로 올바로 파악하기 위한 유일하게 실제적인 토대이다. 법 영역에서 내용과 형식의 관계도 유사하다. —물론 이때 이 관계는 유사할 뿐 동일하지는 않다. 여기에서는 상이한 형태로 나타나는, 그리고 상이한 해결 방향을 갖는 법 형성, 자연법 등의 역사로서의 역사의 과정에서 그런 존재론적 이질성을 드러내는, 법 내재적으로 해결할 수 없는 그런 문제들이 생겨난다. 이런 복합적 문제는 윤리학에서 중요한 역할을 수행할 것이다. 존재론적 문제들의 경우 언제나 대상들, 그리고 관계들 등의 현상태가 존재의 토대로 취해져야 하며, 따라서 방법론적으로 등질화하는 경향들은 참된 객체에 대한 적절한 인식을 위한 큰 위험을 의미한다는 사실이 충분히 자주 강조되지 않을 수 없다. 우리는 이미 헤겔에게서 그의 아주 천재적인 통찰들이 존재적인 것을 논리화함으로써 어떻게 왜곡되고 잘못되는지를 볼 수 있었다. 이러한 사실은 그가 절대정신이라고 부른 것(예술, 종교, 철학)을 객관적 존재(사회, 법, 국가)와 아주 분명하게 구분하고 있다는 사실에서도 분명하게 드러난다. 하지만 그는 동시에 자신의 원래 의도를 희석하고 왜곡한다. 그는 종교라는 특수한 현상태를 인식하지만 종교를 예술과 철학과 동질적 발전 노선에 편입시킨다. 이를 통해 그는 종교라는 현상태를 지나쳐 이 존재를 —사태의 본질에 따라— 단순한 종교철학으로 강등시킨다. 그가 그의 체계에서 절대정신에 —세계사적으로 통찰해서— 부여하는 전체 입장은 훨씬 더 중요하며, 중대한 결과를 낳는다. 이미『정신현상학』에서 절대정신은 상기(내적인 것을 일으킴, Er-Innerung)로, 외화(소외)의 사후적 회수로, 참된 과정으로, 실체와 주체의 동일화로 현상한다. 하지만 이를 통해 절대정신은 전체과정의 최고점으로 될 뿐 아니라 동시에 실제 과정에서 제거된다. 이 실제 과정은 세계사에서 드러나며, 그 실제적 완성은 현실에서의 이념의 체현인 국가의 형성이다. 이때 헤겔은 자신이 절대정신이라고 부른 것의 이중성을 매우 날카롭게 보았다. 그것은 한편으로 역사에 실제로 현상하는 것의 최고의 정신적 종합이고, 다른 한편 현실에 직접 영향을 줄 수 있는 그런 과정에 참여하지 않는 대상이다. 이 영역의 자립성, 그리고 이 영역이 궁극적으로 현실적 영향에서 벗어나 있다는 것 등은 수많은 올바름과 심오함을 내포하고 있기는 하다. 하지만 헤겔의 체계건축물에서는 이 전체 영역의 전능과 무능이라는 그 자체 내에서 통일될 수 없는 비유기적 이원성(이것은 생산적인 변증법적 모순이 아니다.)이 생겨난다.

마르크스는 『신성가족』에서 이런 "불완전성"을 신랄하게 비판한다. "**헤겔**에게서 역사의 **절대정신**은 **대체로** 자신의 재료와 그에 상응하는 표현을 **철학**에서야 비로소 가진다. 철학자는 역사를 만드는 절대정신을 운동의 진행에 따라 **사후(事後)적으로** 의식하는 하나의 기관으로서만 현상한다. 철학자로서의 역사 참여는 사후적 의식으로 환원된다. 왜냐하면 절대정신은 현실의 운동을 **무의식적으로** 수행하기 때문이다. 따라서 철학자는 사건 이후 온다." 이를 통해 헤겔은 "절대정신에게 절대정신으로서 오직 **가상**으로만 역사를 만들게" 한다. "절대정신은 사건 이후에나 철학자 안에서 창조적 세계정신으로 의식되기 때문에 철학자의 역사 제조는 오직 의식에서만, 철학자의 견해와 표상에서만, 사변적 상상에서만 존재하게 된다."[93] 헤겔

---

93) *Marx Werke* III, S. 257-258; MEW 2, S. 90.

의 "불완전성"은 그가 존재론적 사태를 논리화함으로써 완고하고 잘못된 안티노미를 만들어냈다는 데 있다. 즉 현실의 존재론적 사태와 아무런 연관이 없는 전능과 무능의 안티노미를. 현실에 대한 의식적 (또한 철학적인) 반영은, 우리가 이미 보았고, 또 다음 장에서 보다 상세히 보게 될 것처럼, 물질적 역사의 무능한 동반자가 아니며, 물질적 역사의 철학적 의미는, 마르크스의 예가 보여준 것처럼, 결코 사후적 성격을 갖지 않는다. 셸러와 그를 이은 하르트만은 존재론에서 하나의 위계를 상정하는데, 이 위계에서는 지고의 형식들이 실제 세계를 포착할 수 있는 능력이 전혀 없는 것으로 그려진다. 그렇다면 그들은 이성의 작용능력에 대한 믿음을 상실한 변화된 역사적 조건 아래서 헤겔의 절대정신의 이론에서 언급되고 있는 그런 모호함을 특정한 관점에서 새롭게 하고 있을 뿐이다. 이런 무능력의 확립은 그들만의 ―하지만 순수하게 존재론적인― 이성을 간직하고 있는, 역사적으로 전개될 내재적 역사발전에 대한 그들의 불신의 표현일 뿐 아니라 또한 내용적으로뿐 아니라 방법론적으로 순수 존재론적 사태에 대한 잘못된, 허용되지 않는 가치판단이기도 하다. 마르크스의 생각은 헤겔의 생각의 여운이 남아 있기는 하지만 그보다 더 존재론적이다. 왜냐하면 마르크스의 생각은 존재문제와 가치문제를 분명하게 나누고 있으며, 이 양자의 참된 상호작용을 순수하게 존재론적으로 탐구하며, 가치들을 현실에서 생겨나게 하고, 이 가치들을 현실 속에서 작용하게 하지만 순수존재의 바로 그 특성을 잃어버리지 않기 때문이다. 따라서 그는 존재와 가치를 서로 모호하게 섞지 않으며, 결과적으로 ―멋지게 했건 실망스럽게 했건― 전체존재를 총체적으로 파악할 수 있었다. 마르크스에게 중요했던 것은 사회적 존재 그 자체가 자신만의 존재 역동성으로 자기 안에, 혹은 자기 밖에 형성해놓은 커다란 발전 경향들을 그 존재론적 객관성 안에서 묘사하고 파악하는 것이었다. 이러한 전체과정에 어떤 의미, 가치, 가치평가, 가치체계 등이 포함되어 있는가의 문제는 사회적 존재의 존재론의 구체적 문제이자 중요한 문제이다. 이 문제는 사회적 존재가 발전하는 가운데 나타나는 그때그때 해결될 수 있는 그런 문제이다. 그러나 이런 문제가 전체과정에 대한 논리적으로 일반화된 가치평가로 상승할 경우 절대적-객관적으로 의도된 가치평가는 가치를 부여받는 자가 아니라 가치를 매기는 자만을 특징짓는 순수주관성으로 변화된다.

우리는 지금 논의하고 있는 근본문제를 이미 몇 번 다뤘었다. 중요한 문제는 점점 더 순수하고 자립적인 형식으로 되어가는 사회성의 발생과정이다. 이 과정은 존재양식상 상대적으로 단순한 속성으로부터 그 어떤 존재상황으로 인해 보다 복잡한 속성이 생겨나는 과정이다. 이것은 비유기적 물질에서 삶이 생겨나는 경우에 해당한다. 이것은 —아주 복잡한 방식으로— 단순한 생명체로서의 인간이 사회의 구성원으로 되는 그런 경우에 해당한다. 따라서 중요한 문제는 처음에는 파편화되어 있고 산재해 있던 사회성이라는 범주적 구축요소들이, 우리가 이미 본 것처럼, 어떻게 가장 원시적 노동에서도 작용하며, 점점 증대되고 매개되어, 자신만의 고유 복합체로 성장하며, 이로써 이 모든 힘의 상호작용으로부터 사회들을 특정한 단계들에서 생겨날 수 있게 하는지를 추적하는 것이다. 우리는 보다 복잡한 존재형식이 언제나 보다 단순한 형식 위에 구축된다는 것을 보았다. 생명체에서 나타나는, 자신의 실존과 재생산을 구성하는 과정들은 비유기적 자연의 과정, 즉 생명체의 생물학적 존재에 의해 자신만의 실존조건을 위해 그 기능이 변경되는 물리적-화학적 존재 세계의 과정이다. 여기서 등장한 문제들을 다루지는 않을 것이다. 여기서 말하고자 하는 것은 사회적 존재는 언제나 유기적 존재와 비유기적 존재의 범주들의 기능변경을 의미하며(이것은 생물학과 이에서 발생한 삶의 존재론의 과제이다.), 사회적 존재는 이 토대에 의해 결코 해체될 수 없다는 것이다. 이러한 사실은 당연히 자연에서 그 어떤 유사한 것도 발견되지 않고 발견될 수 없는 오로지 사회적인 그런 범주들이 형성된다는 사실을 배제하지 않는다. 노동수단과 노동대상은 자기 속에 근본적으로 내장되어 있는 자연법칙에 따라서만 이 범주들의 기능을 변경시킨다. 노동과정에서는 생물학적으로 규정되지 않는 어떤 운동도 운동으로 나타나지 않는다. 그럼에도 불구하고 노동에서는 그 특징적 범주들이 —이에 대해서는 목적론적 정립을 상기하는 것으로 족하다— 자연과 비교해볼 때 근본적이고 질적으로 새로운 것을 의미하는 그런 역동적 복합체가 생겨난다. 노동과 이와 다른 양식의 사회적 실천은 언제나 새롭고, 점점 더 복잡하고 순수하게 된, 사회적으로 매개된 형식들을 발생시키며, 이로써 인간의 삶은 점점 더 강력하게 사회적 존재로서의 인간 자신에 의해 창조된 환경 안에서 현상하고, 자연은 이 안에서 주로 자연과의 신진대사의 객체로 등장한다. 이러한 사실은, 우리가 본 것처럼, 노동 자체의 본질에, 그리고 노동에서 성장한 다른 양식의 사회적 실천에 속한다.

　다음에서 이런 발전의 존재론적 원리를 말하게 될 때 우리는 이중의, 하지만 통일된 관점에서 이 문제에 들어가야 한다. 한편으로 우리의 도정은 언제나 사회라는 총체성에 방향을 맞춰야 한다. 왜냐하면 이 총체성 속에서만 범주들은 그 참된 존재론적 본질을 드러내기 때문이다. 모든 부분복합체는, 이미 반복적으로 말한 것처럼, 비록 사회의 포괄적 이해를 위해 불가피하게 이해되어야 하는 대상에 대한 특수한 이해방식을 가지기는 하지만, 만약 사회가 고립된 채 고찰되거나 중심으로 떠밀릴 경우 전체 운동의 커다란 참된 노선은 쉽게 왜곡될 수 있다. 다른 한편 이러한 서술의 중심에 경제적 범주들의 발생과 변화가 서 있지 않으면 안 된다. 이러한 관점에서 경제는 삶의 실제적 재생산으로서 존재론적으로 다른 모든 복합체와 구분된다. 우리는 지금까지 전체 재생산을 인간이라는 망루로부터 고찰했다. 왜냐하면 인간의 생물학적-사회적 재생산이 이러한 총체성의 지양될 수 없는 직접적 토대를 이루기 때문이다. 우리는 노동에서도 그 사회적 본질(그 유적합성)을 발견했다. 따라서 우리는 경제를 인간 유와 개별자의 재생산을 위한 물질적 토대를 형성하는 모든 매개의 역동적 체계로 고찰했다. 이와 더불어 이런 토대는 동시에 우리가 지금 다루고 있는 그런 과정으로의 전개로 표현된다. 즉 사회의 사회화, 그리고 이와 더불어 사회를 실질적으로 구성하고 있는 인간의 사회화가 근본적인, 참된 존재론적 존재양식 속에서 드러난다. 왜냐하면 반복해서 본 것처럼, 복잡해진 인간의 모든 삶의 표현은 인간의 이러한 개별적이면서 유적합한 재생산을 중요한 전제로 가지고 있기 때문이다. 그럼에도 불구하고 사회의 발전과 사회 안에서 이뤄지는 인간의 발전의 관계를 현실적으로 존재에 상응하게 파악하고자 할 경우, 우리가 이전에 이 과정에서 본질과 현상의 모순적 변증법이라고 지칭한 바의 것을 고려하지 않으면 안 된다. 우리는 뒤에서 여기서 발생한 모순들에 대해 구체적으로, 그리고 자주 언급하게 될 것이기 때문에 여기서는 하나의 사실을 단순히 상기하는 것으로 만족하고자 한다. 즉 생산력의 발전은 —즉자적으로, 그리고 그 본질상— 인간 능력의 고양과 일치하지만, 그 현상방식에 있어서는 —그때그때의 사회적 필연성과 함께— 인간을 천박하게 할 수 있고, 왜곡할 수 있으며 또한 인간을 자기소외로 이끌 수도 있다는 사실을 지적하고자 한다. 그리고 전에도 그랬던 것처럼 여기에서도 강조되어야 하는 것은 마르크스에게서 현상계는 사회적 존재의 실제 영역이자 참된 구성요소를 이룬다는 것이며, 단순히 가상적인 주관적 특성과는 아무런 관련이 없다는 사실이다. 따라서 사회적 존재의 일반적 발전노선을 말하고 있는 여기에서 우리는 주로 사회적 존재의 이런 실제 본질이 사회적-역사적으로 규정된 자신의 변화 속에서 어떤 도정과 방향을 취하게 되는지를 주목해야 한다. 이때 당연히 존재하는 본질과 존재하는 현상 사이의 필연적 본질이 무시되어서는 안 된다. 하지만 이러한 탐구의 주된 강조점은 본질의 운동을 분석하는 데 맞춰져야 한다.

또한 이러한 발전의 결정적 경향은 우리가 일반적인 존재론적 숙고를 하는 가운데 우리에게 이미 알려졌다. 사회적 존재는 우리에게 알려진 자연의 한계를 점차 퇴각시키면서 사회적 존재를 구축하고 재생산하는 역할을 수행한다. 그런 가운데 사회적 범주들의 지배 경향은 강화된다. 그런데 이런 경향을 지금까지보다 더 자세히 고찰하고자 한다면 우리는 그 이전에 몇 가지 점을 주목하는 가운데 사태 자체와 인간의 의식에 박힌 사태에 대한 반영을 정확히 분리해야 한다. 이런 분리는, 이미 강조했듯이, 그때그때의 즉자존재의 객관성과 인간의 의식에 맺힌 주관적(물론 여기서 주관적이란 말은 종종 사회적으로 통용되는 '주관적'을 의미할 수도 있다.) 반영 사이의 분리이다. 따라서 (양자의—역자) 이런 마주 세움은 앞에서 본 본질과 현상 사이의 마주 세움, 즉 두 요소가 객관적으로 존재하는 두 계기의 마주 세움과 아무런 공통점을 갖지 않는다. 따라서 여기서는 특히나 주관적 계기가 언급되어야 한다. 왜냐하면 인간의 가장 자연스런 삶의 기능 역시 역사의 과정에서 점차 사회화되기 때문이다. 그런데 근원적으로 자연적인 것의 (사회적인 것으로의—역자) 그런 변화가 인간의 체험에 오랜 기간 동안 노출될 경우 그것은 인간의 의식에 마치 자연적인 것이나 되는 것처럼 나타날 수 있다. 하지만 존재론적 통찰의 경우 의식의 그런 표현들이 고려되어서는 안 된다. 다만 즉자적으로 있는 객관적 과정을 고찰해야 하며, 이 과정에서 순수 자연성은 노동이라는 사실과 더불어 끝나기 시작한다. 따라서 이데올로기적 대비는 대개 낮은 단계의 자연한계의 퇴각과 보다 높은 단계의 퇴각 사이의 충돌을 표시한다. 이데올로기적으로 단순히 "사회적인 것"에 대비되는 "자연"으로 변호되는 것은 역사적으로 상대적인 의미에서만 이 이름에 합당하다. 따라서 준자연(Quasi-Natur)이라는 말을 구상적으로 할 수 있을 텐데, 다른 연관에서 보자면 이것은, 매우 자주 그러하듯이, "제2의 자연"으로서 객관적 법칙성을 가진 사회라고 할 수 있을 것이다. 이 준자연은 성적 관계에서부터 순수 이데올로기적 구상(예를 들어 자연법)에 이르기까지 뻗어 있으며, 감각과 사유의 역사에서 중요한 역할을 수행했다. 오해를 피하기 위해 이 문제를 살펴보는 것이 필요했다. 지금까지 발전과 진보에 대해 상술했던 바에 따르면 '점점 더 사회화됨'이라는 존재론적 사실이 여기 우리에게는 결정적으로 중요하며, 우리는 사회적 존재라는 이와 연관된 사태를 확립함에 있어서 그에 대한 모든 종류의 가치판단을 완벽하게 배제해야 한다고 하는데, 이러한 사실은 자명하다. 하지만 —다시금 길에서 헤매지 않으려면— 우리는 자기만족에 빠진 가치들을 포기해야 한다. 뿐만 아니라 개별 문화들은 이제 고찰되어야 하는 사회적 발전에 대해 역사적으로 극히 중요한 철학적-종교적인, 그리고 과학적-예술적인 반응을 보이는데, 개별문화들의 이런 반응도 등한히 해야 한다. 사회적으로 다소 원시적인 단계에서 나중에도 추월되지 않는 조숙한 것들이 꼭 있기 마련인데, 이러한 사실은 반복해서 말했던 불균등한 발전에서 기인한다. 우리는 호머에 대한 마르크스의 판단을 상세히 인용했다. 그것은 적절한 개별적 판단 이상이며, 이런 판단은 방법론적으로 중요한 일반적 진술이다. 하지만 그 모든 진리에도 불구하고 이 진술은 이후 시기의 사회 존재론적 고차발전에 대항하는 심급을 형성하지는 않는다. 마르크스는 여기서 불균등한 발전을 확고히 한다. 이로써 그는 그런 사태규정들과 모순을 일으키지 않으며, 반대로 경제적으로 발전하지 않은 토대와 추월될 수 없는 서사적 형상화 사이의 바로 이런 대조는 불균등한 발전의 이론적 확립을 위한 토대를 형성한다. 불균등한 발전이 예술에서 특히 생산적으로 드러나기는 하지만, 이로부터 곧바로 이런 불균등한 발전이 이 영역에만 국한되어야 한다는 사실로 귀결되지는 않는다. 이론적-실천적인 인간의 문화의 모든 영역에는 그 단 한 번의 사회적 전제들로 인해 필연적으로 경제적 발전이 파괴되고 무화되는 그런 조숙한 완성들이 있다. 이 경우에 명백히 드러나는 객관존재론적인 진보의 성격은 그런 모순을 건드리지 않으며, 이런 경우들은 사회적 존재의 순수 객관적 운동에서 반드시 일어난다는 사실을 훨씬 더 강조해준다.

이제 사회성의 이런 전개를 자립적 자기완성이라는 관점에서 고찰하고자 한다면 우리는 자연규정들에 의해 다양하게 스며 있는 생산력의 성장(예를 들어 더 이상 단순히 "자연적"이 아닌 단순한 인구성장)이 어떻게 전체 사회구조에 영향을 미치는지로부터 출발해야 한다. 다른 말로 하면 생산력의 발전이 사회성을 구축하고 움직여가는 데 어떤 종류의 결과를 가지는지를 살펴야 한다. 이때 우리는 역사의 과정에서 근원적인 인간 공동체의 상태와 관련한 두 가지 결정적으로 구분되는 유형을 보게 된다. 엥겔스가 『가족의 기원』에서 상세하게 다루고 있는 이런 출발점을 마르크스는 『초안』에서 다음과 같이 특징짓는다. "자연스럽게 성장한 종족공동체, 혹은 그렇게 말하고자 한다면, 무리는 그들 삶의 **객관적 조건을 전유하는**, 그리고 그들의 삶을 스스로 재생산하면서 대상화하는 활동의 첫 번째 전제이다. 여기서 그 첫 번째 전제는 혈연, 언어, 습속 등에서의 공동성이며, 그 활동이란 가축돌보기, 사냥, 농지경작 등이다. 땅은 노동의 수단뿐 아니라 노동의 재료, 그리고 공동체의 자리와 **토대**를 제공하는 거대한 실험실이자 병기고이다. … 노동과정을 통한 현실적 전유는 그 자체 노동의 **산물**이 아니라 노동의 자연적 혹은 **신적** 전제들로 현상하는 이런 **전제들** 아래서 발생한다."[94] 여기서는 그런 공동체에서 "자연성"의 본질이 무엇인지가 잘 드러난다. 무엇보다도 비록 노동이 그렇게 기능하는 복합체들을 유기적으로 서로 유지하는 힘이기는 하지만, 그 전제들이 아직 노동의 산물이 아닌 그런 노동임이 분명히 드러난다. 이런 규정과 관련하여 마르크스에게 중요한 것은 정당하게도 이후의 형식들과의 전개 가능한 대립이다. 따라서 그는 자연적으로 주어진 전제들이 여전히 포괄하는 계기임을 강조한다. 그러나 이 전제들이 자연적으로 주어진 것일 뿐 아니라 신적 기원을 가지는 것으로 현상한다는 암시는 이 전제들이 더 이상 객관적으로 순수 자연일 수 없으며, 이 전제들 안에 이미 인간의 노동이 투입되었다는 것을 시사한다. 물론 이때 이 전제들이 주어져 있는 방식이 인간에 의해 올바로 파악될 수 있다고는 생각되지 않는다. 프로메테우스 신화를 생각해보자. 인간과 자연 사이의 관계를 (객관적으로 말해서 노동을 통해) 규제하는 가장 중요한 계기들이 파편적으로 등장하고, 따라서 재생산의 전체 영역을 관통할 수 없는 한 이 계기들은 신의 부여물로 현상하는데, 이런 정황을 전형적으로 표현하는 것이 바로 이 신화이다. 하지만 자연적으로 작용하는 삶의 계기들이 객관적으로 볼 때 이미 사회적으로 기초 지어져 있는 것과 마찬가지로 (예를 들어 양육이 아직 의식적으로 조정되지 않을 경우에도, 무리는 여전히 객관적으로 순수한 자연 대상이 아니다.) 세계사에 결정적인 대안은 다음의 사실에서 발생한다. 즉 이 상태가 어느 정도까지 —물론 상대화하는 여지 내에서— 안정화될 수 있는지, 즉 단순하게 재생산될 수 있는지, 그리고 이

---

94) *Robentwurf*, S. 376; MEW 42, S. 384 f.

상태의 해체로부터 어느 정도까지, 그리고 어떤 방향에서 새로운 형태의 성장경향이 발생하는지 등의 사실로부터.

현실의 역사는 시초의 이런 선택에 대해 긍정적이면서 부정적인 대답을 제공한다. 마르크스가 말한 아시아적 생산양식은 다양하게 변형된 형식 속에서도 재생산의 과정에서 꾸준히 유지될 수 있는 가능성들을 구체적으로 드러낸다.[95] 마르크스는 『자본』에서 아시아적 생산양식의 구조와 발전 가능성에 대해 상세하게 분석한다. 그는 인도의 양식을 분석하면서 출발한다. 그에 의하면 그런 공동체는 "토지와 근거지의 공동소유에, 농업과 수공업의 직접적 결합에, 그리고 새로운 공동체의 상황에서는 부여된 계획과 개요로 기여하는 확고한 노동분할에 의존한다. 이것들은 만족스러운 생산의 총체를 형성한다. … 생산물의 대부분은 공동체의 직접적 자기수요를 위해 생산되지, 상품으로 생산되는 것은 아니다. 따라서 생산 그 자체는 상품교환을 통해 매개되는 노동분할, 인도 사회의 대부분에서 나타나는 노동분할과는 상관이 없다. 잉여 생산물만이 상품으로 변환된다. 부분적으로 그것은 다시 태곳적부터 특정한 양을 자연스럽게 받아들였던 국가의 수중에 들어갔다." 그러한 마을들 내부에는 매우 특징적인 노동분업이 있으며, 다양한 수공업자들, 국가와 종교의 대리인들 등이 있다. "인구가 성장하면 새로운 공동체가 옛 공동체를 모델로 해서 경작되지 않은 땅에 정착된다. 공동체의 메커니즘은 계획적 노동분업을 보여주지만, 아직까

95) 스탈린 시기는 아시아적 생산양식을 마르크스주의에서 떼어내어 소위 "아시아적 봉건주의"로 대체하고자 했다. 그런데 아시아적 생산양식에 대해 지난 시기, 그리고 유감스럽게 지금까지도 헝가리 언어로 된 중국연구자 퇴케이(F. Tökei)의 뛰어난 글 외에는 없어 보인다. "*Az azsiai termelesi mod kerdesehez*"(아시아적 생산양식에 대하여), Budapest 1965; 독일어 번역본 Ferenc Tökei, *Zur Frage der asiatischen Produktionsweise*, Neuwied/Berlin 1969.

지 공장제 수공업적(manufakturmäßig)[96] 분업은 불가능하다. 왜냐하면 시장은 대장장이, 목수 등에게 변화되지 않은 채 그대로이며, 대장간의 상품이나 그릇의 종류나 크기에 따라서가 아니라 기껏해야 마을의 크기의 차이에 따라 두세 개의 시장이 나타날 뿐이기 때문이다. 공동체의 노동의 분할을 제어하는 법칙은 여기에서 변경될 수 없는 자연법칙의 권위와 더불어 작용한다. 반면 대장장이와 같은 모든 특수한 수공업자는 전승된 방식에 따라, 하지만 자립적으로, 그리고 그의 작업장에서 그 어떤 권위에 대한 인정 없이 자기 업무에 속한 모든 기능을 스스로 처리한다."

그러나 여기서 강조되어야 하는 것은 아시아적 공동체와 아주 느슨한 관계를 맺고 있는 특수한 국가적 상부구조가 이 공동체의 이러한 경제적 토대 위로 솟아난다는 것이다. 특히 지대(동시에 세금)를 무는 형식으로, 관계수로를 규제하는 방식을 통해, 외부의 적에 대한 군사적 방어의 방식을 통해 그런 상부구조가 나타난다. 그런데 마르크스가 말하듯이 이로부터 종종 상부구조인 국가 전체가 재난에 직면하여 아주 불안정하게 되는 경우에도 그 토대의 역동적 안정성은 지속되며, 따라서 토대의 항구적 재생산이 아시아적 사회의 일반적 특성으로 나타난다. "이러한 자족적 공동체의 단순한 생산 유기체는 꾸준히 동일한 형식으로 스스로를 재생산하고, 우연히 파괴될 경우에도 동일한 장소에서 동일한 이름으로 재구축된다. 이 유기체는 아시아 국가들의 끊임없는 해체와 새로운 형성, 그리고 가차 없는 왕조의 변경 등으로 특징지어지는 아시아적 사회의 불변성의 비밀의

---

96) 공장제 수공업(매뉴팩처, Manufaktur): 가내공업과 공장공업의 중간 단계로, 가내공업에서 노동분업은 업종 간의 분업이고, 공장공업에서 분업은 업종 간뿐 아니라 동종업종 내부에서의 분업을 의미하기도 한다. 이에 반해 매뉴팩처(공장제 수공업)에서는 수공업으로서 업종 내부의 분업의 형태가 나타난다. (역주)

열쇠를 제공한다. 사회의 경제적 근본토대는 정치적 소용돌이에 영향을 받지 않고 그대로 머문다."[97] 퇴케이의 연구는 이런 근본구조가 중국의 발전 과정에서 확인될 수 있음을 보여준다. 꾸준히 발생하는 마을공동체의 재생산, 그리고 스스로를 유지해가는 데 나타나는 그들의 비상식적 연대성 등은 가장 눈에 띄고 자연스런 현상으로 그들을 심오한 구조변화에 무감각하게 만드는 요인이다. 그런 과정이 종을 개체발생적으로 보존하기 위한 어떤 유비를 보이는 것이며, 이와 더불어 자연성의 각인을 일깨운다는 사실 등은 어떤 질문도 되지 않는다. 그런데 마르크스의 분석은 그런 유비가 아주 피상적인 것일 뿐임을 보여준다. 그런 유비는 인도 마을이 상대적으로 진전된 사회적 노동분업(농업과 수공업)에 이미 의존하고 있다는 사실에 무관심하다. 그런데 이때 이러한 분업을 사회적 발전의 격랑으로 찢어 들어가는 특수한 범주와 힘들은 사회의 모든 구멍을 관통하는 강력한 상품유통이라는 힘, 인간의 운명을 규정하는 바로 이 힘을 아직 결여하고 있다. 노동분업은 아직 직접적 소비욕구에 의해 압도적으로 규정되며, 자신에게 다시 영향을 미치는 어떤 새로운 욕구도 산출하지 않는다. 지대(와 세금)의 형식으로 나타나는 경제적 토대와 국가의 상부구조의 관계 역시 이 두 영역을 서로 다른 형태로 움직이고, 이 두 영역을 해체하고 진전시키는 복잡한 상호작용 없이 정적으로 규제된다. 물론 여기서도 지대뿐 아니라 세금, 그리고 양자의 겹침 등이 자연 범주가 아니라 사회적 존재의 규정들이라는 사실이 부인되어서는 안 된다. 따라서 아시아적 생산양식의 문제는 사회의 여전한 자연 상태를 과거 지향적으로 지시하는 것이 아니라 사회적 범주와 객관적인 경제적 진보 사이의 내적 관계의 특수한 —특히나 부정

---

97) *Kapital* I, S. 322-323; MEW 23, S. 379.

적인 방식으로 배울 바가 많은— 경우이다.

그리스와 로마에서 원시 공산주의적 구조는 사라지는데, 이런 변화는 동양에서와는 완전히 반대되는 운명이다. 이 형태는 도시와 농촌의 분리를 토대로 하여 생겨난다. 그런데 이때 도시는 동양에서와 달리, 직접적인 경제적 재생산과 분리된 채 지대의 전유를 통해서만 경제적 재생산에 참여하는 것이 아니다. 오히려 개별 토지소유자의 실존은 도시의 시민층과 직접 연결되어 있다. 마르크스는 "농작지는 도시의 영역으로 나타난다. 그리고 마을은 농촌의 단순한 부속물이 아니다."고 말한다. 이에 덧붙여 개별자에게는 농촌과의 관계가 비록 종족구성원이라는 형태에서 생겨나지만, 종족의 순수한 공동 재산으로서가 아니라 자신의 개인적 소유로 나타난다. "개별자는 공동체의 구성원으로서 사적 소유자이다." 여기서 동양에서 결정적이었던 것, 즉 "개별자의 소유는 공동의 노동을 통해서만 이용될 수 있다는 ―예컨대 동양에서 수도관이 그렇다― 사실"은 더 이상 문제가 되지 않는다. 종족의 옛 형태들은 이주, 점령 등을 통해 다소간 느슨해지거나 깨졌다. 따라서 정복, 점령, 그리고 방어 등이 삶의 문제의 중심이 되었다. "따라서 생동적 현존의 객관적 조건을 점령하기 위해서건, 그러한 점령을 방어하고 영속화하기 위해서건 간에 전쟁은 위대한 전체의 과업이자 공동체의 위대한 노동이었다." 특이한 형태의 사회는 이렇게 생겨난다. 즉 "농촌을 자신의 영역으로 갖는 도시의 응축, 직접적 소비를 위해 일하는 소농, 아내와 딸들의 집안 부업으로서의 수공업(방적과 직물) 혹은 개별 분야에 독립해 있는 것(제작소 등). 공동체의 지속의 전제는 스스로 유지해 가는 자유로운 농민들 사이의 평등의 유지이며, 자기 재산의 지속의 조건으로서의 자기만의 노동이다. 이들은 노동의 자연적 조건과 재산소유자로서 관계한다. 하지만 이러한 조건은 개별적 노동을 통해 개인의 인격성의 조건과 객관적 토대로서, 그의 개인적 노동의 조건과 객관적 토대로서 지속적으로 정립되어야 한다."[98] 이러한 방식으로 동양에서 훨씬 더 사회적인 사회형태가 생겨나게 되었다는 것은 분명해 보인다. 특히 그 사회는 결코 단순한 재생산에, 한번 생겨난 것의 재산출에 국한되는 사회가 아니다. 이 사회에는 확장과 진전, 그리고 진보가 자신의 실존의 역동적 재생산에 처음부터 함께 주어져 있다.

이 경우 구축의 구조와 운동의 역학은 서로 어떤 관계를 갖는지가 문제시될 뿐이다.

간단하게, 그리고 상세한 것을 미리 간단하게나마 선취하는 차원에서 이는 다음과 같이 말해질 수 있다. 즉 스스로를 확장하면서 재생산하는 것, 시초에 자신에게 주어진 것을 과감하게 넘어서 가는 것 등은 이러한 형태의 본질에 속하지만, 그러한 방식으로 일깨워진 힘들은 자신의 사회적 토대와 출발점을 특정한 한 길을 따라서만 지속시킬 수 있고, 결과적으로 이 힘들은 점차 필연적으로 자신을 불러일으켰던 구조를 파괴하는 경향을 갖는 것으로 변화한다. 마르크스는 이러한 상황을 로마와 관련하여 다음과 같이 말한다. "예컨대 로마에서 본질적으로 공동체의 경제적 조건에 귀속되는 전쟁과 정복의 영향은 이 공동체가 의지하고 있는 실제 유대를 철폐한다. 이 모든 형태에서 개별 인간이 자기 공동체와 맺는 ─다소간 자연발생적인, 또한 역사적으로 형성된, 하지만 전통적으로 형성된─ **전제된** 관계들의 **재생산**과 이 개별자에 **앞서 규정된 특정한 객관적** 현존은 ─노동 조건과의 관계뿐 아니라 그의 동료 노동자 등과의 관계에서─ 발전의 토대가 된다. 이때 발전은 따라서 처음부터 **제약된** 발전이지만, 한계가 철

─────────────

98) *Rohentwurf*, S. 378-379; MEW 42, S. 387 f.

폐되면 소멸하고 몰락하고 만다."[99] 이때 경제적-사회적으로 결정적인 계기를 그는 『자본』에서 다음과 같이 규정한다. "스스로 경제활동을 하는 농민들의 이런 형태의 자유로운 토지소유는 가장 일반적인 형태로서 … 고전기 고대의 최고의 시기에 사회의 경제적 토대를 … 형성한다."[100] 이때 해방된 모든 경제적 힘은 궁극적으로 이러한 사회의 불가피한, 가차 없는 붕괴를 이끌어낸다. 우리는 이미 다른 연관에서 마르크스가 확립한 다음의 사실을 확인했었다. 즉 그에 따르면 농민층의 붕괴라는 부정적 방식으로 나타나는 유사한 과정, 농지와 토지의 분리 등은 영국에서는 엄청난 자본주의적 부흥을 위한 근원적 축적으로 이끌었지만, 고대에는 다만 부수적-도시적 룸펜 프롤레타리아트만을 산출했다. 이런 근본적 대립은 일련의 거대한 원인복합체를 갖는데, 이 원인들은 모든 것을 방금 묘사한 고대 폴리스의 경제적 발전단계와 깊이 연관시킨다. 시초의 경제적 부흥은 널리 퍼진 상품유통과 재산의 집중을 가져온다. 그런데 이 모든 것은 한편으로 상업자본과 화폐자본의 형식으로, 다른 한편 노예경제의 엄청난 확장으로 나타난다. 마르크스는 상업자본에 대해 자립적인 경제적 권력이라 한다. "상업자본은 처음에 자신이 지배하지 않는 지절들, 자신이 산출하지 않은 전제들이 서로 만나도록 매개하는 기능을 가졌다. … 따라서 상업(무역)은 그 형식이 어떻든 주로 사용가치에 정향되어 있는 기존의 생산조직을 해체하는 데 도처에서 다소간 영향을 미친다."[101] 이 길이 어디로 향하는지는 더 이상 사용가치에 의존하지 않는다. 또한 이 단계의 노동관계에서는 주로

---

99) Ebd., S. 386; MEW 42, S. 394 f.
100) *Kapital* III, II, S. 340-341; MEW 25, S. 815.
101) *Kapital* III, I, S. 314 und S. 316; MEW 25, S. 342 u. S. 344.

고리(高利)의 형식을 취할 수밖에 없는 화폐자본도 동일하게 확산의 영향을 받는다. "고리는 한편으로 고대적 부와 중세적 부, 고대적 재산과 중세적 재산을 몰락시키고 파괴하는 데 영향을 미친다. 다른 한편 고리는 소농과 소시민의 생산을, 간단히 말해 생산자가 자신의 생산수단의 소유자로 등장하는 모든 형식을 파괴하고 붕괴한다." 특히 이런 사실은 고대의 폴리스를 어렵게 하고 해체시키는 결과를 가져온다. 고대에는 "생산자가 생산조건을 소유하는 것이 시민의 자립성이라는 정치적 관계의 기초가 되기도 했었다."[102]

따라서 상품유통이 비록 그런 토대 위에서 자본주의적 사회화의 가장 표피적-원시적인 최초의 형태를 산출하는 데까지 고양시킬 수 있었다고 하더라도 상품유통은 이런 사회형태를 파괴하도록 사회적 구조에 영향을 미치지 않을 수 없었다. 이렇게 발생한 사회적 곤경의 결정적 근거는 모든 참된 변화의 사회적 중심점, 노동 그 자체, 그리고 이로부터 직접 발생하는 사람들 사이의 사회적 관계들 등, 이 모든 것이 너무 사회화되지 않았다는 데, 따라서 그것들이 너무 "자연적" 범주들에 의해 규정됨으로써 참된 사회적 조직이 가능할 수 없었다는 데 있다. 마르크스는 또한 이러한 상황에 대해 상세히 분석한다. 그는 "생동적이고 활동적인 인간은 스스로 자연과 맺는 신진대사의 자연적-비유기적 조건들과 통일되어 있는데, 이런 통일"을 하나의 자명한 출발점으로 고찰한다. 바로 이 출발점에서 사회적 존재의 참된 사회화라는 존재론적 문제는 이런 근원적 통일의 "분리"에 그 본질이 있으며, "임노동과 자본의 관계에서"야 비로소 그 적합한 형식에 도달한다. 이전의 초기의 형태들에서는 내적으로 작동하는 사회적 힘들

102) *Kapital* III, II, S. 135; MEW 25, S. 610.

이 이런 분리를 아직 수행할 수 없었다. 마르크스는 다음과 같이 말한다. "사회의 일부는 다른 부분에 의해 단순히 자기 자신의 재생산의 **비유기적-자연적** 조건으로 다뤄진다. 노예는 자신의 노동의 객관적 조건과 어떤 관계도 없다. 오히려 노동 그 자체는 생산의 **비유기적 조건으로서** 다른 자연존재의 계열로, 즉 가축과 나란히 설정되거나 땅의 부속물로 설정된다. 다른 말로 하면 생산의 근원적 조건은 생산자의 자연전제들로, **생산자의 자연적 실존조건들**로 현상한다. 이는 마치 생산자가 자신의 몸을 아무리 재생산하고 발전시킨다 해도 그 몸이 근원적으로 생산자 그 자신에 의해 정립된 것이 아니라 자기 자신의 전제로 현상하는 것과 같다. 왜냐하면 그 자신의 고유한 (육체적) 현존은 그가 정립하지 않은 자연적 전제이기 때문이다."[103] 노동의 주관적인, 그리고 객관적인 ―"자연적으로" 발견되지 스스로 산출된 것이 아닌― 이런 존재조건들은 극도로 제약된 발전 가능성을 개시하는데, 이런 사실은 상세히 설명할 필요가 없을 만큼 이미 잘 알려져 있다. 여기서 언급하고자 하는 것은 다만 노예에 기초한 노동이 특히 노예 수의 증가를 통해 확장된다는 것, 하지만 이러한 사실은 한편으로 인간자원의 공급을 위한 성공적 전쟁을 전제하며, 다른 한편, 그리고 동시에 고대 도시국가의 특수한 군사적 토대인 자유로운 농민층을 끊임없이 해체시킨다는 것이다. 경제적-정치적 확장은 따라서 자신의 고유한 토대를 파괴하며, 이와 더불어 점점 더 출구 없는 곤경에 빠진다. 이미 묘사한 화폐자본과 상업자본의 영향은 이때 파괴를 증진시키는 결과를 낳는다. 하지만 압도적 계기는 노예제 경제가 전체의 발전 이전에 설립한 극복되지 않은 한계이다.

103) *Rohentwurf*, S. 389; MEW 42, S. 397 f.

이와 더불어 아시아적 생산양식과 비교해 질적으로, 그리고 근본적으로 다른 사회적 존재의 발전 양식이 형성된다. 무엇보다 우리는 외적으로뿐 아니라 내적으로 진행된 사회의 고차적 발전에 대해 말하고 있다. 물론 이때 사회가 모든 측면에서 그 정상에 이른 것처럼 보일 때, 사회의 고차적 발전은 사회의 이런 문제들을 모든 영역에서 위기로 드러내기 시작한다. 하지만 이러한 위기는 아주 오랜 기간 동안 지속되며, 따라서 이 위기는 옛 광휘를 즉각 소멸시키는 것이 아니라, 새로운 흥기로 나아가는 것 같기도 하고, 또 근본적 위기상황을 외관상 극복한 것처럼 보이게끔 하기도 한다. 상대적으로 늦은 단계에서야 비로소 경제적 파괴는 삶의 모든 영역에서의 명백한 파멸로 드러난다. 그런데 이 단계에서 —경제적으로 고찰해서— 노예경제는 자신의 파멸로부터 이미 이후에, 수많은 우여곡절 끝에 봉건주의라는 새로운 단계로의 출구를 형성하는 새로운 노동질서와 노동방식을 필연적으로 형성하기 시작한다. 여기서 말하고자 하는 것은 막스 베버가 다음과 같이 특징지은 이행에 관한 문제이다. "노예가 사회적으로 부자유한 부역농민으로 상승하는 동안 식민지 피지배자들(Kolonus)은 상층 농민으로 상승한다."[104] 이전의 이질적 사회계층들을 평준화하는 이런 새로운 경향의 양식은 해체경향에서 발생한다. 하지만 이런 양식은 사후에나 위기로부터 탈출의 경향으로 파악될 수 있다. 구체적이고 실제적인 역사적 연관에서 이 새로운 양식은 시급한 위기가 느릿한 부패과정으로 이행하는 것으로 현상한다. 왜냐하면 이 새로운 양식은 고대사회와 국가에 새로운 발전 동력을 위한 토대를 제시할 수 없다는 바로 그 이유로 인해

---

104) Max Weber, *Gesammelte Aufsätze zur Sozial- und Wirtschaftsgeschichte*, Tübingen 1924, S. 301.

고대사회의 전체 구조와 모순되기 때문이다. 민족대이동과 더불어 고대 로마가 완전히 붕괴되고 파괴되고서야 비로소 이 새로운 양식은 게르만 종족의 특성이 방금 발생한 새로운 사회들에 제공한 새로운 동력을 가지고서 미래를 위한 씨앗으로 제시될 수 있었다.(고대 노예경제는 자신의 상부구조를 통해 인식과 관련해서뿐 아니라 소외와 그것의 극복과 관련하여 인류의 발전을 위해 문제를 제기했는데, 우리는 아주 중요한 이 문제에 대해 다음 장들에서 다루게 될 것이다.)

유럽의 발전은 다음의 사실에서도 아시아적 발전과 구분된다. 즉 유럽에서는 상이한 (사회—역자) 형태들의 병렬과 분산이 발견될 수 있으며, 이 형태들의 상호 간의 교차는 하나의 역사적 연속성을, 진보의 방향을 제시한다. 유럽의 발전이 존재론적으로 올바로 파악되려면, 뒤섞인 채 신학의 요소를 간직하고 있는 모든 생각을 근본적으로 떨어내야 한다. 이러한 사실은 그런 신학적 경향이 어느 마르크스주의자들에게도 유령처럼 떠돌 수 있다는 바로 그 이유 때문에 아주 중요하다. 여기서 신학적 경향이란 원시공산주의의 해체로부터 노예제와 봉건제, 그리고 자본주의를 지나 사회주의로의 도정이 필연성의 공식으로 (그리고 이와 더불어 적어도 은밀한 목적론의 어떤 것으로) 주어질 수 있다는 생각을 말한다. 이런 생각의 방법론적 토대는 헤겔에게서 명백히 드러난다. 헤겔은 범주들의 분산적 연쇄를 우선적인 존재론적 방식으로가 아니라 논리적으로 파악하고자 하며, 이러한 논리적 발전 계열을 아무런 유보 없이 역사적-존재론적 발전으로 변화시킨다. 이로써 그의 역사이해는 목적론적 성격을 가지지 않을 수 없다. 이 때문에 우리는 이전에 엥겔스조차도 경제적 범주들의 연쇄적 분산을 논리적인 것으로 간주하여 이론적으로 파악된, 우연을 정화한 역사를 경제적 범주들의 연쇄와 동일화시켰다고 우려하며 말했었다. 여기서 우리는 논리주의적 추상을 존재 적합한 것으로 정립함으로써 어떤 미세한 것에 대해서도 목적론적으로 접근하는 것에 주의하지 않으면 안 된다. 우리는 범주들이 "현존의 형식들, 실존규정들"이며, 따라서 범주들의 병렬적 상호관계, 이들의 변화와 기능의 변경 등은 사회-역사적 병렬관계에서 엄격히 인과적으로 규정되지만, 일차적으로 논리적 방식으로 규정되는 것이 아니라 오히려 그때그때의 사회적 존재의 현상태(Geradesosein)에, 사회적 존재의 역동적 영향의 현상태에 의존한다는 사실을 확고히 해야 한다. 이때 구체적인 연관에서 합법칙성의 문제에 봉착하게 될 것이다. 그런데 구체적 연관은 언제나 구체적인 "조건-결과"의 필연성을 가진다. 이때 이 조건이 현존하는지, 현존한다면 어떤 맥락에서, 어느 정도의 강도로 있는지 등은 (논리적-혹은 논리적으로 파악된) 경제적 필연성에 의해 구성된 체계로부터 결코 연역될 수 없고, 다만 그때그때의 구체적 합법칙성의 영향을 받고 있는 사회적 존재의 총체성의 현상태로부터만 연역될 수 있다. 다른 한편, 그리고 동시에 현상태 그 자체는 상이한 존재복합체와 그들 간의 상호작용으로 나타난 다양한 "조건-결과"의 필연성들이 현실 자체에 의해 현실 속에서 수행되는 종합이다.

로마 말기에 폴리스와 노예경제가 붕괴한다. 그런데 봉건적 사회형태의 문제로 넘어가기 위해 우리가 로마 말기의 이러한 전개과정을 일종의 봉건적 형태로의 이행을 위한 준비로 고찰할 수 있는데, 이 경우 우리는 그것들 사이의 논리적 연관을 확정하려는 것도, 그 역사철학적 연관을 확정하려는 것도 아니다. 로마의 농업 상황은 붕괴현상을 보였고, 게르만의 체제는 유목에 기초한 특유의 종족발전의 결과였음을 보여주었다. 순수하게 개념적으로 고찰해보자면 양자는 지양될 수 없는 우연관계로 병렬적으로 서 있다. 그런데 양자는 수백 년 동안 서로 실질적 상호관계에 있던 발전의 결과물이다. 여기서 잊어서는 안 되는 것은 한편으로 재차 반복되는 켈트족과 나중에는 게르만의 이탈리아 침입이고, 다른 한편 갈리아에서는 관철되지만 게르만에서는 실질적으로 좌절된 로마의 식민지 개척이다. 따라서 로마의 현상태의 관점뿐 아니라 게르만 민족의 현상태의 관점에서 볼 때 이런 조우의 순수한 우연성은 실천 속에서 다소간 지양되며, 역사적으로 필연화된 상호작용으로 현상한다. 이런 상호작용 속에서 고대 노예경제를 넘어가려는 경향들이 현실에서 현실들로 나타나 서로 결합하게 된다. 이때 노예제와 농노제가, 마르크스적 서술의 의미에서, 몇몇 "자연적" 특징들을 서로 분유한다는 사실은 의심의 여지가 없다. 농노제가 특히 그 시초의 시기에, 그리고 무엇보다 그 해체와 복원위기의 시기에 종종 노예제와 접촉했다는 사실은 우연이 아니다.

전체 봉건적 형태 역시 부분적인 발전 가능성의 특징, 즉 봉건제가 스스로 만들어진 진보의 운동을 자신의 고유한 체계로 합병할 수 없고, 오히려 이 진보의 운동이 그 체계를 파괴하고 폭파시켜야 했다는 특성을 고대와 공유한다. 그런데 봉건주의에서는 고대의 해체를 특징지었던 그런 완벽한 곤경이 더 이상 생겨나지 않는다. 봉건주의에 특징적인 사실은 봉건주의가 한편으로 도시를 농촌에 종속시키고자 했다는 것이고, 하지만 다른 한편 봉건제에 의해 촉발된 실제 경제의 고발전이 도시들의 발전이었다는 것이다. 이러한 사실은 봉건적 형태에도 경제적 발전을 농노에 기초한 생산의 발전과 일치하는 정도를 표시하는 최고점이 있음을 직접적으로 보여준다. 여기서 중요한 것은 문자적 의미에서의 한 점이 아니라 상이한 나라에서 무조건 동일한 시간에 동일한 방식으로 현상할 필요는 없는 일종의 사회적 운용 공간인데, 이러한 사실이 이런 상황의 존재론적 의미를 변화시키지 않는다. 엥겔스는 13세기를 다룬다. 그는 사건을 불러일으킨 직접적 원인들이 매우 다양할 수 있다고 인정하는 가운데 이런 상황의 경제-사회적 본질을 다음과 같이 파악한다. 즉 봉건적 영주에게 "농부의 업무에 대한 지휘는 그의 수하의 사람들에 대한 지휘보다 중요하였다."[105] 이런 특수한 현상을 가능하게 한 노예경제와의 차이는 명백하다. 즉 노예는 그의 주인의 도구로 일하며, 노동의 전체 산물은 주인에게 귀속되고, 그에게는 자신의 육체적 실존을 어떻게든 재생산할 수 있는 —최소한의— 가능성만 주어진다. 따라서 이러한 착취양식은 원시적이고 경제적으로 이득이 거의 없으며, 이 영역 내부에서 생산력을 증가시킬 가능성은 없다. 그러나 봉건제에서 노동하는 자는 물품세뿐 아니라 노동세에서도 자신의 노동의 방식을 개선함으로써 자신의 삶을 보다 높은 차원으로 재생산할 수 있는 가능성을 보다 좋은 조건에서 소유한다. —물론 노예제에서처럼 여기서도 경제 외적인 강제가 경제적 가능성의 현실로의 이행을 궁극적으로 보장하고 있기는 하지만 말이다.[106] —그는 자신의 땅에서 자신의 노동수단을 가지고 일하며, 따라서 —봉건주인에게 보여주는 고착된 업무에서— 자신의 노동생산성의 고양은 동시에 자신의 삶의 질을 올릴 수 있다.

노예제에 비해 봉건적 형태를 우월한 것으로 표현하게 하는 이런 발전 방향은 단순한 "자연성"의 감소의 결과이다. 이때 단순한 "자연성"의 감소는 인간의 새로운 노동관계 속에, 그리고 사회적 범주들을 그 근본구조로 느리고, 모순적으로, 그리고 불균등하게 강제로 편입하려는 그런 관계 속에 비록 부분적이긴 하지만 현존한다. 하지만 이런 전개는 명백한 한계를 가지며, 그것도 이런 사회형태의 전체 구조에서 사회화의 다른 계기들

---

105) Engels: *Die Mark in 'Der deutsche Bauernkrieg'*, Berlin 1930, S. 148; MEW 7, S. 330.
106) *Kapital* III, II, S. 323-324; MEW 25, S. 798.

이 여기서 확인된 경향들과 엇갈리며 마주치는 바로 그곳에서 그런 한계를 가진다.

지금 우리는 모든 사회형태의 구조에 아주 중요한 도시와 농촌의 관계를 말하고 있다. 봉건적 형태에서 도시에 대한 농촌의 우월성이 큰 특징이었음을 이미 말했다. 폴리스의 황금기는 인간의 전체 사회적 활동이 폴리스에 집중된다는 데 의존한다. 정치적으로뿐 아니라 경제적으로, 문화적으로뿐 아니라 군사적으로 삶과 재생산의 모든 실들은 도시국가에서 결합되었다. 폴리스의 전개는 자신의 경제적 토대를 무화시키고, 이로부터 점차 기생적인 사회적 조직체가 만들어졌는데, 이것이 바로 폴리스의 붕괴의 원인이었고, 결과적으로 농촌에 대한 도시의 우위를 확실히 무너뜨리는 완전한 붕괴에 이르렀다.(아시아적 생산양식을 가진 도시들은 경제적 의미에서 본질상 기생적이었다.) 도시가 봉건 형태를 구축하던 시기에 농촌에 열등한 것으로 놓이게 됨으로써 도시의 내적 실존은 처음부터 경제적인 것에 중점을 두었다. 왜냐하면 당연히 이것은 봉건적 구조에로의 종속의 형식에서 발생하기 때문이다. 예를 들어 길드는 전형적인 봉건적 형식의 노동분업이다. 그럼에도 불구하고 방금 묘사했듯이 봉건경제가 농촌 중심으로 전진하는 것은 고대와 비교해서 상품시장의 확대를 의미한다. 고대에 상품시장은 약간의 예외는 있지만 지배적인 상층부의 사치욕구에 의해 전적으로 규정되었다. 그런데 생산, 무역, 교역 등의 발전은 봉건적 경제의 중심영역에 다시 영향을 미쳤다. 왜냐하면 농노제의 "황금시대"는 15~16세기에 그 종말을 고하며, 토지세가 금전세(이자이익—역자)로 변화하는 가운데 농민들에 대한 점점 더 한계 없는 착취가 행해졌기 때문이다. 이를 통해 봉건 주인은 도시 재산의 경쟁자를 압도하고자 했으며, 이와 더불어 그들은 봉건체계의 몰락에 아주 중요한 기여를 객관적으로 수행한다. 왜냐하면 이

제 다양한 나라에서 다양한 방식으로 봉건제의 커다란 위기적 딜레마가 생겨났기 때문이다. 즉 제2의 농노제를 통해 그 위기를 심화시키고 영구화 할 것인지, 아니면 근원적 축적의 도움으로 그 전체 체계를 무너뜨릴 것인 지의 딜레마.

도시와 농촌의 투쟁은 이제야 시작한 것이 아니라 여기서 그 정점에 이 르렀다고 말할 필요가 있다. 우리는 전에 잠정적이나마 일반화하면서 봉 건적 농촌이 도시들의 사회적 형태를 각인했다고 말했었다. 이것은, 곧이 어 도제에 대해 볼 것처럼, 그런 사실과 아주 일치하긴 하지만, 이런 적응 이 투쟁 없이 이뤄졌다는 것을 의미하지는 않는다. 사정은 그 반대이다. 중세 전체를 통해 봉건제에서의 도시의 위치에 대한 투쟁이 일어났다. 여기에서 매우 다양한 그 투쟁의 다양한 경과와 결과들을 약간이나마 분 석하는 것도 불가능하다. 몇몇 영역에서 도시들의 자립의 쟁취가 이뤄졌으 며(이탈리아, 한자도시연맹 등), 이는 자본주의의 준비를 위한 봉건구조의 파 괴로 이어졌고, 하지만 새로운 사회를 위한 어떤 지속적 형태도 아직 제시 할 수 없었다는 사실을 언급하는 것으로 만족하고자 한다. 이러한 관점에 서 해방된 도시들이 절대군주제로의 경향과 결합한 것은 아주 의미 있는 일이다. 절대군주제는 봉건제와 자본주의 사이의 일시적인 상대적 권력균 형을 토대로 하여 자본주의를 결국 전체 사회를 관통하는 체계로 구성하 기 위한 전형적인 이행의 형식 혹은 준비의 형식을 형성한다. 이와 더불어 비로소 정치와 문화의 중심지로서의 도시는 자신의 역동적 가능성들을 현 실로 만들어갈 수 있었다.

길드는 봉건적인 산업생산의 형태를 강제할 수 있었던 노동분업과 노 동양식의 형식이다. 지금의 우리의 목표설정 관점에서 볼 때 무엇보다 다 음과 같은 하나의 계기가 부각되어야 한다. 즉 여기에는 노동력이 상품으로 되는 것을 저해하는 힘이 있다는 사실. 길드에서는 노동의 조직을 순수하게 사회적으로 조정되는 노선으로 이끌고자 하는 과정, 다른 말로 하면 노동하는 자의 자기재생산을 넘어 점점 더 잉여가치로 나아가는 잉여노동의 증가와 전유를 순수하게 사회적으로 조정되는 노선으로 이끌고자 하는 과정이 일시적으로 정체되어 있다. 마르크스는 봉건주의에서의 이러한 노동의 형식에 대해 다음과 같이 말한다. "길드 법칙은 … 길드의 장인이 거느려도 되는 도제의 수를 극도로 제한함으로써 장인의 자본가로의 변화를 원천적으로 방해했다. 또한 장인은 도제들을 자신이 장인으로 있는 그 수공업에서만 일을 시킬 수 있었다. 길드는 유일하게 자유로운 자본형식이자 자신에 맞서 있던 상인의 자본의 침입에 단호히 맞섰다. 상인은 모든 상품을 살 수 있었지만, 노동만은 상품으로 살 수 없었다."[107] 여기서는 동시에 상업자본(과 화폐자본)이 봉건적 형태에서도 앞선 단계와 유사한 역할을 했음을 시사받을 수 있다. 물론 여기에는 중요한 차이가 있다. 즉 이런 파괴적 역할이 여기서는 고대에서와 같이 그렇게 배타적이지가 않다. 이제 하나의 이행기가 되는데, 이 기간에 상업자본은 노동조직의 자본주의적 형태가 생겨나는 과정에서 적어도 부분적으로는 자극을 준다. 예를 들어 상업자본의 지분이 때때로 아주 컸던 출판의 형식을 생각해보라. 공장제 수공업(매뉴팩처)의 형성에서도 역시 상업자본의 지분이 과소평가되어서는 안 된다. 이런 발전과정을 더 상세히 분석할 수는 없다. 다만 상업자본(그리고 화폐자본에 이르러서야 비로소 나타나는)의 이런 주도적 역할도 형태로서의 자본주의의 형성에서 단지 이행기적-에피소드적 역할에 머문다는 사실만은 확실히 하고 싶다. 자본주의 형태에서야 비로소 사회적 존재의 고유

---

107) *Kapital* I, S. 323-324; MEW 23, S. 380.

한 범주들이 사회의 구축과 그 역동성에서 압도적 우세를 점하게 된다. 본래적인 사회적 범주들이 생산 그 자체로 돌진해 들어감으로써 —물론 당연히 이 과정은 격렬한 투쟁과 길고 복잡한 이행기 동안— 산업자본의 궁극적 헤게모니가 형성된다. 상업자본과 화폐자본(Geldkapital)은 산업자본의 재생산을 위한 단순한 계기들이 된다. 많은 경제학자들이 어느 정도 정당하게 20세기 초에 나타난 금융자본(Finanzkapital)의 우세의 시기를 말하기도 하지만, 그러나 산업자본이 헤게모니를 장악한 이후에 나타나는 모든 균형의 변위는 전체 자본의 재생산과정의 이런 구조를 더 이상 지양할 수 없다.

우리가 결정적 문제, 즉 잉여가치의 자본주의적 전유의 문제로 넘어가고자 할 때 분명한 사실은 '사회적 존재의 이런 중심적 범주들의 사회화는 잉여노동에 대한 처분이 그때그때 어떻게 사회적으로 관철되는지를 통해 결정된다.'는 것이다. 노예제에서는 순수한 폭력이 결정적이었고, 이런 방식은 농노제에서도 잉여노동을 확고히 하기 위한 보증수표로 남아 있었다. 자본주의는 노동관계를 사회적(경제적)으로 규정하려는 변화와 발전을 비로소 만들어낸다. 자본주의에서 노동자의 노동력은 노동자가 자본가에게 판 상품으로 되며, 이와 더불어 그는 자본가에게 잉여노동에 대한 처분을 양도한다. 우리는 과도한 폭력사용을 동반했던 근원적 축적이 이 상태에 앞서 일어났다는 사실을 안다. 이를 통해서야 비로소 자본주의의 경제적 일상이 생겨났는데, 마르크스는 이를 다음과 같이 특징짓는다. "노동자는 사물이 일상적으로 운행되도록 '생산의 자연법칙'에 이양될 수 있다."[108] 그런 상황이 사회적으로 산출됨으로써 사람들 사이의 모든 사회적 상황이

---

108) *Kapital* I, S. 703; MEW 23, S. 765.

나 관계 등도 고도로 사회화된다. 자연적 관계 아래서 폭력이 차지하는 압도적 중요성은 자신의 노동력 외에는 거의 혹은 아무것도 가지고 있지 않은 사람들에게 자신의 삶을 어떻게든 이어갈 수 있는 다양한 가능성들이 바로 이런 폭력적 구조관계 안에 놓여 있다는 사실에 놓여 있다.(발전국가들에서 보다 발전된 물질문화로 이행하고자 할 때 아주 큰 어려움은 기술적 무장의 결핍에 있는 것이 아니라 바로 이런 관계구조에 있다.) 자본주의적 일상에서 폭력의 —당연히 상대적인 의미에서— 무시는 무엇보다 자본주의적 일상이 대개 모든 자연성을 상실했으며, 따라서 그 일상에는 삶에 중요한 모든 것이 상품유통의 도정에서만 습득될 수 있다는 사실에 놓여 있다. 이로부터 노동력을 평가함에서 나타나는 경제적 특성, 즉 일반적 노동관계에서 폭력의 후퇴라고 하는 특성이 드러난다. 이러한 과정을 사회적 존재의 존재론이라는 망루에서 고찰해볼 때 노예제로부터 임금노동으로의 발전노선은 점점 더 순수해지는 사회화의 과정이며, 자연의 한계를 점차적으로 극복하는 과정이었음이 명백해진다.

그러나 추상적인 이런 서술과 더불어 이런 사실이 완전히 드러날 수는 없다. 한편으로 자본주의 내에서 노동관계 그 자체는 이 관계를 점차 더 순수하게 사회적인 방식으로 구축하는 발전을 관철해가며, 다른 한편 임금노동에 기초한 자본주의는, 아주 넓은 의미에서 보자면, 생산과정을 근본적으로 혁명화한다. 즉 자본주의는 그 과정을 훨씬 더 사회화한다. 왜냐하면 의심의 여지없이 이미 객관화된 노동이 점증적으로 노동과정에 더 많이 참여하게 된다는 사실, 그뿐 아니라 노동과정과 전체 사회 사이의 매개가 훨씬 더 사회화되고 복잡해진다는 사실 등은 다음과 같은 특정한 발전노선에 점점 더 결정적으로 영향을 미친다는 것을 의미하기 때문이다. 즉 그런 사실들은 전체 경제적 재생산, 따라서 생산과 소비, 분배 등을 외조으로, 그리고 내적으로 중단 없이 사회화하는 그런 발전노선에 영향을 미친다. 우리의 목표설정으로부터 이런 과정의 전형적 몇몇 계기들에 대한 한계가 도출된다. 즉 이런 과정에 대한 역사적-체계적 서술은 이런 노동의 방법론적 테두리를 폭파시킬 것이다. 그런데 우리가 노동의 자본주의화를 보여주는 의미 있는 첫 번째 형태인 공장제 수공업(매뉴팩처)을 고찰할 경우 우리는 그것이 결코 노동방식의 혁명을 가져오지는 않았지만, 노동분업에 있어서 상당히 혁명적인 전복을 가져오기는 했다는 사실을 발견하게 된다. 길드 노동은 아주 협소한 정도에서만 노동분업을 알았다. 모든 노동하는 자는 근본적으로, 적어도 전성기에는 자기 길드에 할당된 생산을 전체적으로 완전히 지배할 수 있도록 교육받았다. 마르크스는 생산과 소비에 있어서의 발전에 대한 길드 조직의 반응을 다음과 같이 서술한다. "외부의 환경이 노동의 점진적 분업을 요구했을 때 현존하던 길드들은 아종들로 쪼개지거나 과거의 길드와 병행하여 새로운 길드들이 생겨났다. 하지만 다양한 수공업들을 하나의 공장으로 모으지는 않았다." 여기에서 길드에서의 노동분업이 갖는 아직 "유기적"이고, 자연적인 성격이 분명하게 드러난다. "노동자와 그의 생산수단은, 달팽이가 달팽이집과 밀착되어 있는 것과 마찬가지로, 전체적으로 서로 결합되어 있었다. …"[109]

매뉴팩처는 그 운용에 있어서 최초의 참된 자본주의적 노동분업을 가져왔다. 매뉴팩처는 협업의 방식에 있어서 근본적인 단절을 서술한다. 그것은, 추상적으로 고찰하자면 협업의 형태인데, 만약 우리가 그 추상적 유사성에만 붙들릴 경우 매뉴팩처의 새로운 본질을 완전히 놓치고 말 것이다. 협업이 대체로 개별 노동력들의 양적 종합, 이를 통한 양적 상승에 머물

---

109) Ebd., S. 324; MEW 23, S. 380.

경우 이 협업은 태곳적 형태이고, 따라서 "자연에 붙박인" 형태이다. 이에 반해 매뉴팩처 노동에서는 이전에 개별 노동을 통해 수행되었던 통일적 노동과정이 질적으로 서로 다른 부분 작업들로 분해된다. 이제 모든 노동자에게 그런 부분 작업은 항상적이고 유일한 과업으로 제시된다. 이를 통해 한편으로 전체를 생산하기 위해 사회적으로 필요한 노동은 극히 감소될 수 있으며, 다른 한편 길드에서 다양한 업무를 수행할 수 있었던 노동자는 반복적으로 익숙해진 몇몇 일들에 대한 고루한 거장으로 환원된다. 마르크스는 이에 대해 다음과 같이 말한다. "매뉴팩처에 맞는 노동분업은 수공업적 활동의 분석, 노동도구의 특화, 부분노동자들의 교육, 그들을 전체 메커니즘에 배치하고 조화시키는 것, 사회적 생산과정의 질적 구분과 양적 배분, 따라서 사회적 노동의 특정한 조직 등을 통해 창조되며, 이와 더불어 동시에 노동의 새로운 사회적 생산력을 발전시킨다."[110] 매뉴팩처가 기술적으로 수공업을 아직 혹은 거의 넘어서지 못했다고 하더라도 여기에는 노동과정의 혁명화가 내포되어 있다. 노동이 목적론적 정립과 이 정립 수행자의 선택적 결정에 의존한다는 사실은 당연히 모든 노동의 본질에 속한다. 이 결합은 아주 강력하고 근본적이어서 이런 결합은 노동의 어떤 형태에서도 완전히 제거될 수 없다. 매뉴팩처의 노동분업에서는 질적으로 아주 의미 있는 전회가 일어난다. 최종 산물은 분할된 부분작업의 조합의 결과 그 이상으로서만 생겨날 수 있고, 모든 개별 노동자는 부분 노동만을 반복적으로 수행하기 때문에 고유한 목적론적 정립은 생산의 인도자에게 옮겨간다. 개별 노동자들에 의해 수행되는 정립은 단순한 습관으로, 단순한 상투적인 일(조건반사)로 되며, 따라서 파편적으로, 기형적으로만 존재

---

110) Ebd., S. 329-330; MEW 23, S. 386.

한다. 마르크스는 이러한 과정을 그 이전 단계와 비교하면서 다음과 같이 쓴다. "야만인이 전쟁의 모든 기술을 개인의 기지로 수행한 것과 같이, 자립적 농부나 수공업자들이 작으나마 발전시킨 인식, 통찰, 의지 등은 이제 전체 공장을 위해서만 요구된다. 생산의 정신적 능력은 한 측면에서만 자신의 척도를 확장시킨다. 왜냐하면 다른 측면에서 그 능력은 소멸하기 때문이다. 부분 노동자들이 상실한 것은 이들이 마주하고 서 있는 자본 속에 응집된다."[111]

어떤 경제적 힘들이 매뉴팩처로부터 기계노동으로의 발전을 불러왔는지를 서술하는 것이 우리의 과업은 아니다. 우리에게 중요한 것은 매뉴팩처 생산의 경제적 한계가 기술물신화를 향한 길에 자극을 주었다는 사실이다. 이와 연관하여 기계의 고안과 도입이 노동의 능력을 깨뜨리는 인간 노동력의 한계를 불러왔다는 사실이 이해되어야 한다. 마르크스는 기계에 대한 분석에서 다음의 사실을 강조한다. 즉 기계에서 중요한 것은 단순한 인간의 추동력이 아니라 기계에의 숙달이라는 것이다. "원래의 도구가 인간으로부터 메커니즘으로 이행한 이후 기계는 단순한 도구의 위치로 들어선다. 그 차이는 인간이 아직 첫 번째 동력으로 머무를 때에도 즉시 눈에 들어온다. 인간이 가지고 활동할 수 있는 노동도구의 수는 자신의 자연적 생산도구의 수를 통해, 자기 자신의 육체적 기관의 수를 통해 제약된다. 기계가 동시적으로 수행하는 도구의 수는 수공업자를 제약했던 육체적 기관의 한계에서 처음부터 해방된다."[112] 이렇듯 기계가 매뉴팩처 노동의 진전을 가져오지만, 이것이 노동을 훨씬 더 "탈자연화"하며, 이로써 기계는 매

---

111) Ebd., S. 326; MEW 23, S. 382.
112) Ebd., S. 337; MEW 23, S. 394.

뉴팩처 노동에 대한 질적 도약을 의미한다는 사실이 명확해진다. 이때 기계는 노동을 "탈의인화"의 방식으로 조직하며, 구체적인 (따라서 한계를 가진) 특정한 생명체로서의 인간의 현존에 주어져 있는 육체적-심리적 한계를 급진적으로 단절한다.

여기서 오해가 없기를 바란다. 탈의인화는 그 자체로는 소외와 아무런 관련이 없다. 마르크스가 보여준 것처럼, 소외는 사회의 특정한 발전양식, 특히 자본주의적 사회에서 나타나는 인간 현존의 본질적-필연적 현상형식이다. 지난 장에서 우리는 이 문제복합체를 심도 있게 검토했다. 그런데 내가 미학 관련 글에서 다룬 것처럼, 탈의인화는 인간이 현실을 즉자적으로 보다 적절하게 인식할 수 있기 위해 인간이 형성한 현실에 대한 일종의 반영(그리고 이것의 실천적 적용)이다.[113] 따라서 탈의인화가 모든 현실의 반영의 형태라면 소외는 사회적 존재 그 자체에 속한다. 인식의 탈의인화의 경향은 따라서 매우 이른 시기에 생겨났으며, 고대의 지리학과 수학에 이미 아주 발전된 형태로 내포되어 있다. 하지만 거의 사회화되지 않은 노예 경제의 존재로부터 인식에서 발생한 결과들이 생산에 매우 협소한 영향만을 행사할 수 있다는 사실이 따라 나온다.(우리는 이전에 왜 전쟁도구들이 우월적 지위를 점하는지에 대해 보았다.) 봉건적 형태가 보다 진전된 사회화의 형태를 반영한다는 사실은 탈의인화한 과학과의 상호작용이 고대에 비해 엄청난 진전을 이루고 있다는 사실에 반영되어 있다. 엥겔스는 이데올로기적 역사이해에 대립하여 이런 차이를 부각하기 위해 과학의 이런 영향이 생산에 미치는 중요한 새로운 결과들을 제시했다.[114] 르네상스는 결정적

---

113) G. Lukacs: *Die Eigenart des Ästhetischen*, a. a. O., I, S. 139 ff.; GWL II, S. 139 ff.
114) Engels: *Dialektik der Natur*, S. 647-648; MEW 20, S. 311 ff.

단절을 가져왔다. 르네상스에서 비로소 고유한 의미의 자연과학이 생겨나는데, 이것은 처음부터 경제적 삶에 엄청난 영향을 미쳤다. 그러나 도구의 사용과 더불어 사회와 자연의 신진대사로서의 노동과정으로부터 그때그때 노동하는 개별 인간의 구체적이고 결정적인 기능은 사라지며, 인간은 순수 사회적-목적론적 정립의 중간 도구로 된다. 기계의 사용을 통해 도구와 도구의 사용은 최적의 상태에서 활용될 수 있기 위해 인간으로부터, 인간의 가능성으로부터 풀려나 순수하게 즉자적으로 존재하는 힘의 체계로 고찰된다. 노동하는 개별 인간들은 일반적인, 순수하게 경제적인, 따라서 사회적-목적론적인 정립에 종속되어 배치되는데, 이러한 배치는 이미 매뉴팩처의 노동분업에 나타난다. 기계가 노동과정을 탈의인화함으로써 노동과정은 사회화의 방향에서 질적 상승을 경험한다. 따라서 인간의 과업은 "기계를 눈으로 감시하고, 그 오류를 손으로 고쳐주는 것"[115]에 점점 더 국한된다. 따라서 개별 인간에 의해 수행된 목적론적 정립은 사회적으로 이미 작동하는 목적론적 전체과정의 단순한 구성요소로 된다. 사회화는 이러한 발전의 일반적 결과로서 다음의 사실에서도 드러난다. 즉 인간과 자연관의 신진대사에 직접 방향을 맞추고 있는 그런 목적론적 정립이 아니라 (타자가 자신이 의도한 목적론적 정립을 수행하도록 하기 위해) 이 타자에게 영향을 줄 요량으로 수행된, 처음부터 순수하게 사회적인 그런 정립이 양적으로뿐 아니라 그 의미에 있어서도 지속적으로 증가하고 있다는 사실.

사회적 존재의 사회화에서 그러한 유의 결정적 전회는 고립된 현상으로 등장할 수 없다. 이 범위 안에서 다양하게 얽혀 있는 전체과정을 간단하게 스케치하는 것도 불가능하다. 그러나 비록 그 전체 역동적 연관성을 드

---

115) *Kapital* I, S. 338; MEW 23, S. 395.

러낼 수는 없다고 하더라도 몇몇 계기에 대해서는 어떤 빛을 비출 수 있을 것이다. 외관상 외적 계기들로부터 시작하자. 인간의 최초의 소유 혹은 재산은 다소간 "자연스럽게" 그의 개인적 인격에 묶여 있다. 유산은 이미 순수한 사회적 범주이긴 하지만, 그것은 대개 가족에 묶여 있기 때문에 이런 근원의 속성 중 몇 개를 오랜 시간 동안 보존하고 있다. 이 영역에서 나타나는 사회화의 상이한 단계들을 묘사할 필요는 없다. 다만 르네상스 이래 부기의 방식에 있어서 개인의 자산이 자신의 재산임을 포기하지 않은 채 이 재산과는 독립되고 자립적인 사회적 형태를 보유하게 되었다는 사실은 주목될 필요가 있다. "회사의 사적 자산과는 다른" 특수자산을 가진 회사, 그런 사업이 생겨난다.[116) 여기로부터 주식회사로의 발전이 어떻게 이뤄지는지를 여기서 다룰 필요는 없다. 중요한 것은 다만 소유와 재산에 순수하게 사회적인 형태가 점점 더 강하게 각인된다는 사실이다.

상품유통의 일반화가 아주 다양한 생산의 영역들의 변모를 가져온 이래 사회적 존재의 사회화라는 이런 과정은 중단 없이 전진한다. 우리는 서로 밀접히 연관이 있는 두 계기만을 언급하고자 한다. 의심의 여지없이 단순한 상품교환은 이미 사용가치를 통해 창출되는 노동의 직접적 욕구충족보다 더 사회화된 형태이다. 상품교환이 특정한 정도의 일반성에 도달함으로써 이 상품교환은 자신만의 사회적 매개 지절인 화폐를 생산한다. 화폐의 발전은 소 등으로부터 금을 지나 지폐에 이르기까지 아주 다양한 형태로, 점점 더 새로운 형태를 띠며 발전해왔다. 하지만 자본주의에서 사회적 존재의 점증하는 사회화는 상품유통에 있어서 사회적으로 보다 매개된

---

116) Max Weber: *Wirtschaftsgeschichte*, München-Leipzig 1924, S. 202; 3. Aufl. Berlin 1958.

새로운 형태, 즉 평균이윤율을 산출한다. 당연히 모든 교환행위는 그 본질상 사회적이다. 물론 가격을 정하는 기준이 되는 가치의 궁극적 규정은 사회적으로 필요한 노동시간이다. 하지만 자본주의의 발전과 더불어 실제로 기능하는 상품교환의 중점은 원가 + 평균이윤율로 되는데,[117] 이를 통해 전체 경제발전의 일반적 수준에서건 개별적 수준에서건 이 영역에서 이뤄지는 모든 행위는 그 포괄적 연관에 있어서 순수하게 사회적인 운동을 종결하는 행위로 편입된다. 평균이윤율의 이러한 지배의 경제적 전제, 즉 경제의 한 단위로부터 다른 단위로의 자본의 자유로운 이동의 가능성이라는 전제를 생각해본다면 이런 상은 훨씬 더 구체화되며, 이것은 사회화의 점증적 힘이 갖는 더 나아간 특징들을 보여준다. 이런 사실은 자본의 전체 운동의 포괄적이고 복잡한 법칙들이 궁극적 원리들로서 경제적 삶에서 모든 개별행위의 현상태를, 모든 인간의 경제적 실존을 규정한다는 결과를 갖는다. 우리는 다른 곳에서 이미 세계경제로의 경향적 도정이 그 외적 방식에 있어서나마 어떻게 개체의 실존을 스스로 현실화해가는 인류의 물질적 발전단계와 서로 엮게 되는지를 서술했다. 개별적 교환행위는 한 영역에서 다른 영역으로의 자본의 운동과 이로부터 촉발된, 평균이윤율의 규정적 힘을 통해 규정되는데, 이런 규정에 있어서 아주 강력한 상응물이 우리에게 제시되어 있다.

이 모든 것은 이미 마르크스가 체험하고 과학적으로 서술한 사회적 생산에 해당한다. 그 이래로 거의 100년이 흘렀으며, 그 사이 눈에 띄는 구조변동이 있었다. 즉 엄청난 영향을 가진 부르주아 경제의 흐름은 오늘의 자본주의에 더 이상 자본주의적 특성이 없음을 선언할 만큼, 그리고 꽉 막

117) *Kapital* III, I, 156 ff.

히지 않은 사람들은 현재의 지배적 경제체계를 마르크스의 방법과 범주들로 파악할 수도 있다고 논쟁을 벌일 만큼 상황은 많이 바뀌었다. 그러한 경향은 스탈린 시기의 공식 경제학을 통해서도 확인된다. 그런데 스탈린 시기의 공식경제학은 아주 특출한, 하지만 어떤 점에서는 문제가 있는 레닌의 제국주의적 시기의 경제서술(1916)로부터 현재와 미래의 전체 현상들을 설명하기 위한 교조적 토대를 만들어냈다. 하지만 이런 도정 위에서는 현재가 올바로 파악될 수 없었기 때문에 그런 서술은 자신의 상대자들에게 마르크스주의가 사실문제를 다루는 능력에 있어서 문제가 있다는 반격을 가할 수 있는 호재를 제공했다.[118] 레닌에게 아주 구체적-역사적 의미를 가지고 있었던 레닌의 중요한 주장들은 도그마로 응고되었는데, 이런 응고는 공식적 마르크스주의를 잘못된 분석과 오진으로 이끌어갔는데, 이것은 ─당연히─ 자신의 상대자들을 유리한 위치로 옮겨놓았으며, 이러한 이해를 마르크스주의의 본질로 동일시하게 했고, 더 나아가 마르크스주의를 낡은 것으로, 학문적으로 극복된 것으로 설명하게 만들었다.

이때 자본주의의 새로운 발전 경향은 마르크스의 방법의 도움으로 어

---

118) 여기서는 다만 한 가지, 하지만 아주 중요한 점이 제시될 수 있다. 레닌은 의심의 이 단계에서 의심의 여지없이 결정적으로 중요한 경제적 독점조직체들에서 "스태그네이션(경기침체)과 파괴로의 경향이 불가피하다."라고 본다. 더 나아가 그는 점점 더 강력하게 증가하는 은퇴자 기생생활을 그의 시대 자본주의의 도정에서 주된 방향이라고 한다. Lenin: *Imperialismus. Sämtliche Werke* XIX, S. 180 ff. LW 22, S. 281 ff. 나는 전문 경제학자가 아니지만 나에게는 이 두 주장의 배후에 시대현상에 대한 중요한 관찰이 놓여 있는 것으로 보인다. 하지만 무엇보다 한 시대의 스태그네이션이 현실적으로 언제나 독점의 필연적 결과인지에는 의문이 있다. 어쨌거나 무엇보다 제2차 세계대전 이후의 발전은 결코 스태그네이션을 보여주지 않는다. 그리고 또한 제1차 세계대전 전 몇십 년 동안 중요한 경제적-사회적 역할을 했던 은퇴자집단은 지난 몇십 년 동안 아주 일반적인 경제적 의미를 갖는 것으로 편입되었다.

렵지 않게 파악될 수 있는 것으로 보인다. 우리는 마르크스 시대의 자본주의와 오늘날의 자본주의 사이의 질적 차이를 아주 간단하게 다음과 같이 특징지을 수 있다고 생각한다. 즉 마르크스가 활동하던 시기에 자본주의적 대산업은 무엇보다 생산수단(생산재)의 생산에 붙들려 있었다. 광산업, 전기산업 등이 당연히 여기에 속한다. 대자본의 기계산업에 의한 중요한 원료의 생산(의류산업, 제분업, 설탕산업 등)도 소비재산업에 속하지만, 소비와 직접 연관된 이 원료들의 더 나아간 가공은 여전히 수공업에, 소생산에 머물러 있었다. 이와 동일한 관계가 대부분의 서비스 산업에도 해당한다. 19세기 말부터 오늘날까지 이 모든 영역은 철저한 자본주의화와 거대산업화로 급격히, 그리고 강력하게 진행되어오고 있다. 의류, 신발 등으로부터 생필품에 이르기까지 이러한 운동은 도처에서 관찰될 수 있다. 예를 들어 교통수단인 수레를 자동차나 오토바이 등과 비교해본다면 그 차이는 아주 분명하게 드러난다. 한편으로 수공업적 소공장은 더 이상 가능하지 않게 되었고, 다른 한편 전기 동력장치와 더불어 소비자 영역이 급격히 다변화되었다. 이 외에 소비자들의 일상적 환경도 기계화된다. 라디오나 텔레비전 등은 말할 것도 없고 냉장고, 세탁기 등도 대부분의 가정에 설치된다. 화학산업의 급격한 발전은 —합성수지를 생각해보면 된다— 광범위한 영역에서 과거의 수공업적 소생산을 소멸시켰다. 또한 예컨대 도시 여행을 위해서만이 아니라 철저히 자본주의화된 휴가산업을 점증적으로 형성시켜가는 가운데 호텔 산업이 거대자본주의의 중요한 분야가 되었다는 것은 아주 잘 알려진 사실이다. 비자본주의적 서비스업의 가장 전형적인 형식인 가사도우미 영역은 대체로 소멸되어갔다. 문화의 영역 역시 이러한 운동의 방향에서 이해된다. 이런 운동이 당연히 19세기에도 있었다. 그러나 신문, 잡지, 출판, 예술품시장 등의 자본주의화 정도는 전체 문화의 질적 변화를 시사한다.

이러한 주장들은 오직 긍정적이거나 부정적인 가치판단으로서가 아니라, 즉 "문화비판"으로서가 아니라 사실 그 자체를 보여준다. 중요한 사실은, 다만 순수한 사회성을 향한 내적 경향을 가진 최초의 형태의 자본주의의 경제적 범주들이 어떻게 사회적 존재를 내적-외적으로 더 강력하게 관철시켜가는가를 보이는 것이었다. 이런 서술로 넘어가는 이유는 우리가 사실들에 대해 평가하는 위치를 차지하기 위해서가 아니라 보다 일반적인 수준에서 점증하는 이러한 사회성을 드러내는, 객관적인 경제발전의 몇몇 경향들을 지시하기 위해서이다. 순수하게 경제적으로 표현해서 잉여노동의 전유방식에서 상대적 잉여가치의 전유방식이 절대적 잉여가치에 비해 점점 더 큰 영역을 차지하게 된다는 사실이 드러난다. 그렇다면 상대적 잉여가치는 처음부터 잉여가치의 전유라는 전형적인 자본주의적 요소이다. 그 가능성은 이미 매뉴팩처에서 드러났다.[119] 하지만 그 주된 경향에 있어서 절대적 잉여가치와 그 점증적 상승이 노동시간을 연장하거나 임금을 축소함으로써 지배적이게 된다. 기계산업의 첫 번째 시기는 이런 방법의 강력한 지배를 불러온다. 이 시기의 어린이 노동의 의미를 생각해보면 쉽게 알 수 있다. 점차 성장하는 조합의 저항은 비로소 그런 방법의 철저한 지배적 위치에 어느 정도 한계를 설정하며, 몇몇 경우들에 있어서 상대적 잉여가치의 방향에서 자본가들에게 이와 반대되는 압력을 피하도록 강요한다. 하지만 자본가계급의 경제적 이익이 전체적으로 노동자계급의 소비에서 객관적으로 형성되기 전에는 상대적 잉여가치가 지배적 범주로 될 수 없다. 하지만 이런 사실은 우리가 대략 소개했던 발전이 산출해낸 바로 그

119) *Kapital* I, S. 330; MEW 23, S. 386.

것이다. 즉 광범위한 대중의 일용품의 자본주의적 대량생산이 바로 그것이다. 구매력 있는 소비자로서의 노동자가 없으면 자본주의적 생산의 이런 새로운 보편성은 실현될 수 없다. 오늘날 누구도 이런 사실을 부인할 수 없을 만큼 그 사실은 명백하다. 하지만 이런 사실을 설명함에 있어서 사람들은 상대적 잉여가치가 노동임금을 상승하고 노동시간을 단축하더라도 잉여가치에 있어서 자본의 지분을 상승시킬 수 있다는 사실을 —마르크스의 옛 주장의 의미에서— 경제적으로 냉정하게 인정하는 대신, 종종 인민자본주의와 같은 공허한 국면의 안개 속으로 빠져들어 간다.(노동시간의 감소로부터 발생하는 서비스업의 자본주의화가 새로운 시장의 확장을 가능하게 한다는 사실은 명백하다.) 상대적 잉여가치는 절대적 잉여가치보다 우세해지는데, 이런 이행은 따라서 점점 더 강력하게 자본가들의 삶의 관심을 불러일으키며, 이와 더불어 자본주의는 생산과 잉여가치의 전유에서 보다 고차적인, 보다 순수하게 사회적인 생산방식으로 이행해가며, 이런 이행은 합법칙적으로 형성된 경제적 필연성으로 된다. 마르크스는 이런 발전계기를 원래의 『자본』에는 빠져 있는, 그가 죽은 이후에야 출판된 장에서 설명해주고 있다. 그는 상대적 잉여가치와 반대로 절대적 잉여가치를 다음과 같이 특징짓는다. "나는 이것을 **노동이 자본으로 형식적으로 포섭됨**이라고 부른다. 그것은 모든 자본주의적 생산과정의 **일반적** 형식이다. 하지만 동시에 그것은 **순수하게 자본주의적인** 발전된 **생산방식**과 나란히 서 있는 **특수한** 형식이다. 왜냐하면 후자의 형식은 전자의 형식을 포함하지만, 전자가 후자를 필연적으로 포함하는 것은 아니기 때문이다." 그는 곧이어서 노동시간의 연장을 통한 잉여가치의 상승을 "강제적 관계(필연적 관계, Zwangsverhältnis)"[120]라고 부른다. 마르크스에 따르면 상대적 잉여가치의 지배와 더불어 비로소 노동의 자본으로의 형식적 포섭은 실질적 포섭으로

바뀐다.[121]

이런 질적 변화는 당연히 단순한 형태의 변화가 아니며, 형태의 내부에서도 그런 변화가 아주 결정적으로 있어야 한다. 이런 사실은 절대적 잉여가치의 전유방식이 비록 발전된 국가들에서 그 지배적 위치를 상실했다고는 하나 결코 사라지지 않는다는 사실에서 드러난다. 절대적 잉여가치의 전유방식은 새로운 상태의 토대를 흔들지 않고서 때때로 아주 노골적인 방식으로 반복해서 등장한다. 다른 중요한 영역에서처럼 여기에서도 발달의 순수한 즉흥성(자발성)은 어느 정도 규칙을 갖게 되는데, 이런 사실은 우리가 묘사한 자본주의의 보편화가 전체 자본의 성격을 특정한 방식으로 구체화한다는 것과 연관이 있다. 경제적 의미에서 자본의 전체 발전은 개별 자본가들의 개별적-목적론적 정립에서 발생하는, 그리고 이제 그 출발점과는 독립하여 스스로를 특정한 객관적 경향들로 응축시키는 그런 인과적 결과들의 즉흥적-합법칙적 산물이라는 사실은 잘 알려져 있다. 이 전체과정의 통일은 자기 자신으로부터 어떤 대자존재나 그 의식을 발생시킬 가능성도 처음에는 간직하지 않은 어떤 존재를 요청한다. 따라서 마르크스는 여기서 발생한 특수한 상황을 다음과 같이 표현했다. 즉 이것이 바로 서로 자립화된 자본주의적 생산의 계기들의 통일을 표현하는 위기(공황)라고.[122] 마르크스는 당시 상황에서 이런 연관을 올바로 정식화했다. 상대적 잉여가치는 우리가 간략하게 묘사한 욕구만족의 전 영역에 대한 지배를 행사하는 방향으로 발전한다. 그런데 이런 발전은 상황의 어느 정도의

120) Archiv Markasa I Engelsa, Moskva 1933, S. 90 und S. 92; Marx, *Resultate des unmittelbaren Produktionsprozesses*, Frankfurt/Main, 1969, S. 46.
121) Ebd., S. 100; ebd. S. 47.
122) Marx: *Theorien über den Mehrwert*, a. a. O., II, II, S. 274; MEW 26, 2, S. 501.

변화를 가져온다. 말하자면 자본주의라는 이런 보편적 흐름 속에서 전체 자본의 관심이 이전보다 더 직접적으로 표현되며, 따라서 전체 자본의 관심은 더 쉽게 객관화될 수 있고, 따라서 —개별 자본가들이나 자본가 집단들과는 반대로— 더 쉽게 이해되고 실천으로 전환될 수 있다. 오늘날 경기를 연구함에 있어서 특정한 맹아적 위기징후들을 사전에 관찰하고 경제적 처방을 내릴 수 있게 되었는데, 이런 사실은 이런 새로운 상황을 분명하게 보여준다. 루스벨트와 케네디가 미친 커다란 영향은 무엇보다 이들이 상황에 따라서는 위기를 촉발시킬 수도 있을 개별집단들의 특수이익에 반대하여 본능적으로 자본의 전체이익을 관철시키고자 했다는 데 있다. 당연히 여기서 요구될 수 있는 인식은 상대적이고 제약되어 있으며, 이런 인식의 실천적 관철 가능성은 여전히 문제가 있다. 하지만 자본주의적 발전의 현 상황을 평가함에 있어서 새롭게 발생한 이런 현상에 주목하는 것은 불가피하다.

하지만 이런 상황을 이론적으로 명료화하고자 할 때 여기서 인식된 실제 대상은 사회적-경제적 전체과정의 즉자존재가 아니라 어떤 구체적 상황에서 전체 자본의 관심이라는 사실이 이해되어야 한다. 따라서 객관적인 전체과정이 적절한 인식을 통해 그 대자존재에로 나아오는 것이 아니라, 이런 방식을 통해 단지 그 즉흥적(자발적) 진행 상황만을 그 이전보다 더 효과적으로 지각하고 실천적으로 평가할 수 있을 뿐이다. 여기서 객관적으로 현존하는 한계를 오늘날 구체적으로 관찰하는 것은 쉽지 않다. 왜냐하면 존재론적으로 참된 그 대립형상인 사회주의적 계획경제는 지금까지 결코 그 적절한 형식에서 현실화되지 않았기 때문이다. 그 적절한 형식은 마르크스가 처음으로 도달한, 사회화된 경제에서의 재생산과정에 대한 인식으로부터만 습득될 수 있을 것이다. 하지만 이때 마르크스가 기획한 틀을 보충하거나 수정할 사항이 없는지를 확인하기 위해 그 이후의 발전 속에서 검토하는 것은 불가피할 것이다. 더 나아가 마르크스는 자본주의만을 사회적 경제로 인식할 수 있었기 때문에 사회주의에서 범주적 구조나 연관, 그리고 그 역동성 등에서의 변화가 발생하지는 않는지의 문제가 탐구되어야 한다. 그런 탐구는 오늘날까지 전혀 이뤄지고 있지 않다. 로자 룩셈부르크의 축적이론에 대한 논의는 이런 관점에서 거의 어떤 기여도 하지 않았다. 소련의 경제적 현실 역시 우리에게 이와 연관된 원리를 제공할 수 없다. 분명한 사실은 세계대전과 시민전쟁 직후 NEP의 재건사업이 커다란 이론적 근거 없이 모든 대가를 지불하고서 절실한 상황에서 이뤄졌으며, 그런 상황에서 생산을 가동시켰다는 것이다. 이후의 계획 경제 역시 마르크스주의적인 이론적 토대 없이 발생했으며, 실천적으로 주어진 특정한 과업을 —또다시 모든 대가를 지불하고서— 충족하고자 하는 시도로서 발생했다.(이때 특정한 과업이란 히틀러의 위협적인 공격전쟁에 대항한 소련의 준비와 방어 등을 의미한다.) 이렇게 설정된 과업의 역사적 필연성을 인정한다고 하더라도 이런 단초들로부터 관료주의적 자의주의와 소비에트주의, 그리고 다양한 의제들을 점점 더 도그마로 응고시키는 교조적 실천주의 등이 형성되었다는 사실도 확고히 되어야 한다.

1952년 스탈린의 통찰들은 그가 자신의 이론적 근거들을 마르크스에 얼마나 의존하고 있지 않은지를 잘 보여준다. 그는 몇몇 경제학자들의 주관주의에 대항하여 입장을 취하고자 하며, 이때 마르크스의 가치법칙에 의존한다. 하지만 이 가치법칙이 직접적으로 상품유통에만 연결된다고 가정하기 때문에 그는 사회주의에서의 그 유효성을 "소비를 목적으로 하는 생산물"[123]에 국한시킨다. 따라서 사회주의에서 생산의 결정적 부분은 가치법칙과는 독립적으로 계획되어야 한다. 생산수단은 상품이 아니기 때문에 생산수단의 경우에는, 스탈린에 따르면, 객관적으로 어떤 가치도 실존하지 않는다. 회계와 해외무역의 관심에서만 이에 대해 말한다.[124] 스탈린의 주관주의의 "극복"은 경제영역에서 이런 모습을 띤다.[125] 스탈린의 이러한 작업은 오늘날 당연히 다양하게 비판받거나 이미 극복된 것으로 설명된다. 하지만 마르크스가 중심영역으로 이끌어온 전체 경제의 생산과정은 개혁 안건에 대한 논의에서 잠정적으로 어떤 역할도 수행하지 않는다. 소위 메커니즘의 조직형태는 개선되어야 한다고 하지만, 원리적으로 근거 지어진 마르크스적 생산이론으로의 회귀에 대해서는 잠정적으로나마 어디에서도 말하지 않는다. 그러나 이와 더불어 자본주의의 현재적 발전에 대한 실제 이론적 반립은 현실적으로 나타나지 않고 있다. 이러한 통찰은 경제이론에서 구체적 인식을 이끌어내거나 더 나아가 현재의 입장에서 미래의 전망을 전개시켜야 한다는 요구를 제기하지 않는다. 따라서 이런 통찰은 이 점에서 정체되어 있다고 할 수 있다. 앞에서 행한 짤막한 외유적 분석은 현재의 자본주의와 사회주의를 비교함으로써 성급한 이론적 결과들을 이끌어내는 것에 저항할 수 있는 방어력을 제고하는 데 기여했다. 마르크스의 구상에 상응하는 사회주의적 계획경제는 (이 계획경제 안에서는 계획을 이론적으로 정초지음으로써 경제적 전체과정이 자신의 객관적인 대자존재에 도달할 수

123) J. Stalin: *Die ökonomischen Probleme des Sozialismus in der Sowjetunion*, Moskau, 1952, S. 24.

124) Ebd., S. 62-64.

125) 스탈린의 이런 "마르크스주의"를 심도 있게 분석하는 것이 우리의 과제는 아니다. 우리는 그가 가치이론에서 가치를 단순히 교환가치 배후로 사라지게 했으며, 따라서 바로 이 교환가치로부터 순수하게 역사적인 범주를 만들었다는 사실을 보았다. 그 자체로는 마르크스와 관계가 없는 자본주의의 근본법칙을 서술함에 있어서 그는 자신이 평균이윤율에 대한 마르크스의 변증법에 대해 아무런 지식이 없다는 사실을 폭로한다.

있다.) 미래를 열어가는 데도 여전히 유효하다. 다만 여기서는 미래를 위한 그런 정립 가능성의 이론적-방법론적 도정에 대해 일반적인 수준에서만 시사점이 부여될 것이다.

하지만 우리가, 이런 통찰의 존재론적 성격에 상응하여, 현재의 존재에 머물러야 한다고 하더라도, 오늘의 자본주의의 계기에 대해, 즉 조작의 문제에 대해 간략하게나마 언급하는 것은 불가피해 보인다. 조작은 대량의 소비상품을 수백만의 개별 구매자들에게 가져가고자 할 때 필연적으로 생겨나며, 이로부터 조작은 모든 사적 삶을 묻어버리는 권력으로 된다. 여기서도 역시 우리는 이렇게 발생한 상황을 "문화비판적으로" 가치평가하는 작업을 하고자 하지는 않는다. 우리는 다만 다른 연관에서 이미 상론했던 것, 즉 경제적 존재(영역)에서 본질과 현상 사이의 차이를 언급하고자 할 뿐이다. 우리가 탐구했듯이 인간능력의 즉흥적 발전으로서의 생산력의 발전(본질)과 인간을 멸시하고 소외시키는 자본주의에서의 그 현상방식 사이의 경우에서 볼 수 있듯이, 본질과 현상의 차이로부터 매우 자주 날카로운 대립이 전개될 수 있다. 마르크스는 그의 속물적 제자들과 달리 본질과 현상의 이런 모순성 속에서 객관적 발전의 특징을 본다. 그 특징은 상이한 시기에, 상이한 영역에서, 상이한 방식으로, 하지만 언제나 반복해서 등장하곤 한다. 이 문제와 관련하여 마르크스의 입장을 명확히 하기 위해 기계에 대한 그의 유명한 분석을 이끌어오는 것으로 충분하다. 이 분석에서 그는 변호자들에 마주하여 현상의 실재성을 정열적으로 강조했다. "기계의 자본주의적 사용과 분리될 수 없는 모순과 적대는 실존하지 않는다. 왜냐하면 이런 모순과 적대는 기계 자체에서 나오는 것이 아니라 자본주의적 사용으로부터 나오기 때문이다! 따라서 기계 그 자체는 노동시간을 단축시키지만, 자본주의적으로 사용되면 노동시간을 연장시키며, 기계 그 자체는 노동을 경감시키지만, 자본주의적으로 사용되면 노동 강도를 높이며, 기계 그 자체는 자연력에 대한 인간의 승리이지만, 자본주의적으로 사용되면 인간을 노예로 만들며, 기계 그 자체는 생산자의 부를 증가시키지만, 자본주의적으로 사용되면 생산자를 빈민으로 만든다. 이런 모든 이유와 여타의 이유 때문에 부르주아 경제학자들은 간단하게 다음과 같이 말한다. 즉 기계 그 자체를 고찰해보면 이러한 모든 모순은 현실의 단순한 외관에 지나지 않으며, 사실상 이 모순은 그 자체로서도 이론적으로도 존재하지 않는다고."[126] 사실 필연적으로 생성된 존재론적 구조의 모사인 이러한 사유 모델에 따라서 오늘날 지배적인 조작 역시 평가되어야 한다. 조작은 즉자적으로 소비재(와 서비스)의 대량생산과 개별소비자로 이뤄진 대중 사이의 매개이다. 이때 상품의 성질 등에 대한 필연적 정보로서의 그런 매개체계는 이 단계의 생산에서 경제적으로 불가피하다. 오늘날 자본주의의 조건 아래서 점차 모든 영역으로, 특히 정치적 영역으로 확장해가는 지배적인 현재의 조작은 그런 정보들 때문에 가능하다. 이 과정에서 존재론적으로 본질적인 것에 대해 요약해보면, 내적으로 통일적인 이중 운동을 발견하게 된다. 즉 한편으로 조작과 이와 밀접한 연관이 있는 위신소비(Prestigekonsumtion)는 인간의 일상 삶으로부터 유적합성에 대한 추구, 특히 자신만의 특수성을 극복하고자 하는 경향을 때때로 차단한다. 그런데 조작이 객관적으로 추구하는 주된 것은 그 활동방향을 모든 인간적 객체의 특수성을 바로 그렇게 고착시키고, 그것을 궁극적인 것으로 삼는 데 맞추고 있다. 다른 한편, 그리고 이것은 앞의 것과 바로 연결되는데, 이렇

---

126) *Kapital* I, 406-407; MEW 23, S. 465. 본문은 김수행 역, 『자본론』 I(하), 비봉출판사, 559쪽 이하를 약간 수정함.

게 고립된 특수성은 추상적인, —궁극적으로— 획일적인 특성을 보유하며, 일상의 삶이 갖는 직접적인, 그리고 순수하게 감각적으로 기초 지어진 특수성은 점점 더 강력하게 하나의 추상에 떨어지고 만다. 이때 이 추상은 표피적-직접적이며, 그 본질에 따라 응고되어 움직이지 않지만, 현상세계에서는 중단 없이 변화한다. 일상의 이런 실천적 형성방식이 갖는 신실증주의의 방법과의 존재론적 유사성은 더 이상의 증명을 필요로 하지 않을 만큼 아주 눈에 두드러진다.

하지만 이로부터 조작이 인간의 삶의 한 사실로 되었다는 사실이 추론되어 나오는가? 이런 상황이 객관적-존재론적으로 분석되어야 한다면 무엇보다 우리의 "사유모델"은 올바른 문제제기의 방법론에 국한되어야 하며, 그때그때의 개별사안을 구체적으로 이해하기 위한 본으로 제시되어서는 안 된다. 여기서 본질적 차이는 생산에서 기계는 생산을 혁명적으로 형성하는 데 반해, 조작은 경제적으로 순환을 규정하는 범주, 마르크스의 말대로 하자면, "그 총체성 속에서 고찰된" 교환을 규정하는 범주라는 데 있다. 그렇다면 비록 생산이 개별 인간의 목적론적 정립으로부터 생겨나고, 이런 정립 안에서, 그리고 이 정립을 통해 재생산된다고 하더라도, 생산 그 자체가 그런 정립과 비교해서 객관적으로 존재 적합한, 논란의 여지가 없는 자립성을 보유한다는 사실은 명확하다. 생산은 인간의 개별행위에 비해 변화하지 않는 현실인데, 이 현실은, 다시 마르크스의 말로 하자면, 인간에게 자신의 역사를 만들게 하는 그런 환경을 중점적으로 구체화한다. 따라서 생산은 전체 사회적 수준에서 본질적 변화를 경험할 수 있으며, 이런 변화는 경제의 내재적 발전이 그런 변화를 객관적으로 가능하게 할 때에만 가능하다. 그런데 그때 우리는 교환과 순환(유통)이 생산과 상호작용하고 있음을 보았다. 물론 이때 이런 상호작용에서 생산이 더 포괄적 계기를 형성한다. 생산에의 의존성은 교환과 순환의 형태들에 특정한 정도의 사회적 객관성을 부여한다. 또한 교환과 순환의 형태들에 비해 모든 "기계들의 돌격"은 객관적으로 처음부터 희망이 없는 어떤 것이며, 교환과 순환의 형태들 역시 생산과 사회구조가 다르게 됨으로써만 전체 사회적으로 변화될 수 있다. 하지만 마르크스는 동시에 이런 유사성의 계기와 더불어 상이성의 계기도 본다. "교환은 생산물이 직접 소비를 위해 교환되는 마지막 단계에 생산에 무관하게, 아주 독립적으로 현상한다."[127] 마르크스에 따르면 삶의 경제적 형태들은 인간에 의해 스스로 만들어진 역사의 스스로 선택되지 않은 환경들에 속한다. 삶의 이런 경제적 형태들은 전체 사회를 통해, 오직 바로 이 전체 사회를 통해서만 변화될 수 있으며, 따라서 필연적이긴 하지만 운명주의적 성격을 갖지 않는다. 그렇다면 여기에서 교환의 경제적 특성의 결과로 새로이 확장된 활동영역이 현상하게 되는데, 이것은 개별 인간들에게도 적용된다. 조작은 보다 조야하거나 보다 순화된 수단을 통해 비록 개인에게 지속적인 압력을 행사하지만, 이것은 단지 인간 상호 간의 재가만을 자신의 토대로 갖지, 일반적인 경제적 재가나 전체 사회적 재가를 자신의 토대로 갖지는 않는다. 따라서 개별 인간 역시 조작에 대항해서 스스로를 방어할 수 있다. 물론 이때 전제는 그가 자신의 행위의 특정한 결과들, 어느 정도의 위험부담을 감수할 준비가 되어 있어야 한다는 것이다. 하지만 마르크스주의가 비록 그 이전의 모든 세계관보다 훨씬 더 강력하게 인간 활동의 사회성을 강조했다고 하더라도, 마르크스주의는, 역시 사회적으로 고찰해볼 때, 개별자의 행위의 의미를 아무것도 아니라고 해서는 안 된다는 사실을 반복적으로 강조하고 있음을 우리는 보았

---

127) *Robentwurf*, S. 20; MEW 42, S. 34.

다. 그런 개별행위들이 한편으로 자발적-사회적으로 통합되고, 이로써 그 행위들이 보다 실제적인 힘의 요소들로 되면 될수록, 다른 한편, 특히 개인의 삶의 영역에서, 예시의 사회적 기능이 과소평가되어서는 안 된다. 여기서 발생하는 구체적인 문제는 나중에 다른 연관에서야 비로소 구체적으로 고찰될 수 있을 것이다. 여기서 우리는 조작에 대한 널리 퍼져 있는 운명주의적 이해에 반하는 일반적인 사회적 존재근거들을 지시할 수 있을 뿐이다. 조작과 연관되어 있는 개별적 사실복합체들, 예컨대 유행에 대해 편견 없는 통찰을 할 경우 이런 "운명"은 인간의 의지함이나 의지하지 않음 속에서 이끌려 나온 한계를 매우 분명히 가지고 있음이 드러난다.

사회적 존재는 점점 더 순수한, 하지만 점점 더 복잡하고 점점 더 매개가 풍부한 사회성을 향해 발전해간다. 그런데 이런 발전을 추적해보면, 우리는 경제적 힘의 성장에 대한 반응을 운동방향의 중요한 기준으로 확인할 수 있다. 아시아적 생산관계는 엄격한 의미에서 말하자면, 이런 관점에서 어떤 진보도 알지 못한다. 그런데 이와 연관하여 보자면 그런 생산관계는 한계가 없어 보이는 재생능력을 소유한다.(이런 재생능력은 우연적이지 않게 자본주의의 돌진과 더불어 그친다.) 이미 살펴본 것처럼, 고대와 봉건주의는 상이한 방식으로 자신들의 내적인 경제적 가능성을 특정한 수준으로 전개할 수 있는 가능성을 가지고 있다. 하지만 이 단계로부터 부의 증가는 그들의 고유한 사회형태의 토대를 겨냥하여 그 토대를 붕괴시켰고, 계속된 진전은 경제적-사회적 난관으로 변했다. 이 두 형태(고대와 중세의 사회형태)는 구체적으로 서로 다른 토대에 서 있지만, 바로 이 관점에서 볼 때는 유사한 토대를 갖는다. 이때 이 토대는 두 사회형태가 다음과 같은 재생산의 조건을 갖는다는 데 의존한다. 즉 이 두 형태가, 사회적으로 고찰해보자면, "외부로부터" 부여된, "완성된 것"으로 주어진 전제들을 가지고 있으며, 따라서 그 재생산과정이 자신의 고유한 전제들을 재생산할 수 없고, 오히려 그것을 파괴할 수밖에 없는 한, 아직 "자연적인 것"으로 표식될 수 있는 그런 재생산의 조건들. 자본주의는 자기 자신의 전제들에 대한 그러한 유의 재생산을 아주 높은 정도로 중단 없이 성취하는 최초의 형태이다. 마르크스는 자본주의적 체계에 대해 다음과 같이 말한다. "자본주의 체계는 자신을 재생산하는 가운데 자신의 고유한 조건들을 산출한다."[128] 마르크스에게 이런 확인은 단순히 선언적인 수준에서 머물지 않는다. 『자본』에서 그는 생산과정의 재생산을 통한 자본주의적 생산조건의 이런 재생산과정을 상세히 설명한다. 그런데 이런 설명은 자본주의적 생산의 결정적 두 계기, 즉 자본과 소위 "자유로운" 노동력에 국한된다. 그런데 이와 더불어 이 형태를 이전의 모든 형태와 결정적으로 구별하는 경제적으로 본질적인 양식, 즉 그 형태에만 고유한 사회성이 충분히 특징지어진다. 마르크스의 이런 증명은 심지어 단순한 재생산의 조건 아래서 이뤄질 수 있었는데, 이런 사실은 그것의 이론적 가치만을 드높인다. 왜냐하면 확장된 재생산은 자본관계를 훨씬 더 강력하게 고착시키고, 훨씬 더 역동적으로 표현하는데, 이런 사실은 당연하기 때문이다.(여기서 자본주의에서의 단순한 재생산을 이론적으로 중요한 한계경우로 드러냈던 이전의 우리의 분석을 상기해보자.) 마르크스는 이러한 재생산의 문제를 다음과 같이 말한다. "그런데 최초에는 출발점에 불과했던 것이 후에 와서는 과정의 단순한 연속, 즉 단순 재생산에 의하여 자본주의적 생산의 고유한 결과로서 끊임없이 갱신되고 영구화된다. 한편으로 생산과정은 물질적 부를 자본으로, 그리고 자본가를 위한 가치증식 수단과 향락수단으로 끊임없이 증식시킨다. 다른 한편

---

128) Ebd., S. 567; MEW 42, S. 576.

노동자는 언제나 그가 생산과정으로 들어갈 때와 같은 모습으로 ―부의 인적 원천이기는 하지만 이 부를 자기 자신의 것으로 만들 모든 수단을 박탈당한 모습으로― 그 과정에서 나온다. 생산과정에 들어가기 전에 노동자 자신의 노동은 그의 노동력의 판매에 의하여 이미 자신으로부터 소외되었고, 자본가에 의하여 취득되어 자본에 합체되었기 때문에, 그의 노동은 이 과정이 진행되는 동안 끊임없이 타인의 생산물에 대상화되는 것이다. 생산과정은 동시에 자본가가 노동력을 소비하는 과정이기 때문에 노동자의 생산물은 상품으로 전환될 뿐 아니라 자본으로 ―즉 가치를 창조하는 노동자의 힘을 빨아먹는 가치로, 노동자인 사람을 구매하는 생활수단으로, 생산자를 부려먹는 생산수단으로― 끊임없이 전화된다. 그리하여 노동자는 객체적인 부를 자본의 형태로, 그에게 낯설고 그를 지배하는 외적인 힘으로 끊임없이 생산하며, 자본가는 노동력을 부의 주관적 원천 ―노동자의 신체 속에 있을 뿐이며, 그 자신을 대상화하고 실현할 모든 수단으로부터 분리되어 있는 추상적인 부의 원천― 의 특수한 형태로 끊임없이 생산한다."[129]

마르크스의 서술에는 생산에 참여하는 인간들에게 사회에서의 위치를 지시해주는 경제적 구조와 역동성이 명확히 나타난다. 이런 과정은, 물론 중요한 변환이 있기는 하지만, 아주 다양한 형태들의 재생산과정에서 드러날 수 있다. 하지만 여기에는 아주 의미 있는 유보 조항이 동반된다. 즉 이 과정의 순수한 사회적 성격은 자본주의에서야 비로소 순수한 형식으로 현실화된다는 유보 조항. 여기서도 다른 계급들보다는 경제적으로 결정적인 이 두 계급에서 보다 직접적으로 관계된다. 이런 확립은 당연히 다른 형

---

129) *Kapital* I, S. 533-534; MEW 23, S. 596; 김수행 역, 앞의 책, 722쪽 이하(역자 개역).

태들에서도 —궁극적으로— 재생산과정은 개별 인간들에게 사회체계에서의 자신들의 위치를 지시해준다는 사실을 배제하지 않는다. 그리고 앞에서 본 것처럼 인간은 대답하는 존재이기 때문에, 그에게는 모든 경우에 자신의 실천을 위한, 즉 자신의 구체적인 목적론적 정립을 위한 구체적 영역이 규정된다. 목적론적 정립이 필연적으로 선택적 성격을 갖는다는 사실이 모든 시기의 고갈되지 않는 역사적 부를 생겨나게 하지만, 궁극적으로 경제에 의해 규정되는 그 시기의 현상태를 지양할 수는 없다. 자본주의에만 특수하게 드러나는 사회적 성격은 이러한 사실이 압도적으로 순수하게 경제적으로 (물론 직접적으로나 매개적인 방식에서 경제적으로) 발생한다는 사실에서, 그리고 비"자연적" 매개체계들이 개인을 사회적 재생산과정에 연결시킨다는 사실에서 잘 드러난다. 앞에서와 마찬가지로 여기서도 우리는 자연성이라는 말에 따옴표를 넣어서 끌어들였다. 왜냐하면 언젠가 아주 영향력이 있었던, 하지만 지금도 여전히 느낌으로 현존하는, 사회적 삶에 대한 "유기적" 표상들에는 카스트, 폴리스의 시민들, 귀족들 등과 개별적 인간들 사이의 연관이 종종 자연적인 어떤 것(여기에는 따옴표가 없음)으로 현상하기 때문이다. 그런데 그런 환상을 차단한 것처럼 우리는 동시에 카스트, 신분 등과 개인 사이의 결합이 본질적으로 하나의 계급에서 나타나는 결합과는 본질상 다른 것임을 보아야 한다. 유기적 삶이 개별 인간에게는 지양할 수 없는 필연성의 특성으로 나타나듯이, 즉자적으로 사회적인 조직체도 관습이나 전승 등의 결과로 인간에게, 그것도 개별적 인간에게뿐 아니라 대중에게, 더 나아가 때때로 전제 사회에게 지양할 수 없는 필연성의 성격으로 나타나는데, 바로 여기에 "자연적인 것"이 놓여 있다. 모든 인간은 자신의 출생시간이나 성, 그리고 모습 등을 단번에 부여된 것으로 가정해야 한다. 이와 마찬가지로 모든 인간은 스스로를 카스트나 신분

등의 사회형태에 맞추며, 자신의 출생을 통해 발생한 사회형태에의 귀속성을, 마치 출생을 통해 형성된 자신의 존재가 자연적으로 불변한 것이라고 하는 것과 동일하게, 자연적으로 불변하는 것으로 고찰한다. 이러한 사실은 당연히 잘못된 의식이다. 하지만 이러한 의식은 딱딱하게 —사회적으로 종종 필연적으로— 고착화되는 가운데, 또한 어느 정도 오랫동안 지속되며 일반화되는 가운데 지속적으로 작용하는 실제적 결과를 가져온다. 즉 그 의식은 참여자들로부터 출발하여 사회적 노동분업에서 생겨난 특정한 삶의 형식들의 "자연적" 안정성을 강화하면서 기초 놓는다. 이를 통해 경제적 성장과 이 관점에서 동일하게 재생산되는 사회적 구조의 대립적 관계는 더 첨예화된다. 즉 그런 (잘못된) 의식의 형태는 사회적 토대가 파괴된 이후에도, 경우에 따라 왜곡된 이후에도 계속 살아남을 수 있다.

이 모든 것 배후에는 생물학적-자연적 존재로서의 인간과 사회적 존재로서의 인간이 맺는 관계가 놓여 있다. 순수하게 존재론적으로 고찰해서 보자면, 서로 완전히 이질적인 두 존재영역이 만나는 지점에는 지양할 수 없는 우연성이 놓여 있다. 즉 유기적 삶에서 보자면, 모든 인간의 모든 사회적 상황에는 지양할 수 없는 우연이 놓여 있으며, 마찬가지로 사회적 존재에서 보자면, 모든 인간의 생물학적 특성은 불가피하게 우연으로 남아 있다. 따라서 교육으로부터 사회적 환경과 삶의 방식에 이르기까지, 그리고 그것의 영향에 이르기까지 사회적 존재가 육체적 발전과 병에의 허약함 등에 미치는 실제적 작용이 부인되어서는 안 되며, 혹은 그 의미가 과소평가되어서도 안 된다. 이렇듯 인간의 육체적 상황의 현상태는 그의 사회적 개인성을 위한 사회적 공간의 현상태와 관계를 맺는데, 그럼에도 불구하고 사회가 인간의 생물학적 존재에 미치는 작용의 전체 체계는 이 관계에 내재한 우연의 요소를 지양할 수 없다. 하지만 이 관계는 이질적 존재양식의 분리된 병렬태로 파악되어서는 안 된다. 모든 개별 인간의 삶은 사회적 존재로서의 그가 자신의 정신물리적 소여성으로부터 벗어날 수 있다는 사실에 그 본질이 있다. 그리고 우리가 이러한 상호작용을 더 면밀하게 파악할 수 있을수록 이런 상호작용 속에서, 이런 작용을 통해 전에는 존재하지 않은, 전에는 생각할 수 없었던 이질적 요소들의 종합이 해체할 수 없는 통일적 복합체로 창조되었다는 것을 더 분명하게 볼 수 있다. 그런데 바로 이 통일적 복합체 내에서 그 요소들은 자신들의 토대가 되는 존재양식의 지양할 수 없는 이질성 때문에 존재론적으로 근본적인 자신의 우연성을 세계로부터 산출할 수 없다. 여기서 문제가 되는 것은 사회적 존재의 근본적인 존재론적 사실이다. 그것도 우리가 반복적으로 다뤘던 문제, 즉 더 이상 침묵하지 않는 새로운 종류의 인간의 유적합성의 문제가 표현되는 사회적 존재의 총체성의 측면에서뿐만 아니라, 인간이 단순한 개체성(Einzelheit, 인간 유의 한 샘플)으로부터 의식적이고 지속적으로 존재하는, 불가피하게 즉자적으로 존재할 뿐 아니라 정립되는 그런 개인성(Individualität)으로 사회-존재론적으로 발전하는데, 바로 이런 발전에서도 사회적 존재의 근본적인 존재론적 사실성은 여기서 문제가 된다. 사회적 존재에 대한, 이전에 기술한 "자연적" 형태들은 이런 존재론적 대립을 이데올로기적으로 흐릿하게 하는 데 기여한다. 이때 그런 시대의 모든 참여자가 사회로의 출생과 더불어 직접적으로 받아들인 입장의 정립된 성격은 의식으로부터, 또한 그들로부터 사라진다. 그 자체로 종교, 철학, 윤리 등에서 자신의 이론적-정의적 근거를 가지는 카스트 제도의 존재에 대해서는 말할 것도 없이 우리는 고대에 인간의 존재를 폴리스의 시민으로서의 존재와 오랜 기간 동안 완전히 동등한 것으로 여기는 것을 보게 된다. 그리고 이러한 사실은 신분사회에도 그대로 적용된다.

마르크스는 『독일 이데올로기』에서 다음과 같이 확고히 한다. "귀족은 언제나 귀족으로 머물고, 평민은 언제나 평민으로 머문다. 이것은 그의 여타의 관계들은 도외시된 채 자신의 개인성과 분리되지 않는 성격이다."[130] 자본주의 이전의 사회의 구조에서 "자연성"은 모든 인간 안에 내재한 두 존재영역 사이의 연관의 우연성을 이런 방식으로 은폐한다. 인간은 특정한 계층 등에 순수 사회적으로 귀속되는데, 이런 귀속성은 그의 현실적 자연존재가 곧바로 전개된 것이라는 가상의 형식을 수용한다는 사실을 통해 일어난다. 마르크스는 계속된 숙고에서 자본주의에서야 비로소 이 가상이 해소된다고 한다. 왜냐하면 개체인간이 자신의 사회적 위치와 맺는 관계는 자본주의에서야 비로소 이 관계의 순수하게 우연적인 성격을 벗어버리기 때문이다. 외적으로 고찰해보면, 마르크스의 이런 규정은 르네상스로부터 프랑스 혁명에서 절정을 이루는 계몽에 이르기까지 인간을 "자연적"-사회적 조건들로부터 순화시켜 자립적인 자유로운 인간관을 도출하고자 한 노선을 보여준다. 그런데 마르크스는 이런 사유발전의 결론부에서 여기에 내재한 자기기만, 즉 이렇게 형성된 자유라는 환상을 본다. "따라서 사유 속에서는 부르주아 지배하의 개인들이 그 이전보다 더 자유롭다. 왜냐하면 이들에게 이들의 삶의 조건들은 우연적이기 때문이다. 하지만 현실에서 이들은 당연히 더 자유롭지 못한데, 왜냐하면 실제적 폭력 아래 훨씬 더 포섭되기 때문이다."[131] 이와 더불어 마르크스는 "자연적인" 사회적 형태들의 몰락, 순수 사회적인 형태들에 의한 대체 등은 결코 자유의 습득과 동등하지 않다. 자유는 순수하게 사회적으로 된 사회 내부에서 동일하게

---

130) *Marx Werke* V, S. 65; MEW 3, S. 76.
131) Ebd., S. 66; MEW 3, S. 76.

투쟁을 통해 얻어져야 하는 것이다. 따라서 마르크스의 사유과정은 우리의 존재론적 문제에 시사점을 준다. 순수 사회적 형태에서 우연성은 생물학적 존재와 사회적 존재의 관계에서 분명하게 드러난다. 출생과 더불어 그가 어떤 사회적 상황에 놓이게 될 것인지는 살아 있는 개체 인간의 관점에서 볼 때 순수한 우연이다. 당연히 그 이후 즉시 개체 인간과 그의 사회적 환경 사이의 점증하는 상호작용이 생겨난다. 이때 상호작용은 문자 그대로 받아들여져야 하는데, 왜냐하면 인간에게 (이미 어린이에게) 미치는 모든 영향은 그 내부에 선택적 결정을 불러일으키며, 따라서 그 결과는 의도와 상관없이 나타날 수 있고 또 매우 자주 그렇기 때문이다. 그렇게 반응하는 주체는, 그가 어린이라 해도, 불가피하게 생물학적인 존재이면서 동시에 사회적인 존재이다. 사회적 조직체의, 인간 상호 간의 관계의 순수 사회적 성격은 따라서 인간 존재의 순수한 사회성을 산출할 수 없다. 오히려 그런 순수 사회적 성격은 모든 개별 인간 속에 내재한 생물학적 존재와 사회적 존재의 존재론적으로 우연적인, 그리고 지양할 수 없는 통합의 체현, 어떤 것에 의해서도 은폐되지 않는 그런 체현을 산출한다. 따라서 이런 존재 요소들의 존재론적 우연성은 결코 인간의 통일을 파괴하지 않는다. 그것은 오히려 인간을 특정한 과제로 이끄는데, 즉 인간이 어떻게 개인(Individualität)으로 되는지, 인간이 자신의 고유한 개인성을 어떻게 발견하고 현실화할 수 있는지 등과 같은 과제가 생긴다. 일반적으로 말해서 이때 사회적 경향들이 형식부여의 역할을 수행하는 데 반해 생물학적 경향들에는 그 형식들의 질료의 역할이 배당되는 것 같다. 그러나 이런 일반론을 일관되게 밀어붙이는 것은 이런 상황이 갖는 존재론적-모순적 상황을 왜곡하게 될 것이다. 한편으로 그 이유는 구체적 개인에게서 순수 존재론적 소여에 의심의 여지없이 현존하는 이원론이 인식될 수 없는 것으로, 파악될 수 없는 것으로 될 것이라는 사실에 놓여 있다. "순수 정신성"에 열광적으로 정향되어 있을 때에도, 그리고 "유약하고" "죄 많은" 육체를 구원을 필요로 하는 영혼에 의해 전제적으로 지배해야 한다고 할 때에도 어떤 구체적 거부도 비사회적 토대에서는 어떤 참된 형태를 보유할 수 없다. 예수와 부유한 청년, 혹은 칸트의 정언명령을 생각해보라. 그 결과는 똑같을 것이다. "가장 바라지 않는 육체" 역시 이미 사회적이다. 다른 한편 요소들은 즉자적으로 보자면 형성하는 자와 형성된 자라는, 위에서 말한 일반적 관계를 형성하고 있는데, 이 요소들의 이질적 우연성으로부터 결코 다음의 사실이 따라 나오지 않는다. 즉 참된 개인성은 무조건 생물학적으로 부여된 인간의 가능성(다시 아리스토텔레스의 뒤나미스의 의미에서)에 대립할 수 있고 대립해야 한다는 사실이 따라 나오지 않는다. 사정은 그 반대이다. 때때로 아주 어린 아이들도 교육자에게 저항을 표하는데, 이미 이런 저항에는 인간 개인성의 결정적인 특정한 계기들이 그의 생물학적인 어떤 특징들과 분리 불가적으로 결합되어 있다는 사실이 드러난다. 인간의 삶은 존재필연적으로 이러한 유의 갈등들로 가득 차 있다. 사회의 본질적인 질서 부여적 작용형식(습속이나 전통, 혹은 보다 순수한 형태로는 법과 도덕)은 개인적 예외를 허용하지 않고 모든 인간에게 사회적 요청을 한다─십계명을 생각해보라. 이런 사실은 이미 유의 최초의 개별적 샘플로부터 개인성으로 나아가는 존재론적 발전이, 사회적 계율을 실천적-실제적으로 자기 자신과 관계시킬 수 있기 위해, 그런 매개를 통해 사회적 삶의 도덕적 규칙으로부터 개인성의 촉진을 형성하기 위해, 하나의 사회적 기관을 필요로 한다는 사실을 드러낸다. 이것이 윤리를 의미한다는 것은 분명하다.

하지만 또한 윤리의 고유한 구체적 내용이 여기서 설명될 수 없다는 것도 분명하다. 여기서 우리는 순수한, 일반적 존재론의 토대에 머물러야 하며, 따라서 윤리에서 발생하는 관계를 아주 기본적인 존재론적 속성 안에서 간략하게 언급할 수 있을 뿐이다. 이전에 설명했던 사회의 모든 질서 원리는 다음의 기능을 가진다. 즉 개별 인간들의 특수한 노력에 마주하여 그들의 사회성이 통용되게 하고 사회적 발전 가운데 등장한 그들의 인간 유에의 귀속성을 통용되게 하는 기능을 가진다. 윤리에서야 비로소 이런 방식으로 정립된, 즉 사회-필연적으로 정립된 이원성이 지양된다. 왜냐하면 개별 인간의 특수성의 극복은 윤리에서 통일적 경향을 얻기 때문이다. 즉 윤리적 요청을 행위하는 인간의 개인성이라는 중심에 적중시킴, 그리고 사회에서 강제적-이율배반적-대립적으로 된 계율들 사이에서 그의 선택 등이 그런 경향이다. 선택의 결정은 내적 계율로부터 자기의 개인적 인격성에 적합한 것을 자신의 의무로 인정하도록 명령받으며, 인간 종과 자기만의 특수성을 극복한 개인 사이의 끈들을 연결한다. 실제로 진행되는 사회적 발전은 인간 종의 사회적 존재를 위한 객관적 가능성을 산출한다. 스스로를 사회적 질서의 이율배반적 형식들로 객관화하는 그 도정의 객관적 모순들은 단순한 개체가 개인으로 나아가는 발전이 동시에 인간 종의 의식 적합한 담지자로 될 수 있다는 사실을 위한 토대를 형성한다. 따라서 인간 종의 대자존재는 객관적-경제적 전체과정에서뿐 아니라 개별 인간의 재생산에서도 나타나는 과정의 결과이다.

그런데 우리가 본 것처럼, 생물학적 존재와 사회적 존재의 이원성이 인간으로서의 인간 존재의 토대를 형성한다면, 다른 한편 사회적 발전이 인간 안의 새로운 이원성, 즉 특수성과 유적합성이라는 이원성의 투쟁을 결정적 요인으로 삼는다면, 무엇보다도 존재론적으로 밀접히 연결된 이 두 이원성을 내용적으로뿐 아니라 형식적으로 서로 접근시키거나 그것들 사이에 목적론적 관계를 설정하는 일은 피해야 한다. 그런 잘못된 추론으로의 유인은 부분적으로 시초의 —하지만 언제나 재생산되는— 통일의 우연적 성격에서 기인할 뿐 아니라, 다음의 사실로부터 기인한다. 즉 자신의 생물학적 존재가 완벽하게 지양될 수 없듯이 인간의 특수성도 완벽하게 지양될 수 없다는 그런 사실. 양자는 스스로를 극복하는 가운데 지속적으로 새롭게 재생산됨으로써 인간 각자의 복합적 통일성을 형성한다. 그러나 특수성에서뿐 아니라 그 유적합성에서도 인간은 언제나 스스로를 생물학적 존재와 사회적 존재의 통일로서 형성해가지만, 보존, 재생산, 그리고 극복 사이의 선택을 규정하는 내용적-형식적으로 극히 다양한 가치결정에 따라 움직인다는 사실을 잊어서는 안 된다. 그러나 인간의 이러한 발전에서 가치들에는 존재 적합한 중요한 의미가 부여되기 때문에 생물학적 존재와 사회적 존재의 관계에 존재하는 시초의 우연성은 마지막까지 유지되지 않을 수 없다. 종교는 언제나 이런 우연성에 초월적 의미를 투사하고자 한다. 이와 더불어 종교는 예를 들어 인간 존재를 육체와 영혼으로 형이상학적으로 분리하여 설명하면서 이런 발전을 왜곡한다. 이로부터 이런 이원성의 지양이 초월적-목적론적 과정의 결과로서만 제시될 수 있다고 결론짓는다. 이런 우연성에 대한 조건 없는 인정을 통해서야 비로소 단순한 개체에서 개인으로의 인간의 발전, 즉 단순한 개체성으로부터 사회의 전체 재생산과정의 테두리 내에 존재하는 개인성으로의 인간의 발전을 인간 유의 생성에 있어서 결정적으로 중요한 계기로 파악할 수 있는 가능성이 개시된다. 왜냐하면 그렇게 함으로써 비로소 사람들은 다양한 가치들과 가치의 선택을 객관적 발전에 의해 필연적으로 산출되는 전체과정의 역동적 구성요소들로 이해할 수 있게 되기 때문이다. 그리고 이를 통해 인간 발전의 두 극단은 존재적으로 서로 귀속되어 있다는 사실이 우리에게 분명하게 드러날 것이다.

이때 문제가 되는 것은 전체적으로 어떤 관점에서도 목적론적 성격을 보유하지 않는 역사과정이라는 사실은 자주 충분하게 반복되지 않았다. 따라서 개별적 단계들 역시 동일하게 언제나 역사적으로 파악될 수 있고 파악되어야 한다. 이전에 인용했던 마르크스의 주장, 즉 생물학적 존재와 사회적 존재의 관계에서 우연성이 생겨난다는 사실은 자본주의 내의 인간에게 단순히 자유의 가상을 산출하기는 하지만 자유 그 자체를 산출할 수는 없다는 주장은 바로 그런 사실을 보여준다. 왜냐하면 인간의 삶의 출발점과 전개 가능성 등은 경제적 조건에 따라 물질적으로 상이한데, 이런 상이성은 비록 자신의 "자연성"을 상실하지만, 그럼에도 불구하고 즉자적으로 보자면 순수한 사회적 형식 속에서 계속 존재하기 때문이다. 인간은 유에 적합하게 "자연적으로" 이른 시기에 완성된다는 생각에 대해 마르크스는 철저한 비감성적 태도를 취하는데, 바로 여기서부터 비로소 마르크스의 이런 태도가 올바르게 파악될 수 있다.[132] 마르크스가 여기서 고루한 완성이라는 말을 한다면, 그것은 경제적 삶의 비발달성과 불완전한 사회성을 의미할 뿐 아니라, 또한 동시에 이와 아주 연관되어 있는 사실, 즉 주관적으로 고귀하고 모범적인 방식으로 형성된 인간의 유적합성이 그 참된 형식에서 아직 많이 떨어져 있다는 사실을 의미한다.(이것은, 우리가 이미 살펴보았던 마르크스의 호머 분석에서 드러나듯이, 그 대상화의 심미적 가치를 전혀 강등시키지 않는다.) 다른 한편 마르크스는 자신이 고루한 완성이라고 말한 동일한 연관에서 자본주의에서의 모든 만족을 저속하다고 한다. 왜냐하면 그런 만족은 순수 사회성이 자본주의 내에서 제공할 수 있는 한계 속에서만 충족되기 때문이다. 현상과 본질의 변증법적 모순에 대한 통찰은 사회

132) *Robentwurf*, S. 387-388; MEW 42, S. 395.

적 존재의 전망을 개시한다. 사회적 존재 내에서는 생물학적 존재와 사회적 존재의 우연성이 단지 개인적 삶의 과제로, 개체의 삶의 문제로 사회적으로 존재하게 될 것이다. 즉 자신의 개체성으로부터 참된 개인적 인격성을 형성하고, 자신의 특수한 소여성으로부터 더 이상 침묵하지 않는 유적 합한 기관이나 대리자를 형성하게 된다. 그리고 이러한 전망은 개별 인간의 전망이 아니다. 왜냐하면 객관적인 경제적 발전은 대자적으로 존재하는 인간 유의 가능성을 존재 적합하게 산출하는데, 이를 통해서만 개인의 인격과 관련이 있는 이러한 발전 경향이 사회적 규모에서 실현될 수 있기 때문이다.

그런데 전망이라는 표현은 이중의 해명을 필요로 한다. 한편으로 경제의 객관적 운동에 내재한 실제 발전방향의 인식이 문제가 된다. 따라서 전망은 일종의 희망이라는 주관적 측면이 아니라 객관적인 경제발전 자체에 대한 의식 적합한 반영이자 더 나아간 보충이다. 하지만 다른 한편 이런 전망은 경제적-사회적으로 인식할 수 있는 경향을 갖는데, 이 경향의 반영과 표현이 곧 전망이라는 것이다. 하지만 이 전망의 실현은 운명적이지도 필연적이지도 않으며, 오히려 인간의 행위 자체에, 그리고 대답하는 존재로서의 인간이 이런 경향에 부여하고자 하고 부여할 수 있는 그런 선택적 결정에 의존한다. 그리고 이 경향은 무수한 목적론적 정립의 결과물이며, 따라서 이 경향은 그 객관적 과정에서 미리 규정된 목표인 어떤 상태에 대한 어떤 목적론적 정향과 거의 관계가 없다. 정립된 목표는 개별 인간이나 인간집단의 목적론적 정립에 대해서만 이런 전망일 수 있다. 이때 이들에게 촉발된 인과계열은 목적론적 정립을 실현하기 위한 객관적 요소가 될 수 있다.

마르크스는 이런 전망을 공산주의에서 사회주의라는 두 번째 단계로 표식했다. 우리가 하듯 존재론적으로 고찰하자면, 그런 사회구조가 인간 종의 실제적 생성을 사회적 존재의 양극 위에서 더 이상 침묵하지 않는 유로 가능하게 하는 한에서만, 그런 전망은 전망으로 파악될 수 있다.

찾아보기

지은이

:: 게오르그 루카치 György Lukács, 1885-1971

헝가리 출신의 마르크스주의 철학자, 미학자, 문예 이론가이다. 은행장의 아들로 태어났다. 부다페스트에서 법철학을 전공했고, 거기에서 1906년 경제학 박사 학위를, 1909년에는 철학 박사 학위를 받았다. 1918년 12월에 헝가리 공산당에 가입했고, 그 이듬해 헝가리 소비에트 공화국 교육부 인민위원이 되었다. 헝가리 혁명이 좌절된 이후 빈으로 망명했으나, 1930년에 추방을 당하고 나서 모스크바에서 살았다. 1931년에서 1933년까지 베를린에서 지냈지만, 독일 파시스트의 권력 장악 이후에 다시 모스크바에서 살았다. 1945년 부다페스트로 돌아와서 미학, 문화 이론을 담당하는 교수가 되었다. 헝가리에서 반혁명적 사건이 벌어진 1956년 10월에 나지(Nagy) 정부의 문화부 장관으로 입각했지만, 곧 그만두었다. 저술로는 『근대 드라마 발달사』(1911), 『영혼과 형식』(1911), 『소설의 이론』(1916), 『전술과 윤리』(1919), 『역사와 계급의식』(1923), 『레닌』(1924), 『청년 헤겔』(1948), 『이성의 파괴』(1954), 『역사 소설론』(1955) 등이 있다.

옮긴이

:: 정대성

연세대학교에서 철학을 공부하고(학사, 석사), 독일 보훔 대학교에서 독일 근현대철학으로 철학 박사 학위를 받았다. 연세대학교에서 HK연구교수로 일했고, 지금은 연세대학교 근대한국학연구소 HK$^+$교수로 재직 중이다. 현대사회의 병리현상에 대한 철학적 해명에 관심을 두고 있으며, 특히 독일관념론과 사회비판이론에서 많은 통찰을 얻고 있다. 『내러티브연구의 현황과 전망』, 『인문 정신의 탐색과 인문언어학』, 『세상을 바꾼 철학자들』의 저술 활동에 참여했고, 『청년헤겔의 신학 론집』(헤겔), 『헤겔』(Ch. 테일러), 『비판, 규범, 유토피아』(S. 벤하비브) 등 다수의 번역서와 『자유 주의와 공화주의를 넘어서』 등 다수의 논문이 있다.

이종철

연세대 정법대학 법학과를 졸업한 후 동대학원 철학과에서 석사와 박사 학위를 받았다. 연세대 철학연구소의 선임 연구원으로 재직하면서 연세대, 교원대, 숙명여대, 서울여대, 대안연구 공동체 등에서 강의를 했다. 현재는 몽골 후레 정보통신 대학 한국학 연구소장 겸 한국어과 교수로 재직 중이다. 저서에 『헤겔 〈정신현상학〉 '이성'장 연구(학위논문)』, 『삶, 사회 그리고 과학』(공저), 『삐뚤빼뚤 철학하기』(공저), 『우리와 헤겔철학』(공저) 등이 있으며, 역서에 『헤겔의 정신현상학 1』(공역), 2(J. 이폴리트), 『아인슈타인, 나의 노년의 기록들』(A. 아인슈타인), 『철학과 실천』(H. 오피츠), 『철학의 이해』(S. 모리스 엥겔), 『헤겔 변증법의 쟁점들』(J. 맥타가르트), 『문학 속의 시간』(H. 마이어호프), 『마르크스주의 인간론』(폐도세예프 외), 『소방관이 된 철학교수』(F. 맥클러스키), 『헤겔 법철학 입문』(로즈), 『사회적 존재의 존재론 2』(공역) 등이 있다.

한국연구재단총서 학술명저번역 서양편 **609**

사회적 존재의 존재론 ❸

1판 1쇄 찍음 | 2018년 3월 14일
1판 1쇄 펴냄 | 2018년 3월 26일

지은이 | 게오르그 루카치
옮긴이 | 정대성 · 이종철
펴낸이 | 김정호
펴낸곳 | 아카넷

출판등록 2000년 1월 24일(제406-2000-000012호)
10881 경기도 파주시 회동길 445-3
전화 | 031-955-9510(편집) · 031-955-9514(주문)
팩시밀리 | 031-955-9519
책임편집 | 이하심
www.acanet.co.kr

© 한국연구재단, 2018

Printed in Seoul, Korea.

ISBN 978-89-5733-587-1 94160
ISBN 978-89-5733-214-6 (세트)

이 도서의 국립중앙도서관 출판예정도서목록(CIP)은
서지정보유통지원시스템 홈페이지(http://seoji.nl.go.kr)와
국가자료공동목록시스템(http://www.nl.go.kr/kolisnet)에서 이용하실 수 있습니다.
(CIP제어번호: CIP2018005965)